Lewis Carroll

Dissertationes

Lewis Carroll

Dissertationes

ISBN/EAN: 9783742832535

Manufactured in Europe, USA, Canada, Australia, Japa

Cover: Foto ©Andreas Hilbeck / pixelio.de

Manufactured and distributed by brebook publishing software (www.brebook.com)

Lewis Carroll

Dissertationes

ALEXII
AURELII PELLICCIA
DE CHRISTIANÆ ECCLESIÆ
PRIMÆ, MEDIÆ, ET NOVISSIMÆ ÆTATIS
POLITIA
DISSERTATIONES

TOMI III. PARS I.

AD USUM
D. NIVARDI
TASSINI

NEAPOLI
CIƆCICCLXXIX.
EX OFFICINA MICHAELIS MORELLI.

PUBLICA AUCTORITATE.

INDEX
DISSERTATIONUM
PARTIS I. TOM. III.

DISSERTATIO I.
De Eucharistia Infirmorum.   pag. 1.

DISSERTATIO II.
De Viatico Pœnitentium.   89.

DISSERTATIO III.
De Templorum origine: Deque Aris domesticis paganorum atque Christianorum.   121.

DISSERTATIO IV.
De Re Lapidaria & Siglis Veterum Christianorum. 245.
ΣΧΕΔΙΑΣΜΑ, sive Inscriptionis Alæ, in Neapolitano Cœmeterio S. Januarii inventæ, commentariolum. 329.
Chronici Trojani fragmentum ineditum.   344.
INSTRVMENTVM ineditum inventionis Brachii S. Triphonis cum notulis.   358.

Finis Indicis Part. I. Tom. III.

In calce ultimi tomi, sive alterius partis tomi tertii, habes absolutissimam emendationem erratorum omnium, quæ vel typographi oscitantia, vel præpostera illius, qui mihi formas correxit, sedulitate, (Clarissimi enim Grammatici *Sexi* auditorem illum fuisse vel quovis certarum pignore) exciderunt.

DISSERTATIO I.

DE EUCHARISTIA INFIRMORUM.

POstquam altero Ecclesiasticae Politiae libro brevi, de more, complexus sum quicquid in Liturgica Euchariltiae re congesserant tot tantique de Ecclesiasticis antiquitatibus optime meriti clarissimi Scriptores Morinus, Tomasinus, Juveninius, Albaspinæus, Mabillonius, Martene, Gerhasius, aliique; unum secunda adhuc egere manu compertus sum, quod equidem Euchariltiæ Infirmorum Liturgiam interest; quodque illos forte aliqua ratione fugit, qui magna ea in re moliti sunt. In Ecclesiasticis profecto antiquitatibus, atque in iis potissimum, quæ Sacramentorum historiam spectant, presso pede quicquid vetustatis est, prosequendum erit; cum ea plerumque, quæ parvi videntur momenti, argumenta, maximæ sint utilitatis, atque præcipuis antiquæ Historiæ capitibus dilucidandis facillimum interdum sternant iter. Hinc quamquam sparsim nonnulla reperiantur apud laudatos Scriptores de Euchariltiæ Infirmorum historia; ea nihilominus, quæ tantum plane conficiant argumentum, adhuc desiderari, experietur quis quis illorum perlegerit scripta: neque enim hoc Historiæ antiquioris caput ex ordine commentati sunt; neque ex imis vetustatis latebris ea proferre conati sunt, quæ hactenus delitescunt, argumenta. Forte neque ii notandi ea de re erunt, quod magna aggressi opera, plura collegisse satis habuere. At in Ecclesiastica re mihi videtur nostro jam ævo collectionibus nimium nos laborare, cum ex illis perraro utilitatis aliquid capiat lector, nisi vel argumentum

jampridem noverit, vel rei, tumultuarie plerumque
congestæ, digerendæ par sit.

Cum itaque hoc Eucharisticæ Historiæ caput ne
dum Liturgiam, sed & ipsam quodammodo Relligionem interesse compertum habeam, operam haud abutar, dum sedulo, atque ex ordine illud explicare
satagam. Maximum siquidem Liturgiæ lumen affundent, quæ de antiquis Euchariſliæ vasibus, de specie, in qua servabatur, de methodo, qua ministrabatur dicemus: e Relligione quam quod maxime exit, Euchariſticum panem a primis usque Ecclesiæ
Sæculis extra usum servasse fideles, ut eo communicarentur.

Quamobrem præsenti Dissertatione I. expendemus
quicquid prima Ecclesiæ ætate, a 1. ad tertium scilicet
Sæculum, Liturgiam, atque methodum servandi,
ministrandique Euchariſtiam infirmis spectat. II. De
eodem disseremus argumento postquam Ecclesia pace potita, publico cultu Euchariſtiam prosecuta est;
quare & de Euchariſticis primæ, atque mediæ ætatis loculis dicemus III. De Ministris, deque ipsamet
Liturgia ministrandæ Infirmis Euchariſtiæ; ubi apposite de sacris Euchariſtiæ collocandæ linteis verba
faciemus. IV. De specie, in qua Euchariſticus panis servabatur. Ac tandem V. Orientalium nuperrimos ritus eadem in re compendiosiori stilo prosequemur.

§. I.

*A 1. ad III. Sæculum Eucharistia in sacra Æde nullimode servata est. De fidelium illius ævi more,
qui Euchariſticum panem ex Ecclesia domi
secumferebant, atque domi servabant.*

Hoc profecto argumentum ne dum scriptorum illius ævi silentium nobis suadet, sed & ipsamet infelix

lix temporum illotum conditio. Tunc fane Christiani furtim plerumque sacris vacare consuevisse, neminem latet; neque, si quando Templa habuere, ut altero *Politiæ* libro ostendi, ipsamet Relligionis Christianæ, atque arcani disciplinæ indoles, Eucharistiam in sacra Æde, vel eo loci, quo Sacrum Christiani persecerant, relinquere passa esset: subitæ siquidem persecutioni, paganorum irrequietæ indagini sanctum Christi Corpus ea ratione facile patere potuisset Quamobrem ne fideles raro tanto fruerentur Sacramento, cum inter persecutiones potissimum perraro fidelibus Liturgiæ interesse liceret, Ecclesia decrevit cuique fidelium jus secumferendi ex sacra Æde domi Eucharisticum panem, quo vesci posset vel quotidie, vel pro re nata Hujus disciplinæ antiquior testis est Justinus martyr altero Apologemate ad Antoninum Pium Imperatorem, in quo Christianæ Liturgiæ externam methodum exponens, ait *Postquam Præsidens gratiarum actionem perfecit* (ipsammet consecrationem mystica quadam phrasi *gratiarum actionem* appellat) *& populus universus adprecatione leta comprobavit* (nimirum vocula illa *amen*, qua fideles quarto etiam Sæculo utebantur, postquam Episcopus verba consecrationis protulerat, ut testatur Ambrosius) *qui apud nos vocantur Diaconi, distribuunt unicuique præsentium, ut participet eum, in quo gratia acta sunt, panem, vinum, & aquam, & ad absentes perferunt.* Ex hoc Justini textu etsi primo obtutu mos ille fidelium secumferendi panem Eucharisticum satis non appareat, plura nihilominus inferre ad rem licet: Primo etenim constat, Eucharistiam in eodem loco, quo sacrum perfecerat Episcopus, servari nullimode consuevisse, quod ex Justini silentio patet: secundo sequitur, ad absentes, nimirum ad eos, qui vel carcere, vel infirmitate detenti sacris abfuere, ipsos Diaconos Eucharistiam tulisse; ex quo equidem capite inferre

A 2

ferre licet, ea die, qua sacrum fiebat, eadem & ipsos infirmos communicasse. Verum silentio merito praeteriit Justinus reliquum quod ea in re disciplinae erat, ne Paganis contra sanctiora Relligionis negotia arma quodammodo suppeditaret, quod utique fecisset, si fideles domi panem illum, in quo gratiae actae erant, secumtulisse, dixisset: poterant sane illi domos perquirere, atque sacrilegas manus Eucharistiae inferre. Hinc pro comperto mihi e[1], Justini aevo & fideles secumtulisse Euchariſtiam, eamque domi servaſſe, & Diaconos infirmis, aliisque carcere nimirum detentis nedum ut communicarent, illam, tuliſſe, ſed etiam ut aliqua ratione penes se ſervarent. Id equidem ex Tertulliani, atque Cypriani teſtimoniis liquido patet. Tertullianus enim, etſi de hoc diſciplinae capite plane ſileat in ſuo apologemate, quippe quod illud inter paganorum manus verſari, noverat; iis attamen in libris, quos Chriſtianis erudiendis ſcripſerat, aperte illud teſtatur. Sic libro *De Oratione*, locutus de Liturgia die jejunii, ſiue Stationis facienda, ait: *Nonne solemnior erit Statio tua, ſi ad Aram Dei ſteteris, accepto Corpore Domini, & reſervato? utrumque ſalvum eſt & participatio ſacrificii, & executio officii*. Quid autem ſibi vult illud *reſervato*? fideles nimirum Corpus Domini e Diaconi manu accepiſſe, atque *reſervaſſe*, ut domi, Liturgia abſoluta, ſecumferrent. Hinc idem Tertullianus libro *de Spectaculis* quorumdam Chriſtianorum pravos carpens mores, qui audebant poſt ſacram Synaxim ad ſpectacula progredi, cujuſdam impudentiſſimi Chriſtiani hiſtoriam proſequitur, qui, ut ait ille: *oculos ad Idololatriae ſpectaculum per libidinem duxit, auſus ſecum ſanctum in lupanar ducere . . Dimiſſus e Dominico* (*Dominicum* ſacram appellat Synaxim) *& adhuc gerens ſecum, ut aſſolet, Eucharistiam, inter corpora obſcaena meretricum Chriſti Sanctum Corpus . . . . . circumtulit.*

Vi-

Vide, heic Tertullianum dilucide oftendere folitum hunc Chriftianorum morem fuiffe ; quod potiffimum ex iis verbis : *ut affolet*, patet. Eadem habemus apud Cyprianum, qui altero poft Tertullianum Sæculo fcripfit ; is enim libro *de Lapfis* de quodam loquitur Chriftiano, qui cum Idololatricis ritibus ante Liturgiam adfuiffet, tandem facris accedens, atque Chrifti Corpus recipiens, dum domi rediret: *cinerem ferre fe apertis manibus invenit*. Eodemque libro morem innuit domi Euchariftiam fervandi, cum de femina Chriftiana culpis irretita narret : *Cum (illa) arcam fuam, in qua Domini fanctum fuit, manibus indignis tentaffet aperire, igne inde furgente, deterrita eft, ne auderet attingere*. Idque itidem probant Acta SS. Indes, & Domnæ, de quibus mox dicturi fumus. Ex his itaque nullus erit dubitandi locus, olim Chriftianos, Synaxi abfoluta, ad proprias ædes Euchariftiam fecumtuliffe, eoque, non autem in facra Æde, illam fervaffe; quamobrem ex Juftini filentio nil contra hoc difciplinæ caput inferri licet, cum ipfamet filentii cauffa fatis comperta fit. Hinc nonnullas inter Græcorum antiquiores Ecclefias ad IV. ufque Sæculum farta tecta perftitit iftiufmodi difciplina, ut nos docet Bafilius epiftola ad Cæfariam Patriciam ; ubi ait : *In Alexandria, & Ægypto unufquifque etiam ex laicis, ut plurimum habet domi fuæ κοινωνιας communionem, & cum vult per fe ipfum communicat*. Id autem unum, in quo ea in re a Græcorum illa Latinorum difciplina differre videtur, vel in eo verfatur, Græcos per Diaconum, Latinos per ipfos quoque minores Clericos Chrifti Corpus ad abfentes mififfe; Juftinus enim docet id muneris *Diaconis* detuliffe Epifcopum abfoluta Liturgia. At de Latinorum difciplina teftis eft locupletiffimus S. Tharficius Acolytus, quem Martyrio Paganos affeciffe legimus in Romano Martyrologio die XVIII. Augufti, eo quod Corpus Christi, quod ferebat, Paganorum oculis subducere conatus est ; ut rem describit auctor certe antiquus Carminum, quæ Damasi nomine circumferuntur, carmine xxxv.

Tharsicium sanctum Christi Sacramenta gerentem
Cum malesana manus peteret, vulgare prophanis
Ipse animam potius noluit dimittere casus,
Prodere quam canibus rabidis cœlestia membra.

Quamquam enim Diaconi esset vi Ordinis Sacramenta Corporis Christi ministrare, quo munere in Liturgia fungebatur, sacri tamen ministerii haud proprium erat Christi Corpus ad alios ferre, potissimum ea ætate, in qua quisque etiam e laicis propriis manibus domi communicabat, ut infra ostendemus. Nam etsi Justinus auctor sit, Diaconis munus Eucharistiam ad absentes ferendi, detulisse Episcopum; nihilominus Inter ipsos Græcos, cuique ex ipsis etiam laicis ad tertium usque Sæculum Eucharistiam deferendam committere, vetitum non fuisse, liquido evincit pœnitentis Serapionis historia ex Dionysio Alexandrino apud Eusebium (a); siquidem Presbyter ægrotus pueri cuidam Christi Corpus credidit, Serapioni morti jam proximo deferendum.

Igitur ex hactenus dictis sequitur, olim, tribus nimirum primis Ecclesiæ Sæculis, I. Christianos domi ex sacra Æde, in qua Liturgiæ interfuerant, secumtulisse Corpus Christi. II. Domi illud servasse. III. Episcopos ad infirmos, qui absentium nomine veniunt vel per Diaconos, vel per minores clericos, vel etiam per ipsos laicos Eucharistiam misisse. Cum itaque infirmi domi Eucharistiam haberent, restat nunc expendendum, num illi egerent Diaconi ministerio, cum vellent *communicare*, ut ex hodierna di-
sci-

- (a) *Hist. Eccl. l. 6. c. 27.*

sciplina res sehabet. Verum longe alia tunc erat Ecclesiæ disciplina, qua fas erat cuique fidelium propriis manibus eo vesci Eucharistico pane, quem domi servabat, vel si vi morbi eo impar foret, quisque e laicis communionem ei præbere poterat. Duo Tertulliani testimonia, atque laudata Serapionis historia rem dilucide ostendunt: Tertullianus L. 2. ad Uxorem, Christianam mulierem pagano viro, Christianam illam esse nescio, desponsatam erudiens, ne Marito, sacris operam pro re nata datura, pateret, ait: *Non sciat Maritus quid secreto ante omnem cibum gustes, & si seiverit panem, non illum credat esse, qui dicitur, &c.* Itaque mulier propria manu panem illum sumebat, eoque vescebatur; si enim Diaconi ministerio opus ei communicaturæ fuisset, qua ratione oculos mariti effugisset? potuisset ne maritus vulgarem credere panem illum, quo tanto apparatu uxorem vesci videret? Quis quis Tertulliani verba attente expenderit, manifesto intelliget, uxorem propriis manibus domi communicasse. Idem Tertullianus, libro de *Monogamia*, mutua conjugum Christianorum officia describens, illos nos docet mutuo sibimetipsis Eucharistiam domi ministrasse: *Sic dabunt viri, & uxores quomodo buccellas.* Hisce Afri Presbyteri testimoniis accedit & Alexandrinæ Ecclesiæ disciplina, nam presbyter ille, de quo, ut dixi, loquitur Dionysius Alexandrinus Episcopus, cum non posset, infirmitate detentus, Serapioni Eucharistiam ferre: *exiguam Eucharistiæ partem puero tradidit, ut in aqua intinctam seni in os instillaret.* Itaque. I. Fidelium quibuscumque etiam feminis fas erat propriis manibus Eucharistico pane, quem domi servabant, vesci. II. Imo & laico vetitum non erat domi *communicare* laicum. Ergo. III. Infirmi vel domi servatam Eucharistiam sumere poterant, atque propriis manibus communicabant; vel si viribus prorsus destituti, impares eo erant,

rant, quia Diaconi ministerio indigerent, quisque e laicis Christi Corpus, in ejusdem infirmi domo, pro illius ævi disciplina, servatum, ei ministrare poterat.

Hæc illius ævi disciplina etsi laxior quodammodo videri possit, maxime nihilominus temporum conditioni congruisse fateatur, oportet, quis quis difficillimam illius ævi tempestatem noverit, in qua Ecclesia & ministrorum summa laborabat paupertate, & ministerii nulla gaudebat libertate. Sane ex iisdem, quæ hactenus protulimus, Scriptorum, illius ævi testimoniis liquido patet hæc eadem ministeria generali quadam lege moderatam esse Ecclesiam; ex Justino enim colligimus Diaconorum peculiare ministerium fuisse, Eucharistiam ad absentes, adeoque ipsos infirmos, ferre: ex Tharsicii historia saltem & minoribus clericis hoc munus detulisse Episcopum: ex Dionysio Alexandrino ipsis Presbyteris Episcopos munus Eucharistiam infirmis ferendi commisisse. At cum tempori serviendum quoque esset, hisce generalibus legibus Ecclesia laxamentum dare satagebat, ne fideles Eucharistico Sacramento in tanta temporum difficultate carerent; quamobrem & ipsos laicos domi Eucharistiam ferre, illa *communicari* vicissim propriis manibus sine Diaconi ministerio sinebat. Ea, etenim ratione laicis ministerii sacri nullum erat neque jus, neque officium, quæ dumtaxat apud Diaconos ab initio stetere; nam si laici Eucharistiam domi habebant, si alteri ferebant, si illam alteri præbebant, non sacrum, neque publicum eorum erat ministerium, sed privatum omnino, atque temporarium; adeoque a nativo Diaconorum ministerio, quorum est jus publici Eucharistici ministerii, prorsus, atque omnino diversum.

Consulerat pari itidem ratione & pœnitentibus infirmis ea tempestate Ecclesia. Iis etenim, qui inter pœnitentes versabantur, cum *communionis jure*

(de

(de quo libro v. *Politiæ* locuti fumus) carerent, Euchariſtiam domi habere, vetitum erat; cumque tribus primis Sæculis (ut ex canone XIII. Concilii Nicæni I. omnes norunt, de quo ſequenti Diſſertatione fuſe dicturi ſumus) omnibus pœnitentibus morti proximis Euchariſtiam conceſſiſſe Eccleſiam, nemo eſt qui dubitet; merito Eccleſia hoc diſciplinæ caput ſingulari quadam ratione moderata eſt. Hujus autem diſciplinæ certiores nos facit laudatus Dionyſius Alexandrinus Epiſcopus in ſupra laudata Epiſtola, in qua methodum omnem diſciplinæ Alexandrinæ Eccleſiæ explicat: narrat enim, Presbyteris, quibus Parochiarum cura commiſſa erat, mandaſſe, ut pœnitentibus, qui, cum morti accederent in ea, quæ Alexandriæ graſſabatur, lue, Euchariſtiam poſtulaſſent, illam impertirentur; quare & Serapionis hiſtoriam narrat. Is enim inter pœnitentes adhuc erat, cum extremo morbo laborare cœpit; hinc morti proximus puerum quemdam Presbytero miſit, ut ſui propoſiti Euchariſtiam recipiendi illum certiorem faceret: Puer Presbyterum noctu adiit, Presbyter infirmus erat, eo ut domi egredi non poſſet; quare eidem puero *exiguam Euchariſtiæ partem tradidit, ut in aqua intinctam ſeni in os inſtillaret*. Ex hac profecto hiſtoria duo colligenda ſunt, quæ Eccleſiæ erga pœnitentes morti proximos diſciplinam oſtendunt. I. Illos domi Euchariſtiam non habuiſſe, cum nefas eſſet id pœnitentibus. II. Presbyteros penes ſe Euchariſtiam habuiſſe, ut illam, ſi quando infirmi pœnitentes expoſtulaſſent, illis ferrent; nam ſi puer noctu Presbyterum adiit, ab eoque ſtatim Euchariſticum panem, Serapioni ferendum, accepit, dicendum eſt, illum jam conſecratum penes ſe domi habuiſſe; cum nefas presbytero fuiſſet domi ſuæ Liturgiam noctu celebrare, ut panem conſecraret, atque puero traderet. Hac itaque ratione, & communioni pœnitentium infirmorum,

rum, vel morientium consuleraτ primis tribus Saeculis Ecclesia.

§. II.

De vasis, in quo fideles tribus primis Saeculis Eucharisticum panem secumferebant; deque eo, in quo illum domi servabant.

Altum penes antiquos de hoc capite silentium, duplici de caussa fuisse, mihi videtur: Primo enim, ut scriptorum conditio est, ea quae oculis omnium objiciuntur, atque inter omnium manus versantur, describere supervacaneum ducunt; quare quicquid antiquorum suppellectilem spectat frustra comperire studuissemus in antiquorum scriptis, nisi picturae, atque marmora harum rerum figuras suppeditassent, vel ipsam quandoque effossam antiquorum suppellectilem propriis oculis non intueremur. Primum hoc argumentum praesentis indaginis nimiam difficultatem satis evincit; siquidem neque picturae veterum Christianorum, neque anaglyptica illorum opera vasa Eucharistica habent, neque ejusmodi Ecclesiastica illius aevi suppellex nobis superest. Secundo. Ipsamet antiqua Ecclesiae disciplina potissimam difficultati praebuit occasionem, cum illa inter arcana Ecclesiae mysteria vasa sacra referret, atque satageret ea oculis ne dum paganorum, sed vel ipsorum catechumenorum subducere. Luculentissimum hujus disciplinae argumentum nobis suppeditat Chrysostomi historia: is enim describens facinora, quae milites patrarunt in Ecclesia S. Sophiae CPoli die, qua exilium ejus praecessit, potissimum queritur, milites sacra vasa vidisse. Itaque si ea erat Ecclesiae disciplina quarto adhuc Saeculo, ut nonnisi sacris ministris ea vasa patere fas esset; procul dubio dicendum erit, trium priorum Saeculorum Episcopos, ceterosque Ecclesiae ministros sedu-

sedulam operam dedisse, ne aliqua ratione Pagani, vel ipsi etiam Catechumeni sacra viderent vasa. Ex quo quidem sequitur mirum nemini esse, altum silentium Ecclesiasticos illius ætatis Scriptores de sacra suppellectili servare; perinde ac maxima diligentia sacra vasa condidisse, ne forte fortuna ad paganorum prophanas manus devenissent: Ea itaque de re nonnisi conjecturis aliquid in proposita indagine proficiendum erit, quæ veritati forte proprius accedent, cum illis antiquorum monumentorum, si quæ sunt, fidem pro re nata adhibere studeamus.

Nulli certe dubium erit, vasa, in quibus Eucharistiam ferebant fideles, alia prorsus fuisse ab illis, in quibus sacrum perficiebant; etsi sacra quodammodo & hæc fuerint, cum sacro huic usui destinata. Verum in tanta antiquorum monumentorum caritate, si aliquid augurandum erit, mihi probabilius videbitur, unum, eumdemque apud omnes fideles non obtinuisse ea in re usum: Alii siquidem vase quodam, alii lineis pannis, alii forte & manu Euchariſtiam secumtulisse fatendum; id quod potissimum de iis dicendum erit, qui loco, quo Liturgiæ intererant, viciniores forent; nam supra laudatum Cypriani testimonium ejusmodi morem aliquibus forte fuisse evincit, cum de Christiano, qui Eucharistiam secumferebat, dicat Cyprianus, illum *apertis manibus cinerem ferre invenisse*: is itaque in ipsas ferme manus Corpus Christi tulisse videtur. At contra ea S. Tharsicii historia, non ita palam illum Christi Sacramenta tulisse, nos docet; siquidem, ut ex superius allatis versibus colligere est, Pagani verberibus, aliisque cruciatibus Tharsicium afficiebant, ut ostenderet, traderetque illis Christi Corpus. Nonne statim Euchariſticum panem acolyto abstulissent illi, si manu portasset?

Quarto autem Sæculo in moribus fuisse legimus Eucha-

Eucharistiam lineo panno involutam, atque de collo suspensam ferre; ea sane ratione, ut Satiri, Ambrosii fratris, adhuc catechumeni pietati fideles, qui cum illo in eadem erant navi, facerent satis, Eucharisticum panem linteo obvolutum, illius collo suspenderunt, ut idem narrat Ambrosius in Oratione funebri Satyri fratris. Hunc autem lineum pannum, in quo Eucharistiam fideles collocarunt, *orarium* appellat Ambrosius, nimirum, ut innueret lineum illum pannum ex iis fuisse, quibus in re sacra Christiani utebantur, ut in Dissertatione de Neapolitano Cœmeterio fusius de *Oraria* dicemus. Cum itaque prima ætate vasa vel deficerent, vel præsto non essent, vero similius videtur, in sacris hisce *Orariis* viros, atque mulieres, immo & ipsos sacros ministros Panem Eucharisticum tulisse, id quod & decentius, & commodius fiebat. Quamobrem ad VII. usque Sæculum ejusmodi morem in itineribus & ipsos servasse Episcopos dilucidius nos docent Acta S. Birinii Dorcestriensis Episcopi (apud Surium die III. Decembris), qui quidem *habebat pallam, in qua immaculatam Hostiam offerebat, in eaque ad collum suspensam Eucharistiam ferebat, & super Altare sanctum in Sacrificio Missæ illam ponere solebat*. Apud Hieronymum epistola ad Rusticum Monachum aliud vas Eucharistiæ ferendæ fidelibus fuisse, legimus, quod equidem nimiam sapere antiquitatem, ipsamet vasis materia ostendit: Loquitur enim ille de S. Exuperio IV. Sæculo Tolosæ Episcopo, quem, aureis vasis sacris, ut pauperum egestatibus consuleret, divenditis, simplicissima suppellectili ea de re usum esse narrat, ac tandem ait: *nihil illo divitius, qui Corpus Domini vimineo portat canistro*. Porro S. Episcopus nisi majorum exempla ea in re sequeretur, nusquam tam vulgarem suppellectilem adhibuisset; eodem enim pretio, atque faciliori forsan ratione ligneum vas,

vel

vel testaceum comparare potuisset; quare mihi videtur nonnisi majorum exemplo *vimineum canistrum* Eucharistiæ ferendæ adhibuisse Exuperium. Quibus equidem *canistris* Sæculo adhuc vi. usi fuisse videntur Christiani Eucharistiæ pro re nata ferendæ. Epiphanius etenim Presbyter in *Indiculo* ad Hormisdam R. Pontificem de ejusmodi vase meminit: *Si hæretici non sunt*, ait, *quomodo tanta Sacramenta consecrerunt, ut canistra plena omnibus erogarent, ne imminente, ut dicebant, persecutione, communicare non possent? In Canistris* autem *Sacramenta* reposuerant, certe, ut domi ferrent, eoque si invalesceret persecutio, communicarent. Vasa profecto viminea, quæ parvæ cistæ formam præferebant, quas Græci ϰιϛίδια appellarunt; cum ex eadem materia ac ventilabra, vannique, nimirum ex viminibus, texerentur, penitissimæ antiquitatis apud ipsos Paganos in re sacra fuere; siquidem Herodotus *L.* vii. Ægyptiaca mysteria describens, de vimineis cistis meminit. Exychius itidem inter vasa sacris dicata vimineum vas refert, illudque appellat αγγιον πλεϰτον ϰιϛινον, cum ad maris ora vimina, ex quibus vasa illa texebantur, reperiri, atque colligi solerent (*a*); quamobrem apud Plutarchum *in Iside* cistæ, quas Græci adhibebant in Orgiis Baccho sacris, ϰιϛίδια appellantur, quarum cistarum figura plane respondet parvo cuidam *canistro* cum operculo, ut videre est in numis, qui virgines cistas hasce capite ferentes habent apud Lamy in singulari Dissertatione inter illas Acadamiæ Cortonensis *to.* vi. Hasce autem cistas exterius e vimine contextas, interius aurea lamina obductas fuisse, scribit antiquus scholiastes Callimachi (*b*); ex quo colligimus ipsos

etiam

(*a*) *In Lex. ad h. voc. to.* 2.
(*b*) *Ex Edit. Schrevel. p.* 71.

etiam paganos, ut antiquam rei sacrae suppellectilem servarent, ciltas vimineas adhibuisse, quas attamen intrinsecus aureis laminis condecorabant. Itaque ut in ceteris rebus Ecclesia ea, quibus Pagani utebantur, adhibere dedignata non est, modo Idololatricum quid suapte natura secum non ferrent; ita & in usu hujus vasis viminei paganorum, ceteroqui penitissimae simplicitatis, morem secutam primis difficillimis, pauperrimisque temporibus, arbitramur: Apud antiquos enim Christianos neque hoc exemplum Exuperii solitarium est, cum usus in re sacra viminei vasis certe penes illos fuerit, etsi viminea suppellex, de qua mox dicemus, Eucharistico huic usui dicata non foret. Apud Aringhium enim in altero tomo *Romae subterraneae* habetur figura antiquissimi cujusdam marmorei Sarcophagi, in coemeterio S. Agnetis via Nomentana effossi, in quo ad Pedes cujusdam figurae Christi manu volumen tenentis, videre est cistam rotundae figurae cum operculo paululum recluso, ita ut plura volumina intus appareant, atque circa cistae os habetur serrae cujusdam signum. Diximus autem altero *Politiae Ecclesiae* libro, haec vasa olim in Ecclesiis fuisse, eisque sacra volumina occludi consuevisse; quare heic cista nonnisi id genus vas praeseferre videtur, atque vimineum est, ut ipsemet Aringhius, qui Sarcophagum propriis oculis vidit, testatur Hinc apud Graecos ex antiquioribus eorum Liturgiis viminea canistra fuisse, patet, quae τα σιριδια pariter appellabant, eisque utebantur Sacrae suppellectili collocandae, atque ex Altari in *Secretarium* ferendae Forte & primis Ecclesiae Saeculis ipsas Episcoporum sellas, quas deinde *cathedras* appellarunt, quibus nimirum in re liturgica utebantur, etiam e viminibus textas fuisse, conjiciendum erit ex quodam vetustissimo Sarcophago apud Bottarium (*Romae Subterraneae Tom. III. Tab.* CXXXI.) in quo Christi SS.

Ma-

Mater sedet in sella quadam viminea, quæ ab antiqua Sella Episcopali ne latum, ut ajunt, unguem differt: Huic simillima est & alia, in qua Dei O. M. figura sedens apparet in altero Sarcophago maximæ antiquitatis apud eumdem (*Ibid. Tab.*cxxxvi.): Forma harum sellarum, quæ prorsus Episcopalis illius ævi cathedræ eadem est, & hasce e vimine pariter textas fuisse, facile mihi suadet; neque ab ea, qua tunc Ecclesia laborabat, paupertate alienum videbitur hisce sellis tunc Episcopos in Liturgia usos fuisse, cum in ipsis Cœmeteriis raro e marmore, plerumque ex viliori lapide forent, ut videre est in Neapolitani Cæmeterii priori cubiculo, quo adhuc muro impacta Episcopalis cathedra est ex ipsiusmet muri materia, nimirum e tofo; cujusmodi est & alia, quæ ex eodem Cœmeterio educta, servatur in Ecclesia S. Mariæ Sanitatis. Tandem flabella, quæ certe ex antiquo in Liturgia obtinuere tum apud Græcos, tum apud Latinos, etiam e vimine contexta olim erant, a græcis denominata, ριπιδευς, medio ævo ριπιδια. Itaque neque nova erat in suppellectili Ecclesiastica viminea textura, adeoque ex antiquorum procul dubio more S. Exuperius *vimineo canistro* Eucharistiæ ferendæ usus est.

Atque heic, ut nostra probabilior adhuc evadat conjectura animadvertenda duo erunt. Primum: *Canistrum* apud Latinos, quod το κανεον fuit & Græcis, quoddam vasis genus fuisse ab eo, quod hodiedum ea denominatione appellamus, diversæ prorsus figuræ. Antiquum sane vas, canistrum nuncupatum, fiscellæ figuram omnino præseferebat, suumque operculum habebat. *Cista* vero, appellabatur grandius vas vimineum ore nimium patulo, atque lateribus parum elatis, proprio etiam operculo tecto, quod & Græci olim λικνον vocarunt; quare Græci λικνοφοραι dixere virgines, quæ in Orgiis Bacchi cistas

my-

mysticas ferebant. Alterum: *Vimineα* vasa non e vimine dumtaxat texta fuisse, sed & ex alberi quoque corticibus, ita ut vas ea ratione textum, compagine flexibilium corticum longe solidius illo, quod e puris putisque viminibus plectebatur, evaderet. Theophrastus hujus texturae nos admonet Historiae Plantar. *L. 2. Tiliam feminam habuisse corticem ευκαμπη flexibilem, eoque ex ea cistas texi*: Neque dicendum erit grandiora vasa ex corticibus plecti, ex viminibus autem parva illa, uti canistrum fuisse diximus; nam medio etiam aevo inter Cluniacenses vas, in quo Eucharistia servabatur, appellatur *L. 2. Consuetud. Cluniacensium : Pyxis corticea*, nimirum pyxis ex alberis alicujus corticibus texta. Si itaque ad mediam usque aetatem inter monachos, qui antiquiorem simplicitatem, atque paupertatem servabant, adhuc *pyxis* e corticibus alberum erat, etiam parva illa vasa e corticibus antiquos texuisse, dicendum erit. Ex his autem, ut ad nostrum redeamus argumentum, sequitur, antiquum canistrum maximopere aptum fuisse Eucharistiae ferendae, quippe quod & tegi operculo, & commode portari potuisset, potissimum ob tenuiorem perinde, atque oblongiorem formam Secundo : Probabilius videri, non ex puris putisque viminibus fuisse, etsi vimineum ratione texturae appellaretur; sed potius ex alberi corticibus textum, ita ut tantis careret foraminibus, atque strictius compactum decentius Eucharistiae ferendae foret. Haec libuit adtexere, quo nostra opinio veritati longius abesse non videatur; mirum enim spero nemini erit, me omnium primum opinatum esse, antiquos Christianos vimineis vasibus Eucharistiae ferendae usos esse, cum etsi solidiora adhuc desiderentur hujus rei argumenta, neque nisi conjecturis gradiendum sit, forte & alia antiqua monumenta aliquando lucem huic opinioni affundent.

Prae-

Præterea si antiquam nascentis adhuc Christianæ Relligionis sacræ suppellectilis materiam inspiciemus, neque nova, neque Relligioni absona viminei valis illa videbitur Eucharistiæ ferendæ, cum olim & ipsimet calices, in quibus Christi Sanguis vel *consecrabatur*, vel populo ministrabatur, lignei, ipsæque ligneæ fuissent patenæ, in quibus & Corpus Christi collocari consuevit. Quamquam enim inter ipsas perinde persecutiones vasa quandoque argentea, vel etiam aurea habuerit Ecclesia, quod aperte testantur, & Prudentius in Hymno de S. Laurentio, ubi judex hæc Laurentio loquitur:

>   *Hunc esse vestris Orgiis*
>   *Moremque, & artem proditum est,*
>   *Hanc disciplinam fœderis,*
>   *Libent ut auro Antistites.*
>   *Argenteis schyphis ferunt,*
>   *Fumare sacrum sanguinem,*
>   *Auroque nocturnis sacris*
>   *Adstare fixos cereos.*

& Optatus Milevitanus *L.* vi. contra Parmenianum; attamen ubique fere Ecclesiarum sacra vasa lignea omnino ad Zephirini usque Romani Pontificis ætatem fuisse, vetus Christianæ Reipublicæ Historia nos docet; legimus enim in vita Zephirini ex antiquo auctore, Damasi nomine, apud Bollandum in *Propyleo To. I. Aprilis*, Zephirinum statuisse: *Ut patenas vitreas ante Sacerdotes in Ecclesia ministri portarent, dum Episcopus Missas celebraret*. Quod equidem statutum legimus in Concilio Triburiensi Sæculi ix. capit. xviii. cujus verba, cum ad rem nostram maxime redeant, lubet heic exscribere: *Vasa, quibus sacrosanta conficiuntur mysteria talices sunt, & patenæ. De quibus Bonifacius Martyr, & Episcopus (Moguntinus Sæculo* viii.*) interrogatus, si liceret in vasculis ligneis Sacramenta conficere, respondit. Quondam Sacerdotes aurei* ligneis calicibus utebantur, nunc e contra lignei Sacerdotes aureis utuntur calicibus. *Zephirinus* XVI. *Romanus Episcopus patenis vitreis Missas celebrari constituit, Tum deinde Urbanus* XVIII. *Papa omnia ministeria sacrata fecit argentea &c.* Ex quo sane testimonio sequitur, Zephirinum omnium primum lignea, quibus olim in re sacra Ecclesia utebatur, vascula e sacra suppellectili ablegasse, atque vitrea dumtaxat adhibenda decrevisse. Cl. Blanchinius in notis historicis ad Anastas. Biblioth. in Zephirino (*tom.* II. *pag.* 172.) ea de re vitreas induxisse patenas Pontificem scribit: *Quod pellucida vitri materies redderet evidentiora minuta quæque fragmenta.* Huic autem rationi proximior & illa fuisse videtur, qua præ ligneis vitrei calices obtinuere; nam lignea materies, cum suapte natura ex eo nimis madescat, quod recipit, fluido, calix ligneus e consecrato vino madidus, secus ac vitreus tergi poterat, siquidem vitrum neque attrahit, neque vinum vitro crassius inhærescit; adeoque Sacerdos facili ratione vitreum Calicem tergere valeret. Nam etsi de sola Patena in allatis testimoniis sermo sit, nihilominus illud idem de calicibus dicendum erit; siquidem nulla habemus Zephirino antiquiora monumenta usus calicum vitreorum in re Christianorum Sacra, atque ex ejus dumtaxat ætate vitrea hæc supellex in Ecclesia invaluisse videtur. Baronii sane argumentum, quo vitreis calicibus Apostolos ipsosmet usos esse, probare conatur, nullius est certe momenti; quamquam enim Marcus ille hæresiarcha, de quo loquitur in *Not. ad Martyrolog.* XII. *Idus Augusti*, vitreo calice usus sit; id illum fecisse Apostolos imitatus, undenam argumentatus est Baronius? Imo ipsamet Marci historia palam ostendit, vitreo calice illum usum esse, quo magica arte simplicium oculos deciperet, quibus ut veritatem suorum dogmatum probaret, vinum ex albo rubrum in eodem calice immutatatum ostendebat: nisi calix vitreus foret, quanam ratione immutatio hæc populo pateret? Falluntur pariter, & hi, qui Zephirino antiquiorem usum vitrei calicis in Liturgia putant, Tertulliani, cujus verba perperam interpretantur, auctoritate, ducti; is enim libro *de Pudicitia* ait: *A parabolis licebit incipias, ubi est ovis perdita a Domino requisita, & humeris ejus revecta? Procedant ipsæ picturæ Calicum vestrorum &c.*; & paulo post: *Patrocinabitur Pastor, quem in calice depingis*. Ex his sane verbis nonnulli clarissimi ceteroquin nominis viri putarunt, jam Tertulliani ævo, qui paulo ante Zephirinum scripsit, passim Sacra vasa vitrea fuisse. At primo quidem undenam vitreos illos fuisse calices, de quibus loquitur Tertullianus, desumant, satis non liquet; siquidem & antiquos in ligno pinxisse nemo ignorat, atque ipsas quandoque imagines, quæ ligno scalpebantur, aliaque in ligno postypa, cujusmodi erant pocula Cononis, atque Alcimedontis apud Virgilium Eclog. III., *picturas* appellasse, pluribus erudite nimis ostendit Duchelius Dissertat. III. *De Antiquis Deorum Simulacris*. Verum ut ut vitrei fuerint calices, quorum meminit Tertullianus, non video cur Sacra vasa illos fuisse dicendum erit, cum *calicis* nomine poculum quodcumque veniret, quo quis bibendo utebatur; quod argumentis confirmare, supervacaneum plane duco. Accedit & Christianos re ipsa pro communi bibendi usu calices vitreos depictos adhibuisse; qui sane mos jamdiu & apud ipsos paganos obtinuerat: narrat siquidem Capitolinus, quod Cornelius Macro *Pateram habuit ex electro, in cujus meditullio effigies erat Alexandri: sic Epicurei Epicurum in poculis suis effingunt, ut quoties biberent, toties illius recordarentur*. Vide Stuchium *Antiquitatum Convival*. l. 3. c. 12. Ejusmodi itaque vitrea pocula, quibus imagines vel coloribus, vel auro quandoque depingebant, passim communi usu adhibuere Christiani, cum innumera illorum rudera in ipsis etiam Cœmeteriis, vel loculis impacta, vel in ipsis loculis collocata passim Romæ invenerint Aringhius, Boldettus, Bottarius, aliique. Apud Ciampinium in Appendice *Tom. III. Synopsis Historicæ de Sacris Ædificiis* habetur figura æreæ cujusdam subtilis laminæ, anaglyphis elaboratæ Musei Cardinalis Gasparis Carpinei, in qua præter alias figuras Historiæ veteris Testamenti, media stat figura *Boni Pastoris*, qui ovem super humeros gestat, prout illum describit in allato testimonio Tertullianus: hanc autem bracteolam putat Ciampinius *in alicujus* (illius sunt verba) *fictilis, vel lignei vasis ima, interiorique parte immissam, collocatamque fuisse*. Hæc autem lamina, perinde, ac rudera omnia, atque bases calicum, sive poculorum (qualis est & illa, in qua depicta est Christi nascentis historia, quam eruditissimis notis commentatus est Gorius, aliæque innumeræ, quas potissimum edidere Bonarrotius, atque Boldettus post Aringhium,) quot quot sunt, ex antiquis Romæ Cœmeteriis effossa fuere. Quis autem dicet, hæc antiquorum calicum, in quibus Sacramenta consecerant Christiani, rudera fuisse? Nemo enim non videt indecorum nimis, atque a prisca antiquorum Christianorum pietate, ac Relligione alienum prorsus fuisse, rudera Sacrorum Calicum sepulchris injecisse, atque ipsis plerumque loculorum cæmentis impegisse. Itaque quis quis sane mentis erit, dicet fas est, rudera illa antiquorum poculorum fuisse, quibus ad bibendum vulgo usi fuere olim Christiani; in qua equidem sententia post Cl. Bonarrotium omnes fere harum rerum scriptores descendunt.

His itaque explicatis, Tertullianum de calicibus, bibendo passim apud Christianos adhibitis, locutum esse, nemo inficias ibit; adeoque ex illius testimonio usum calicis vitrei in re Sacra minime inferri. Hæc autem

ex-

expendere haud supervacaneum fuit, ut (quod plerique in dubium vertere conati sunt) dilucidius ostenderem, Zephirino, qui initio Sæculi III. Romanam Ecclesiam moderatus est, usum supellectilis vitreæ in re Sacra primum tribuendum esse.

Ad hujus itaque Pontificis ætatem etsi, ut dictum est, aurea, atque argentea vasa aliquando habuerit Ecclesia, passim nihilominus lignea fuisse præter Bonifacii Moguntini laudatam auctoritatem, habemus & Rodulphi Tungrensis, pro suo ævo satis exculti Scriptoris, illam, qui Lib. *De Canon. Observant.* proposit. XXII. scribit: *Ligneos olim fuisse Apostolorum ætate calices.* Quemadmodum autem quarto adhuc Sæculo, perinde ac sexto calicibus vitreis passim usæ sunt tum Græcæ, tum Latinæ Ecclesiæ, quod ex testimoniis S. Epiphanii in *Panar. Hær.* XXXIV., & Gregorii Turonen. *de Gloria Martyr.* L. I. c. 46. manifeste patet; ita & calices ligneos diu stetisse Conciliorum, atque R. Pontificis Leonis IV. edicta docent, qui, epistola per Provincias missa, vetuit, ne in ligneis calicibus Sacramentum Eucharistiæ fieret. Idem legimus interdictum in quodam Concilio Rhemensi apud Gratianum, & in laudato Concilio Triburiensi, cujus Patres decrevere (*ibid.*) : *Statuimus, ut deinceps nullus Sacerdos sacrum mysterium Corporis, & Sanguinis Jesu Christi domini nostri, in ligneis vasculis ullo modo conficere præsumat.* Ex his igitur patet, ad VIII. usque Sæculum edicto minime vetitum fuisse Ecclesiis usum vasculorum e ligno in re sacra; quo equidem sæculo Leo IV., atque Patres Concilii Triburiensis aperte hujus materiæ vasa ex Ecclesiis eliminanda statuerunt. Quamobrem (ut unde digressi sumus, revertamur) si ad VIII. usque Sæculum ligneis patenis, ligneisque calicibus Eucharistiæ conficiendæ usæ sunt Ecclesiæ, cuinam mirum videbitur, prima ætate viminea vascula Christianos adhibuis-

& Eucharistiæ saltem serendæ (I)?
Verum etsi plerumque trium priorum Sæculorum Christiani nimia vexarentur rerum omnium egestate, eos

---

De usu supellectilis viminea apud veteres.
De canistro, deque Sellis, Lectulis, Canis, Retibus, Vannis &c. vimineis.

(I) Diximus apud Paganorum vetustissimos usum viminei vasis in eorum Sacris obtinuisse; quod & in Orgiis Bacchi, aliisque id genus tabulis passim videre est. Hinc in tabula Pompei Bacchantis apud Monsfauconium (Antiq. Inlustr. tom. II. par. 1. tab. LXXXVI.) duo videmus canistra cum operculis diversæ nihilominus formæ ab iis, quæ feruntur a bacchantibus in numis. In antiquissima etiam gemma apud Maffeum, extat femina, quæ Priapo sitat, cui adstat puer canistro ea, quæ Priapo sacrificanda erant, ferens: ex Aræ figura, quæ rudiorem, simplicioremque præsefert formam, de gemmæ vetustate, ac proinde de canistri antiquissimo usu in re Sacra, facile argumentamur. At in canistris pariter antiqui tum panem tum cibaria passim reposuere. Apud Græcos autem discrimen aliquod nominis intererat inter κανίσκιον, atque κανήτιον, ut nos docet Julius Pollux in *Onom.* L. VI. c. XII., scribit enim: τὸ δὲ ΡΙΝ κανίσκιον, κανήτιον ἐκάλυν, ὡς καὶ τὸ λικνον κανητά. *Quod autem nunc canistrum, illi cophinum vocarunt, quemadmodum & ventilabrum vannum.* Parum heic immorandum erit, ut Pollucis mentem, atque antiquarum vocum significationem assequamur. Docet nos enim Pollux unum idemque olim fuisse *cophinum, & canistrum*. At latina hujus textus versio sensum omnem hujus periochæ inaccessum reddidit, cujusmodi ea est, quam protulimus: eo siquidem capite de vasculis, in quibus cibaria potissimum ferebantur, loquitur ille, adeoque abs re prorsus videtur versio alterius commatis ὡς καὶ τὸ λικνον κανητά, ut & ventilabrum vannum; mihi enim videtur hisce vocabulis alia

&

sos inter fuisse nihilominus & divinam aetmo ex antiqua Ecclesiae Historia ignorat. Hi viminei vasculi Eucharistiae ferendae usum dedignati non sunt, antiquam for-

vasuum nomina indicasse Pollucem, cum & λικνος, & κάνητρον vasuum vimineorum genera fuerint, ut mox ostendam; quare redderem: *quemadmodum & antiqui λικνον vas e vimine contextum κάνητρον canistrum appellarunt*; in eo enim totus est Pollux, ut differentiam ostenderet nominum, quae antiqui, quaeque recentiores iisdem vasibus tribuere. Itaque χαννας, κανισκιον, κάνητρον ejusdem vasis nomina fuere, uti & λικνος, atque κάνητα unius perinde, ejusdemque vasis. Quid autem κανισχιος, atque κάνητριον fuerit, deinde explicat; id quod animadvertendum sedulo erit, ut antiquorum *canistrorum* formam, atque fortasse & materiem plane intelligamus, subdit enim. κανναι δε το εκ καντάβων πλεγμα, ετι τινες ειεν. *Canistri autem complicati e cannabo*, ετι quidam sunt: sequitur: και το κανουν δε πλεγμα, και το κανισκιον, και γυργαθους δε πλέκειν ελεγον. Tum & *cophanus complicatio est, & canistrum, & grabata flectere*, (*complicare*) dixerunt.

Ex his sane intelligimus e cannabo olim canistra fecisse antiquos, quae quidem plicabantur, ita ut commodius ferri possent; hinc apud eundem Pollucem *L. x. 6. xxxiii.* versus ex Geritbade habemus:

. . . αλλ δ' εισεφερε πλεκτα
Κανισκιω αρτων τειλικτα θρυμματα ·
. . . *alius vero inferebat plicato*
In canistro reliqua panum fragmenta.

Cur autem ejusmodi *canistra* e cannabo contexta, atque complicata ετας appellarit, nunc expendendum erit. Interpres enim Pollucis non bene reddit *corbis quaedam sunt*, cum Pollux eo της ετας vocabulo formam illius canistri potius innuere voluerit, id quod satis non explicat vox illa *Corbis*. Πυτος enim apud Aristophanem *in Pace* significat proprie *stoream*; hinc ut Pollux ideam illius ca-

forte *ſphiraculum paupertatem* averſari, ſed ut, dum patrimonii vires ſuppeterent, decentiori, qua fieri poterat, ratione tantum ferrent Sacramentum. Anno enim

niſtri cannabini exhiberet, comparavit illud ſtoreæ, immo & *ſtorearum* inſtar illud eſſe dixit, ut eodem plane modo ac complicatur ſtorea, & caniſtrum illud complicari poſſe, oſtenderet. Hoc autem Græcum vocabulum ϲϰⲣⲓⲇⲟⲥ ex antiquiori illo ϲⲣⲓⲇⲓⲟⲥ contractum fuiſſe videtur; ſane apud Herodotum L. 11. ϲⲣⲓⲇⲓⲟⲥ appellatur vas quoddam; quod equidem omnes Herodoti interpretes, *vas e vimine contextum* poſt Suidam reddiderunt. Atque heic hujus Græcæ vocis etymon contra ea, quæ Lexicographi pene omnes habent, brevi nos tentare, lectori injucundum forte non erit. Paſſim penes Lexicographos vox ϲⲣⲓⲇⲟⲥ, vel ϲⲣⲓⲇⲓⲟⲛ vas vimineum derivatur a ϲⲣⲓⲍⲱ *ſuffflo, ignem ſtatu ventilo* apud Suidam, Henricum Stephanum, Schrevelium, Conſtantinum, alioſque, cui ſane verbo veluti pro themate, ut ajunt, eſt & vocabulum ϲⲣⲓⲇⲓⲟⲛ *flabellum*. Primo quidem in quæſtione verſatur apud illos num a ϲⲣⲓⲇⲓⲟⲛ *flabellum* oriatur ϲⲣⲓⲍⲱ *ventilo*, an e contra a *verbo* iſto *nomen* illud deducatur, quod inveroſimile videtur. Secundo. Neque ex Lexicographis hujus nominis τⲟⲩ ϲⲣⲓⲇⲓⲟⲩ etymon intelligimus. Tertium: neque argumentum duplicis hujus ſignificationis ſatis diverſæ inter *vannum*, & *vas vimineum*, quæ eodem vocabulo τⲟⲩ ϲⲣⲓⲇⲓⲟⲩ tribuitur, aliqua ratione patet. Hinc altius repetenda erit, mea quidem ſententia, τⲟⲩ ϲⲣⲓⲇⲓⲟⲩ ætymologia, quæ ex phœnicia voce plane derivari poſſe mihi videtur. In antiquiſſimo enim Canticorum libro c. 111. verſ. x. legimus vocem רפידה *Repidah*, *ſtratum*, Vulgatus vertit *reclinatorium*: Ex hac autem voce, quæ *ſtrati* materiem indicat, tum vaſi vimineo, tum ventilabro ϲⲣⲓⲇⲓⲟⲥ nomen derivaſſe, mox oſtendam, cum utrumque eodem conſtrueretur modo, ex eademque materie ac ſtratum, ſive *reclinatorium*.

Antiquis ſane a prima ætate in more fuit, *ſtratum*

nim MDLXXI. cum effoderetur Romæ Cœmeterium Vaticanum, in quibusdam loculis inventa sunt duo parva vascula aurea, thecæ quadratæ formam præseferen-

tum vel e juncis, vel e funiculis texete, quod fusius probat doctissimus Scaliger in *Conjectur. ad Varronem de Lin. Latin.* Hinc Latini stratum illud *thorum* appellarunt, *ab herbis tortis dictum*, ut nos docet Isidorus *Origin. L. xx. c. t.*, qui id genus *lectum* appellavit: Junceum *Lectile* in *Glossar.* Ita & Plinius *Hist. Nat.* L. VIII. c. XLVII. *Antiquis thorus è stramento erat, qualiter etiam nunc in castris.* Parvi autem Lectus, quos *grabatos* Latini, Græci autem κραβατοι, vel σκιμποδια appellarunt, e restibus fiebant, eo ut a storearum textura ne parum quidem different. Sic Lucilius *L. VI. Satyr.: Tres a Deucalione grabati restibus tenti.* Ejusmodi grabatum videre est in Tab. CXL. Cœmeterii S. Agnetis Romæ via Nomentana apud Bottarium To. III., inter figuras enim Cubiculi *n.* IV. habetur Paralytici illa, qui lectulum suum gestat, quod ex restis, cancellorum in modum dispositis, atque quatuor ligneis tabellis alligatis constat. Mihi persuasum est ex juncis potius, quam ex funiculis, ut Bottario videtur, constructum lectulum illum esse, tum quia *grabatus*, erat, tum quia inopis cujusdam lectulus repræsentatur, qui junceis stratis, ut Isidorus docet, utebantur. *Restiarum* autem nomine apud ipsos Latinos funiculi veniunt haud equidem ex cannabo, sed ex junco, aliisque vilioribus herbis constructi; hinc apud Plinium *ib. L. III. c. IX. alliorum restis.* Unde & Græci apud Suidam hujusmodi grabatos dixerunt ακουβιτον εκ ραβδων (perperam legit Æmilius Portus ρακδων) *accubitum ex virgis factum*; tenuiores siquidem arborum virgæ, scirporum ad instar texebantur, ex quibus lectulorum strata construebantur. Diviribus itaque perinde ac vulgi hominibus stratum ab antiquo ex viminea fuit materie, deinde vero juncorum loco funiculi cannabini invaluere; divites vero tapetia, pelles, aliaque id genus stratis illis

rentia, quibus in superiori parte parvus adhærebat an-
nulus, ex antica parte aperiri poterant, atque claudi, in qua quidem veluti thecæ valvula habetur Mo-
no-

apportebant, cum decumberent. Qua sane ratione illud
Pollucis intelligimus, qui in supra allato testimonio, &
canistrum, petinde ac grabatu flectere dixisse antiquos, scribit; siquidem complicari poterant grabati, ex restis, te-
nuioribusque juncis, vel quandoque cannabinis funiculis
contexti.
Cum itaque Stratum olim ex juncis, restisque foret,
quicquid ad instar strati illius construebatur, inde & nomen desumpsisse nemo inficias ibit; Hinc & canistrum
atque ventilabrum, quæ eadem constabant materie, unum
idemque ex antiqua strati denominatione & nomen tulere: atqui Phœnicii Ripidah appellarunt Stratum; Igitur &
Græci inde τυ ριπιδιου nomen utrique donarunt. Hac profecto etymologia, quæ sponte sua fluere videtur, intelligimus, & τυ ριπιδιυ significationem, & qua de caussa
duobus hisce rebus tam diversis, cujusmodi sunt canistrum
& ventilabrum, unum idemque nomen Græci olim fecerunt; tandem sequitur, verbum ριπιζω habendum
non esse pro τυ ριπιδιου themate; sed potius a το ριπι-
διον illud ριπιζω factum, cum ex ventilabri nomine, quo
ignem sufflabant, carbones accendebant, derivarint Græci verbum illud, quo ventilare, sufflate significarunt.
Dum vetusta hæc expenderem monumenta, undenam Latini Restis nomen derivarunt exquisivi, at operam abusus sum in Etymologistarum lectione: Ad Phœniciam
omnium linguarum matrem res rediit, ac mihi visus
sum hujus vocis, mea quidem sententia, etymon invenisse in voce רשת Rest, vel Reset, quæ Rete significat.
Rete autem ex tortis erbarum flexibilibus virgulis olim
fuisse, haud equidem ex funiculis, tum antiqua Retium
denominatio apud Græcos, tum prisca monumenta nos docent. Antiquissimi enim Græcorum Rete appellarunt σαγ-
νυς, quæ equidem vox derivatur a σαγη, cujusmodi ap-
pel-

oegrammatis, ut ajunt, Constantiniani figura (*Vide figuram n. 11.*) Hafce thecas Euchariſtiæ ferendæ adhi-

pellarunt tum ipſummet *Stratum* apud Suidam, tum *clitellas*, quæ aſino imponuntur: de *ſtrato* e vimine olim texto diximus; clitellas autem e vimine perinde ac caniſtrum ab antiquo fuiſſe, nemo ignorat. Vetuſtiſſimum præterea monumentum muſivi operis, quod edidit Ciampinius *tom. 1. Veterum Monumentorum tab.* XXXII. parvam exhibet ratem cum duobus piſcatoribus, quorum alter jactum retrahit rete; rete autem eodem plane modo contextum apparet, atque grabatus paralytici apud Bottarium, eo ut vimineam texturam manifeſto præſeferat Cum igitur ex tortis juncis, aliiſque herbis rete fieret, illudque apud Orientales *Reſte* appellaretur, inde & quibuſcumque tortis herbarum funiculis *Reſtium* nomen apud Latinos factum eſſe, vero haud abſimile mihi videtur.

Hæc pro etymophilis delibavi, plura, quæ hiſce addere poſſem etymologicis conjecturis, ne longus ſim, prætergreſſus. Ceterum duo adhuc animadvertere non pigeat, quæ ad rem redeunt, de qua nobis ſermo eſt I. uti apud Chriſtianos ſellas e vimine textas fuiſſe diximus, monumentorum veterum auctoritate ducti; ita & ipſos quoque Paganos olim ejuſmodi ſellas vimineas non dedignatos eſſe, probat vetuſtiſſimum anaglyptum, a Boiſſardo editum *Part. IV. pag.* 145., in quo triclinium exhibetur, cui accumbit Mulier, atque ſenex vir, hinc ſtant feminæ, quæ cibaria portant, inde ſtat ſella vimine ejuſdem plane figuræ illarum, quæ in Sarcophagis Chriſtianis Bottarii habentur; ſella autem ſedit mulier cithareda, muſico inſtrumento ſonans ex antiquorum more, de quo loquitur Homerus paſſim in Iliade: tigillo autem Triclinii hæc appicta videtur inſcriptio; ΗΔΤC ΒΙΟC ΤΟ ΖΗΝ ΓΑΤΚΥΤΤΟΘΑΝ ΕΙΝ ΤΠΟΦΙΑ.

Ex hoc autem monumento, quod opiparam exhibet cœnam, colligimus uſum ſellæ vimineæ apud ipſos obtinuiſſe divites, ac inter optimatum ſupellectiles olim
re-

bibitas esse, putat Bottarius; easque Graecorum ryπολ-

recensitam esse. II. Nedum *stratum* apud antiquos e viminibus, restisque textum fuisse, sed & ipsas perinde infantium Cunas, quas Graeci κοιται appellarunt; quod certe innuit Pollux *ibid.* dum de panario, sive canistro αρτοφορω loquitur: eodem sane nomine, quippe quae ejusdem esset materiae, dixisse veteres scribit κοιταν, ait enim: *in Baptis Eupolicis* κανισκον . . . και τον κοιτην *fortasse & arcam* appellari; *Arcam* perperam reddit interpres, cum eo loci cunam indicasse videatur Pollux ex eo, quod asserit, testimonio. Hinc Graeci olim, infantes in λικμω, h.e., vanno jacere, dixerunt, unde & Cereri, cui vannus sacer erat, factum est της λικμαιας nomen. E restibus autem ventilabrum perinde, atque parvum illud *stratum*, qua cuna constabat, erant, utraque enim e restibus, viminibusque contexta. Callimachus in Hym. Jo. vis

. . . Νεκτεσις σοπιρις τα αυτω
Το λικμον vanno.

Unde Scholiastes: *Veteres in vannis liberos suos dormire faciebant*; qui profecto, cum ignoraret qua de caussa antiqui stratum cunae λικιτον, vel λικτον *vannum* appellarent, in ipsis cribris infantes dormisse opinatus est; qua in re alii etiam e recentioribus falsi sunt. Juvat enim observare antiquas cunas parvum stratum planum habuisse, quod ejusdem certe fuit materiae, ac stratum lectulorum, nimirum e restis, vel viminibus; parvulo autem huic strato pellem vel tapetia reponebant, quibus puer decumbebat. Vide cunae figuram, quae *stratum* subtus habet, in vetustissimo monumento apud Bartolum *De Puerperio Veterum* pag. 150. Spero excursum hunc injucundum antiquitatum studiosis non esse, praesertim cum vineam antiquorum supellectilem nemo adhuc illustrarit. Forte, si otia nobis Deus fecerit, hoc antiquitatum caput aliquando fusius tractaturi erimus.

κολπιοις (II) comparat: mihi autem pro comperto est, huic dumtaxat usui illas dicatas fuisse; quod liquido pa-

---

(II) A τὸ κολπος *sinus*, eo quod *in sinu conderetur*, unde verbum εγκολπιζω. Cum autem id genus thecæ e collo gestarentur in pectore, factum est, ut medio ævo apud Græcos quicquid ejusmodi e collo penderet, quamquam ad pectus non pertingeret, neque in sinu conderetur, εγκολπιος nihilominus appellaretur; hinc Anna Comnena *lib. III.* aureum globulum e collo pendentem τον εγκολπιον appellat: εγκολπιον χρυσον μετα μαργαριταριων, h e., εγκολπιον *aureum inter margaritas*. Eamdemque ob rem & amuleta, quæ collo suspendebant εγκορφια denominata fuere; eademque εγκολπια appellavit Emmanuel Giorgillas in Proem. *de Mortalitate Rhodi*. Hinc & ipsamet Crux aurea, vel argentea, quam de more Episcopi collo pendentem gestabant, cum medio ævo *reliquias* Sanctorum contineret, εγκολπιον appellata fuit apud Græcos, perinde ac Latinos, qui *Encolpium* illam vocarunt. Apud Simeonem Thessalonicensem *de Sacris Ordination. c. 8. & 9.* legimus Metropolitano, post acceptum in Sacra Ordinatione pallium, ab Episcopis traditam fuisse ejusmodi crucem, quam εγκολπιον appellat. Inter Latinos eadem testatur Anastasius Bibliothecarius in Not. ad Act. v. Synodi VIII.: *Crucem cum pretioso ligno, vel cum reliquiis Sanctorum ante pectus portare suspensam ad collum, hoc est, quod vocant Encolpium*. Putat Cangius in Lexico *med. Lat.* inter Latinos ejusmodi *Encolpia* Crucis dumtaxat figuram habuisse, neque illos *reliquias*, nisi in Cruce ipsa insertas, gestasse; in quo sane fallitur, cum aliquando in capsulis etiam Latini collo pendentibus illas gestarunt; id quod satis liquet ex Stephano Africano in Vita S. Amatoris n. xxv., de quo ait: *Et cum eis esset ignotus, pulchritudine vultus, & capsellari honore, quo reliquias inclusas pendulas collo gestabat, cognoverunt Dei esse famulum, & cultorem*. Porro capsella aliquid aliud vel ipsamet forma a Cruce erat.

patet si unum, quod aliquibus suboriri posset, scrupulum eluamus, hasce nimirum thecas olim gestasse Christianos, ut in illis sanctorum lipsana conderent, cum ex Ecclesiæ historia liquido constet, Christianos piæ huic consuetudini nimium studuisse. Verum eadem duce historia manifesto liquet, sero morem hunc obtinuisse, atque loca ipsamet, in quibus hæ thecæ repertæ fuere, illarum antiquitatem testatam faciunt. Mos enim, de quo nunc sermo nobis est, S. Gregorii Magni antiquior minime videtur, imo hujus Pontificis ætate invaluisse, ejus literæ aperte testantur. Vide Gregorii epistolas Dimanio Patricio (*a*), Theodolindæ (*b*), atque Reccaredo (*c*) scriptas. In Galliis ad id temporis eumdem invaluisse morem, testis est tum Gregorius Turonensis (*d*), tum auctor vitæ ejusdem Gregorii (*e*), qui de illo scribit: *Amicus sanctorum reliquias indesinenter in collo ferebat*; hinc post vi. Sæculum universe fere id factum fuisse legimus inter fideles. At ne vola, neque vestigium hujus moris reperire est apud Christianos trium priorum Sæculorum; quamquam hoc idem probare conatus sit Cl. Boldettus (*in* 11. *Tomo delle Osservazioni sopra i Cimiterj &c.*) ex actis S. Fructuosi, atque illis SS. Quadraginta Martyrum; utraque enim non describunt nisi antiquorum fidelium morem, Martyrum ossa colligendi, eaque studiose acquirendi: Non pigeat lectorem testimonia, quæ Boldettus pro sua laudat sententia (*f*), heic ad examen nos revocare, cum ille

ma-

(*a*) *Lib.* 3. *epistolar. epist.* 23.
(*b*) *L.* 14. *epist.* 12.
(*c*) *L.* 9. *epist.* 22.
(*d*) *De Mirac. M. l.* 1. *c.* 84.
(*e*) *Tom.* 6. *Bibl. Patr.*
(*f*) *Ibid. lib.* 3. *c.* 16.

maximam hujus moris vetustatem ex illis desumere confidat. In Actis S. Fructuosi apud Ruinartium legimus, Martyrem apparuisse iis fidelibus, qui cineres cremati ejus corporis secum inter partiti erant, eisque imperasse : *Ut quod unusquisque per charitatem de cineribus usurpaverat, restituerent, & sine mora uno quoque in loco simul condendas curarent.* Ecquis inde desumet, fideles Martyris cineres capsulis conditas gestasse ? Apud Lambecium (a) habemus testamentum SS. Quadraginta Martyrum Sebastes, in quo Martyres illi fideles rogant : *ne quis post nostram in camino consumptionem ex Reliquiis nostris, inde sublatis, separatim sibi aliquid vindicet, &c.* Ex hoc testimonio nihil aliud mihi videtur inferri posse, nisi, noluisse Martyres eorum *Reliquias* distrahi, sed uno eodemque loco collocari jussisse, ut quæ sequuntur, verba dilucidius testantur; adeoque unum exinde suboriri videtur argumentum, fideles tunc Martyrum *reliquias* conquisivisse, atque penes se habere studuisse. Ast quid ad thecas, quid inde ad gestandas *reliquias* desumi possit, non video. Profert Boldettus & S. Gregorii Nisseni epistolam ad Olympum Monachum ; verum Gregorius de ferreo quodam annulo sororis suæ Macrinæ loquitur, in quo, narrat, illam insertum habuisse Martyris cujusdam parvum os, de thecis autem altum penes illum silentium. Ex his itaque patet apud antiquos fideles usum gestandi *reliquias* in thecis collo suspensis minime fuisse ; id quod nonnisi Sæculo VI. obtinuit.

At thecas illas, quæ in Vaticano Cœmeterio repertæ fuere, Sæculo VI. vetustiores esse, nemo inficias ibit ; imo & figura, & locus summam illarum vetustatem abunde testantur. Nemo eorum, qui Roma-

---

(a) *Comm. Bibl. Cæsar. L. 5. in Append.*

manorum Cœmeteriorum historiam delibavit, ignorat, Vaticanum Cœmeterium ceteris antiquius fuisse, in quo postquam IV. Sæculo Constantinus Ecclesiam Apostolorum extruendam curavit, jam tum in Vaticano Cœmeterio fidelium ne unus quidem humatus est; quamobrem quæ eo reperta fuere, trium priorum Sæculorum monumenta esse, nullus, dubitat. Præterea etsi Monogrammatis figuram passim cernere licet in Christianorum monumentis Constantino antiquioribus, perinde ac mediæ etiam ætatis illis; pro comperto nihilominus eruditis est, discrimen aliquod interesse inter figuram antiquioris hujus Christianæ notæ, atque illius medii ævi, quod in eo potissimum versari, A, & Ω, ad Siglæ latera, non uno ostendam argumento in Dissertatione de Cœmeterio Neapolitano, quam altera parte tertii tomi habes. Sic res sehabet in valvulis utriusque hujus aureæ thecæ, in quibus A, & Ω visitur ad monogrammatis latera, cujus figura potissimam præsefert antiquitatem. Cum igitur duo hæ aureæ thecæ repetræ fuerint in Vaticano antiquissimo cœmeterio, quo tribus dumtaxat primis Sæculis Christiani humati sunt; cumque ipsamet Monogrammatis forma primæ ætatis genium sapiat; neque usus gestandi *Reliquias* in τοις εγκολπιοις fuerit VI. Sæculo antiquior, fatendum ferme erit hisce thecis nonnisi Eucharistiæ ferendæ usos fuisse antiquos illos Christianos. Unum expendendum adhuc restat, cur super cadavera hæ thecæ fuerint collocatæ. Non is sum, qui putem jam tum a prima Ecclesiæ ætate abusum illum invaluisse, Eucharistiam mortuis consepeliendi, de quo loquitur Concilium Carthaginense vulgo IIf. atque Concilium Trullanum; mihi profecto persuasum est thecas illas mortuis consepultas Eucharisticum panem haud continuisse, sed cum defuncti iis usi fuissent, tantum ut ferrent Sacramentum, ea de re cum illis consepultas esse. Antiquissimus siquidem fidelium mos fuit, ut in eodem loculo ea collocarent, quæ defuncto cariora, quæve illi usu frequentiora fuerant; hoc plane testantur innumera domesticæ supellectilis, vel quandoque jocosa etiam instrumenta, quæ congessit potissimum Boldettus ibidem, qui in Christianorum antiquioribus sepulchris annulos, tintinnabula, fibulas, patenas, acus discriminatorias, specula, pectines eburneas, tesseras, pupas, crepundia, aliaque id genus quamplurima passim reperiri, nos docet, earumdemque rerum figuras profert. Si itaque hæ nullius equidem momenti res loculis inferre una cum cadaveribus defunctorum, cui jam usui fuerant, curarunt, mirum nemini futurum erit, in illis thecas collocasse, in quibus olim defuncti Christi Corpus gestaverant.

Laudatus Ciampinius capite IV. *Synopsis de Sacris Ædificiis* narrat, in antiquissimi Oratorii S. Ambrosii (vetustæ Basilicæ Vaticanæ) demolitione *multa Christianorum corpora reperta fuisse, quæ ante pectus aureas pendentes capsulas habebant*; capsularum deinde figuram affert, quæ ipsissima est cum illis, quæ vulgavit Bottarius, de quibus adhuc locuti sumus: *His in capsulis*, sequitur ille, *Evangelium S. Joannis in charta descriptum nonnulli inclusum fuisse autumant, atque inde, tum tempore, tum loci squallore, ac fœditate in pulverem versum*. Ex hac sane Ciampinii fabella, capsulas, de quibus, veluti de Eucharisticis vasculis, edisserimus, huic forte usui olim inservisse dicet quis: at si paululum allata Ciampinii verba expendamus, liquido patet, puram, putamque conjecturam adjecisse illum, qui nedum sua loquitur sententia, ait enim: *autumant nonnulli inclusum fuisse Evangelium*, ipse autem id vidisse non scribit. Verum quis illud vidit Evangelium capsulis illis inclusum, si, ut subdit ille, *in pulverem versum erat*? Hi itaque, qui demolitionem hujus *Oratorii* Ciampinio narrarunt, forte parum pulveris capsulas continere viderunt, atque volumen illis inclusum fuisse conjectarunt; quamobrem ex hac historiola nil certi oritur pro Ciampinii, eorumque, qui rem illi narrarunt, conjectura. Mihi vero persuasum est, ejusmodi capsulas, quæ ejusdem plane formæ, atque figuræ sunt, cum illis Bottarii, idemque præseferunt Monogramma, Eucharistiæ pariter ferendae adhibitas fuisse ab iis Christianis, quorum cadavera in Coemeterio Basilicæ Vaticanæ reperta fuere. Nam etsi inter fideles Sæculo IV, mos ille obtinuisset, collo suspensa Evangelia ferendi, quod & ipsas fecisse feminas diximus in altero libro nostræ Politiæ &c. Sect. 1. c. 10. §. 1.; nihilominus nullibi legimus, morem hunc apud Christianos trium priorum Sæculorum, cum Ecclesia persecutionibus adhuc pateret, invaluisse; altum sane ea de re apud Scriptores illius ævi silentium, siquidem Chrysostomus Sæculo IV. omnium primus hujus moris testis est Hom. III. in Matth., atque Hieron. in c. 23. Matth.; nullo enim loco auctoritatem, quam ex Actis S. Cæciliæ desumit Ciampinius, merito habemus. Cum igitur locus ille, in quo cadavera, thecas aureas ante pectus habentia, reperta fuere, qui supereminebat Oratorium, vulgo S. Ambrosii Basilicæ Vaticanæ, pars olim fuerit Vaticani Coemeterii, in quo, ut jam dictum est, grassante nonnisi Imperatorum persecutione Christiani humati fuere, consequens est, capsulas illas Evangelicis codicibus ferendis haud adhibitas fuisse, atque nonnisi Eucharistico pani ferendo vascula habenda esse. Nimis forte hisce Vaticanis capsulis commentandis immoratos nos esse alicui videbimur; at in tanta antiquarum rerum caligine, supervacaneum minime putamus argumentis undequaque quæsitis veritati pro viribus propius accedere.

Nunc autem edisserendum nobis est de loculis, quibus domi tribus primis Sæculis Christiani Eucharisticum

cum panem servabant. In arculis porro illos Eucharistiam domi collocasse testatur Cyprianus in historia mulieris, quæ, ut §. 1. dictum est, *manibus impuris*, ait ille, *arcam suam, in qua Domini Sanctum fuerat, tentavit aperire.* In Actis SS. Martyrum Indes, & Domnæ legimus, Iudicem Paganum domi, quem Martyres habitabant, invenisse: *Divinæ Crucis figuram, & librum sacrosanctum, nimirum Apostolorum Deo gratas actiones.* Cujus (h. e. Indes) *præclara opes erant duo storeæ in nudo solo stratæ, generosorum, & Beatorum Domnæ, & Indes supellex, fictile præterea thuribulum, & lucerna, & lignea arcula, in qua reposuerant sacram Oblationem, cujus fiebant participes*. Ex quibus tum Cypriani, tum Actorum Indes, & Domnæ testimoniis evincimus, armariola hæc sacræ Eucharistiæ servandæ destinata fuisse apud illius ævi Christianos. Apud laudatum Bottarium (*Ibid. Tom.* 1. *Tab.* XIX. *n.* IV.) habetur veteris Sarcophagi tabula, in qua exhibetur Mulier orans, quæ hinc volumen, inde vas quoddam ad parvæ turris instar habet, cui columba imminet: putat Bottarius vas illud domesticum forte hujus mulieris armariolum Eucharistiæ servandæ fuisse; at conjecturam nullis confirmare studet argumentis. Mihi vero nova hæc fuisse videtur turris perinde ac armarioli figura, cum, prout habetur illa in eadem Tabula XIX., cistæ cum suo operculo magis, quam turris figuræ accedat; neque domestica sacra armariola hanc figuram habuisse ostendemus in tertia Dissertatione, ubi de domesticis hisce Armariolis sacris data opera edisseremus. Verosimilius itaque putarem grandiorem quamdam cistam, cujusmodi illa erat, quam *armarium* antiqui appellarunt, operculo obductam, cui columba de more supereminet, fuisse; passim enim in Christianorum vetustioribus sculpturis, atque picturis sepulchralibus columbam videmus, veluti innocentiæ, atque caritatis typum.

(*Vide Aringhium Romæ subterran. Tom. I. l.* 5.) ita in Musivo Sæculi VI. Ecclesiæ S. Apollinaris Ravennæ apud Ciampinium (*Veter. Monim. Tom.* 11. *cap.* XII.) passim videre est columbas supra conicæ cujusdam figuræ vasa : Vimineum pariter vas figura omnino vasi, quod Turricula Bottario videtur, simillimum videre est in Tabula LXV. Operis Cl. Bernardi Montfauconii *les Antiquites Inlustrées Tom.* III. *par.* 1.) Forte & caveæ figuram repræsentare voluit sculptor, cui imminere & volucrem, qui columba Bottario visa est, fecit; id quod neque novum inter Christianorum antiquiora Relligionis symbola erit, cum Boldettus exhibeat (*Osserv. sopra i Cimit.* t. 1. c. 31. *Tab.* 8.) vas quoddam vitreum cum sanguine martyris, in quodam Romano Cæmeterio inventum, in quo exterius depicta videtur parva cavea, quæ volucrem continet. Quidquid autem sit de turrito hoc vase, satis erit heic pauca delibasse de Christianorum arculis, in quibus Eucharisticum olim panem reposuerant, plura de hoc argumento Dissertatione III. dicturi.

Unum autem pro corollario animadvertendum erit, olim nimirum fideles communicasse sub utraque specie dumtaxat in Liturgia ; sub una autem panis specie domi Eucharistiam sumsisse. Id profecto dilucidius probant Patrum superius allata monumenta: Quamquam enim ex Justini verbis prima fronte Diaconi vinum, & aquam perinde ac panem ad absentes tulisse videantur, nihilominus illud : *ad absentes perferunt* ad triplicem illam Eucharistiæ materiam, nil est quod referatur, potissimum eum Justinus, Ethnico Imperatori locutus, methodum sacrorum leviter attingit, neque rem singillatim persequi studet, ne sacra profanis quodammodo revelaret. De solo autem pane interpretanda esse Justini verba, alia Patrum testimonia argumento maxime nobis sunt : sane Tertullianus Justino syncronus solum panem, virum a Li-

tur-

turgia dimissum tulisse, dicit: *Sanctum Christi Corpus &c.* Uxorem viri pagani quotidianæ communioni hortatus, de solo loquitur pane: *Non sciat maritus, quid secreto ante omnem cibum gustes, & si sciverit panem, illum credat esse, qui dicitur.* Ita & de Statione locutus, ait: *accepto, & reservato Corpore Domini.* Tandem Dionysius Alexandrinus in Serapionis Historia hoc idem testatur; narrat enim, Presbyterum *parvam Eucharistiæ partem puero* tradidisse, *ut in aqua iniis-ctam seni in os instillaret:* Ex quibus, ut ad nostrum redeamus argumentum, procul dubio sequitur, infirmis tribus primis Sæculis Euchariſticum panem dumtaxat, minime autem vinum impertiiſſe Eccleſiam. Ac de primis equidem tribus Eccleſiæ Sæculis diximus.

§. III.

In Templis Eucharistia pro infirmis servatur a Sæculo IV. De loculis, in quibus servata est a IV. Sæculo. De Παστοφορίοις, Κιβωρίοις, Πυργίσκοις atque Columba.

Ut autem a persecutione quievere Imperatores, postquam Constantinus Christo nomen dedit, Eucharistiæ pro infirmis servandæ, eisque ministrandæ disciplinam nova quadam methodo moderata est Ecclesia. Ac primo quidem cum Templa palam construenda ipsemet Imperator curaverit, in illis publico cultu sacram Eucharistiam venerati sunt Christiani, quos cum a paganorum vi immunes Principis fecisset relligio, exinde veriti non sunt Eucharistiam pro infirmis in ipsomet Templo quotidie servare, atque a Templis illam infirmis mittere. Quamobrem sensim Ecclesia antiquum morem Eucharistiam domi serendi, eoque servandi ægre ferre cœpit. Ex jam allata Basilii (*ad Cæsar. Patriciam epist.*) auctoritate colligiligimus, quarto Sæculo adhuc domi Euchariſtiam ſervaſſe dumtaxat Ægypti, atque potiſſimum Alexandriæ Chriſtianos, uti & monachos, qui deſerta loca incolebant; id autem Baſilius veluti ſingulare in Eccleſiaſtica ſui ævi diſciplina narrat, ut ex integra laudata epiſtola colligimus: Baſilius ſane laudata epiſtola duobus ſatis facere videtur, ei a Cæſaria propoſitis, dubiis, primo: num quotidie *communicare bonum eſſet*. Secundo: num Chriſtianum deceret, propriis manibus Euchariſtiam accipere, eamque ori admovere. Vtriſque quæſtionibus reſpondet ille, ſcribens Cæſariæ: *Singulis certe diebus communicare, & participare ſancti Corporis, & Sanguinis Chriſti bonum, & fructuoſum eſt*. Deinde argumentis e Scriptura petitis ſuam probat ſententiam, ac morem deſcribit ſuarum Eccleſiarum, dicens: *Quater igitur nos ſingulis ſeptimanis communicamus Dominico die, feria quarta, in paraſceve, & Sabbato, ſed & per dies etiam alios, ſi Martyris alicujus memoria celebretur*. His ſane explicat ſui ævi communem fere Eccleſiarum Orientalium diſciplinam. Ad alteram mox tranſit quæſtionem, atque ſequitur: *Quoniam autem per tempora illa perſecutionum cogebantur homines neceſſario, Sacerdote vel publico miniſtro non præſente, propriis manibus percipere communionem, non eſt niſi ſupervacaneum, ut demonſtrem, illam ipſam rem non eſſe graviter, & inique ferendam*, nimirum propriis manibus Euchariſtiam ſumere: ut autem hoc ſuum magis confirmaret argumentum, duo addit, quæ ex Eccleſiæ praxi ea ætate deſumit: unum: *Nam & omnes, qui ſunt in deſertis Monachi, ubi non eſt Sacerdos, illic habentes communionem, ex ſe ipſis eam ſumunt: Alexandriæ autem, & in Ægypto, unuſquiſque ex laicis, qui illic degunt, maxima ex parte communionem domi ſuæ habent*. Alterum: *Nam & in Eccleſia ipſa Sacerdos (Euchariſtici panis) partem aliquam in manus tradit, & illam apprehendit, qui percipit, cum omni libe-*

libera potestate, atque ita suis propriis manibus suo ori admotam, ingerit. Libuit integram fere Basilii epistolam exscribere, ne cum Catalanio, Cotelerio, Macrio, Binghamio, aliisque Ecclesiasticæ antiquitatis Scriptoribus quis putet, ex Basilio inferri, IV. Sæculo adhuc ubique Orientalium Ecclesiarum fideles domi Eucharistiam habuisse: Siquidem ex hujus epistolæ verbis liquido patet, id monachis, *qui in desertis erant,* generatim concessum; at veluti singulare exemplum Ægyptiorum illud addit; unde procul dubio sequitur, præter Agyptios, reliquos Orientales domi Eucharistiam Sæculo IV. minime habuisse: Plura, huic confirmandæ interpretationi addere, supervacaneum erit, cum verba ipsamet laudatæ epistolæ per se nimis pateant.

At laudati Scriptores, inter Latinos ad exitum fere IV. Sæculi adhuc fideles domi Eucharistiam servasse, ex canone III. Concilii Cæsaraugustani, atque canone XIV. Concilii Toletani I. probare autumant. Duo enim hæc Concilia ipsis videntur primum inter Latinos decrevisse, ne quis domi *communionem* haberet. At de more illos fefellit non bene perpensa canonum sententia, eorumdemque Conciliorum historia. In Hispaniis enim cum medio Sæculo IV. Priscillianistarum hæresis exorta fuisset, duo indicta sunt Concilia, in quibus Patres, illorum hæresi damnata, Ecclesiasticæ disciplinæ eos canones condidere, quibus facili negotio hæreticos detegerent, si nimirum statutæ disciplinæ normam sequi renuissent; primum fuit Cæsaraugustanum Anno CCCLXXX., alterum Toletanum I. Anno CCCC. In primi Concilii canone III. sancitum est: *Eucharistiæ gratiam si quis probatur acceptam non consumsisse in Ecclesia, anathema sit.* In Toletani autem canone XIV. *Si quis autem acceptam a Sacerdote Eucharistiam non sumserit, ut sacrilegus propellatur.* Ubinam autem heic de domestica

commu-

communione sermo sit, undenam domestica his verbis communio fidelibus interdicta appareat, satis non video. Quid itaque Patres decrevere, ac quænam sit horum canonum sententia brevi explicemus. Priscillianistæ docebant, Christum non esse Deum, neque veram carnem assumsisse; quare Eucharisticum Sacramentum nihili consequenter faciebant, atque ab ipsa ea de re Sacramenti communione abstinebant. Verum cum maximopere eos latere interesset, ne a Catholicis divexarentur, potissimum postquam Idacius, sive Ithacius Sossubiæ Episcopus rescriptum a Gratiano obtinuerat, quo Priscillianistæ Ecclesiis, atque ipsis etiam Urbibus pellebantur, ea de caussa Sacræ cum Catholicis fidelibus Liturgiæ intererant, Eucharistici panis partem e manu Sacerdotis sumebant, at illo minime vescebantur. Quamobrem tum Cæsaraugustani, tum Toletani Concilii Patres anathema dixerunt in eos, qui in Ecclesia acceptam Eucharistiæ partem minime *consumsissent*. Hanc profecto esse sinceram horum canonum sententiam, ratio ipsamet, atque historia illorum Conciliorum aperte evincit; Hinc a veritate longius aberrare mihi videntur hi, qui hisce canonibus interdictum de Eucharistia domi ferenda latum, autumant.

Hæc autem expendere operæ pretium duxi, ut ostenderem, neque Græcis, neque Latinis, ne domi Eucharistiam haberent, umquam vetitum fuisse A iv. enim Sæculo cum in Templis Eucharistia servaretur pro infirmis, cumque ceteris fidelibus statis diebus palam Liturgiæ interesse fas esset, sensim antiquus mos Eucharistiam domi servandi, cessante & caussa, exolevit; ita ut præter Ægypti illos (penes quos parum arbitror & illum stetisse morem) a iv. Sæculo nullibi Ecclesiarum fideles Eucharistiam domi ex Ecclesia secum ferre, eamque domi servare consueverint. Satis enim argumento nobis est Liturgiarum

giarum omnium, atque Patrum silentium; siquidem ex Liturgiis apparet, fideles Eucharistiam nonnisi in Ecclesiam sumpsisse, neque apud Patres a iv. Sæculo vola, vel vestigium domesticæ communionis invenire licet. Id autem eo certum est, ut quamquam nulla Conciliorum edicta domesticam communionem vetarent, nihilominus consuetudo ipsa legis vim adepta erat eodem Sæculo iv., ut ex historia Concilii CPolitani habiti Anno cccLIX. colligere est: narrat enim Socrates (*Hist. Eccles. L.* 2. c. 43.) in laudato Concilio Eustatium Sebastiæ Episcopum cùm ob aliis criminibus, tum quia illis, *qui Ecclesias aversabantur,* suaserat, *ut domi communicarent,* depositum fuisse.

Cum itaque a iv. Sæculo nonnisi in Templis Eucharistia servaretur, ut pro re nata infirmis illam mitteret Episcopus; quo templi loco olim collocaretur, quibusque vasculis reponeretur, expendendum est. Constitutiones Apostolicæ (opus certe etsi non Apostolicum, iv. nihilominus Sæculi) Libro vIII. c. xIII. postquam Sacræ Liturgiæ partes singillatim describunt, hæc addunt: *Cumque universi, & universæ communicaverint λαβοντες οι Διακονοι τα περισσευσαντα, εισφερετωσαν εις τα παστοφορια,* h.e. *accipientes Diaconi quæ supersunt, inferant in παστοφορια pastophorio.* Ex quo sane Constitutionum testimonio liquido patet, jam tum, quæ reliqua erant post Liturgiam, Eucharistica elementa servari aliquo Ecclesiæ loco consuevisse. Hic autem locus, in quo reliqua reponebatur Eucharistia, ubinam Templi fuerit, ac qua de causa παστοφοριον appellaretur in laudatis Constitutionibus, nemo adhuc expendere studuit, cum & penes ipsos Ecclesiasticos Lexicographos vel nulla fiat hujus vocis mentio, vel, ut apud Cangium, atque ms. glossarium Isidori, minus apta habeatur vocis hujus interpretatio: Cangius enim in Lexico *mediæ Latinit.* habet: *Pastophorium : atrium Templi,* deinde Isidorus

apud

apud eumdem: *Vestibula in circuitu domus*. Utramque
interpretationem, tempus non vacat heic expendere:
certe autem satis non respondet sententiae antiquorum
Scriptorum ; quis enim sibi persuaderet, Euchariftiam
repositam olim, atque servatam fuisse in *atrio*, vel *ve-
stibulo* Templi? Ut autem quo loci in Templo παστοφοριον
foret intelligamus, ipsa nominis vis, atque antiquior
significatio ad examen revocanda erit. Suidas in hac
voce: Παστοφοριον το ιερον τον παστον, id, quod fert,
Thalamum nuptialem a το παστος *thalamus sponsi*, sive
sponsae ; quare Venus παστοφορος, *thalamifera* appellata. Thalamum autem in interiori domus parte fuisse, immo & penitiora domus cubicula *thalami* Θα-
λαμοι, vel Θαλαμαι appellari apud Graecorum antiquissimos passim legimus ; quamobrem in thalamo
Virginem servandam docet Phocylides in Praeceptis:

Παρθενικην δε φιλασσε πολυκλησις θαλαμοισι
Virginem autem custodi intra thalamos bene-clausos.

In amatoria Achillis Tatii historia thalamus cujusdam viri opulentis describitur Libr. II., in quo illius
filiae, atque ancillae degebant, quem in interiori parte
fuisse dicit, ad eumque nonnisi per unicam, eamque
angustam portam nemini, nisi uni matrifamilias, patebat aditus ; eo ut thalamus eo loci foret, quo &
Penates servabantur, quibus penitius domus cubicu-
lum, ceteris impervium, sacrum erat ; unde Statius
(*Thebaid. Libr.* 1.) dicit : *Virginem penates servare.*
Eumdem fuisse penes Hebraeos thalami locum, testatur Maccabeor. Lib. III. c. 1. Ex quibus satis apparet Θαλαμον, sive παστον, Latinis *thalamus*, interiorem domus partem fuisse. *Pastophorion* παστοφοριον i-
taque suapte natura penitiorem Templi locum indicare cuique suasum erit. Hanc autem denominationem penitiori huic Templi loco tribuisse olim mihi
videntur Christiani, imitati quodammodo Veteris Ju-
daici Templi ideam ; in eo sane interior concame-
ratio,

ratio, quæ continuo loco Areæ jungebatur, שכב ab Hebræis, a Septuaginta viralibus interpretibus παστοφοριον appellatur. Hinc Jesajæ c. XXII. Dominus Templi Præposito exprobrat, על־שכנא *in interiore domus* (nimirum sacri) *parte habitasse*, populorum plane immemorem (III). Quo loci tum LXX. interpretes, tum ceteræ Græcæ versiones ἐν παστοφοριῳ reddunt. His, quæ adhuc de παστοφοριῳ diximus, accedit Hieronymi sententia, qui brevi vocis significationem explicat, atque Ecclesiæ usum: Commentario etenim in cap. XL. Ezechielis ait: *Quare sacrarium, in quo jacet Christi Corpus, qui verus est Ecclesiæ, & animarum nostrarum sponsus, proprie thalamus, seu παστοφοριον appellatur.* Vide & mysticam Pastophorii significationem.

In interiore igitur, ac minus impervia Templi parte παστοφοριῳ illud erat, in quo Apostolicæ Constitutiones docent, repositam, servatamque fuisse Eucharistiam, quam esse hujus loci τȣ παστοφοριȣ rectam interpretationem, ex jam dictis nemo in dubium

---

(III) Heic obiter restituendum videtur laudatum Jesajæ comma, quod perperam legitur in Hebraico textu, uti & notanda Vulgati interpretis versio. In Hebraico textu legimus Jesajæ c. XXII. v. 15. אל־הסכן חוה על־שבנא, ubi in voce שבנא irrepsit litera ב pro litera כ, qua quidem litera immutata, vocis illius vim Vulgatus interpres assequi desperavit, adeoque pro ingenio sensum Jesajæ suo marte effinxit, illudque שבנא nomen proprium esse putavit, eaque de re vertit: *Ingredere ad eum, qui habitat in tabernaculo ad Sobnam præpositum Templi.* Hunc autem *Sobnam*, præfecti Templi nomen ei visum est. At sensus Hebraici textus, si pro ב, reddatur כ ultimæ voci, erit: *Ingredere ad Præfectum Templi degentem in Sobnot*, h. e., *in interiori Templi domicilio.* Hæc obiter adnotavi pro philohebræis.

bium verterit. In hoc autem loco Euchariſtiam una cum Euchariſticis vaſibus clave etiam occluſam fuiſſe, tum, quam reddidimus, τοῦ πασοφορειου idea ſatis oſtendit, tum & ſcriptor antiquus vitæ Euthymii Monachi apud Cotelerium (*Monument. Eccl. Græca tom.* 11.) teſtatur, qui ſcribit ſacra vaſa clavi occluſa fuiſſe, atque ipſas claves *ſubtus Altare* collocari ſolere. Hinc Orientales τον πασοφοριον appellarunt etiam medio ævo locum illum, in quo ſacra Vaſa, atque ipſam quandoque Euchariſtiam reponebant, ut videre eſt in Liturgiis Græcorum apud Goarium, atque in ceteris Orientalium Liturgiis apud Reneaudotium.

Ex hoc autem Conſtitutionum teſtimonio ſequitur, Sæculo IV. ineunte, quo forte hoc ſcriptum eſt opus, Euchariſtiam ſuper Altare, vel prope illud minime ſervatam eſſe, ſed in altero alio loco ipſo etiam Altari ab oculis Chriſtianæ plebis remotiori. At ſenſim in eodem Sæculo etiam in Oriente Euchariſticus panis ſuper Altare collocari cœpit, poſtquam Templa decentiori apparatu conſtructa ſunt, atque τῶν Κιβωριων uſus invaluit, quibus Sacrum tegebatur Altare; de quo quidem Ciborio heic in anteceſſum dicendum eſt, ut quonam loco ſuper Altare penderet Euchariſticum vas, dilucidius intelligamus.

Κιβωριον, Latine *Ciborium* veteres appellarunt tegimen Altaris, quod plerumque quatuor, aliquando & duobus columnis innitebatur. Quicquid de vocis etymologia ab etymophilis diſputatur, noſtrum non intereſt ad examen revocare, quandoquidem de vocis ſignificatione ſatis conſtet, etſi neſcio quibus ductus argumentis Ciampinius ſcripſerit (*Veter. Monum. to.* I. c. 2.): *multas ſignificationes obtinere*; mox enim oſtendam unam eamdemque fuiſſe hujus vocis ſignificationem, etſi unus non fuerit hujus *Ciborii* uſus. Ac primo quidem de Ciborii figura, atque uſu inter prima, haud mediæ, ut Ciampinio viſum eſt, ætatis

ætatis Ecclesiæ Scriptores meminit Chrysostomus, qui illud Actorum interpretatus: *Faciens ædes argenteas Dianæ*: ποιων ναους (IV) αργυρους Αρτεμιδος, illud ναους dicit fuisse ισως μικρα κιβωρια, *forte parva Ciboria (a)*. Ex hoc autem Chrysostomi textu duo colligimus, unum: ejus ætate του Κιβωριου vocem ex nostra sententia adhibitam esse: alterum: *Ciborii* significationem. Siquidem ille parvas Templi Dianæ Ephesinæ icones argenteas, Ciboria parva μικρα Κιβωρια appellat, adeoque manifesto ostendit, *Ciborium* Templi figuram præseferre: Dicit autem μικρα Κιβωρια; igitur & magna Ciboria ipsummet Templum, vel potissimam Templi partem procul dubio denotasse, ex Chrysostomi sententia mihi videtur. Atque ipsamet Ciborii forma satis respondet huic significationi, quam Chrysostomus usurpavit, cum illud Altaris tegimen plerumque arcuatum, quatuor columnis innixum, brevius quoddam templum, ipsum continens Altare, videatur. Hinc etiam medio ævo ipsummet Templum Κιβωριον appellatum esse legimus, apud Paullum Silentiarium, aliosque Græcos Scriptores, quorum testimonia habes apud Cangium in *CPolis Christ.* L. 3. c. 61. &c. Romæ in antiquioribus quibusdam Ecclesiis Ciborii formam videre est, perinde ac Neapoli in antiqua Ecclesia vulgo *S. Maria a Cappella*. Jam tum igitur a Chrysostomi ævo τα Κιβωρια extabant, eisque Altare tegebatur. Usus etiam ferme vetustissimus sacrorum velaminum των πε-

---

(a) *Hom.* XXIV. *in Act. c.* XIX. To. VI. *Edit. Montfauc.*
(IV) Ναος *Templum* perperam mihi videtur a Lexicographis a verbo ναιω diduci; probabilius a Phœnicio נוה *habitavit* derivarem, unde & נוה *Habitaculum*; Hinc illud Exodi XV. ואנוה, interpretatus est Chaldæus: *Extruam ei sanctuarium*; *Nauab* pro Templo, sive Sanctuario.

ἐπιτεθωράτων, quorum idem Chrysostomus (Hom. III. in c. 1. Epist. ad Ephes.) meminit, veluti circum Altare pendentium, manifeste Ciboria Sæculo IV. jam obtinuisse evincit, cum nonnisi ex ipsomet Ciborio Illa penderent.

Itaque Ciboria a IV. Sæculo in Christianorum Templis fuisse, nemo inficias ibit, etsi haud antiquiora illa putaverint tum Ciampinius, tum Cangius, qui ceteroqui obscure nimium ea de re locutus est. Medio autem ævo cum super Regum, Optimatumque sepulchra passim & id genus tegimen construi cœperit, factum est, ut & ipsa sepulchra *Ciboria* passim appellarentur apud Latinos, atque Græcos, ut videre est apud Anonymum *De Bellis Francorum in Morea*. Hæc autem Ciboria unam, eamdemque cum illis, quæ Altari imminebant, figuram habuisse, docent, quæ adhuc illius ævi restant, sepulchra, oujusmodi sunt, quæ Neapoli videmus præsertim Regum Nostrorum Andegavensium in Ecclesia S. Claræ, & S. Johannis ad Carbonariam. Illa autem antiquam referre των Κιβωρίων figuram dilucidius evincit nomen *Pyramidis*, quo appellantur, atque illorum descriptio apud Theofridum Abbatem Epternacensem *L.* 2. *c.* 1. *De Sanctorum Corporibus*: qui hæc habet: *Post habitationem* (Sanctorum) *cum habitantibus Cedar, operosissima ex auro, & argento, ac lapidibus pretiosissimis Ciboria, & regias habent Pyramides, quæ quadam similitudine Arcæ Noe a latitudine excrescentes angustantur in altitudine*. Vide ipsissimam Ciboriorum, quæ adhuc supersunt, descriptionem.

Hæc porro Ciboria stetere ad infimam usque ætatem; fallitur enim Cangius, qui Sæculo XIII. Ciboriorum usum ubique exolevisse scribit, ductus canone VI. Synodi Coloniensis Anni MCCLXXX., in quo primum fit mentio illius grandioris umbellæ, quæ loco Ciborii inter Latinos obtinuit: *Præcipimus, ut rursum*

sum super Altare ad latitudinem, & longitudinem Altaris pannus lineus albus extendatur, ut defendat, & protegat Altare ab omnibus immunditiis, & pulveribus descendentibus. Nam etsi forte in Germanis Ecclesiis citius Ciboria desueta fuerint; alicubi attamen ad Sæculum usque xv. Ciboria stetisse, ut cetera præteream argumenta, suadet lapis sepulchri Athanasii Abbatis S. Januarii *ad Corpus*, nunc *extra mœnia*, qui Sæculo xv. obiit: in lapide gotticis caracteribus legimus: *fieri fecit Ciburium super Altare.*

Ex hujus equidem Cibori testudine a Sæculo iv. vas illud, in quo Euchariſticus Panis servabatur, pendebat, cum per id ætatis vas illud Altari minime incumberet; quæ sane antiquissima Ecclesiarum disciplina, scriptoribus quampluribus prorsus nova, in caussa fuit, ne hi Patrum, Conciliorumque mentem satis assequerentur; hinc rem altius repetendam esse operæ pretium ducimus.

Antiquius ceteris Euchariſtiæ servandæ vas Columbæ figuram præsetulisse ex Chrysoſtomo, Amphilochio, aliisque Sæculi iv. monumentis intelligimus. Chrysoſtomus sane (*Homil.* XLII. *ad Popul. Antioch. ex Montfauc. Edit. To.* VIII.) hanc columbam, in qua Euchariſticus panis servabatur, spectat, illis: *Corpus Dominicum super Altare repositum, non fasciis involutum, vt olim cum esset in cunis, sed Spiritu Sancto convestitum.* Columba siquidem Spiritus Sancti symbolum fidelibus fuit; siquidem Spiritus Sanctus *in columbæ specie* super Chriſtum, dum a Johanne Baptismo initiaretur, descendisse docet Scriptura. Quamobrem a primis usque Sæculis Chriſtiani Spiritum Sanctum *columbæ* figura pinxere, cum in ipsis vetustissimis Romanorum Cœmeteriorum picturis, columba capiti nonnullorum Romanorum Pontificum incumbens appareat, ut videre est apud Aringhium: Et S. Paulinus, quas in Basilica effingendas curaverat, picturas commendans,

atque

atque Triadis illam describens, hæc pariter habet
(*Epist.* xii.):
> *Pleno coruscat Trinitas mysterio:*
> *Stat Christus, agno vox Patris tonat,*
> *Ei per Columbam Spiritus Sanctus.*

Hinc, & eamdem fere Chrysostomi phrasem legimus apud Sedulium, qui de eodem vase, quod Christi Corpus continebat, quodque columbæ figuram præseferebat, procul dubio loquitur:
> . . . . . *Sanctusque Columba*
> *Spiritus in specie Christum vestivit honore.*

Quare Concilii Nicæni II. Patres hanc Columbæ figuram, veluti Sancti Spiritus symbolum probarunt, atque ex antiqua Ecclesiæ consuetudine, vetustiorumque Patrum sententia apprime laudarunt. Ex his autem tum Chrysostomi, tum Sedulii verbis satis intelligimus, veteres Patres Columba illa, in qua Corpus Christi reponebant, Spiritum Sanctum significasse, minime autem ipsummet Christum; quamquam dum Columbam quandoque in Ecclesiarum Picturis, atque ipsis etiam sepulchrorum lapidibus vel effinxerint, vel scalpserint, Christi symbolum forte denotarint; Prudentius enim (*Cathemer. Hym.* iii.) cecinit
> *Tu mihi, Christe, Columba potens,*
> *Sanguine pasta, cui cedit avis.*

Consule etiam Primasii Episcopi ea in re numericam interpretationem in Commentariis ad caput xxii. Apocalypseos. Itaque Chrysostomus, atque Sedulius cùm Christum Spiritu Sancto *convestiri*, vel *vestiri* dixerunt, in illud certe indendisse Euchariſticum vas, quod ad inſtar Columbæ eſformabatur, cuique indubium erit; ſiquidem ex Amphilochii vitæ Baſilii ſcriptoris, Anaſtaſii Bibliothecarii in Hilari Romani Pontificis vita, Concilii CPolitani Sæc. vi., Gregorii Turonenſis, Valdarici, aliiſque teſtimoniis hujus vaſis uſum a primis Eccleſiæ

Sæcu-

Sæculis ad Euchariſtiam ſervandam aperte colligimus; quod fuſius probavit ſingulari opere Johannes Andreas Schmittius; quamobrem tam indubio argumento allaborare, ſupervacaneum foret.

Id unum dumtaxat expendendum erit: Columbam (ſic vas appellaturi ſumus, deſumpto ex figura juxta Patrum phraſem nomine) olim Altari non incubuiſſe, ſed ex ipſamet Ciborii abſyde, ſiue teſtudine pependiſſe; quod profecto manifeſto apparet in S. Baſilii Cappadocienſis vita, auctore Amphilochio, vel alio altero Sæculi VIII. agiographo (ut videtur Binghamio) qui certe ex antiquioribus memoriis ſuum conflauit opus. Itaque capite 11. (*ap. Bolland. Junii to. 11.*) legimus: *Tunc Baſilius . . . aduocato aurifice fecit columbam de auro mundo, in quam eam portionem* (Corporis Chriſti) *depoſuit, & ſuper ſacram menſam, velut figuram ſacræ illius Columbæ, quæ in Domini Baptiſmo in Jordane apparuiſſet, ſuſpendit.* In Concilio CPolitano Anni DXXXVI. de Severo Epiſcopo Antiocheno Clerici Antiochenſes ſingulari epiſtola queruntur Patribus, præſertim eo quod, *neque ipſis S. Altaribus* pepercerat ille neque *ſacris vaſibus . . . τας γαρ εις τυπον του αγιου πνευματος χρυσας τε, και αργυρας περιστερας κρεμαμενας υπερανω των θειων κολυμβητρων, και θυσιαστηριων μετα των αλλων ιεροτιμητων: nam columbas aureas, atque argenteas, in formam Sancti Spiritus ſuper divina Lavacra, & Altaria appenſas, una cum aliis ſibi appropiavit.* (*Ap. Labeum Concil. to. v.*). Heic Antiochenos Clericos illius Columbæ, in qua Corpus Chriſti ſervabatur, loqui nemo inficias ibit, cum *Columba* inter *Sacra Vaſa*, quibus Severus non pepercerat, referatur: neque enim *Vas* Columbam appellaſſent, ſi mera fuiſſet figura, neque *Sacrum Vas*, niſi Euchariſtiæ ſervandæ *ſacrum* fuiſſet. Neque mirum erit in Baptiſteriis, perinde ac ſupra Altaria ſuſpenſum tunc fuiſſe Euchariſticum Vas, ſiquidem in ipsis Baptisteriis Eucharistiam servatam fuisse pro recens baptizatis, egregie probat Edmundus Martene (*Libr.* 1. *de Antiq. Eccl. Ritib.*), atque Mabillonius in *Comment. ad Ordin. Roman.*, qui in suo itinere Italico (*pag.* 186.) scribit, Pisis vidisse in antiquo Baptisterio secus Cathedralem Ecclesiam globulum concavum super ipsius Baptisterii Altare pensile, quo, putat ille, Eucharistiam iis, qui eo Baptismum suscipiebant, impertiendam, repositam fuisse. Ex his igitur nemo non videt Vas Eucharisticum, Columbam nimirum, suspensum ex abside Ciborii fuisse, ita ut Altari immineret; qui sane mos stetit usque ad xI. Sæculum, in quo adhuc ejusmodi columba Ecclesiæ potissimum Latinorum utebantur, ut testatur Udalricus, sive Uldaricus, qui eodem Sæculo Consuetudines Cluniacensium Monachorum scripsit (*Consuetud. Lib.* 11. *c.* xxx. *apud Dacher. Spicil. to.* 1v.): *Prædictam auream Pyxidem cum Columba jugiter pendente super Altare Diaconus . . . , abstrahit, &c.* Et (*L.* 1. *c.* xIx.): *Ipsæ autem hostiæ . . . mutantur cum illis, quæ in Pyxide, & Aurea Columba super Altare pendente jugiter servantur.* Imo ad nostram ferme ætatem adhuc in Cathedrali Parisiensis Metropolitanæ Ecclesiæ ejusmodi Columbam super Altare pendentem, in qua Christi Corpus servabatur, vidisse, testatur Cl. Blanchinius in notis Historicis ad Anastas. Bibliothecarium (*in Hilaro to.* 11.). Hunc autem Columbæ usum etsi ex Chrysostomo penes Græcos antiquiorem fuisse noscamus, attamen eodem 1v. Sæculo inter Latinos adhuc non obtinuisse mihi videtur: dubium autem movet superius allatum Hieronymi testimonium, qui de sui ævi disciplina certe locutus, in τετραπτερω Eucharistiam servari dicit, ex quo equidem testimonio, atq. Patrum Latinorum, Hieronymo supparum, silentio sequitur quarto Sæculo inter Græcos Eucharistiam in Columba super Altare servatam fuisse, apud Latinos finos vero adhuc in *Paſtophorio*. Forte apud Latinos v. Sæculo Columbæ uſus invaluit, cum Hilarum Romanorum Pontificum primum Sæculo v. auream Columbam pro Ecclesia S. Johannis feciſſe, narret Anaſtaſius Bibliothecarius in illius vita, cujus verba mox proferemus. Juvat autem animadvertere, olim ejuſmodi Columbas aureas fuiſſe, uti ex ſuperius allatis monumentis liquet, deinde vero medio ævo alicubi aureas, ut inter Cluniacenſes pro ea ætate ſatis divites, alicubi argenteas, cujuſmodi erat Columba, quam Presbytero cuidam legavit teſtamento S. Perpetuus Turonenſis Episcopus (*ap. Dacher. to. v.*): *Columbam argenteam ad repoſitorium*: alicubi & ex aurichalco, qualis erat illa, quam vidiſſe ſcribit Mabillonius (*in ſuo Itin. Ital. pag.* 217.) in Monaſterio Bobienſi.

De recta interpretatione Canonis III. Concilii Turonenſis II.
EXCURSUS.

Poſtquam de Ciborio, deque Columba, quæ ex Ciborii teſtudine pendebat, diximus, operæ pretium erit ad examen revocare canonem tertium Concilii Turonenſis II. Ann. DLXX. juxta Binium, vel juxta Harduinum, alioſque Ann. DLXVII., qui ſane canon varie interpretum ingenia torſit, atque caput hoc, de quo ediſſerimus, ſummopere intereſt.

Canonis, cujus aggredimur interpretationem, verba hæc ſunt: *Ut Corpus Domini in Altari, non in imaginario ordine, ſed ſub Crucis titulo componatur*. Binius putat heic Patres Turonenſes *imaginarium ordinem* appellare locum, in quo Sanctorum Imagines collocabantur, adeoque Patres decreviſſe, Corpus Chriſti in eodem loco, quo imagines Sanctorum erant, atque inter ipſas Imagines minime collocandum eſſe. Binii ſententiam exuſſlarunt recentiores Conciliorum interpretes, cum Sæculo VI. nullibi I-

ma-

magines Sanctorum super Altare collocarentur, etsi audentius, quam viro in antiquitate Ecclesiastica satis versato par esset, illud Binius affirmaverit in notis ad hunc Canonem: *Heic* (ait) *prohibetur, ne Corpus Domini inter sacras Imagines, super Altare poni solitas, ponatur*. Huic itaque reiciendæ interpretationi operam abuti, supervacaneum cum sit, ad illam Sirmondi gradum faciamus. Is enim in commentariis ad laudatum Canonem, Turonenses Patres de Eucharistici panis forma, atque figura locutos putavit, quos sanxisse, autumat, supra formas panis, quæ offerebantur, ut eas Episcopus consecraret, præter unam Crucis figuram nullam aliam effingendam esse vel Sanctorum, vel alicujus alterius rei imaginem. Ingeniosæ autem huic interpretationi acquiescere vetant tum Canonis verba, tum & ipsimet Canoni in antiquis manuscriptis præfixus titulus, quem legimus apud antiquos perinde ac recentiores omnes Conciliorum Collectores: *De Compositione Corporis Domini super Altare*. Parum sane, vel forte nihil titulus hic Sirmondi interpretationi quadrat; titulus sane liquido evincit, Patres Turonenses de loco, quo Eucharistia servanda erat loqui, haud de Cruce pani Eucharistico imprimenda. At ipsa Sirmondo adversantur Canonis verba: *Ut Corpus Domini*, ajunt Patres, *in Altari componatur sub Crucis titulo, non in imaginario ordine*. Quamquam demus Sirmondo *ro componere sub Crucis titulo*, figura Crucis pani imprimenda significari, quid attamen illud: *in Altari* sibi velit, neque Œdipus intelliget. Num ne super Altare pani *consecrando* figura Crucis describi consuevit? Novum hoc disciplinæ caput nos doceat Sirmondus, ut suæ sternat sententiæ viam. At cur dicunt Patres *in imaginario ordine*, quandoquidem præpositione *sub* Crucem pani inscribendam indicarunt? Potius dixissent: *non sub imaginario ordine*; nam compone-

ponere in imaginario ordine, pro : *imprimere* (pani) *imaginem*, inaudita prorsus syntaxis, nova plane phrasis mihi videtur.

Ultimam itaque huic canoni manum admovit Cl. Mabillonius primum in opere *De Azimo &c.* c. VIII., atque rursus eamdem retractavit interpretationem in Commentariis ad Liturgiam Gallicanam L. 1. c. IX. cujus eo tota redit sententia : Patres nimirum Turonenses decrevisse, Eucharisticum panem *non in imaginario ordine* in iis nimirum locis, in quibus imagines Sanctorum pingi solerent, cujusmodi fuere parietes Ecclesiæ, præsertim illæ, quæ integram Absydam continebant, quæque a latere Altaris erant; sed *componendum* collocandum *in Altari* super Altare *sub Crucis titulo*, nimirum ad Crucis, quæ super ipsum erat Altare, basim. Hæc Mabillonius, in cujus verba quotquot deinde scripsere eruditissimi quique viri ultro jurarunt. Verum satis nodosa mea quidem sententia isthæc videtur interpretatio. Ac primo sane tenebris adhuc delitescit Patrum sententia *de imaginario ordine*; si enim, ut ipsemet probat Mabillonius, picturæ, quæ imagines Sanctorum repræsentabant, in ipsis erant ab utroque Altaris latere parietibus, ubinam Eucharistia inter illas picturas reponenda foret ? Forte muro, parietibusque suspensa ? At non ea erat Sæculo VI. Turonis Ecclesia, ut parieti Eucharistiam suspenderet, cum de antiqua hujus Ecclesiæ sacra supellectili testes sint & Gregorius Turonensis Concilio suppar, & Perpetuus Turonensis & ipse Episcopus. Alterum iis *sub Crucis titulo* redit : Affirmat enim Mabillonius his verbis locum designari Altaris, in quo Crux posita erat. Hanc fateor tanti viri libere prolatam interpretationem, multum attulit laboris, antiquorum enim rursus evolvere scripta, Historica persequi monumenta, non unius fuit diei opus, quo invenirem, Sæculo VI. Crucem

super

super ipsummet Altare collocatam fuisse. At magis magisque antiquae adhaesi sententiae, quam Lib. 11. *Ecclesiasticae Politiae* explicaveram; Crucis nimirum imaginem ad XII. usque Saeculum secus Altare, vel alio altero Ecclesiae loco, ut olim supra Ciborii absydam, sive fastigium, fuisse, ac tandem Saeculo XIII. supra ipsum Altare collocari coepisse, cujus disciplinae omnium omnino Scriptorum primus ea aetate meminit Durandus Mimatensis in suo *Ration.* L. 1. c. 3. Si igitur nulla erat supra Altare Crux Saeculo VI., qua ratione dicendum erit cum Mabillonio, Patres decrevisse, Eucharistiam collocandam esse ad basim Crucis super Altare? Hoc sane vel unum argumentum satis abunde testatur, nullius momenti esse Mabillonii interpretationem, imo antiquae Disciplinae prorsus adversari. Rem forte oscitanter persecutus est vir ceteroqui omnium Clarissimus.

His notatis interpretationibus, meum heic adjicere non gravabor tentamen, quo satis implexam canonis sententiam explicare aggredior; non enim is sum, qui post tot tantosque viros rem acu pertingere censeam. Mea itaque sententia Turonenses Patres id unum statuisse videntur, Eucharisticum panem non *in imaginario ordine*, nimirum in loco, qui in omnium oculis erat; sed *ut in Altari sub Crucis titulo*, sub Ciborii absida, cui Crux incumbebat, *componeretur*, nimirum, *conderetur*, sive *occuleretur*; ita ut eo res omnis vertatur, ne Eucharistia, sacro vasi condita, ob oculos fidelium foret, sed ita Ciborii testudini suspenderetur, ut ab ipsomet Ciborio quodammodo tegeretur, ne omnium pateret oculis. Haec forte longe nimium petita videbitur interpretatio, at attendant lectores, quaeso, momenta.

Ut Corpus Domini in Altari, non in imaginario ordine, sed sub Crucis titulo componatur.

Tria sunt potissimum ad examen revocanda. I.
Quid

Quid sibi velit *Ordo imaginarius*. *II. Crucis titulum*. *III.* Quæ sit eo loci vocis *componere* significatio.

Ordinem imaginarium idem esse, ac ordinem apparentem, locum omnium oculis obnoxium, puto, cum non desint apud antiquos hujus significationis exempla. Ipsum siquidem *Imaginis* vocabulum, quod τῶ εἴδω Græcorum plane respondet, passim pro *specie*, sive id quod omnium oculis obversatur, usurparunt Latini; imo ex hac equidem nativa vocis hujus significatione icon alicujus viri, qui reipsa abest, *Imago* appellata est, & *Statua* dicta *Imago*, cum oculis objiciat, atque videndum aliquo modo præstet illum, cujus frui nos non licet præsentia. In hanc sententiam eo utitur *Imaginis* vocabulo Cicero L. I. *de Natura Deorum*, ubi ait: *Fac imagines esse, quibus pulsantur animi, species dumtaxat objicitur quædam*. Animi, sive sensus pulsantur Imaginibus, quippe quæ sensibus objiciuntur. Hinc apud Ovidium *falsa imago* est id, quod secus se habet, ac specie videtur, *Metamorph.* L. II. Met. XXXVII. *Celat falsa culpam sub imagine*. Ita Plinius *imaginem* appellat id, quod oculos intuentium minime fugit; locutus enim de ea parte speluncæ, quæ oculos non latebat, Hist. Nat. L. XII. c. I. ait: *Ac ne quid desit speluncæ imagini, saxea intus crepidinis corona, &c*. Ex quibus colligimus *Imaginem* appellari id, quod apparet, atque videtur, intuentiumq. oculis patet.

Verum & *Imaginarii* vocabulum, atque adverbium (ut Grammatici ajunt) *imaginarie* ex nostra sententia apud Ecclesiasticos etiam Scriptores legimus; ac præsertim in Collatione habita inter Episcopos Catholicos, & Donatistas Anno CCCCXI. Ibi enim c. LXV. *imaginarie constituti* ii dicuntur Episcopi, qui Episcopi personam præseferebant, etsi Episcopali ordine carerent; unde Petilianus Episcopus queritur c. CLXV. in Diœcesibus Hæreticos *multas passim imagines erigere,*

gere, nimirum nonnullos Episcopos, qui re ipsa Episcopi non erant, oculos ut fallerent, objicere. Sic & Athanasius epist. 11. *imaginarium* appellat Episcopum, qui is videri conabatur populo, cum nihilominus ordine careret. Quemadmodum & Episcopi Ponti in epistola ad Imperatorem Leonem ex antiqua versione Epiphanii Scholastici, de Timothei Eluri ordinatione locuti, *ordinationem imaginariam* illam dicunt, quippe quæ ad fallendos plebis oculos facta, ut Timotheus Alexandrinis Episcopus videretur. Innumera id genus exempla heic congererem, nisi hæc, quæ protulimus, satis evincerent, imaginarie, atque imaginarium, illud dici, quod oculos intuentium non latet, quodque oculis patet. Quibus delibatis, ad textum redeamus. *Imaginarius* itaque *Ordo* commode dici potest Ordo ille, qui oculis intuentium patet; Ordo autem appellatur desumpto ex Architectura apposite vocabulo, cum enim heic de Altaris partibus sermo sit, *Ordo imaginarius* appellatur illa Altaris pars, quæ plebi, cum in Templo versaretur, patebat, cujusmodi erat extima totius Ciborii pars, quæ januam Ecclesiæ, sive navem respiciebat, Crux ipsa, quæ Ciborio incumbebat, Ciborii tympanus, atque fastigium: præterea cum sacra velamina, quæ e Ciborio pendebant, expansa non forent, nisi Liturgiæ tempore, ipsamet Ara oculis fidelium patebat, tum cum sacrum non fiebat, atque in ipsamet etiam Liturgia, in qua ad Oblationis integrum ritum Altare adhuc intectum manebat. *Imaginarii ordinis* nomine venit igitur quævis structuræ Altaris pars, quæ intecta præter Liturgiæ tempus erat.

Nunc ad alterum. *Sub Crucis titulo*. *Titulum* heic pro ipsamet Ciborii testudine, sive interiori fastigio Patres Turonenses usurpasse, persuasum mihi est, tum ex *tituli* significatione, tum ex fastigii ipsius Ciborii forma. *Titulus*, quem antiqui appellarunt *Tu-*

tulum

tulum, a *tuendo*, five *tegendo* derivari nemo in dubium verterit poſt Voſſium, Hofmannum, Henricum Stephanum, Paſſeratium, alioſque: Quamobrem id, quod rem aliquam tegebat, *tituluss*, ſive *tutulus* dictum eſt Varro L. VI. *De Lingua Latina* ſcribit: *Matres-familias nes convolutos ad verticem capitis, quos habent uti velatos, dicunt tutulos, ſive ab eo, quod, tuendi cauſſa capilli, fiebant; ſive ab eo quod altiſſimum in Urbe, quod eſt Arx, ea res tutiſſima, tutulus* (alii Codices apud Salmaſ. in Not. ad Solin. *titulus*) *vocatur*. Ex his duo ſequuntur: *tutulum*, ſive *titulum* appellari tegumentum capitis mulierum, eo quod *tegebat* capillos; & Arcem, quæ Urbem quodammodo tegebat, *titulum* perinde appellari. Quamobrem ipſummet domus Tectum *titulus* dicebatur; unde Dea illa, cui *tectum* ſacrum erat, Dea *Tutelina*, & apud Macrobium *Titulina* appellata. Itaque *tituli* nomine teſtudinem Ciborii venire, ſive Ciborii faſtigium, ex ipſamet *tituli* nativa ſignificatione manifeſto patet; quare & apud Eccleſiaſticos medii ævi Scriptores ipſummet Ciborium *titulus* appellatur, eo quod Altare tegeret; ſic apud Leonem Oſtienſem Chron. L. II. c. III. legimus: *In Eccleſia etiam titulum cum Confeſſione ſua a parte Occidentali ſatis decorum adauxit*. *Confeſſionis* nomine Altare venire neminem latet, *titulum* itaque *Ciborium* Altari ſuperſtructum appellavit. Dilucidius rem confirmat Eulogius *Memorial*. L. V. c. I. *In Baſilica B. Aciſcli, in eo titulo, quo felicia ejus membra quieſcunt, humatur*. *In titulo humatur*, hoc eſt, ſub eodem Ciborio, in quo condita erant Aciſcli oſſa, humatur; diximus enim Eulogii ævo ſepulchra, quibus eadem pene Ciboria, ac illa, quæ Altare tegebant, ſuperſtruebantur, *Ciboria* appellata fuiſſe. Hinc & ipſummet Templi tholum (italice *Cupola*) eo quod Altare deſuper tegeret, *titulus* dicitur ab eodem Leone Oſtienſi L. III. c.

XXVIII.

XXVIII.. *Fenestras omnes tam novis, quam tituli plumbo, et simul vitro compactis tabulis, ferroque connexo inclusit.*

Titulum Crucis Ciborium dici quisquis antiquam delibavit Ecclesiæ historiam plane intelliget ; passim enim antiqui testantur in Ciborii fastigio Crucem impositam esse tum apud Orientales, tum apud Latinos, eo ut *Titulus Crucis* idem sit, ac *Ciborium cum Cruce*. Fusius hoc disciplinæ caput explicat DuCangius in sua *CPoli Christiana* L. III. C. LXI., qui dilucidius ostendit in meditullio testudinis Ciborii Crucem statui consuevisse a primis ad novissimam usque ætatem ; atque adhuc in iis sepulchris, quibus *Ciboria* superstructa sunt, Crux in Ciborii fastigio apparet. Merito itaque *sub titulo Crucis* interpretamur : *sub testudine* Ciborii eo loci, quo imminet Crux (cujusmodi media pars tholi ipsius Ciborii erat) Eucharisticum panem *componendum* esse. Cujus sane canonis vis ex iis, quæ de Columba diximus, perspicue patet ; Columbam enim Ciborio suspendi consuevisse, probavimus. Jubent itaque Patres Turonenses, ut sub ipsamet Ciborii testudine suspendatur illa, ac locum designant quo singillatim erat suspendenda, nimirum eam cibori partem, cui Crux supereminebat, uti erat centrum tholi ipsius Ciborii.

Eo autem (quod III. est) Eucharisticum panem reponendum esse jussere, ut oculis intuentium minime pateret, id quod, ut mox patefaciam, indicat ipsummet verbum *componere*. Siquidem Columba, in qua Christi Corpus servabatur, suspensa sub ipsomet centro testudinis Ciborii, quod Crucis veluti basis erat, propter ipsas Ciborii alas nonnisi ab eo videri poterat, qui Altari propius accederet, quod fidelibus præsertim *laicis* fas non erat. Id plane intelliget quisquis Ciborii alicujus figuram viderit, cum olim quadrangulari constaret segmento., sive muro, ita ut tym-

tympanus mediam respiceret navim, atque anguli singulis instarent columnis. Segmenta autem olim nimium inclinata erant, ut videre est in antiquioribus Ciborii musivis figuris apud Ciampinium; quamobrem vas, quod e fastigio interiori pendebat ipsis Ciborii alis obtegebatur; Cibari segmenta *alas* appellavi ex antiqua phrase vetusti interpretis Aristophanis apud Salmasium in notis ad *Ælium Spartii* in Pescennio.

Concilium igitur eo etiam vocabulo, quo utitur, *componatur*, satis suam aperuit mentem, Euchariſtiam nimirum oculis intuentium minime patere voluisse. Ea profecto est apud antiquos Latinæ linguæ auctores hujus verbi significatio, qui *componere* dixerunt id, quod aliqua ratione tegebatur; quare huic verbo *aptandi* significatio ex eo facta est, quod res, quæ alteri aptatur, rem, cui aptatur, tegit, atque oculis veluti intuentium subducit. Ita Virgilius Æneid. L. VIII. v. 486.

Componens manibusque manus, atque oribus ora.
Manus enim manum, cui *componebatur*, alienis oculis videndam negabat. Hinc occulendi, claudendique vis huic vocabulo fuit apud Valerianum *Argonautic.* L. v. 247., qui ait: Oculos *componit*, pro *claudit*. Et Virgilius *Georgic.* IV. v. 189. de apibus, qui cellulis suis clauduntur, quas thalamis comparat, ait:

Post, ubi jam thalamis se composuere, siletur.
Quare tandem & *componere* pro *humare*, *sepelire* passim Latini usurparunt. Tacitus Annal. L. 2. c. 47. *Pisonem*, ait, *Verania uxor, ac frater Scribonianus, Junium Crispina filia composuere*. Apud Ovidium Metam. L. IV. Metam. 157. *Tumulo componi* legimus. Sic & Propertius 11: 19. 20.

Tu mea compones, & dices ossa, Properti,
Hæc tua sunt.
Imo & ipsi Ecclesiæ Patres eadem phrase usi viden-

dentur, uti Paulinus, qui epigrammate ad Severum, perbelle Altaris structuram explicat, atque Martyres, quorum corpora sub Altare erant, cui Ciborium cum Cruce imminebat, *compositos cum Cruce* dicit, hoc est : tectos a Cruce :

Divinum veneranda tegunt Altaria foedus,
Compositisque sacra Cruce cum Martyribus.

Quibus ita explicatis, ut ad integram Canonis sententiam plane interpretandam redeamus, vero quam quod maxime similius videtur hoc unum, Patres Turonenses voluisse, ut vas nimirum Euchariſticum, in quo Chriſti Corpus servabatur, oculis fidelium minime obnoxium fuiſſet, sed sub ipsomet Ciborii faſtigio quodammodo tegeretur ; quod equidem summæ, qua Euchariſtiam, atque ipsa Sacra Vasa tunc proſequebatur Ecclesia relligionis ergo illos decreviſſe, Chrysoſtomi epiſtola ad Innocentium (de qua supra dictum eſt) teſtatur, qui milites, ut ut Chriſtianos, sacra Vasa, in quibus Euchariſtia erat, vidiſſe summopere queritur. Præter hunc autem locum, nimirum Ciborii teſtudinem, quæ Altari imminebat, quovis alio loco servata fuiſſet Euchariſtia, vas, in quo servabatur, oculis ne dum fidelium, sed & Catechumenorum, atque ipsorum quoque Paganorum obnoxium fuiſſet ; nam ex Templi veſtibulo, quo & Catechumenis, & ipsis etiam Paganis versari fas erat, quicquid extra ciborii teſtudinem erat, patere nemo eorum dubitat, qui antiquam tum Altaris, tum Templi formam, quam altero Politiæ libro descripsimus, noverit. Vide veteris Templi iconographicam Tabulam tomi tertii parte II. fig. I. Quamobrem pro comperto mihi eſt ipsummet Ciborium relligionis ergo Altaribus superſtruxiſſe veteres Chriſtianos a IV. Sæculo, in quo Euchariſtia super ipsum Altare suspendi cœpit, ut Ciborium, ne dum ipsum Altare, sed & Euchariſticum Vas tegeret ; apud ipsos siquidem Paganos

faſti-

faſtigia, quæ a Ciborii ſtructura parum differre videntur, ſummæ venerationis argumentum ita erant, ut niſi Deorum Templis, illa privatis domibus ſuperſtruere nefas fuiſſet, præſertim penes Orientales, quos inter, ut ſcribit Hieronymus epiſtola *ad Suniam, & Fretillam*, domorum privatorum tecta plana, Deorum illa faſtigiata erant, quod Græci dixere αιτοι, & αιτωμα, ut legimus apud Euſtatium in Iliade; quod & ipſos inter Romanos obtinuiſſe, innuere videtur Cicero in Philippicis, qui de Cæſare locutus, ait: *Quom is majorem honorem conſecutus erat, quam ut haberet pulvinar, ſimulachrum, faſtigium, flaminem, &c.*, quæ quidem omnia Deorum erant propria. Quamobrem poſtquam Romani optimates, atque præſertim Imperatores privatis eorum domibus faſtigia ſuperſtruere cœperunt, jam tum ipſis faſtigiis Deorum, Dearumve ſimulachra ſuſpenderunt, ut domorum faſtigia ipſis quodammodo Diis ſacra adhuc viderentur. Hunc autem morem ea de cauſſa ſero apud Romanos obtinuiſſe, ex jam dictis dilucide patet; ſero enim & faſtigia e Templis ad ipſas Domos tranſtulere: hinc Florianum omnium primum Romæ in ædium faſtigio Deorum ſimulacra habuiſſe legimus: De eo enim narrat Vopiſcus (*Hiſt. Auguſta to.* 11.) quod: *Imago Apollinis... ex ſummo faſtigio in lectulo poſita ſine cujuſpiam manu deprehenſa eſt.* Quare Peſcennium Nigrum, Deorum cultum æmulatum, in faſtigio propriæ domus ſui ipſius ſimulacrum ſuſpendiſſe, ſcribit Ælius Spartianus *in Peſcennio Hiſt. Auguſt. to.* 1. : *Domus ejus hodie Romæ viſitur in campo Jovis, qua appellatur Peſcenniana: in quo ſimulacrum ejus in Trichoro* (h. e. faſtigio, ut docet Salmaſius in notis *ad Hiſt. Auguſt.*) *conſtituit*.

Hanc Canonis 111. Concilii Turonenſis II. interpretationem ad eruditos in Eccleſiaſticis Antiquitatibus defero, quibus ſi minus illa arriſerit, ſaltem canoni,

noni, cui fruſtra adhuc allaboraſſe Binium, Sirmondum, atque ipſum oſtendimus Cl. Mabillonium, rectius explicando ſtimulos me adjeciſſe ſatis habeam.

§. IV.

De Περιϛερίω Turre, Pyxide &c.

Diximus §. III. in vaſe ad columbæ inſtar elaborato, quod ea de re, antiquorum Scriptorum phraſem ſecuti, *Columbam* appellavimus, a IV. Sæculo Corpus Chriſti repoſuiſſe Chriſtianos, atque ipſam Columbam e Ciborio ſuſpendiſſe, quod cum ipſummet tegeret Altare, Columba Altari impendebat. Hoc autem Vas Περιϛέριον Græci a περιϛᾶν *Columba*, Latini *Periſterium* ex Cangio, vel *Pyriſterium* ex Mazochio noſtro appellarunt. Mabillonius putat Italiæ omnes Eccleſias *Columba* etiam uſas eſſe, illam vero minime ſuſpendiſſe ſuper Altare e Ciborii abſida, ſed potius in ipſomet Altare collocaſſe, cum ceteræ Occidentis Eccleſiæ *Columbam* e Ciborio ſuſpenſam habuiſſent, perinde ac olim Orientalium illæ. Profecto nullum reſtat monumentum, ex quo vel conjecturis colligi poſſit, Italorum Eccleſias vaſa Euchariſtica ſuſpendiſſe, etſi Columba ſint uſæ v. etiam Sæculo: legimus enim apud Anaſtaſ. Bibliothecar. In *Hilaro*, ſive *Hilario* (tom. 1. num. LXX. ex edit. *Blanchin.*) hunc pontificem, qui Sæculo V. floruit, feciſſe in Eccleſia *S. Johannis intra Fontem*: *Turrem argenteam cum delphinis, penſantem libras* LX., *Columbam auream penſantem libras duas*. Medio tandem ævo Latini Euchariſticum Panem in alio vaſe, quod *Turrem* appellarunt, repoſuere, ut mox oſtendam; quare mihi videtur, Columbam Italos vel habuiſſe veluti Turris ornatum, atque in ipſa Turre Euchariſtiam ſervaſſe; vel Turri Columba inſediſſe, in eaque

pa-

panem Eucharisticum fuisse; alterum probabilius mihi videtur ex ipsamet Columbæ materia, quæ aurea erat, cum argentea foret Turris: si enim in Turre Eucharistia servanda erat, hæc potius aurea quam Columba fuisset.

Hujus itaque *Turris*, sive *Turricule* (ut in medii ævi cartis legimus) usus media invaluit ætate inter alias Occidentis Ecclesias, quæ forte Romanam Ecclesiam ea in re imitatæ sunt; siquidem primam hujus vasis Eucharistici memoriam in Hilari vita legimus, qui, ut dictum est, Sæculo v. Romano Pontificatu functus est. Eo autem loci, quo Turris hæc obtinuit, qua certe nonnullæ præsertim Galliarum Ecclesiæ medio ævo usæ sunt, sensim Columba exolevit, atque in ipsamet Turre Eucharistia servari cœpit. Illud profecto evincunt mediæ ætis Scriptores, qui de hac Turre meminere; Gregorius enim Turonensis L. 1. *De Gloria Martyr.* scribit: *Diaconus accepta Turre, in qua ministerium Dominici Corporis habebatur, ferre cœpit ad ostium . . . ut eam Altari superponeret.* Ex quo Gregorii testimonio tria sequuntur. I. In ipsa *Turre* panem Eucharisticum fuisse. II. Turrem in Secretario servari, atque *Altari* superpositam fuisse, tum cum Sacrum fiebat; quod forte ad exemplum Romanæ Turonensis Ecclesia fecerat. Ædoque III. Turrem Altari adnexam non fuisse. Unius etiam Turris, veluti Eucharistici Vasis meminit Fortunatus Carmine xxv. L. III. ad Felicem Bituricensem Episcopum, in cujus Turrem hoc scripsit dysticon.

In Turrem
Quam bene juncta docent, sacrati ut Corporis agni
Margaritum ingens aurea dona ferant.

Hanc autem Turrem pro Ecclesiarum diversitate, atque divitiis diversa erat; Romanæ enim Ecclesiæ illam Hilari Pontificis LX. librarum ponderis fuisse diximus. Verum hanc de uno in alium locum portasse se difficile mihi videtur, cum Turris, quæ a Diacono ferebatur, plerumque minoris fuerit ponderis, cujusmodi fuit illa, quam testamento Ugo Abbas Fontanellensis proprio legavit coenobio (*apud Mabillon. Annal. Ord. S. Bened.* in Append. to. v.): *Dedit eidem Coenobio Turriculam auream pensantem libras sex.*

Ex postremo hoc testimonio Chronici Fontanellensis patet ad Sæculum x. usque usum *Turris* stetisse; quæ quidem in antiquioribus quibusdam Monasteriis Sæculo xvii. adhuc obtinuisse scribit Edmundus Martene *L.* 1. *De Antiq. Eccl. Discipl. c.* v. *art.* 111., qui ejusmodi Eucharisticum Vas vidit in Majori-Monasterio Turonensi.

Verum nonnullas præter Ecclesias, quæ Turris usum a Romana accepere, diu & in aliis antiqua illa stetit *Columba*. Cujus sane rei testis est locupletissimus, ut diximus, Uldaricus, qui Sæculo xi. L. 11. *Consuetudinum Cluniacens.* c. xxx. scribit: *Prædictam auream pyxidem* (in aliquibus ms. legitur *pixidem* sine *y* pro medii ævi indole) *cum Columba jugiter pendente super Altare Diaconus . . . abstrahit*. Et L. 1. c. xix. *Ipsa autem Hostia* (*consecratus* panis jam tum *Hostiæ* denominationem adeptus erat) . . . . *mutantur cum illis, quæ in Pyxide, & aurea Columba, super Altare pendente, jugiter servantur.* Hæc autem Uldarici testimonia, qua ratione Eucharistica Vasa sensim immutata fuerint, aperte ostendunt. Olim enim, ut supra jam dictum est, in ipsamet Columba Eucharistia servabatur, quod satis testantur Chrysostomi verba, atque Amphilochius in Basilii Vita. At deinde etsi Ecclesiæ antiquam illam retinuerint Columbam, nihilominus panem non in ipsa Columba, sed in altero parvo equidem vase, nimirum pyxide, reposuere, quod vas in Columba recondiderunt; id quod ex allatis Uldarici verbis procul dubio satis liquet.

Alicu-

Alicubi itaque Columba medio ævo etsi obtineret, loculi potius, quam vasis Euchariſtici vices gerebat; etsi forte una, vel altera Eccleſia in ipſamet Columba ex antiquorum more Euchariſtiam adhuc ſervaret. Quamobrem cum tandem alia invaluiſſet loculi Euchariſtici forma, Columba illa a Latinorum Eccleſiis exulavit, atque Pyxis dumtaxat, pro Euchariſtici panis vaſe, reliqua fuit.

In Eccleſia porro Romana Sæculo IX. Pyxis obtinuerat, cum ipſa etiam Turris exoleviſſet, ex Leone IV. eodem Sæculo Rom. Pontifice, qui (*De Cura Paſtorali ap. Cang.*) hæc habet: *ſuper Altare nihil ponatur, niſi capſa cum reliquiis Sanctorum . . . aut pyxis cum Corpore Domini ad Viaticum pro infirmis.* Ex quibus Leonis verbis ſequitur, ſupra ipſum Altare pyxidem In Italis Eccleſiis repoſitam eſſe. At in ceteris Latinorum Eccleſiis, penes quas aliquando columba illa, in qua Euchariſtiam ſervaverant, ex Ciborio pendebat, etiam Pyxis, quæ Columbæ loco venerat, e Ciborio ſuſpenſa fuit, ita ut Altari immineret. Sic Hugo Flaviacenſis Sæculi XII. Scriptor teſtatur in Chronico (*ap. Labbeum in Biblioth. nova mſ. to.* I.): *Pyxidem unam de onychino, in qua ſervabatur corpus Dominicum, dependens ſuper Altare.* Eadem habemus apud Gerbaſium Dorobernienſem in *Deſcript. Eccle. Cantuarien.*, qui de Lodone locutus, ait : *Suſcepit a monacho quodam Pyxidem cum Euchariſtia, quæ ſuper Majus Altare pendere ſolebat.* Imo & funiculo, vel parvo quodam vinculo Ciborio ſuſpenſam fuiſſe Pyxidem, dilucidius oſtendunt Rogerii Hovedeni verba (*Annal. Anglor. parte* II. *apud Henric. Savilium in Collect. Auctor. Rerum Anglicar.*); is enim de Eccleſia Sarisburienſi locutus, narrat, quod: *Cecidit etiam ſuper Altare Pyxis, cui Corpus Chriſti inerat, abrupto vinculo.* Pyxidem autem velut vas Euchariſticum in iis etiam Eccleſiis obtinuiſſe, quæ Columba

Tom.III.P.I.   E   medio

medio ævo adhuc utebantur, Uldarici verba abunde testantur; siquidem ille in utrisque allatis testimoniis de columba, atque pyxide simul loquitur: *Auream pyxidem cum columba*. Et: *In Pyxide, & aurea columba &c.* Forte (quæ mihi maxime arridet conjectura) *columbam* illam veluti loculum ipsius Vasis, in quo Eucharistia servabatur, cujusmodi Pyxis erat, habebant Cluniacenses, atque aliæ perinde Ecclesiæ, quæ medio ævo columbam adhuc retinebant: in ipsamet enim columba Pyxidem illam, quæ Eucharistiam continebat, condidisse illos puto; quamobrem columba postmodo Vas Eucharisticum recte dici non poterat. Id quod vel ex eo conjicere licet, quod passim in ipsamet aurea columba quandoque occluderetur Pyxis lignea: ipsemet enim Uldaricus nos docet (*Ibid. L. II. c. xx.*) in aurea columba *repositam* fuisse Eucharistiam *in Pyxide corticea*. Itaque columbam servare maluerunt Latini medio ævo, ut antiquissimi Eucharistici Vasis formam retinerent; verum in pyxide Panem Eucharisticum, atque ipsam pyxidem in columba reposuere. Sane parvum illud, atque præ ceteris tractabile vas, cujusmodi pyxis est, a v. Sæculo Latinorum nonnullæ Ecclesiæ inter Eucharistica vasa rettulere; in Concilio enim Arausicano I. An. CDXLI. can. XVII. legimus: *Capsa, & Calix offerendus est, & admixtione Eucharistiæ consecrandus*. Capsæ autem nomine heic ipsamet *pyxis corticea* venit; siquidem Odo Abbas Cluniacensis *capsam* appellat idem vas, quod Uldaricus appellavit *pyxidem corticeam*; scribit siquidem (*Collation. L. II. c. XXXIII.*): *Diaconus capsam cum corpore Domini deferens*. Plerumque autem medio ævo Pyxis lignea fuisse videtur, ut ex Uldarico in altero testimonio, atque Odone patet, quibus accedit & illud Ruperti Tuitiensis in *L. De Incendio Monasterii c. v.* &c.; etsi peraro aurea fuisset, ut eumdem innuisse Uldaricum vidimus, plerumque vel lapidea,

quem-

quemadmodum ex onyche erat illa, de qua meminit Hugo Flaviacensis; vel eburnea, e qua quidem materie *propter casum* pyxides medio ævo illas construere solebant, quibus, Euchariſtiam ut infirmis ferrent, utebantur, ut habemus c. v., & XXIX. *Statutor. Synodal.* Odonis Episcopi Parisiensis, & c. 1. Synodi Eboracen. Quare, & aliquando pyxidem eburneam argento vel auro *intus*, *atque foris* conveſtire ſolebant, ut legimus in Vita S. Claræ Virginis ap. Surium die XII. Auguſti. Medio etiam ævo, poſtquam paſſim argenteæ pyxidis uſus invaluit, mos ille etiam obtinuiſſe videtur, quem etiamnum ſervamus, deaurandi nimirum pyxidis cupam, porro in *Hiſtoria Episcoporum Antiſſidiorenſium cap.* LVII. apud Martene legimus, Guillielmum Epiſcopum dediſſe Eccleſiæ S. Stephani: *Cuppam argenteam quatuor marcarum, deintus, & deforis peroptime deauratam, ad reponendum in ea Corpus Dominicum.*

A v. itaque Sæculo obtinuit potiſſimum Latinos inter Pyxis, in qua illi Euchariſticum panem ſervarunt, atque ad noſtram uſque ſervant ætatem: Græci enim a Latinis id genus vas accepiſſe, nemini dubium erit. Hæc autem Pyxis, ut dictum eſt, alicubi e Ciborio pendebat, alicubi, ut in Italicis Eccleſiis, ſuper ipſum erat Altare, vel in Turricula recondebatur: Quem ſane ſtetiſſe morem uſquedum Ciboriorum uſus perſtitit, mihi pro comperto eſt; cum enim poſt Sæculum XIII. ſenſim Altare Ciborio carere cœpiſſet, jam tum aliud loculorum genus invaluit, in quibus Pyxis condita eſt. Nova hæc locula ad antiqui Ciborii inſtar fuere; quare & Ciborii nomen perinde tulere, eaque gaudent denominatione ad noſtram uſque ætatem. Profecto jam tum ſuper ipſummet Altare parva quædam abſyda quæ Altaris medium occuparet, conſtrui cœpit, cujus figura Ciborio prorſus ſimillima erat: in hac autem abſyda, quatuor parvis columnis fulcita, Pyxidem cum Euchariſtia repoſuere Latini, qui parvam hanc abſydam undique ſepimento quodam circumdatam, atque valvulis obſeratam, *Ciborium* cùm ob figuram, tum ob uſum antiqui Ciborii, appellarunt. Hiſce equidem loculamentis Latinorum exinde fere omnes Eccleſiæ uſæ ſunt, atque adhuc utuntur, quæ Itali vulgo *Cuſtodie* appellant. Quis quis Templa Sæculi XIII.XIV., atque XV. viderit, fateatur oportet, ſimul ac Ciboria, quibus Altare tegebatur, deſiere, parvum hunc loculum Euchariſticum, de quo loquimur, obtinuiſſe. Hinc intelliges qua de cauſſa *Ciborii* nomen parvo huic loculo tribuatur: pleroſque enim nominis hujus inveſtigatio ſefellit, quos inter præſertim, ut obſcuri nominis illos præteream, notandus eſt Ciampinius, qui *Veter. Monum. L. 1. c.* XIX. ſcribit: *Nos tamen.... Ciborium dictum eſſe cenſemus a ſacro Cibo, qui in ſacra menſa, nempe in Altari, aſſervatur.* Perbelle vero ſuam confirmat ſententiam, cùm ſubdit: *Unde & Pyxides Ciboria fuiſſe appellata notamus.* At ubinam illud legerat, vel notaverat? Sententia argumento deſperatior. A vero tam longe haud aberraſſet Ciampinius ſi, quin nominis hujus vim μυςικως interpretatus, hiſtoriam Euchariſticorum loculorum mature expendiſſet : Quod enim ad nominis vim attinet, ſi hoc vocabulum Κιβωριον, prout a Græcis Scriptoribus uſurpatur, inſpiciemus, penes quos vel fructum fabæ cujuſdam Ægyptianæ, vel folliculum hujus fabæ, ut Exychius adnotat, indicavit ; nemo adhuc eſt, qui intelliget, qua ratione abſydæ Altaris id nominis factum ſit ; quam enim cum Altaris abſyda fabæ Ægyptianæ folliculus connexionem habet? Hinc altius repetenda hujus vocis vis erit, ac certe quidem ab Hebraico, unde oritur illa, idiomate. Pſalmo enim v. legimus vocem כבר *Cabar*, vel *Ceber* (ut Maſorethæ legunt) quam proprie a verbo earumdem ra-

dica-

dicalium, significat *Sepulchrum*, quæ, sane vox proximæ est & illi חבה *Chabah abscondit*, & חבא *Chaba Latibulum*. Antiquiora autem sepulchra Hebræorum unam eamdemque figuram cum Ciborii, sive grandioris absydæ columnis inuixæ, illa habuisse, nos docet Cl. Henricus Hottingerus in suo libro *de Cippis Hebraicis*, ubi iconismum videre est vetustissimorum sepulchorum Beniamin, Isai Patris Davidis, Rachel, atque cujusdam prophetissæ Chuldæ nomine; quæ quidem sepulchra absyda quadam constant, sive testudine, quæ vel duobus, vel quatuor columnis ita sustentatur, ut ne latum, ut ajunt, unguem a Ciboriis illis, quibus Altare olim tegebatur, differre videantur. Cum itaque figura hæc ab Hebræis *Cabar*, vel *Cebar*, ut diximus, appellaretur, liquido patet & Græcos id genus ædificia eodem nomine, ad græcæ linguæ genium composito, Κιβώριον *Ciborion* appellasse. Inter etymologicas conjecturas, quibus nimiam plerumque ludunt operam nostri, isthæc a vero haud longissime abesse mihi videtur. Huic quodammodo accessit interpretationi vocis τοῦ Κιβωρίου Germanus Patriarcha CPolitanus (sive senior ille sit, ut visum est Bellarmino, sive is junior sit, ut videtur Gretsero) in sua *Theoria Rer. Ecclesiasticar.*, etsi etymologiam reapse assecutus non sit; de Ciborio enim locutus, ait: *Nam Cib est arca, orium illuminatio Domini*. His igitur veluti secuti sumus vicissitudines tum vasculorum, tum loculorum Eucharistici panis, quibus tum prima, tum media ætate, atque ad nostrum usque ævum usa est Ecclesia. Nunc ad ipsammet Liturgiam Eucharistiæ infirmorum explicandam gradum faciamus.

§. V.

§. V.

De Ministris, qui a IV. *Sæculo Eucharistiam infirmis ferebant. De Liturgia, quæ* Communionem *comitabatur.* De Tabellæ sacræ *antiquitate, deque Latinorum* Palla *, atque Græcorum ἀντιμενσιας.*

Presbyteros, atque Diaconos, quandoque & minores Clericos, uti & ipsos etiam laicos Euchariſtiam infirmis tuliſſe tribus primis ab Eccleſia condita Sæculis, ex Juſtino, Cypriano, Dionyſio Alexandrino, Tarſicii hiſtoria, aliiſque monumentis abunde probavimus. At, ut perinde diximus, neque laicos, neque ipſos minores clericos, quibus Euchariſtiam aliis ferendam credidit tunc Epiſcopus, veluti Euchariſtiæ miniſtros habuit Eccleſia; quæ quidem hujus officii jus nonniſi Presbyteri, atque Diaconi proprium eo duxit, ut his dumtaxat commiſerit *diſpenſationem* Euchariſtiæ in ſacra Liturgia: laicis enim, clericiſque ferendam, haud certe *diſpenſandam*, Euchariſtiam pro illius ævi miſerrima rei Chriſtianæ conditione tradidit. Hoc animadvertere non piget, cum nonnulli antiquitatum Eccleſiaſticarum ſcriptores inficete nimium dixerint, laicos olim fuiſſe Euchariſtiæ *miniſtros*, quorum errori anſam præbuere, quæ attulimus, monumenta, ab illis tumultuarie pro more congeſta.

Quamobrem a Sæculo IV., quo publicam Chriſtianorum rem in ſuam Principes tutelam recepere, Presbyteris, perinde ac Diaconis munus illud dumtaxat fuit; neque in poſterum in laicorum manus umquam Euchariſtia tradita eſt, infirmis ferenda. Hujus diſciplinæ teſtes ſunt S. Epiphanius de Alexandrina Eccleſia, qui, qua methodo munus illud Presbyteris commiſſum erat, deſcribit in ſuo *Panario to.* I., de Arianorum hæreſi locutus. *Majores Clerici*, quo nomine tum Diaconi, tum Presbyteri veniunt

in

in Codicis Theodosiani Novellis, CPoli Euchariſtiam ab Ecclesia ad infirmorum domus ferebant. Lege etiam Novellam III. Juſtiniani E quorum *Clericorum majorum* numero is erat ſive Presbyter, ſive Diaconus, qui a Majori Ecclesia Sanctimonialibus *Sanctam Euchariſtiam* ferebat, cujus delectum ipſis ſanctimonialibus permiſit Juſtinianus Novel. CXXIII. εἰς τὴν ἁγίαν αὐταῖς κοινωνίαν φέρειν.

Latini vero eadem diſciplina uſi ſunt, nam & penes illos, ut ceſſavit perſecutio, Diaconi, atque Presbyteri proprio hoc munere eo functi ſunt, ut opus novis ea in re legibus minime fuerit. A IV. autem Sæculo præſertim inter Latinos, cum Diaconis Parochiarum curam demandarent Epiſcopi, hi infirmis Euchariſtiam tulere: Tandem vero cum poſt Sæculum X. atque XI. paſſim Presbyteris munus illud obtigerit, exinde eorum fuit hoc fungi officio, neque ipſis Diaconis munus illud deinde fuit, ut videre eſt in Conciliis Gallicanis Sæculi XII. Medio autem ævo inter innumeros, qui in Occidente potiſſimum inoleverant, abuſus, & illum accenſemus, quem alicubi in Italis potiſſimum Ecclesiis irrepſiſſe legimus in epiſtola Synodica Rhaterii Epiſcopi Veronenſis Sæculo X.; innuit enim Presbyteros Euchariſtiam laicis ipſis, etiam feminis, infirmis ferendam, tradidiſſe, quare illos animadvertit: *Infirmos viſitate, & eos reconciliate; juxta Apoſtolum oleo Sancto inungite, & propria manu communicate. Et nullus præſumat tradere communionem laico, aut feminæ ad ferendum infirmo.* Cujus profecto abuſus jam conqueſti fuerant Concilii cujuſdam Remenſis Patres penes Reginon. *De Eccl. Diſcipl.* L. I. c. 120. atque Hincmarus Remenſis in libello de *Parochiarum Viſitatione*.

Presbyter itaque, ſive Diaconus a IV. Sæculo Euchariſtiam infirmo ferebat nullo certe apparatu, nulla comitatus pompa, ſive ſupplicatione, ut nos interter mos est. De ea enim, qua utimur, supplicatione, tum cùm Eucharistia infirmo fertur, silent quotquot sunt tum antiquiora, tum medii ævi monumenta ad Sæculum usque XIII., in quo de hoc ritu primo meminere Synodus Trevirensis Ann. MCCXXVII. c. VII. atque Vigorniensis Ann. MCCXL. cap. 9., Constitutiones *Episcopi Sarum*, atque Constitutiones *Episcopi Anonymi* ejusdem Sæculi XIII. Hoc itaque Sæculo sensim obtinuisse videtur ritus ille comitatus Eucharistiæ, quæ infirmis fertur: Tunc enim Presbytero Eucharistiam ferenti præibat unus plerumque clericus, qui *lucernam* portabat, quandoque & alter, qui serebat Crucem. Juvat heic exscribere verba cap XXV. Constitutionum Edmundi Rich Sæculo XIII. Archiepiscopi Cantuariensis, quas edidit Linuodus in suo *Provinciali Anglico*. Statuit itaque Edmundus: *Cum Eucharistia ad ægrum fuerit ferenda, habeat Sacerdos aliquam pyxidem mundam, & honestam, in qua sit pannus lineus mundissimus, & in ea deferat Corpus Dominicum ad ægrotum, linteo mundo superposito, & lucerna præcedente; nisi æger valde remotus fuerit, & Cruce similiter, si fieri potest, nisi Crux fuerit ad alium ægrotum deportata: præcedente quoque tintinnabulo, ad cujus sonitum excitetur devotio fidelium. Habeat quoque secum Sacerdos orarium sive stolam, quando cum Eucharistia, sicut diximus, vadit ad ægrum. Et æger, si remotus non fuerit, in superpelliceo decenter ad ipsum accedat*. Itaque Pyxis, in qua Sacerdos Eucharistiam ferebat, *munda atque honesta* dicitur, ex quibus profecto verbis sequitur, Pyxidem, qua ferendæ infirmis Eucharistiæ tunc Presbyteri utebantur, auream, vel argenteam minime fuisse, sed vel ligneam, vel ut diximus, eburneam, vel alicujus alterius materiæ. Pyxis autem illa grandior ceteris fuisse videtur, siquidem intus habebat *pannum lineum mundissimum*: supra ipsam Pyxidem *linteus mundus superpo-*

neba-

nebatur, nam adhuc Pyxis carebat velo (*cappa*) qua nes
inter nunc ornatur. *Crux*, atque *lucerna* præcede-
bant, perinde ac clericus, qui *tintinabulum* ferebat:
Presbyter autem *superpelliceum*, atque *stolam* indue-
bat. Hæc Sæculo XIII. At sensim crevit horum
rituum apparatus, eo ut Sæculo tandem XV. collegia quædam coaluerint, quorum erat Eucharistiam, quæ infirmo ferebatur, comitari. Ejusmodi Collegia vulgo *Confraternitæ SS. Sacramenti* appellatæ fuere, quæ quidem ad Sæculum usque XVI.
pio hoc functæ sunt officio, etsi hodiedum antiquam
retineant denominationem, minime vero antiquum hoc,
atque primævum *institutum*: Sic enim legimus in Rituali Ambrosiano scripto Sæc. XV., atque edito Ann.
MDCXLV. jussu Archiepiscopi Mediolanensis, in *Ordine
ministrandi Euchariſtiam infirmis: Parochus convocatis
Parochiæ suæ clericis, certis campanæ percussionibus, &
item Confratribus SS. Sacramenti, in Ecclesia Parochia-
li, paratis item cereis, & umbella, manus lavabit.
Postea superpelliceo, stola, & pluviali rubeis indutus
ad Altare genibus flexis paululum tacitus orabit: mox
ascendit, genuflectit, aperit tabernaculum, iterum genuflectit, extrahit pyxidem suo velo tectam, super corporali in Altari explicato collocat ... Tectis serico velo
rubeo humeris, & brachiis, simul pyxidem utraque manu eodem velo cooperta ..... sub umbella procedit;
quæ a dignioribus laicis defertur. Clericus unus præi-
bit, qui aquæ benedictæ vasculum cum aspergillo defert,
& tintinnabulum item per certa intervalla pulsabit ...
Alter item clericus ... bursam rubeam corporali inclusa
concinne feret ante pectus, & item librum hunc ....
Cerei duo laternis inclusi a Confratribus SS. Sacramenti
præferentur ... septem psalmos pænitentiales parochus in
via pie recitabit ... idque cum Sacerdotibus, & Clericis, qui comitabuntur, alternatim. Reliqui fideles bini prosequentur orantes ipsi quoque: Primo loco schola-*

res

res SS. Sacramenti : deinde reliqui fideles, viri scilicet, postremo feminae. Hi capite velato, illi omnes aperto capite, omnes manu candelas accensas tenentes, ut plures possunt &c.

Quamquam vero ad Sæcul. usque XIII. nulla ferme foret solemnioris apparatus ratio in ferenda infirmis Eucharistia, peculiaris nihilominus erat medio etiam ævo Liturgia, qua infirmo Eucharistiam ministrabat Presbyter: Hujus sane Liturgiæ primum meminit Pontificale Prudentii Episcopi Trecensis, qui Sæculo IX. floruit. In hoc autem Pontificali postquam Prudentius infirmum, qui viribus par esset, ut in Ecclesia tanto *participaret* Sacramento, hortatus est, sequitur: *Si autem infirmus ita in lecto detentus est, ut ad Ecclesiam, vel Missam ire non possit, Sacerdos accipit libellum Sacramentorum (quem* Rituale appellamus *) stolam ad collum habens, summa cum devotione veniat ad infirmum, salutans eum verbis Dominicis . . . In primis dicat collectam ad diem pertinentem, & Epistolam, postea legat Evangelium; deinde dicat:* Sursum corda: Gratias agamus Domino. Sequitur *Præfatio usque ad* Sanctus. *Inde dicat:* Oremus Præceptis salutaribus *cum oratione Dominica usque:* per omnia sæcula sæculorum: *Postea communicet eum. Sequitur oratio post Communionem.* Ex hoc Sæculi IX. monumento primum pater, Presbyterum Eucharistiam, ut jam dictum est, nullo comitatu infirmo ferre: In pyxide autem illum Eucharistiam tulisse, nemo in dubium verterit; in ms. enim Pœnitentiali Thuano, edito a Morino, legimus: *Omnis Presbyter habeat pyxidem, aut vas tanto Sacramento dignum, ubi Corpus Dominicum diligenter recondatur ad Viaticum recedentibus a Sæculo.* Forte pyxidis loco fas erat Presbytero alio altero etiam vase uti, pyxidi simillimo, ut *capsa* illa, de qua locuti sumus. Immo medio ævo Presbyterum vas, in quo Eucharistia *recondebatur*, in

por-

portatili quodam loculo tulisse, quodammodo indicare videtur epigraphis illius *benedictionis*, quæ in altero Ordine Romano sequitur *benedictionem Ciborii*, quod appellatur ibidem *Ubraculum Altaris*. Titulus equidem hujus secundæ benedictionis sic se habet: *Præfatio minoris, vel itinerarii Ciborii*. Igitur & aliud erat parvum *Ciborium*, cui nomen illud ex figura certe obtigerat, in quo ferebatur vas Euchariftiam continens. Euchariftia autem ferebatur tum, cum infirmo miniftranda foret. At de hac conjectura heic dixisse satis erit, cum quæ ætatem hujus *Benedictionis* spectant, fusius expendenda fint contra Mabillonii sententiam in meo altero tomo *Hiftoriæ Codicum Liturgicorum*.

Ut itaque ad Prudentii Pontificale redeamus, liquido patet Presbyterum in eadem infirmi domo integram Liturgiam medio ævo recitasse, quæ dumtaxat carebat *confecratione* elementorum, fiquidem ex Ecclefia fecumtulerat illa jam confecrata ; quare ifthæc Liturgia quamdam *Missæ Siccæ* speciem præseferre mihi videtur, cujufmodi appellata eft illa, in qua *Ordo Missæ* integer recitabatur, una tamen excepta *confecratione*, cum Presbyter, perinde ac ceteri fideles, qui illi aderant Liturgiæ, ex jam confecratis elementis *communicarent*; qua fane poft Sæculum XIII. usi funt præfertim, qui navi vehebantur. Hinc sequitur falsos esse Scriptores, qui hujus Liturgiæ auctorem habuere Guidonem quemdam, qui Sæculo XIV. floruit, cum jam a IX. Sæculo ejufmodi liturgiam adhiberent Presbyteri in infirmorum communione, quos Missa diei recitata, ex jam *præfantificatis*, ut ajunt, communicabant. Profecto prima quoque Ecclefiæ ætate aliquando domi infirmi integram Liturgiam feciffe veteres, nos docet Uranius, Sæculo IV. Vitæ S. Paulini Nolani Epifcopi Scriptor; de extremo enim Paulini morbo locutus, ait : *Et quafi quasi profecturus* (Paulinus) *ad Dominum, jubet sibi ante lectulum Sacra mysteria exhiberi*, *ut oblato Sacrificio*, *animam suam Domino commendaret*.

Præterea, quod ad speciem attinet, unum dumtaxat Eucharisticum panem, minime quidem vinum primis Sæculis infirmis elargitam esse Ecclesiam, quæ in medium attulimus, illius ævi monumenta satis abunde testantur. Cum enim, ut Tertulliani, Cypriani, Basilii &c. verba evincunt, panem Eucharisticum secumferrent ex Liturgia fideles, nusquam autem vinum, neque nisi solum panem domi servarent; cumque, ut argumentis satis ostendimus, ex Eucharistia, quæ domi servabatur, *communicarent* tunc infirmi, procul dubio sequitur, de solo pane illos communicasse. Dilucidius hoc illius ævi sistema probat Serapionis allata historia: Presbyter enim unum dumtaxat panem puero, ut Serapioni ferret, tradidit; cum autem Serapio senili nimium laboraret ætate, ne & nimia morbi vi pani deglutiendo impar esset, Presbyter puero jussit, ut pannis buccellam *aqua intingeret*, atque *seni in os instillaret*. Hoc idem probant Acta SS. Indes, & Domnæ, quorum domi Judex repperiit *arculam*, in qua Eucharistiam servabant; in arca profecto & vas perinde aliud invenisset ille, in quo *consecratum* vinum Martyres servassent. Illud autem Ecclesiasticæ disciplinæ caput, de sumenda aqua, ut commodius fidelis Eucharisticum panem deglutiret, etiam IV. atque V. Sæculo passim in moribus Ecclesiarum stetit, cum inter accusationes, quas libelli, a Theophilo dictati, continebant, & illud Theophilus Chrysostomo exprobraret in Concilio ad Quercum Anno CCCCIII., jussisse, ut omnes post communionem aquam degustarent, ne cum saliva aliquid *e symbolo Sacramenti*, quod non bene deglutiissent, expuerent, ut legimus apud Palladium in Dialogo *De vita Chrysostomi*

stomi ab Emerico Bigotio edito ; unde videtur orta phrasis illa Patrum Concilii Carthaginien. vulgo IV. qui can. LXXVI. de infirmi communione locuti, ajunt: *infundatur ori ejus Eucharistia* .

Cum autem Eucharistia in Templis post IV. Sæculum servata fuerit *sub una panis specie*, ex eadem itidem communicasse exinde infirmos, nemini dubium erit. Nusquam enim apud antiquos legimus *vinum consecratum*, absoluta Liturgia, servatum fuisse. Novi hoc disciplinæ caput in dubium revocasse nonnullos post Ligenium in Dissertatione *De Græcorum Liturgiis* : hi sane putant Chrysostomi ævo vinum perinde ac panem servasse in Templis post Liturgiam Orientales , idque colligunt ex epistola ejusdem Chrysostomi Innocentio R. P. , quam legimus apud Palladium ; in qua quidem epistola Chrysostomus Pontifici describit facinora a militibus in majori CPolis templo pridie ejus exilii patrata , qui cum in Templum irrupissent : ἰδοὺσι , ait ille , ὥστε τὰ ἅγια ἀπελθόντο omnia, quæ intus erant , & paullo post subdit : *& in eorum vestes effundebatur* τὸ ἁγιώτατον αἷμα τοῦ Χριστοῦ *sanctissimus Christi Sanguis* . Verum si serio integram epistolam , atque descriptam a Chrysostomo historiam expendissent illi, manifesto vidissent, milites tum in Templum irrupisse, cùm Chrysostomus sacrum peragebat; adeoque nemini mirum erit, *sacratissimum* Christi sanguinem super Altare, intra cujus septa milites ingressi sunt, stetisse, illumque, eversis vasibus, in ipsas effusum fuisse militum vestes. Hinc nullius erit momenti Ligenii opinio , quæ uni huic historiæ innititur, cujus ceteroqui vim atque sententiam minime assecutum esse , nemo non videt.

Itaque a I. ad VII. usque Sæculum ea fuit Ecclesiarum omnium disciplina , ut *sub unica panis specie* infirmos Presbyter domi communicaret ; cum enim quandoque infirmi Liturgiæ interesse conarentur , tum de *utraque*, perinde ac ceteri fideles, *specie participarunt*, quoad stetit commmunio *sub utraque specie*, ut animadvertit Martene. At cum Saec. VII. quaedam invaluisset *Doctorum* illius aevi sententia, sub utraque nimirum specie Sacramentum fidelibus tribuendum esse, quasi qui uno vescebantur *consecrato* pane, sanguine Christi prorsus expertes fuissent; sensim inter Latinos nova quaedam obtinuit disciplina, infirmis panem tradendi consecrato vino intinctum. Hujus sanae moris meminit Concilium Bracharense III. Ann. DCLXXV., illorum damnans errorem, qui *intinctam Eucharistiam pro complemento* populis tradebant; *pro complemento*, ac si addito vino quodammodo *compleretur* Sacramentum. Haec profecto disciplina in infirmorum communione passim penes Latinos invaluit, eo ut Bruchardus referat L. V. c. IX. quemdam Concilii Turonensis canonem, cujus haec sunt verba: *Sacra oblatio intincta debet esse in sanguine Christi, ut veraciter presbyter possit dicere infirmo: Corpus, & sanguis Domini proficiat tibi*. Non negamus fictitium esse hunc canonem; verum ex illo dumtaxat colligimus, medio aevo, quo canon ille confectus est, illam vulgo obtinuisse disciplinam: quamobrem Saeculo tandem XII. hunc morem *quotidianum Ecclesiae usum* appellavit Ernulfus Roffensis Episcopus in epistola ad Lambertum apud Dacherium *Spicileg. to.* II. Praeterea Ecclesia infirmis ultro id concessisse videtur, ut panem deglutirent, quam sane rationem intendit Paschalis II. R. P. in epistola ad Pontium Cluniacensem, scribens: *Novimus enim per se panem, & per se vinum ab ipso Domino traditum: quem morem sic semper in S. Ecclesia conservandum docemus, atque praecipimus: praeterquam in parvulis, ac omnino infirmis, qui panem absorbere non possunt*; ex quibus Paschalis II. verbis, ut & ex Concilii Claromontani sub Urbano II. aliis patet, etiam Romae morem illum obtinuisse Saeculo XI.

Post

Post Sæculum autem XII. sensim evanuit mos ille, eo ut a Sæculo XIII. ad nostram usque ætatem quotquot de infirmorum communione locuti sunt Patres, vel Concilia, de una panis specie plane meminerint. At quonam pacto, dicet quis, Sacerdos, infirmo panem consecratum laturus, illum in *sanguine* intingeret, si infirmus præter Liturgiæ tempus, veluti noctu, Eucharistiam expostulasset, siquidem una *panis species*, haud *vini* illa in Templo servabatur? Huic quæstioni satisfacere videntur verba Pœnitentialis Thuani superius laudati, ex quibus conjicere erit, presbyteros, quibus Parochiæ cura erat, medio ævo, in ipsamet Liturgia, tum cum utraque elementa consectabant, panem vino intingere consuevisse, atque intinctum ad infirmorum communionem servasse, cujusmodi media eadem ætate, atque etiam nunc Græcorum disciplinam esse, mox dicemus. Laudatum itaque Pœnitentiale hæc habet verba, quæ forte a suppositio Concilii Turonensis canone apud Bruchardum exscripta videntur. *Omnis Presbyter habeat pyxidem . . . . ubi diligenter Corpus Dominicum recondatur ad Viaticum recendentibus a Sæculo: Quæ sacra oblatio intincta debet esse in sanguine Christi, ut veraciter possit Presbyter dicere infirmo; Corpus, & sanguis D. N. J. Christi proficiat tibi ad salutem animæ, & Corporis.* Vide ipsissima canonis Turonensis apud Bruchardum verba. Heic Pœnitentiale loquitur de ratione servandi pro infirmis Eucharistia; hinc cum ait: *debet esse intincta &c.*, mihi videtur manifesto Presbyteros docere, eisque quodammodo jubere, ut servarent illam *intinctam in sanguine*, quod in ipsamet Liturgia factum fuisse, nemo inficias ibit; idque ipsamet Pœnitentialis verba satis innuunt, quippe quæ de pane jam antea *intincto* servando loqui patet. Hæc de *specie* Eucharistiæ infirmorum.

Nunc autem nonnulla adhuc expendenda restant, quæ

quæ præsertim ritum, atque ceremonias, quibus *Eucharistia* domi infirmis ministrari consuevit, spectant. De prima sane ætate, tum cum nulla adhuc erat hujus Liturgiæ peculiaris ratio, nulla nobis est quæstio. Verum postquam Presbyter ex Ecclesia Eucharistiam infirmis ferre, atque domi illorum quamdam recitare cœpit Liturgiam, illum Eucharistiam aliquo decentiori loco, dum Liturgiam recitaret, reposuisse, dicendum erit; hinc quæritur, num Pyxidi subjiceret *pallam* illam, qua nos utimur, vel aliquid aliud, quod *pallæ* loco sehaberet. In Ecclesia sane antequam *pallæ* usus obtineret, lignea quædam tabella *pallæ* hujus munus obiisse videtur a prima ad mediam usque ætatem; fallitur enim Thiers in sua Dissertatione *Des anciens Autels*, qui tabellas illas septimo Sæculo antiquiores esse negat. Sane luculentissimum testimonium hujus tabellæ, qua in itinere Sacerdotes utebantur Altaris vice, habemus in Actis SS. *Martyrum Captivorum* (apud Assemanum in *Act.SS. Martyr. Orient. to.* 1.) qui mortem pro Christo oppetiere sub Sapore Persiæ Imperatore anno Aeræ Christianæ CCCLXII. In his porro actis legimus, quod Heliodorus Episcopus Dausano Episcopali ordine initiato *Altare*, *quod secum in itinere tulerat*, *tradidit*. Hinc Reneaudotius testatur (*Liturgiar. Oriental. to.* 1.) in antiquioribus Orientalium Liturgiis monumenta hujus tabellæ, quam *portatile Altare* appellarunt, passim inveniri, eisque tabellis pro Altare Orientales usos esse, præsertim cum persecutionibus Christianorum res pateret, ut faciliori ratione ubique locorum pro re nata Sacra obirent Mysteria. Hinc inter Latinos sartum tectum stetit vetustæ hujus disciplinæ caput ad mediam usque ætatem, etiam postquam *Pallæ lineæ* usus passim obtinuerat: legimus etenim apud Bedam *Histor. Anglic. L.* v. de duobus Presbyteris, qui *sacrificium quotidie Deo Hostiæ salutaris offerebant*, *haben-*

bentes secum vascula, *& tabulam Altaris vice conse-cratam*. Ex quo quidem Bedæ testimonio sequitur, jam tum peculiari quodam ritu tabellas illas *conse-cratas* esse, cujusmodi est ritus, quo adhuc utimur, *consecrationis lapidis sacri*, qui tandem inter Latinos ligneæ tabellæ loco obtinuit, de quo sane ritu, atque Consecrationis *orationibus* sermo nobis erit in nostra *Historia Codicum Liturgicorum*. Apud Mabillonium in *Itinere Italico* legimus, medio ævo Latinos ejusmodi tabellam appellasse *Tabellam itinerariam*, & in Decretali : *quoniam Episcopi*, appellatur *Viaticum*, cum ea Presbyteri iter facientes uterentur; unde Hincmarus Remensis Sæc. IX. suos erudiens Presbyteros, de illa locutus tabella, jubet: *quam secum, cum expedierit, Sacerdos deferat, in qua sacra mysteria secundum ritum Ecclesiasticum peragere valeat*. Vide hujus *tabellæ* usum Sæculo IX. *secundum ritum Ecclesiasticum* esse.

Cum itaque a primo ad medium usque ævum nulli fas esset sacrum peragere, vel liturgicis fungi officiis sine ejusmodi tabella, quæ sacris Elementis subjicienda erat, consequens est, a prima ad mediam perinde ætatem hanc Tabellam secum tulisse Presbyterum, qui Eucharistiam infirmo ferebat, ut domi ipsius infirmi illam Pyxidi substerneret; id quod eo vel magis factum fuisse arbitror, postquam usus illius *Missæ Siccæ*, ut dicimus, invaluit, cum integrum Missæ ordinem recitaret Presbyter coram sacra Mysteria, ac si illa super Altare fuissent.

Putant nonnulli, Latinos tandem a Græcis *Pallæ* usum derivasse, eaque *tabellæ sacræ* loco usos esse. At quamquam a media usque ætate Græci lineis hisce pannis, sive linteis, quæ αντιμενσια, Latini *Pallas*, sive (cum grandiores forent) *Corporalia* appellarunt, usi sint ; nihilominus præ Græcorum illis vetustiora sunt hujus supellectilis monumenta inter Latinos. Sane Nicephorus Homologeta, qui inter Græcos omnium primus των αντιμενσιων meminit, scripsit Sæculo

culo XI.; post illum Emmanuel Caritopolus τῶν ἀντιμινσίων ἐγγραπτῶν locutus est *antiminsiorum descriptorum*, cujusmodi sunt nos inter *Corporalia* in quorum medio acu Crucis figura pingitur. Tandem apud Balsamonem in Respons. XIII. &c., in Euchologio Cryptoferratensi, aliisque recentioribus Græcorum Liturgiis passim τῶν ἀντιμινσίων sermo est, quorum consecrationis ritum habes apud Goarium in Notis ad Euchologium Græcorum. At penes Latinos Sæculo IV. jam usum linei hujus panni obtinuisse, testis est Optatus Milevitanus *De Schism. Donat L. VI. Quis fidelium*, ait ille, *nescit in peragendis mysteriis ipsa ligna linteamine cooperiri?* Eodemque linteamine Sæculo VI. pro Altare Episcopos usos esse, nos docent acta S. Birinii Dorcestriensis Episcopi supra laudata; in illis legimus, quod S. Birinius, ab Honorio R.P. in Angliam missus, *habebat Pallam, in qua immaculatam Hostiam offerebat; in eaque ad collum suspensam Eucharistiam ferebat, & super Altare sanctum in Sacrificio Missæ illam ponere solebat*. Itaque a Latinis potius Græcos *Pallæ lineæ* usum didicisse, dicendum erit (V). Vnum autem inter Græcorum ἀντιμίνσιον, atque

---

(V) Heic animadvertendum est latum discrimen, quod inter ἀντιμίνσια, atque ἀντιμίνσια intercedit, ne in investiganda hujus vocis significatione a Lexicographis decipiamur, qui pene omnes duas hasce voces veluti unam, eamdemque habuerunt. Sane ἀντιμίνσιον nomen erat mensæ illius, quam Romani ante Dicasterium ponebant, a μέσος *medius*, & ἀντι *adversus, contra*, eo quod erat contra medium *Dicasterii*, in quo Judicia fiebant. Sic Suidas: ἀντιμίνσιον, παρὰ Ῥωμαίοις τράπεζα πρὸ τοῦ δικαστηρίου κειμένη. Aliud autem est ἀντιμίνσιον, vox medii certe ævi inter Græcos, atque plane Ecclesiastica, quæ oritur ab ἀντι *contra*, atque μίνσον *mensa* apud Græcobarbaros; ita sane appellarunt lineum pannum, quo sacra mensa instruebatur, atque quodammodo absolvebatur

atque Latinorum *corporalibus*, sive *pallis* intercedere videtur discrimen, quod illi nimirum ἀντιμίνσια instruerent mensis iis, quas non esse consecratas constaret; ut docet Emmanuel Patriarcha in Responf. x. Hos autem ipsis etiam sacratis mensis, ut ex Actis S. Birinii liquido patet. Postquam igitur Latini hisce lineis pallis usi sunt, illis & sacras tabellas instruxisse arbitror, tum cùm infirmi domi Eucharistiam deponerent, atque Liturgica, quæ diximus, peragerent officia. Unam eademque nihilominus fuisse ubique Ecclesiarum media ætate disciplinam ea de re, persuasum mihi est; etsi enim Sæculo VII. Birinius linea *palla* uteretur, attamen sacra Elementa supra pallam ipsam reponebat, postquam pallam super *Altare sanctum posuerat*; nullibi enim ad XII. usque Sæculum legimus, Latinos Eucharistiam reposuisse super *Pallam*, sive *Corporale*, nisi vel *Palla*, vel Corporale super *Altare Consecratum* instructum foret. Inter Græcos dumtaxat a medio etiam ævo ἀντιμίνσιον tum *tabellæ consecratæ*, tum *pallæ* vices gerebat, ut Caritopolus nos docet; cujus forte disciplinæ rationem a Græcis tandem Latini accepere, eo ut hodiedum & Latinis *Corporale* tum pro Palla, tum pro *lapide sacro* est; quæ certe nova disciplina inter Latinos tunc obtinuisse videtur, cum obsolevit longior illa Liturgia, *quam Missam Siccam* appellavimus. Profecto Presbyter, qui tunc integram diei Liturgiam recitabat, quoddam veluti Altare instruebat, in quo sacra Eucharistia erat, quoad infirmus tandem *communicaret*. Ad Sæculum enim

tur, eo ut ἀντιμίνσιον loco mensæ sacræ foret. Ita Nicephorus in Canon. καλύπται δὲ τὰ ἀντιμίνσια, ὡς ἀντιπρόσωπα, καὶ ἀντίτυπα τῶν πολλῶν μινσῶν τῶν καταρτιζόντων τὴν κυρίαν τράπεζαν. Vide Responsa Johan. Citri Episc., atque Codin. de Offic. Aulæ CPolit. &c.

enim XII. breviori Liturgia Presbyter uti coepit, quae psalmis quibusdam, atque duobus *orationibus* continebatur, eo ut Euchariſtiam, ſtatim ac in infirmi domo pervenerat, illi impertiretur. Vide novae hujus diſciplinae monumenta in Rituali Eccleſiae Turonenſis Saec. XII. edito a Morino, in titulo: *Ordo ad viſitandum infirmum cum Euchariſtia, non cum Unctione.* Ad nuperrimos Graecorum ritus nunc tranſeamus.

§. VI.

De noviſſima Graecorum Diſciplina in miniſtranda, atque ſervanda Euchariſtia infirmorum.

Cum aliquibus a Latinorum illa Orientalium Eccleſiarum diſciplina in miniſtranda infirmis Euchariſtia differat, operae pretium duxi brevi, pro hujus Diſſertationis coronide, nuperrimam eam in re Orientalium diſciplinam delibare.

Graeci, perinde ac Abyſſini, Copti, ceterique Orientalis Eccleſiae Chriſtiani, ab antiqua aetate Euchariſtiam *ſub ſola* panis ſpecie infirmis miniſtraſſe, atque etiamnum miniſtrare, nos docet luculentiſſimis argumentis Cl. Lucas Holſtenius in epiſtola *De communione Abyſſinorum* inter Leonis Allatii Simmictas. Illi autem ſemel quovis anno panem infirmis elargiendum conſecrare ſolent peculiari quodam ritu, feria nimirum quinta *Hebdomadae Magnae*. Hunc ritum legimus in antiquo quodam Euchologio apud Allatium (*Epiſt. pro Defenſione Communion. Graecor.*): *Tum demum Sacerdos, vel Episcopus accepto ſancto Cochleari, in ſacro ſancto Sanguine intingit illud manu dextera, manu vero ſiniſtra unumquemque panem accipit, & confert ſanctum Cochlear ſacro ſancto Sanguine intinctum, & tangit cum eo ſanctum panem ad modum Crucis in parte molli, in*

que

quo expressa fuerit (VI), & reponis in Artophorio. Eadem habes in Euchologio Goarii, & apud Arcudium
De

De Crucis forma tum a Paganis, tum a Christianis pani impressa.

(VI) Huic Mantissæ occasionem præbuit Cl. Bottarius, qui imperitiæ pictoris tribuit Crucis figuram iis panibus impressam, qui sæpius videntur in antiquis Cœmeteriorum picturis, præsertim in pictis Historiis Danielis, cui Abachuch panes fert, atque in picta historia miraculi a Christo patrati in panum multiplicatione. Putat enim Bottarius pictores Christianos, Christianorum suæ ætatis morem secutos, Cruces panibus appinxisse. Hinc moris hujus longe majorem antiquitatem illustrandam duximus, ut ab ea nota pictores vindicemus, atque palam ostendamus, Christianos a Paganis ipsis hunc morem derivasse.

Si antiquorum Græcorum scripta, atque monumenta consulamus, in comperto erit, illos olim panes, ut facilius, commodiusque dividi possent, bino segmento signasse ita, ut quisque panis præseferret quandam crucis figuram. Hos autem panes Græci appellarunt ἄρτυς τετράγωνος *panes quadrangulares*, cum impressa panibus Crucis figura illos *quadrangulares* redderet, perindeque in quatuor partes dividuos. Apud Athenæum Deipnosoph. L. 3. c. 29. Philemon id genus panes appellat ἄρτυς βλωμιλίους *panes in bolos dividuos*, a βλωμος *bolus, buccea*; ipse enim Philemon sic panes illos definit: ἄρτυς βλωμιλίους ... οἱ ἔχοντες ἐντομάς, οὓς Ῥωμαῖοι κοδράτους λέγουσι. *Panes βλωμιλίους, habentes sectiones sive incisiones, quos panes Romani appellant quadratos*. Ex quo Philemonis testimonio sequitur, Beinghamium in suo tract. de Cœnis Veter. vim hujus nominis *quadrati, & quadræ*, vel *quadri* minime assecutum esse; putat enim a figura quadrati id nominis panibus illis factum; at ex Athenæi testimonio patet, ea de re Romanos panes illos appellasse κοδράτους, quod in quatuor partes ex impressis incisionibus dividui essent. Dilucidius idipsum testantur Horatius, atque Virgilius; ille siquidem ait:

De consensu Oriental., & Occidental. Ecclesia in Sacram. Vas, in quo panis consecratus, atque sanguine intin-

---

Et mihi divuduo findetur munere quadra.
Quadra itaque dicitur, eo quod *divuduo munere findebatur*. Virgilius.

Jamque subactum
Formas opus, palmisque suum dilatat in orbem,
Et notat impressis aequo discrimine quadris:
Inferr inde foco, &c.

Heic vides, *quadras* appellari ipsas Graecorum εντομας (*incisiones*) *impressis quadris*; panem autem in orbem dilatasse, adeoque orbicularem figuram habuisse, atque ex εντομαις *incisionibus*, quae pani impressae, ita intersecabantur, ut Crucis figuram praeseferrent, panes orbiculares και ατους quadratos, *quadras* dici consuevisse. Eo autem panibus εντομας indidisse veteres, ut magis magisque dividui evaderent, diximus. Quamobrem apud Hesiodum Εργα, η Ημ. L.2. ver.59. inter praecepta agriculturae legimus, tetra cultoribus tradendum esse αρτον τετραπρωφον οκταβλωμον *panem in quatuor partes dividuum*, ex quo fieri possent octo boli, ut illi commodius, atque citius panem dividerent, quin a labore nimium ociarentur. Hoc autem vel ex eo antiquos fecisse, quod panes haud cultro, sed manibus omnino dividerent, mihi persuasum est, cum apud Orientales vetustissimus fuerit mos ille. Unde in Psalmis פרס *franges esurienti panem tuum*, ubi animadvertendum est ex verbo פרס *fregit* derivari פת *frastum*, *buccella*, qua dumtaxat voce aliquando ipsum panem appellarunt, ut Samuel.11. c.12. פתס *de buccella panis eius*, neque addita quidem voce לחם. Hinc intelligemus qua de caussa Evangelista Matthaeus vocem κλασις usurpaverit, de ultima Christi coena locutus, ut ostenderet Christum panem non cultro divisisse, sed *fregisse*, εκλασε, *fregit*; fallitur quippe Maldonatus, qui in suis Commentar. ad *Matth.* c. 26. tom. 1. docet, ea voce usum esse Evangelistam, ut & peculiarem veluti hunc Christi morem ostenderet, atque indicaret panem

intinctus servabatur, *artophorion* ἀρτοφόριον appellatur ab ἀρτος *panis*, & φορω *fero*, quo sane nomine in Baptis Eupolidis apud Julium Pollucem appellatur canistrum, in quo panis ferebatur, Latinis *panarium*. Itaque panis, quo infirmi *communicant* apud Orientales, Christi Sanguine intinctus est, atque in *artophorio* servatur integro anno; cujus vasis figuram habes apud Hieronymum Magium *De Tintinnabulis* c. VIII.; a nostra enim pyxide parum differt figura, etsi raro argenteum, vel aureum sit, cum Græcorum Ecclesiæ pene omnes maxima laborent sacrarum supellectilium inopia, ut testatur Allatius in Epistola Morino *de Templis recentior. Græcor.*, in qua scribit: *Margaritas* (sic Græci panis consecrati partes, Latini *hostias*, appellant) *e patina diligenter desumtas in*

azymum fuisse, adeoque cultro minime dividuum: Voce etenim κλασις (α κλας) innuit ille morem Orientalium manibus panes dividendi, qui etsi *azymus* esset, nihilominus ob impressas τας εντομας facile dividuus erat. Hinc olim apud Christianos panis Eulogius, uti & panis *Consecrandus* numquam cultro scindebatur, sed manu dividebatur. Lege Socratem in historia Chrysanti Episcopi Novatiani *Hist. Eccles.* l. 7. c. 12., atque Johann. Moschum in *Prato Spirit.* c. 20.; Quare & apud Græcos panis ille, quem Sacerdos fidelibus post απολυσιν impertitur, αρτοκλασια appellatur, eo quod Sacerdos ipsemet integrum panem juxta impressas εντομας manibus in frustra dividens, fidelibus, absoluta Liturgia, tradebat.

Ex his itaque colligimus longe ante ipsos Christianos panibus Crucis figuram *impressam* fuisse; proindeque notandos minime esse veteres Christianorum pictores, qui panes cum ea figura pinxere in Danielis, aliisque Veteris Testamenti historiis. Hunc autem morem adhuc servarunt Græci præsertim in iis panibus, qui pro infirmorum communione servandi erant, nedum ob Crucis venerandum signum, sed etiam ut facilius dividi possent, præsertim cum per integrum annum pignis assudescerent.

in vas ligneum, ubi vero id licuerit argenteum, vel aureum, ad Pyxidis instar elaboratum, adponit. In Templis autem ejusmodi vas servant illi, ut idem Allatius ibidem scribit: *Apte obseratum pyxomelum, pannoque serico involutum, aut sacculo inclusum, muro appendunt.* Cum autem Sacerdos infirmis Eucharistiam fert, raro solemnem agit supplicationem, quemadmodum a Latinis fit, praesertim in iis Ecclesiis, in quibus major est Turcarum copia; in illis enim Ecclesiis plerumque Sacerdos sine lumine Eucharistiam fert, uno comitatus Clerico, qui ἁγιοσίδιρον portat; sic appellant *sacrum ferrum*, sive tenuiorem ferri laminam, quae malleolo quodam percussa, sonitum edit, quo Christiani, ut Eucharistiam adorent, monentur. Apud laudatum Magium vide hujus ἁγιοσιδίρου figuram. Aegypti autem Christiani, atque quot quot alibi Coptorum sequuntur Liturgiam, tabella quadam utuntur, quae malleolo pulsata, *agiosidiri* vices gerit. Ut autem ad infirmum Sacerdos venit: *exemptam* (ex Allatio ibidem) *cum cochleari e pyxomelo margaritam unam, vinoque, ad hunc usum delato, in eodem cochleari perfusam, ut emollescat, .. illam infirmo porrigit.* Cum enim integri anni panis plerumque sit, vino perfunditur, ut *emollescens*, ab infirmo deglutiri possit. Praeter haec, quae adnotavimus, una ceterum est Graecis, atque Latinis disciplina in ministranda infirmis Eucharistia, si illorum spectes Liturgias; etsi innumeri, pene abusus in re Sacra inter Orientales novissima aetate irrepserunt.

Hisce autem, quae de Eucharistia infirmorum disseruimus, omnem tum antiquam, tum medii aevi disciplinam in servanda pro infirmis Eucharistia, eisque ministranda complecti studuimus. Nonnulla autem, quae ea in re mediae aetatis Liturgiam spectant, fusius tractaturi sumus in Historia Codicum Liturgicorum, quam, Deo annuente, publici juris faciemus.

DIS-

Finis Dissertationis I.

DISSERTATIO II.

DE VIATICO PŒNITENTIUM.

Magna, quæ viros inter Clarissimos intercessit, quæstio me impulit, ut singulari Dissertatione *de Pœnitentium Viatico* edissererem. Quæstio autem cùm de *Viatici* nomine, tum & de ipsiusmet Ecclesiæ Christianæ disciplina est. Quamobrem primum de voce *Viaticum*, atque Εφοδίου brevi dicam; deinde, quænam fuerit Ecclesiæ lex in impertienda *Pœnitentibus moribundis* Eucharistia, explicare satagam: quod sane Caput indolem Ecclesiasticæ Disciplinæ summopere interesse dilucide ostendam.

PARS I.

§. UNICUS.

De Græcorum Patrum Εφοδίω, deque Latinorum Viatico. Angelus a Nuce notatur.

Antiquorum nemo putavit, Eucharistiæ, quam moribundis Ecclesia impertitur, *Viatici*, sive του εφοδίου nomen fecisse olim Christianos, Paganorum fabellas, atque mores imitatos. At tandem Angelus a Nuce, vir ceteroqui in Ecclesiasticis antiquitatibus satis versatus, prophanæ huic conjecturæ, argumentis longe nimium petitis, aditum fecit, novitatis forte, quo *antiquariorum* gens immodice quandoque laborat, amore. Opinatus siquidem est ille, *moribundis* eadem fere ratione Christianos Eucharistiam tradidisse, atque olim Pagani mortuorum in os obolum, Charonti solvendum, ingerebant, hinc *Viaticum* appellasse Eucharistiam, quippe quae pro Viatico illis erat, cujusmodi & pro Viatico quodammodo mortuorum manibus obolum esse putarunt Pagani.

Verum quam late pateat inter Paganorum obolum, atque Christianorum Viaticum discrimen, nemo non videt, qui utrorumque mores atque amborum rationes secum inter conferre paululum studebit, praesertim si antiquorum Christianae Reipublicae Patrum politiam delibaverit; hi siquidem ea dumtaxat ex Paganis in Christianam Relligionem transtulere, quae neque vestigium Idololatriae secumferebant; quamobrem ab Paganorum potissimum fabellis eo abhorruere, ut nonnisi illis eventilandis Clarissimi Relligionis Apologistae desudarint. Hoc autem Christianae politiae nativum sistema conjecturam Angeli a Nuce prorsus evertit, cum turpe nimium foret, Christianos vel ipsas quodammodo Paganorum fabellas nedum imitatos esse, sed & consecrasse, quod certe fecissent, si Eucharistam moribundis tradidissent, oboli Charontici loco.

Verum praeter ea, quae ab ipsamet proficiscuntur Christianae politiae indole, argumenta; neque ipsiusmet laudati Auctoris conjectura vel ullis fulciri argumentis, liquido evincit nominum discrimen, quod inter Eucharistiam moribundis traditam, atque obolum mortuorum ori inditum intercedit: quo enim verosimilior foret conjectura, eodem nomine Patres Eucharistiam, quae in os moribundi ingerebant, appellassent, quo olim & obolum illum Pagani vocarunt. At Graeci olim ab antiquissimis temporibus obolum illum vel πορθμιον, vel δαναχην dixerunt, uti & Latini *Portorium* apud Ciceronem, quippe solvendus Charonti *Portitori*. De voce δαναχη norunt eruditi, Strabonem testari haud Graecum, sed barbarum

vevocabulum esse. In magno lexico nonnulla leguntur de hujus vocis *genere* (ut ajunt Grammatici) atque etymologia, & numus ille sextae parti drachmae comparatur. Confer Suidam cum Æmilii Porti notis. Passim autem obolus ille apud Graecos πορθμήϊον appellatur, nimirum *naulum*, quod manes Charonti *portitori* solvebant, trajectus Acherusiae paludis caussa; hinc apud Lucianum (*Dial. de Luctu to.* 11.) τα πορθμήϊα καταβαλειν *solvere naulum*. Lege Callimachi Fragmentum cx. ex Bentlejo to. I. *Edit. Ultraject.* Πορθμήϊον autem dixere, tum a το πορθμεύειν *trajicit* apud Suidam, tum a πορθμις, qua denominatione olim Graeci parvam naviculam, ac praesertim Charontis illam in antiquo epigrammate apud eumdem Suidam donarunt; unde & πορθμευς ipse Charon appellatus est. Neutro autem horum nominum Eucharistiam, quam moribundis elargiebatur Ecclesia, unquam Patres nuncuparunt apud Orientales, perinde ac Latinorum illi a prophano *Portorii* nomine abstinuere: Ab Ecclesia enim condita Eucharistiae, moribundis traditae, uti Graeci του Εφοδίου, ita & Latini, Graecos secuti, *Viatici* nomen tribuerunt; quod equidem nomen Paganorum naulo Charonti persolvendo numquam obtigit. Ea autem voce id unum Patres indicarunt, Eucharistiam moribundis elargiri veluti pro Viatico itineris alterius vitae, quod jam erant ingressuri, quo sensu olim & ipsimet antiquiores Graeci του εφοδίου vocabulo usi erant. Sic apud Suidam: Εφόδια, τα προς την οδον επιτηδεια κινήματα, *quae ad iter faciendum sunt necessaria*. Verum & ipsammet Ecclesiae mentem in tradenda moribundis Eucharistia, hoc, quod tulit, nomen patefacere videtur. Sane Graeci εφόδιον appellarunt quicquid necesse erat, ut rem aliquam quis adipisceretur; apud Suidam legimus: εφόδιον παιδειας ο πλουτος *divitiae Viaticum eruditionis*, nimirum divitiae necessariae sunt, ut eruditionis potiamur. Ita & Patres, quos inter Basilius Seleuciensis Homilia v. ex *recensi. Beaugendr.* de diluvio locutus, εφοδια appellat ea, quibus hi, qui Arcam conscenderant, opus habebant, ut vitam sustentarent ad Dilivii usque exitum : κατακλυσμου σκευαζων εφοδια. Eadem voce in eamdem plane sententiam utuntur passim Chrysostomus in suis Homeliis, Isidorus Pelusiota epist. LXXIII. L. II., aliique ex Graecis Patribus. Cùm itaque Ecclesia Euchariſtiam moribundis tradendam εφοδιον appellavit, nos profecto docuit, Euchariſtiam illis necessariam esse, ut vitam ingrederentur aeternam, illamque maximam esse futuri boni acquirendi rationem. Hinc ipsimet Graeci Baptismi Sacramento, quo moribundi initiabantur, του εφοδιου nomen perinde impertiti sunt apud Balsamonem in *Responsione* IV. *ad Monachos &c.*, quorum postulatum illud erat : *An eos, qui malo spiritu vexabantur, liceat baptizare?* (*in extremis vitae*, ut legisse in antiquo Codice testatur Beveregius) Respondit Balsamon : *In extrema respiratione existimo omnes dignos haberi* του θειου, κ̀ αγιου Εφοδιου, *Divino, ac Sancto Viatico*; *nam S. quoque Timotheus* (Patriarcha nimirum Alexandrinus) *decernit, eos tunc baptizari debere.*

Euchariſtiae itidem, quam moribundis Ecclesia impertiebatur, *Viatici* sive του εφοδιου nomen tribuerunt Patres, cum illa veluti Viatico esset iis, qui alterius vitae peregrinationem ingrediebantur; id quod dilucide scribit Gregorius Nissenus in sua epistola Canonica ad Leontium can. v.; locutus enim de moribundo poenitente jubet, ut neque ille κενος του εφοδιου *vacuus viatico ad extremam illam, & longam peregrinationem mittatur.* Hinc apud Sinesium epist. XVIII. legimus, epistolas illas *commendatitias*, quae iter facientibus tradi solent, τα εφοδια γραμματα appellari. In qua equidem sententia & Latini Patres Euchariſtiam

stiam moribundis traditam, eodem *Viatici* nomine appellarunt, ut videre est in Capitularibus Caroli Magni, in Carta Lotharii Regis penes Marlotum L. IV. c. XXIV. *Metropolitan. Remens.* Immo & media ætate cum iter passim *Viaticum* appellaretur, ut legimus præsertim apud Johannem Dametum in *Histor. Regni Balearici* inter Grabii *Collectanea*, communio moribundis, quibus futuræ vitæ iter instabat, tradita dicitur: *Communio in viatico*. Vide Capitular. Car. Magni L. V. c. LIV. ex edit. Balutii.

Lubet heic unum addere pro hujus argumenti coronide. Olim, a Sæculo nimirum IV., quemdam invaluisse inter Latinos, perinde ac Græcos Eucharistiæ abusum, qui forte ex Paganorum obolo illo mortuorum, de quo locuti sumus, manasse videtur. Eo autem abusus vertebatur, ut Eucharistiæ pars cum cadaveribus sepeliretur. Pravi hujus abusus vetustior monumentum legimus in canone VI. Concilii Carthaginiensis vulgo III. Ann. CCCXVII.: *Item placuit, ut corporibus Defunctorum Eucharistia non detur; dictum est enim a Domino accipite & edite. Cadavera autem nec accipere possunt, nec edere*. Et in vita S. Basilii ab Amphilochio scripta c. VI., narrat Amphilochius, Basilium morti proximum, consecratæ Eucharistiæ parte sumpta, alteram partem secum sepeliendam reservasse. Hoc idem sancitum est in Concilio Trullano canone LXXXIII. Verum V. atque VI. Sæculo adhuc Latinos inter iste steterat abusus, a quo neque religiosiores viri abhorruere; legimus enim in Dialogis S. Gregorii Papæ L. I. c. XXX., S. Benedictum Monachis jussisse, ut partem Eucharistiæ una cum cadavere Monachi cujusdam consepelirent, ut cadaver humo contineretur; quamobrem scribit Gregorius, illum monachis: *Communionem Corporis Dominici rici tradidisse*, *dicens* : *Ite atque hoc Divinum Corpus supra pectus mortui cum magna reverentia ponite, & sic sepulturæ eum tradite*. Penes Balsamonem legimus Sæculo VIII. inter Græcos Eucharistiam consepeliri saltem cum Antistitum cadaveribus . Sic ille in *Comment. ad can.* LXXXIII. Concil. Quinisexti : *Quod autem S. Panis Antistitibus post mortem tradatur, & sic sepeliantur, existimo hoc fieri ad avertendos dæmones, & ut per ipsum, tamquam Viaticum, deducantur ad Cœlum* . Dilucidius hujus abusus argumentum heic explicat Balsamon, ex cujus verbis patet , Eucharistiæ partem cadaveribus consepultam *pro Viatico*, Christianos habuisse, quod ne latum quidem unguem differre videtur, a Paganorum idea , qui & *pro Viatico* obolum Charonti solvendum cum cadaveribus olim sepeliebant. In hunc itaque abusum si potius intendisset Angelus a Nuce, neque a vero prorsus dissimilis fuisset ejus conjectura.

Cum autem hoc argumentum de eo loqui abusu, de quo adhuc dictum est, occasionem præbuisset, animadvertendum erit, falsos esse Cl. Patres Congregationis S. Mauri, qui opera S. Gregorii Papæ I. edidere. Hi sane de hoc eodem abusu edisserentes, autumarunt: I. Eucharistiam supra cadaver repositam fuisse, indeque statim ablatam, neque cum illo consepultam. II. Numquam canones huic disciplinæ adversatos esse, sed ne Eucharistia in cadaveris os ingereretur dumtaxat jussisse; quibus autem suam confirment sententiam non video. Quod enim ad primum attinet, tum allata S. Benedicti historia, tum Balsamonis verba Maurinorum opinioni adversantur : In prima enim legimus, S. Benedictum jussisse , ut postquam *Communio Corporis Dominici* (verba sunt S. Gregorii) *supra pectus mortui posuissent* , *sic sepulturæ eum traderent*. Alter loco laudato scribit: *Quod S. Panis Antistitibus post mortem tradatur*, *& sic sepeliantur &c.* Hæc profecto sectò testimonia per se eo patent, ut supervacaneum ducam pluribus Maurinorum sententiæ refellendæ immorari. A prima plane non differt altera Maurinorum opinio: quamquam enim in Concilio Carthaginiensi, perinde ac Trullano ea tradatur interdicti ratio, quia *Cadavera nec accipere, nec edere possunt*, ex his nihilominus minime sequitur, Patres Eucharistiam ne in mortuorum os ingeneretur, dumtaxat jussisse; neutro enim in testimonio legimus, ut *in os mortuorum tradatur*, sed in Carthaginiensi: *ut Corporibus defunctorum non detur*. In Trullano ex antiqua versione apud Bailium: *Nemo cadaveribus mortuorum Eucharistiam impertiat*; ea autem, quam addunt, ratio: *Dictum est enim a Domino accipite & edite. Cadavera autem nec accipere possunt, nec edere*, eo redit, ut ex ipsamet Eucharistiæ institutione evincerent interdicti argumentum, cum Eucharistia, quæ, ut ea vescerentur Christiani, instituta erat, reponenda non esset supra cadavera mortuorum, qui neque accipere, neque edere illam pares erant. Hæc autem ex ipsamet Eucharistiæ institutione petita ratio plane indicat mentem Patrum Concilii Carthaginiensis, Trullani, atque Antissidiorensis Anni DLXXVIII. qui can. XII. hoc idem decrevere: *Non licet mortuis nec Eucharistiam, nec osculum tradi*.

Neque acquiescendum esse puto Cl. Albaspinæi conjecturæ, qui *Observationum* L.1. c. XII. scribit, Patrum interdictum Christianorum quorumdam morem respicere, qui pœnitentibus sine communione defunctis, Eucharistiam tradebant, ea ratione jus communionis illi reddi, rati; siquidem integra secunda parte hujus Dissertationis, luculentissimis argumentis ostendam, numquam Ecclesiam pœnitentibus moribundis Eucharistiam denegasse. Albaspinæus profectò, cui contraria sedet sententia, neque huic pepercit conjecturæ, ut undique suæ quæreret opinioni argumenta.

Patres autem Maurinos, ut huic tandem quæstioni finem faciamus, ne contra Concilii Carthaginiensis interdictum S. Benedictum Eucharistiam defuncto tradendam jussisse, putemus, forte novæ huic allaborarunt sententiæ. Verum, quin antiquorum monumentorum sententiam detorqueamus, satius erit cum Hæfteno in notis ad Vitam S. Benedicti, fateri, illum ignorasse canonem Carthaginiensem: nemini enim mirum erit ea laborasse ignorantia virum ab hominum convictu plane remotum, cum ipsemet Augustinus ignorantiam Canonum Concilii Nicæni fateri veritus non sit, in qua & Valerium prædecessorem suum perinde fuisse, scribit *epistola* C. dicens: *Adhuc in corpore posito beatæ memoriæ Patre, & Episcopo meo sene Valerio, Episcopus ordinatus sum, quod Concilio Nicæno prohibitum esse nesciebam, nec ipse sciebat*. Novi aliquibus suasum esse *divino instinctu* (ut scribit Catalanius in notis ad canon. LXXXIII. Trullanum) id ecisse S. Benedictum, atque argumento illis est, S. Gregorium Roman. P. I. in laudato *Dialogorum* libro eam rem egregie commendasse. At mihi innumera suppetunt argumenta dubitandi τῆς γνησιοτης horum *Dialogorum*; quæ sane argumenta non ex fabellis, quibus alii libros illos scatere dixerunt, repetam; nil enim Omnipotenti Deo impossibile est, qui innumera miracula per sanctioris vitæ virorum manus passim in veteri, atque nova Lege patravit; sed ex aliis critices argumentis, quæ tentaminis ergo in medium proferam in meo opere Historiæ Codicum Liturgicorum, ac singillatim in Dissertatione de *Benedictionario Gregoriano Lambecii*.

PARS

PARS II.

§. I.

Exponitur quæstio de Viatico Pœnitentium.

Quamquam nulli dubium sit, Ecclesiam fidelibus moribundis Eucharistiam impertiisse, neque usquam illos vita egredi, *communione Eucharistiæ vacuos*, ut Patres loquuntur, passam esse; nihilominus qua ratione se gesserit illa erga pœnitentes moribundos, adhuc sub judice manet. Clarioribus certe viris, qui de antiqua Canonum disciplina ad nostram usque diem scripsere, durior arrisit sententia, rati Ecclesiam tribus primis Sæculis Eucharistiam forte ipsis etiam pœnitentibus moribundis indulxisse, at illam ipsismet negasse postquam pacem adepta est. In ea potissimum sententia fuere Morinus, Albaspinæus Episcopus Aurelianensis, atque Christianus Lupus, quos secuti sunt quot quot exinde Conciliorum canones commentati fuere; cum ea sit humanæ mentis conditio, ut pronum videatur in aliorum verba jurare. Quanti autem sit horum CL virorum opinio facienda hoc de argumento, non ea metiar nominis fama, quam merito hi adepti sunt in Literatorum Republica; sed illorum magis argumenta ad trutinam revocare satagam, non ut contra eruditissimos viros contendam, sed ut hoc disciplinæ caput, quod Ecclesiæ in canonica disciplina potissimam interest politiam, in comperto habeamus.

Cum autem Patres, atque Concilia, quæ mox expendam, passim utantur vocibus *Viatici*, sive Ἐφοδίου; cumque harum vocum vim quisque pro ingenio detorqueat, ac pro sententia interpretetur; eo potissimum vertitur quæstio, in statuenda nimirum harum vocum recta significatione, quam ex ipsismet

Tom. III. P. I. G Con-

Conciliis, atque Patribus haurire imprimis studeam, ne disputandi libido ultra, quam par est, progrediatur. Eademque methodo Conciliorum canones, qui ad praesens redeunt argumentum, sine partium studio explicare conabor.

§. II.

Canon XIII. Concil. Nicaeni I. profertur ex originali textu Graeco, ceterisque tum Graecis, tum Latinis antiquioribus versionibus. Canonis sententia ex mente Auctorum, qui versiones concinnarunt, dilucide explicatur.

Quarto Ecclesiae Saeculo prima condita est lex de hoc disciplinae capite, quod explicandum aggredimur: Concilii sane Nicaeni I. Patres canone XIII. hanc sanxere legem, ut illam legimus in *Collectionis Regiae Conciliorum tom. II.* Περι δε των εξοδιωοντων ο παλαιος, και κανονικος νομος φυλαχθησεται, και τις οτι α τις εξοδευοι το τελιυταιον, και αναγκαιοτατου Εφοδιου με αποσιμοθαι. Ει δε αποχυωθεις, και κοινωνιας παλιν τυχων, παλιν εν τοις ζωσιν εξεταθη, μεταξυ των κοινωνουντων της ευχης μονης εστω καθολου δε και περι παντος ουτινοσουν εξοδευοντος αιτουντος του μετασχειν ευχαριστιας (diversa lectio msorum κοινωνιας) ο επισκοπος μεταξυ δοκιμασιας επιδοτω. Hujus canonis, qui veluti appendix est canonis XII. praecedentis, in quo de Poenitentium gradibus Patres sermonem instituerant, haec est latina versio, ut passim habetur apud Conciliorum Collectores: *De his, qui ad exitum veniunt, etiam nunc lex antiqua, regularisque servabitur ; ita ut si quis egreditur e corpore, ultimo, & maxime necessario Viatico minime privetur. Quod si desperatus, & consecutus communionem, oblationisque particeps factus, iterum convaluerit; sit inter eos, qui communionem orationis tantummodo consequuntur. Generaliter autem omni cuilibet in*

enim

exitu posito, *& poscenti sibi communionis gratiam tribui*, *Episcopus probabiliter ex oblatione dare debebit*. Hæc equidem versio est Dionysii Exigui, de qua mox dicemus.

Prima sane fronte mens Patrum Nicænorum cuique perspecta videtur: Sanxerunt enim quicquid in pœnitentium moderanda disciplina par erat canone XII., ac demum sequenti can. XIII. de eorumdem pœnitentium, cum morti proximiores essent, communione decrevere, I. ut antiqua lex servaretur, qua illi *necessarium Viaticum* ab Ecclesia condita minime privabantur. II. Quid cum illis, qui dum versarentur in pœnitentium conditione, accepto illo Viatico, convaluerant, faciendum esset. III. Generalem tradidere legem de impertienda communione iis, qui morte adventante, illam Episcopo postulaverant. Tribus hisce capitibus Nicæna lex continetur, quæ singillatim explicanda, atque perpendenda erunt.

Quisquis partium, sive propriæ opinionis studio minime trahitur, procul dubio fatetur, vocem τȣ Εϕοδιȣ, *Viatici* quæstioni definiendæ imparem esse; siquidem eo nomine *absolutionem Sacramentalem* venire Albaspinæus putat, eique argumento potissimum sunt canonis verba: *maxime necessario Viatico*; ait enim: *Cum isto canone pateat*, *Eucharistiam non esse Viaticum necessitate absoluta*, *argumento erit in prima parte verbum hoc Viaticum non sumi debere pro Eucharistia*, *quandoquidem Patres de Viatico necessario in eo disserant*, *& vere necessitate absoluta non est necessaria Eucharistia*, *quo pœnitens de sua salute æterna certus fiat*, *& flammas nunquam desituras evadat*, *cui periculo*, *ac discrimini Patres hoc canone prospicere*, *& providere voluerunt*; *nec aliud in prima parte sanxerunt*, *quam id quod omnino necessarium videatur*, *ut sempiterni exitii metu liberi redderentur*. Albaspinæus certe Concilii Nicæni verba, atque canonis sen-

G 2

tentiam, perinde ac Casuistarum illum interpretatus esset, explicat; quare cum Nicæni Patres ajunt *maxime necessario Viatico*, ei videtur Eucharistiam illos non indicasse *Viatici* nomine, quippe quæ non est *maxime necessaria*. At si vim vocis illius αναγκαιοτατον, quam Patres Nicæni adhibuere, expendisset, ab incœpta plane descivisset sententia. Vox sane αναγκαιον plerumque apud antiquos, ne dum *necessitatem*, atque id quod *vitari nequit*, sed vel *utilitatem*, vel quidquid *ad rem maxime facit*, passim significat. Lege Lexicographos, ne in re, quæ extra dubitationis aleam versatur, plus æquo immoremur. Itaque Nicæni Patres Viaticum appellarunt αναγκαιοτατον, nimirum *maxime utilitatis*, *utilissimum*, & ad morientis rem *maxime conducens*. Ex qua quidem explicatione, quæ, ut mox ostendam, sententiæ totius textus summopere quadrat, sequitur, Patres illos de *absolutione sacramentali* minime lucutos esse, sed ipsammet Eucharistiam appellasse εφοδιον αναγκαιοτατον Viaticum *utilissimum* iis, qui *ad exitum veniebant*; quod sane epitheton Eucharistiæ convenire, neque Albaspinæus inficias ibit. Huic itaque argumento tantam non lusisset operam Albaspinæus, si canonis originale textum consuluisset.

Quod si Versionibus Latinis standum esset, quæ vocem αναγκαιοτατον *maxime necessarium* reddiderunt, parum, vel ne parum quidem proficeret Albaspinæus argumentis a re theologica petitis, cum non desint apud antiquos Patres monumenta, in quibus Eucharistiæ, quæ moribundis traditur, ejusmodi epitheta tribuuntur. At neque hisce veterum testimonis exscribendis immorandum esse puto, quandoquidem ipsemet canonis textus mature perpensus quæstioni plane satisfaciet. Quamobrem præcipuas in medium proferemus canonis versiones, ex quibus duo colligimus.
I. Quænam fuerit apud veteres hujus canonis sententia,

tia, atque qua ratione Ecclesia hac lege usa sit. II. Quid nomine *Viatici* Nicænos Patres intellexisse, majoribus nostris persuasum fuerit.

Vulgata hujus canonis versio ea est, quam jam antea attulimus, Dionysii nimirum Exigui. Quæ sane versio luculentissimum præbet testimonium disciplinæ, perinde ac sententiæ omnium pene Occidentalium Ecclesiarum; siquidem Dionysii versione usæ sunt Romana Ecclesia, ut testatur Cassiodorus *Divinar. Lection.* c. XXIII., Afræ pariter Ecclesiæ post Sæculum VII., ut innuit Cresconius Africanus Episcopus, Galliarum Ecclesiæ, postquam Hadrianus I. R. P. versionem hanc dono dedit Carolo Magno; hinc Gallicani Episcopi magni illam fecisse testantur in responsione ad epistolam Nicolai I. R. Pontificis. Ea autem versio plane respondet græco textui, præter ea dumtaxat, quæ adjecit Dionysius, verba: *oblationisque particeps factus*, quæ equidem, quod maximopere conducerent ad ambiguam canonis sententiam patefaciendam, illum addidisse infra ostendam.

At Dionysio antiquior est versio Gelasii, sive Gellazii Cæsariensis Episcopi, qui Historiam Nicæni Concilii I. concinnavit uno post Concilium Sæculo. In ea itaque versione Gelasius mentem Patrum Nicænorum aperte explicat, atque controversiam, quæ ex voce του εφοδιου oritur, omnino dirimit: Nam ubi in textu canonis legimus και κοινωνιας παλιν τυχων, *& communionem rursus consecutus*, ut vertit Dionysius, Gelasius habet: και Κυριακον Εφοδιον τυχων, *& consecutus Dominicum Viaticum*. Epitheton κυριακον, quod voci του εφοδιου addidit Gelasius, aperte indicat, *εφοδιου Viatici* nomine ipsammet Eucharistiam, minime vero *sacramentalem absolutionem* venire. Maximi profecto momenti est Gelasii, Scriptoris Nicæno Concilio fere supparis, auctoritas in explicanda Patrum Nicænorum sententia.

Antiqua itidem versio a CPolitanis Episcopis missa Episcopis Afris ne latum quidem unguem differt a Dionysii illa; quare & in ea legimus, perinde ac in Dionysiana: *Si vero desperatus, communione sumpta, & oblatione percepta*. Quæ mox expendemus verba.

Aperte tamen nostræ suffragantur sententiæ versiones Arabicæ hujus canonis: in prima enim, quæ est Abrahami Echellensis, legimus: *Si petierint inlibatorum, & sacrorum mysteriorum participes esse*; quibus sane verbis Echellensis reddit vocem κοινωνίας textus Græci canonis, ut indicaret nomine κοινωνίας Nicænos Patres intellexisse *communionem Eucharistiam*, non autem *canonicam*, ut visum est Albaspinæo. In altera, quæ est Josephi Ægyptiani, dilucidius res explicatur in canonis titulo, qui ita se habet: *De eo, qui excommunicatus est, & incidens in lethalem morbum, Eucharistiam sibi concedi cupit*. Canonem vero ita reddit ille: *Quicumque vicinus morti est, dum inter pœnitentes recensetur, tuncque offerre cupit, ne ab eo prohibeatur, cum ad desperatum statum adductus est*. Infra vim hujus phrasis *offerre cupit*, e qua potissimum dirimendæ quæstionis caput pendet, patefaciemus, cum jus ad oblationem, ipsammet Eucharisticam communionem omnino comitaretur.

Tandem, ut innumeras pene alias latinas canonis versiones præteream, quæ plane respondent Dionysianæ; ad rem nostram maxime facere existimo antiquam versionem Latinam Concilii Nicæni, ab Henrico Justello editam in sua Biblioth. Jur. Canon. to. 1. Hanc sane versionem merito ceteris antiquiorem habuit Cl. Petrus de Marca, qui *Concordiæ &c.* L. III. docet synchronam esse Concilio Chalcedonensi. In ea autem canon, de quo edisserimus, sub titulo XII. ita se habet: *Vetus & catholica lex custodietur in eis (pœnitentibus); & nunc si qui mori speratur, novissimo jubamine (al. juvamine) Viatico non privetur: Si vero de-*

spe-

speratus, Eucharistia promerita, & oblatione percepta, iterum ad superstes redeat, sit inter eos, qui orationibus tantum communicant. Omnino autem cuilibet morituro, petenti sibi dari gratiam, Episcopus cum probatione ei oblationem tradat. Heic vides *Viaticum* usurpari pro *Eucharistia*: *Eucharistia promerita*, cui equidem explicationi, ut ulterius interpres vim adderet, ea subdit: *percepta*.

Ex his igitur, quæ exscripsimus, antiquioribus hujus canonis, de quo lis est, versionibus, luculentissimum oritur pro recta vocis *Viatici* interpretatione argumentum. Siquidem vox Εφοδιου, *Viatici*, atque *κοινωνιας communionis*, quæ ambigua est, manifeste de *Eucharistia* explicatur; quamobrem nulli adhuc esset dubitandi locus juxta sanioris critices regulas; cum pluris certe facienda sit eorum interpretatio, qui vel Concilio fere synchroni fuere, ut Gelasius, vel in iisdem olim Ecclesiis, in quibus Concilium coaluit, vixere, ut CPolitani Episcopi, qui versionem illam Afris misere, quam sententia illorum, qui heri, vel nudius tertius novitatis, vel rigidioris disciplinæ nimio capti amore, novam canonis explicationem cuderunt.

Hae autem versiones præterquam quod antiquorum sententiam patefaciunt, disciplinam etiam illarum Ecclesiarum, quæ illis usæ sunt, testatam nobis faciunt. CPolitanas siquidem, Arabicas, Ægyptianas, Romanam, Afras, Gallicanas, atque Germanicas Ecclesias, quæ in hoc, de quo nobis sermo est, disciplinæ capite ad Nicæni canonis legem se se exegerunt, nulli dubium erit ipsammet Eucharistiam poenitentibus moribundis tradidisse, cum nemo sanæ mentis censeat, illas moderatas esse hanc disciplinæ partem alia ratione, ac Versio Concilii, qua utebantur, se habebat. Ne autem uni huic argumento hoc magni sane momenti caput inniti videatur, ex phrase eiusdem

dem canonis, atque Ecclesiarum antiquiori disciplina
dilucidius Nicænorum Patrum sententiam explicare
studeam sequenti paragrapho.

§. III.

*Quid sibi velit ο παλαιος νομος in Canone Nicæno. Quæ
fuerit erga pœnitentes Ecclesiæ disciplina ante Nicænum Concilium. Expenditur phrasis illa omnium fere versionum laudati canonis:* oblatione percepta.

Indubiæ interpretationi mentis Patrum Nicænorum
aditum facere videntur prima canonis XIII. verba.
Sic enim canon ille incipit: Περι δε των εξοδνοντων
ο παλαιος, και κανονικος νομος φυλαχθησεται: *De his,
qui ad exitum veniunt, etiam nunc lex antiqua, regularisque servabitur.* Ex quibus patet, Nicænos Patres jussisse, ut *lex*, quæ in moribus erat Ecclesiarum,
κανονικη, nimirum usu jam recepta, atque Conciliorum, & Episcoporum auctoritate lata, in posterum erga pœnitentes, *qui ad exitum veniebant*, servaretur. Legi huic itaque intelligendæ, maximum
affundet lumen disciplina *pœnitentialis* Concilio Nicæno antiquior; quare operæ pretium erit antiquiora Concilio monumenta ea in re expendere.

Ac primo quidem inter hujus disciplinæ antiquiora
monumenta merito accensenda erit canonica lex a
Dionysio Alexandrino suis Presbyteris tradita, qua
quidquid Pœnitentium *moribundorum* rem intererat,
statuit ille. Legem hanc habemus in epistola Dionysii apud Eusebium Pamphilum *Histor. Ecclesiast. L.*
VI. c. XLIV. *tom.* II. *Edit. Cantabrig.* In ea sane e-
pistola Dionysius latam ab eo legem sic describit: *In
mandatis dederam, morituris* (lapsis nimirum in persecutione, atque inter pœnitentes relati, de quibus
sin-

singillatim heic loquitur) *si peterent , & maxime si suppliciter postulassent , venia indulgeretur , qua bonæ spei pleni ex hac vita migrarent*. Quid autem *veniæ* nomine heic intelligat , abunde explicat Serapionis historia, quam in eadem epistola narrat ille, de qua in præcedenti Dissertatione edisseruimus. Scribit enim senem illum Serapionem , in persecutione postquam Judicis immanitate victus Idolis immolaverat , mox resipiscentem , ad Ecclesiam rediisse, ac tandem morti proximum puerum Presbytero misisse, ut veniam, a Dionysio indultam, a Presbytero acciperet, qui cum morbo præpeditus ad illum ire nequivisset , Eucharistiam puero tradidit , ut Serapioni ferret . Ex qua equidem historia aperte intelligimus , Dionysium *in mandatis dedisse* Presbyteris iis , quibus Parochiarum Alexandriæ curam commiserat , ut pœnitentibus *morituris , si peterent , veniam* , nimirum *Eucharistiam* tradidissent ; cui sane legi ut Presbyter pareret , Serapioni pœnitenti *morituro* Eucharistiam elargitum esse, statim post allata verba scribit Dionysius. Hæc autem Dionysii Epistola totius Orientalis Ecclesiæ disciplinam erga pœnitentes *morituros* testatam facit.

Eamdemque fuisse Sæculo III. Occidentalium Ecclesiarum disciplinam, testis est abundantissimus S. Cyprianus in sua epist. LIV. , in qua clero suæ Diœcesis leges disciplinæ *pœnitentialis* præscribit . In ea itaque epistola postquam de pœnitentibus, postliminio donandis, locutus est, tandem ad eos venit, qui morti proximi erant, de iisque hæc statuit : *Nec enim fas erat , aut permittebat paterna pietas , & Divina clementia , Ecclesiam pulsantibus claudi . . . ut sæculo recedentes sine communicatione , & pace ad Dominum dimitterentur*. Quibus sane verbis indicat ad eam usque ætatem , qua ipse scribebat , communicationem denegatam esse pœnitentibus, dum integra essent valetudine, iisdem autem indultam, cùm *Sæculo recedebant*.

Quid

Quid autem *communicatio* fibi vellet, in eadem mox explicat epistola, in qua jubet, ut eadem *communicatio* & benevalentibus pœnitentibus ob instantem persecutionem indulgeretur: *At vero nunc*, sequitur ille, *non infirmis, sed fortibus pax necessaria est, nec modo morientibus, sed & viventibus communicatio a nobis danda est, ut quos hortamur ad prælium non inermes, & nudos relinquamus, sed protectione Corporis, & Sanguinis Christi muniamus*. Vide Communicationis nomine venire ipsammet Eucharistiam, quam pœnitentibus tradendam esse præsertim morituris, ne dum Cyprianus jubet, sed manifeste fatetur eam fuisse Ecclesiæ praxim ad suam usque ætatem. Lege integram epistolam, ex qua dilucidius Cypriani mentem intelliges.

Nemo itaque inficias ibit, ante Nicæni Concilii ævum Orientalem, perinde ac Occidentalem Ecclesiam pœnitentibus moribundis non unam dumtaxat *sacramentalem absolutionem*, sed *Eucharistiam* indulxisse. Hinc cum Patres Nicæni statuunt, ut νόμος παλαιός *lex antiqua* ea in re adhuc servaretur, procul dubio sequitur & Eucharistiam quoque pœnitentibus tribui maluisse. Hæc, quæ certe habenda erit velut mathematica demonstratio, manifeste explicat vim nominis τοῦ Ἐφοδίου *Viatici*, quo Eucharistiam ipsam venire nemo sane mentis in dubium verterit.

At sicco pede prætereunda non erit phrasis illa, quam legimus in hujus canonis versionibus Dionysii, CPolitana, Arabica Josephi Ægyptii, atque antiquissima Latina Justelli. In laudatis enim versionibus post illa verba textus canonis και κοινωνίας πάλιν τυχών; *& communionem rursus consecutus*, hæc interpretes illi addunt: *& oblatione percepta*, vel alia pene similia verba, quæ haud proprio marte, sed ad vim hujus legis patefaciendam illos adjecisse, ipsamet Ecclesiæ disciplina evincit.

Ab

Ab Ecclesia enim condita Græcos perinde, atque Latinos inter cautum lege erat, tum ut quisque fidelium panem, atque vinum in Liturgia offerret, tum ut Diaconus a viris, Diaconissæ a mulieribus ejusmodi reciperent oblationem. Vide quæ ea de re edisseruimus in altero libro *Politiæ Ecclesiæ &c.* At, ut nos docet Cyrillus Hierosolymitanus in sua *Cathechesi Mystagog. v.*, Diaconi erat, offerentium jura expendere, eorumque dumtaxat oblationes recipere, quibus de Eucharistia participes esse fas erat, contra ea vero, illorum, qui ab Eucharistiæ *participatione* interdicti erant, reicere oblationes. Hine orta in canonicis legibus illius ævi phrasis illa: *Jus ad oblationem habere*, cum qui ab Eucharistia sumenda prohibitus ab Episcopo non esset, ei integrum foret *jus ad oblationem*; omni vero careret *jure ad oblationem* is, qui *Eucharistia communicare non poterat*. Sic hoc disciplinæ caput perbelle explicat Cl. Edmundus Martene *De Antiq. Eccles. Discipl. L.* I. art. VI. §. 5. dicens: *Omnes olim in Missa obtulisse clericos, laicos, viros, & mulieres, principes, & populum, si tamen jus communionis obtinerent; nam excommunicatis, energumenis, pœnitentibus, & aliis, quibus communio sacra denegabatur, haudquaquam fas erat offerre*. Hi itaque, quibus *Communio Eucharistica denegabatur*, neque *jus* habebant *ad oblationem*: ne, ut scribit *epist. ad Cornelium* Cyprianus, *communicatio a non communicantibus offeratur*. In Concilio enim Eliberitano can. XXVIII. statutum erat: *Episcopus placuit ab eo, qui non communicat, munera accipere non debere*; hinc ipsamet Eucharistia in Concilio Ancyrano can. XVI. *Sacramentum oblationis* appellatur: *Viginti quinque annis substrati communionem ad preces adsequuntur, in qua quinquennio perdurantes, tunc demum Oblationis Sacramentum percipiant*. Nemini igitur erat *oblationis jus*, nemo *offerre* poterat panem, atque vinum Altari, nisi cum si cum ei fas esset *de Eucharistia participare*. Neque statutæ huic disciplinæ adversatur, ut Du-Mesnilio visum est, canon v. laudati Concilii Ancyrani, in quo de pœnitentibus decretum est: *Cum duobus annis supplices, substratique, tertio anno communicent sive oblatione.* Heic siquidem haud de Eucharistica communione, sed de *communione ad orationem* Ancyrani Patres loquuntur, ut legem hanc dilucidius explicat Felix III. Rom. Pontifex in epistola VII. apud Harduin. to. v. *Collect. Concilior.*, ait enim Felix: *Duobus annis oblationes modis omnibus non sinantur offerre, sed tantummodo sæcularibus in oratione sinantur sociari.* Quid autem sit *communicare in oratione* explicat Baronius ad Ann. CCCXIV. n. LXXXVII. Annal. to. III. cujus verba lubet heic exscribere: *Communicare*, ait ille, *in oratione, videlicet satis sufficere cum fidelibus orare; id enim erat communicare sine oblatione . . . Communicare cum oblatione; id enim erat reconciliari Sacramentis, nempe participes esse Corporis, & Sanguinis Christi.* Ex quibus patet sensus Can. v. Ancyrani, atque cuique perspecta est Ecclesiæ disciplina, qua vetitum erat *offerre* ei, cui vetita perinde erat *Eucharistica communio*; sola enim *communio orationis* iis indulgebatur pœnitentibus, qui *jure ad oblationem* adhuc expertes erant.

His prælibatis de Ecclesiæ disciplina circa *oblationem*, nunc ad phrasem, de qua sermo nobis est, redeamus. Nicæni enim Patres in canone XIII. postquam de communione pœnitentium, *in exitu venientium*, locuti sunt, quid cum iis, qui sanitatem recuperarent faciendum esset, decernunt: *Quod si desperatus, & consecutus communionem &c.* Interpretes ne ambigue positum *communionis* verbum in incerto relinquerent, addiderunt: *oblationisque particeps factus*, vel: *oblatione percepta &c.*, ut nimirum indicarent cujus esset indolis *communio* illa, de qua Concilium loquebatur. Si enim illa καιρια communie tio ab *oblatione* minime sejuncta foret, si qui illam adeptus erat *communionem*, particeps *factus* erat *oblationis*, communio certe illa non orationis, sed *Eucharistiæ* procul dubio erat; cum, ut adhuc ostendimus, nemo oblationis particeps fieret, nisi jure ad ipsammet Eucharisticam communionem instrueretur.

Hanc autem phrasem Clariores illos, atque antiquissimos Interpretes suo marte haud adhibuisse, quin ipsamet Ecclesiæ disciplina idipsum ferret, dicendum erit. Imo ipsamet Concilii lex illos impulit huic addendæ explicationi: Siquidem Concilium *convalescentes* pœnitentes jubet, ut sint *inter eos, qui communionem orationis tantummodo consequuntur*, nimirum ut sint in ultimo pœnitentium gradu, e quo ad fidelium *stantium* (qua denominatione fideles, qui inter pœnitentes minime versabantur, veniebant, ut dixi Libro v. *Politiæ &c.*) classem transirent. Quod si *communio* illa, qua moribundi potiti erant, fuisset *communio orationis*, supervacanea prorsus erat appendix isthæc pro iis, qui convaluissent, siquidem in eodem, quod acquisierant, jus manere indubium erat. Verum cum Patres Nicæni Eucharistiam illis, nomine τοῦ ἐφοδίου *Viatici*, impertiendam esse præscripsissent, iique consequenter *jus oblationis* adepti essent, merito decrevere, ut, si convaluissent, idem non retinuissent jus, sed in classe *consistentium* τῶν συνεστώτων cooptarentur, quorum erat *communicare in oratione* cum ceteris fidelibus, atque *jure oblationis* carere.

Igitur tum ex indole legis Nicænæ, tum ex antiquiori Ecclesiæ disciplina, de qua meminit canon XIII., quamque seruandam jubet, tum ex traditione antiquiorum Interpretum canonis, perinde ac ipsarum CPolis, Ægypti, Africæ, Romanæ, Gallicanæ, aliarumque Occidentis Ecclesiarum, quæ Dionysiana, Echellensi, Josephi Ægyptii, Justelliana versione usæ sunt, antiqua Ecclesiarum disciplina patet

tet, qua pœnitentibus moribundis Euchariſtiam nemo unquam negavit; id quod & Nicæni Patres canone XIII. decrevere, in quo antiquæ pœnitentiali legi, quid cum pœnitentibus, qui *convaluerant*, faciendum eſſet, ſubrogarunt.

§. IV.

Interpretationes canonis Nicæni XIII. *Zonaræ, atque Balſamonis proferuntur. Quænam fuerit Eccleſiæ diſciplina de hoc pœnitentium capite poſt Concilium Nicænum expenditur, atque explicatur ex canonibus Conciliorum* IV. *& v. Sæculi.*

Tandem Græcorum Interpretum, qui commentati ſunt hunc canonem, juvat heic ſententias addere, ut dilucidius noſtræ ſententiæ ratio pateat, atque liquido de Græcarum Eccleſiarum diſciplina conſtet. Clariores Græcorum canonum ſcholiaſtas Zonaram, atque Balſamonem audiamus. Primus apud Beveregium in *Codice canon. ſchol. ad can. Nicen.* XIII. hæc habet, atque ſic canonis XIII. ſententiam explicat: τοις τελευτωσι μεταδιδοσθαι των αγιασματων ιλαροδιον αυτο εχειν, και μη ςερισθαι του εξ αυτων αγιασμου: *Indulgeatur* (pœnitentibus) *moribundis Euchariſtia, ut Viaticum illud habeant, neque priventur propria, ſanctificatione.* Nomine των αγιασματων Euchariſtiam apud Zonaram venire, quis quis delibavit phraſem Græcorum Canoniſtarum medii ævi, in dubium minime verterit, penes quos generatim indicat *Sacrificium*; unde apud Suidam αγιασμα ab αγιασαι *Deo fructus offerre per Sacrificium*, & εγιζον legimus apud Ariſtophanem in *Pluto* pro *ſacrum perficiens*. Imo animadvertendum diſcrimen in allato Zonaræ textu inter αγιασμα, & αγιασμα, quorum alter *ſanctificatio-*
nem

nem per se indicat, cum ἁγίασμα (quintæ, ut Grammatici ajunt, declinationis) significet ipsummet Sacramentum, nimirum Eucharistiæ; quod equidem discrimen etsi apud antiquiores Græcos inter hasce voces intercederet, diversa nihilominus apud illos erat τȣ ἁγιάσματος significatio, nimirum *purificationis*, uti & ipsius etiam *Templi*, ut videre est apud Suidam; hinc Græci mediæ ætatis vocem ἁγίασμα pro ipsomet *Sacrificio* novæ Legis, quo mundamur, atque veluti Templum Dei O. M. efficimur, usurparunt; id quod sollertissimum fugit Cangium in suo *mediæ Græcitatis Glossario*, etsi hujus vocis vim quodammodo delibarit Suicerus in suo *Lexico Ecclesiastico*.

In eadem est sententia & Balsamonius apud eumdem Beveregium, & apud Isaacum Isambertum in *Pontificali Eccl. Græcæ Observ. X. ad X. part. Liturgiæ*. Balsamon enim postquam de integro canone XIII. edisseruit, ita suum conficit argumentum, Nicænos nimirum Patres decrevisse, pœnitentes ἀξιȣδαι τȣ καλȣ ἐφοδιȣ τȣς ἁγίας μεταληψεως ἐν ταις τελευταιαις ἀναπνοαις: *dignos esse egregii viatici Sanctæ communionis in extremis respirationibus*, nimirum *in extremis vitæ*. Vox profecto μεταληψις mentem Balsamonis aperte indicat, cum ea denominatione Eucharistiam donarint Græcorum Patres, a verbo μεταλαμβανω *particeps fio*, quippe qua simul vescebantur fideles, eaque suscepta, *participes fiebant hæreditatis cœlestis*. Lege de hac voce Suicerum, & vide Suidam in voce præsertim μεταλαγχανει. Neuter itaque Græcorum Scholiastarum opinatus est, Nicænos Patres unam Sacramentalem absolutionem pœnitentibus, *in exitu positis*, indulxisse, sed de ipsamet Eucharistia illis impertienda locutos esse in canone XIII. nullimode dubitarunt.

Verum, iis, quæ adhuc congessimus, luculentissimis, argumentis unum addendum puto, quo dubio quovis

ma-

major hoc disciplinæ caput evadat. Quid enim Nicæni Patres decreverint, nil dilucidius ostendit ipsa Ecclesiarum disciplina, qua nimirum illæ eamdem pœnitentiæ politiam servarunt post latam a Concilio legem. Omnium sane primus post Nicænum Concilium hoc tractat disciplinæ caput Siricius Rom. Pontifex epistola ad Himerium Tarraconensem Episcopum apud Harduin. *ibid.* to. II.: in ea siquidem epistola Pontifex de iis sermonem instituit pœnitentibus, qui exactis tribus primis pœnitentiæ canonicæ gradibus, dum in tertio versarentur, in læthale morbum incidissent, de quibus ait: *Viatici munere cum ad Dominum cœperint proficisci per communionis gratiam volumus sublevari*. Pontificem Siricium heic de *communione orationis*, ut arbitratur Lupus, loqui vetat disciplinæ Ecclesiasticæ politia, qua docemur, pœnitentibus quartæ classis συϛασεως, quorum loquitur Siricius, jus esse *communionis orationis*, quod supervacaneum erit argumentis confirmare, cum cuique pernotum sit: neque *Viatici per communionis gratiam* nomine venit *absolutio*; jam enim Libro v. nostræ Politiæ ostendimus, pœnitentibus ultimæ classis, nimirum *consistentibus*, absolutionem Sacramentalem indultam fuisse; quare in ipsamet Liturgia *absolutio* illis impertiebatur quotidie Episcopus, ut animadvertit Cl. Bona *Rer. Liturgic.* L. II. c. XVIII. *Non substratis, qui cum catechumenis exibant, sed Consistentibus, qui usque ad finem Missæ manebant, absolutio dari consueverat.* Igitur communionis, atque Viatici nomine nonnisi id unum indicavit Siricius, quo adhuc carebant pœnitentes *Consistentes*, nimirum *Eucharistiæ Sacramentum*, cum supervacaneum prorsus foret illis *in exitu vitæ* vel *absolutionem*, vel *communionem orationis* indulgere, siquidem jam utrisque potiebantur, dum recte valerent; *Gratia* itaque *Communionis* ipsa erat Eucharistia, quam *Viatici* ergo Siricius pœnitentibus

mo-

moribundis elargiendam esse, docet Himerium Hispanum Episcopum, cui scripsit anno sexagesimo sexto post latam a Nicaenis Patribus legem.

Ea pariter erat Ecclesiae Africanae disciplina, quam testantur canones Concilii Carthaginiensis III. Anni cccxcvii., quod sextum habetur apud Baronium, atque Binium: in canone itaque hujus Concilii LXXVII. legimus: *Pœnitentes, qui in infirmitate sunt, Viaticum accipiant.* Quid autem heic sibi velit *Viatici* nomen, sequens canon mox explicat: *Pœnitentes, qui in infirmitate Viaticum Eucharistiae acceperint, non se credant absolutos, sine manus impositione, si supervixerint.* Haec autem conditio, quam addunt Patres Carthaginienses, ut hi nimirum, qui accepto, dum inter poenitentes versarentur, Eucharistiae Vjatico, *si supervixerint*, manus impositionem reciperent, plane respondet legi Nicaenae, de qua edisseruimus: Quemadmodum enim Nicaeni Patres jussere, ut is, qui, accepto in Poenitentia Viatico, *convaluisset*, inter poenitentes *consistentes* rursus recenseretur; ita & Carthaginienses decreuere, ut manus impositionem reciperet, cum manus imponeret in Liturgia Episcopus iis praesertim poenitentibus, qui in quarta poenitentium classe erant, quos *Consistentes* appellarunt. Hi sane communione etiam orationis cum ceteris fidelibus potiebantur; nam *Consistentia*, ait Gregorius Thaumaturgus in epistola canonica can. XI., *est, ut cum fidelibus consistat, & cum catechumenis non egrediatur.* Notandum attamen erit, *absolutionis* nomine heic minime sacramentalem venire absolutionem, sed dumtaxat canonicam, cujusmodi ea appellabatur, quam conceptis verbis Episcopus poenitentibus, absoluto poenitentiae curriculo, publice in coetu fidelium impertiebatur; sacramentalem siquidem absolutionem poenitentes, statim ac in poenitentium classe cooptati erant, adeptos esse, luculentissimis argumentis contra Morini sententiam probavi in Libro v. *Politiæ Ecclesiæ &c.*

In Gallicanis Ecclesiis eamdem obtinuisse disciplinam præter alia, quæ brevitatis caussa missa facimus, argumenta indicat Concilii Aurelianensis II. Anno CCCCLII. canon XII., qui sic se habet: *De his, qui in pœnitentia positi, vitam excesserunt, placuit nullum communione vacuum debere dimitti; sed pro eo quod honoravit pœnitentiam, oblatio ejus recipiatur.* Jus profecto oblationis, quod in allato canone indulgetur pœnitentibus moribundis, vel iis, qui dum in pœnitentia versarentur, inopina morte vita defuncti erant, cum individuum esset, ut jam dictum est ab ipsomet jure communionis Eucharisticæ, aperte ostendit, ejusmodi pœnitentibus Ecclesiam Gallicanam Eucharistiam non denegasse Imo cum Concilia passim statuissent eorum, qui *extra Ecclesiæ communionem* defuncti fuerant, oblationes reiciendas esse, si a suis superstitibus Altari offerrentur; hoc canone Patres Aurelianenses sanxere, pœnitentium defunctorum, qui forte fortuna Eucharistiam ante extremum obitus diem minime receperant, oblationes, illas nimirum, quæ eorum nomine fiebant, recipiendas esse. Ad rem vero maxime facit ea, quam Patres, tradunt hujus legis ratio, eo quod *nullum placuit communione vacuum debere dimitti*, nimirum communione illa, quæ immittebat pœnitentes in jus oblationis, cujusmodi una erat Eucharistica communio.

Libenter præteream tot tantaque Patrum, aliorumque Græcæ, atque Latinæ Ecclesiæ Scriptorum monumenta hujus disciplinæ, quæ una, eademque fuit ubique Ecclesiarum a Nicæni Concilii I. ævo ad nostram usque ætatem. Argumenta porro, quæ adhuc protulimus, huic illustrandæ disciplinæ satis esse videntur. Hinc argumento Albaspinæi, quod ex canone Concilii Arausicani profert ille, restat ut faciam satis.

Concilii Arausicani I. canoni tertio sua prorsus initi sententia arbitratur Albaspinæus, quem sic legimus apud Labeum: *Qui recedunt de corpore, pœnitentia recepta, placuit sine reconciliatoria manus impositione eis communicare, quod morientis sufficit consolationi, secundum definitiones Patrum, qui hujusmodi Communionem congruenter Viaticum appellarunt. Quod si supervixerint, stent in ordine pœnitentium, & ostensis necessariis pœnitentiæ fructibus, legitimam Communionem cum reconciliatoria manus impositione percipiant.* Putat Albaspinæus heic Communionis nomine haud Eucharisticam, sed *orationis* illam venire; siquidem concedebatur pœnitenti *sine reconciliatoria manus impositione*, quæ, Albaspinæi sententia, eadem erat ac absolutio sacramentalis. In interpretanda autem Patrum Arausicanorum mente paululum immorandum est, ut liquido pateat canonis sententia, quam ad rem magis nostram redire videbimus.

Dubium, quod aliquibus forte per id temporis suboriebatur, num pœnitenti moribundo, cui communio, sive Viaticum tradendum erat, Episcopus ante communionem ipsam impertire deberet *reconciliatoriam manus impositionem*, canonicam nimirum absolutionem, in præsenti canone definiunt Patres Arausicani. Dubium autem illud ex ipsamet illius ævi disciplina manavit: Episcopus sane iis, qui pœnitentiæ præfinitum percurrerant tempus, conceptis verbis, atque orationibus publice *manus imponebat*, qua quidem manus impositione illi amissum jus ad Eucharisticam communionem rursus recuperabant; quare illa manus impositio dicebatur *reconciliatoria*, siquidem is, qui communione fidelium privatus fuerat, cum Ecclesia iterum *conciliaretur*. Quibus ita explicatis, atque indole *reconciliatoriæ manus impositionis* dilucide exposita, ad argumentum redeamus. Huic igitur dubio ut facerent satis Patres Arausicani decrevere, ritum reconciliatoriæ manus impositionis cum pœnitentibus moribundis minime adhibendum esse. Cum autem nefas esset *communicare* iis, quibus jam antea Episcopus manus *reconciliatorias* non imposuerat ; ea de re Patres definiere de hac dispensandum esse disciplina cum pœnitentibus dumtaxat moribundis : *placuit eis communicare sine reconciliatoria manus impositione*. Ea autem lege dum eorum occurrunt morositati, qui forte utrumque, nimirum & reconciliatoriam manus impositionem, & Viaticum experebant ; ejusdem decreti tradunt rationem, cum ajunt : *quod morientis sufficit consolationi, secundum definitiones Patrum, qui hujusmodi communionem congruenter Viaticum appellarunt*; satis enim esse, docent, pœnitentibus *Viaticum* habere, quin ægre ferrent illa privari manus impositione, qua a pœnitentiæ curriculo absolvebantur. Ea vero, quæ sequuntur, verba dilucidius denegatæ *reconciliatoris manus impositionis* rationem patefaciunt. Jubent siquidem illi, ut pœnitentes, qui sanitatem recuperarent, iterum inter pœnitentes recenserentur quoad usque statutum pœnitentiæ stadium percurrerent. Nam si, morte adventante, reconciliatoriam manus impositionem adepti essent, postquam convaluissent, inter pœnitentes recensiti minime fuissent, sed inter ipsos *stantes* fideles. Huic sane consequentiæ providit Concilium, eaque de re reconciliatoriam manus impositionem illis denegavit. Quamobrem ex hoc canonis commentario liquido patet : *I. Reconciliatoriam manus impositionem* non esse absolutionem sacramentalem, sed canonicam, nimirum ritum Ecclesiæ, quo Episcopus in antiqua amissa jura illos, qui pœnitentiam absolverant, revocabat. *II.* Patres Arausicanos de illa loqui *Communione*, cui jus acquirebant pœnitentes post reconciliatoriam manus impositionem, quæque ipsammet sequebatur manus reconciliatoriam impositionem. At neque ipsemet Albaspinæus inficias ibit,

(fate-

(fatetur ultro hoc idem quis quis antiquam canonicæ pœnitentiæ difciplinam noverit) poſt reconciliatoriam manus impoſitionem quemque e pœnitentium ordine ſtatim egredi, atque continuo Euchariſtica communione potiri. Atqui hoc idem aperte nos docet altera ejusdem canonis pars, in qua decretum eſt, ut hi, qui ſine reconciliatoria manus impoſitione communionem receperant, recuperata ſanitate, ad pœnitentes reverſi, tandem *legitimam communionem cum reconciliatoria manus impoſitione percipiant*. Quid, amabo, ſibi vult *legitima communio*, niſi communio jurium omnium Eccleſiæ, inter quæ potiſſimum erat Euchariſtiæ illud? Itaque quando Patres communionem ſine reconciliatoria manus impoſitione impertiti ſunt pœnitentibus moribundis, de eadem communione locuti ſunt, quam nihilominus *legitimam*, nimirum ſecundum ordinem Eccleſiaſticæ diſciplinæ, ea de re non appellarunt, cum ſine *reconciliatoria manus impoſitione* pœnitentibus indulta fuiſſet; quod equidem unum diſcrimen inter utramque communionem Patres heic facere, nemo in dubium verterit. Altera autem hæc *communio*, quæ *legitima* nuncupatur, Euchariſtica eſſe ipſemet fatetur Albaſpinæus. Quod ſi ille Concilium *Communionis* nomine in prima, atque altera canonis parte de Euchariſtia minime locutum eſſe putat, ſed de communione fidelium Eccleſiaſtica, quæ nimirum fideles inter erat; ea quidem in re ne latum quidem unguem ab illius diſcedam ſententia. Si enim communio Eccleſiaſtica fidelium illis præſertim jus tradebat ad Euchariſtiam, cum Patres Arauſicani id genus communionem pœnitentibus moribundis indulxerint, nemo ſanæ mentis negabit, Euchariſtiam illis conceſſiſſe. Atque hæc diximus de canone Arauſicano, qui etſi prima fronte noſtræ videtur adverſari ſententiæ, ſerio expenſus lectori Eccleſiaſticæ diſciplinæ ea in re indolem plane patefaciet.

Unum postremo animadvertendum erit, ut undique hujus disciplinæ ratio pateat. Tribus nimirum primis Ecclesiæ Sæculis, atque alicubi ad quintum usque Sæculum, Episcopos *Communionem* denegasse iis, qui, spreta poenitentia, tandem cum *ad exitum vitæ* venirent, canonicam poenitentiam, perinde ac communionem postulabant: His merito Ecclesia *communionem* indulgere noluit, ne exemplo id aliis esset, neve ea veluti indulgentia aliorum foveret effrænæ propositum, atque liberam vitæ methodum. Hujus disciplinæ rationem satis explicat Cyprianus *epist.* LI. ad Antonianum. *Et idcirco*, scribit ille, *poenitentiam non agentes, nec dolorem delictorum suorum toto corde, & manifesta lamentationis suæ professione testantes, prohibendos omnino censuimus a spe communicationis, & pacis, si in infirmitate, atque periculo cœperint deprecari, quia rogare illos non delicti poenitentia, sed mortis urgentis admonitio compellit*. Eamdem habemus legem, in Concilio Aurelianensi I. Anno CCCXIV. latam, can. XXIII. *De his, qui apostatant, & numquam se ad Ecclesiam repræsentant, nec quidem poenitentiam agere quærunt, & postea, infirmitate correpti, petunt communionem, placuit eis non dandam communionem, nisi revaluerint, & egerint dignos poenitentiæ fructus*. Demiratus profecto sum Albaspinæi, aliorumque sententiam, quibus suasum est, *communicationis* nomine apud Cyprianum, atque *communionis* apud Concilium Aurelianense venire ipsammet *poenitentiam canonicam*; ac si tunc temporis Ecclesia iis, qui *ad exitum vitæ* illam, quam ceteroqui, dum valerent, spreverant poenitentiam expostularent, denegasset: Ejusmodi sane inhumanam, atrocissimamque disciplinam, Christi ipsiusmet doctrinæ prorsus contrariam in Ecclesia aliquando obtinuisse, sine temeritatis nota asserere non auderem.

At jam allata monumenta præterquamquod liquiquido ostendunt, Ecclesiam *Communionem* canonicam, qua quis in jura fidelium *stantium* restituebatur, illis denegasse, dilucidius rem explicat Innocentius Rom. Pontifex in epistola, initio Sæculi v. scripta Exuperio Tolosæ Episcopo, in qua postulatis Episcoporum ea in re ita respondet: *Et quæsitum est, quid observari oporteat de his, qui post Baptismum omni tempore incontinentiæ voluptatibus dediti, in extremo vitæ suæ fine pœnitentiæ simul & communionis reconciliationem exsposcunt.* Vide quæstionem, quam sic definit Pontifex: *De his observatio prior durior, posterior, interveniente misericordia, inclinatior est: Nam consuetudo tenuit prior, ut concederetur pœnitentia, communio negaretur.* Prior itaque consuetudo, quæ nimirum tribus primis Sæculis obtinuerat, *pœnitentiam* nusquam denegavit, sed unam dumtaxat *communionem*. En recta, atque indubia Cypriani, & Concilii Aurelianensis interpretatio ab Innocentio lata, cui pro Albaspinæi illa standum esse, nemo sanæ mentis inficias ire puto. Hujus autem consuetudinis rationem quoque adjungit ille: *Nam cum illis temporibus persecutiones crebræ essent, ut communionis concessa facilitas homines, de reconciliatione securos, non revocaret a lapsu; negata merito communio est, concessa pœnitentia, ne totum penitus negaretur, & duriorem remissionem fecit temporis ratio.* Hinc tandem de nova *consuetudine* subdit: *Sed postquam Dominus Noster pacem Ecclesiis reddidit, jam terrore depulso, communionem dare abeuntibus placuit, & propter Domini misericordiam quasi Viaticum profecturis, & ne Novatiani, hæretici negantis veniam, asperitatem, & duritiem sequi videamur.* Ex quibus colligere est, post IV. Sæculum ne dum pœnitentibus moribundis, sed & iis, qui quavis neglecta pœnitentia, tandem, morti proximi, reconciliationem exquisierant, Ecclesiam *communionem* indulxisse. Hæc autem *communio*, quæ pœniten tiam sequebatur, atque ipsius esse poenitentiæ fructum aperte innuit Innocentius, reconciliatio illa procul dubio erat, qua quis cum fidelibus eorum juribus potiebatur, quæque ad ipsammet Euchariſtiam jus ei, cui illa indulgebatur, acquirebat. Huic enim vocis *Communionis* in allatis monumentis significationi probandæ supervacaneum erit allaborare, cum per se nimium res pateat.

Hinc poſtremum pro ea, de qua adhuc edisseruimus, quæſtione argumentum inferre abs re non erit. Cum enim *Communio* nulli umquam morientium, neque illis, qui vel poenitentiam ſpreviſſent, denegata foret post IV. Sæculum: Cumque hæc *communio* Euchariſtiæ *participationem* ſecumferret; conſequens erit, in Nicæno Concilio poenitentibus moribundis Viatici nomine, Euchariſtiam, perinde ac integra Chriſtianæ, atque Canonicæ *Communionis* jura, indulta fuiſſe. Quæ ſane lex *antiqua* ab eodem Concilio merito appellatur, cum ex allatis Cypriani, atque Aurelianenſis Concilii monumentis ſequatur, *Communionem*, de qua diximus, haud poenitentibus, ſed iis dumtaxat, qui poenitentiam ſpreverant, denegatam eſſe.

Confer, quæ maxime redeunt huic illuſtrandæ diſciplinæ, Romanor. Pontificum Cœleſtini I. epiſt. 11. ad Epiſcop. Gallican., & Leonis I. epiſt. XCI.

Finis Diſſertationis II.

DIS-

DISSERTATIO III.

DE TEMPLORUM ORIGINE: DEQUE ARIS DOMESTICIS PAGANORUM ATQUE CHRISTIANORUM.

Mirum nemini erit, me de Ecclesiasticæ Antiquitatis potissimis quibusdam capitibus edisserentem, inter id genus Dissertationes & hanc quoque rettulisse, quæ antiquam potius historiam interesse videtur, perinde ac Paganorum Sacra. In præsenti enim dissertatione ut ad Aras domesticas Christianorum venirem, par erat a Paganorum illis iter instituere, ut dilucidius quid in eorum moribus a Relligione, quid ab antiquitate ipsamet manaverat, intelligeremus. Neque præterea injucundum lectoribus erit, nonnulla penitissimæ etiam domesticæ Relligionis Orientalium, atque præsertim Hebræorum monumenta me heic explicasse; cum, ni mea fallor sim sententia, maximum hoc antiquæ, atque nativæ Liturgiæ caput nonnullorum fugerit sollertiam, ut cuique perspectum erit, modo huic Dissertationi illam Cl. Canonici Venuti: *De' Tempietti degli Antichi*, quæ habetur inter Dissertationes Academiæ Cortonensis, conferre maluerit. Cum autem, ut ostendam, Aræ domesticæ ipsis Templis eo antiquiores fuerint, ut ex illis tandem Templorum stabilium idea orta sit, ea de re primum Templorum epocham statuere, eorumque expendere originem, deinde de Aris illis edisserere malui.

§. I.

§. I.

Quinam primi Templa Diis condiderint. De Templo Dagonis; deque Dioscurorum illo.

Cultus sacri idea, quæ homini natura ipsa indita videtur, ipsis Templis antiquior procul dubio fuit. Templis autem & ipsas Aras, in quibus sacra fiebant, vetustiores fuisse mox ostendam. At nihilominus maximæ utique antiquitatis loculamenta quædam, quæ Deorum signa domi continerent, ipsorum tandem Templorum veluti exemplaria fuere. Quis autem primo publica Deorum loca statuerit, quæ *Templa* appellamus, inter antiquiorum Historiæ monumentorum interpretes quæstio est.

Ex Hebræorum Historia nullum apparet Templorum vestigium inter Aegyptios fuisse usque dum Hebræorum gens eos inter versata est; quamquam enim in vulgata legamus *Genes.* c. XLI. v. XLV. Putipharah, cujus filia a Josepho desponsata fuit, fuisse *Sacerdotem Heliopoleos*; in originali tamen Hebraico textu ille appellatur כהן, quod sane nomen suapte natura, a verbo כהן, proprium est *Presidis*, vel *Gubernatoris*. Lege Clodium in suo Lexico, atque Wriemotium *Dissertat.* IV. *de verbor. phœnic. significatione*. Antiquius vero monumentum Templi primo legimus in *Iudicum* libro cap. XVI., in quo describitur Simsonis historia, qui evertit Philistæorum Templum, sacrum Dagoni, quem unum eumdemque esse cum Syrianorum Dea *Derceto*, putat Fullerius in suo *Aspectu Montis Pisgah* L. II. c. X. At ex ea, quam in laudato Iudicum libro legimus, hujus Aedificii descriptione in dubium mihi venit, num Templum ne, an magnifica Philistæorum aula fuerit, in qua, cum judicia forte exercerent gentis illius optimamates, atque in ea comitia haberent, proprium collocare poterant Idolum ; perinde ac erat magna olim Aegyptiorum aula, quam describit Vitruvius Lib. VI. cap. V. Potissimum autem argumentum, quod Marshamum, atque Spencerum movet, qui re ipsa Aedificium illud Philistæorum Templum fuisse arbitrantur, est Herodoti auctoritas, qui Aegyptios omnium primos Templa extruxisse narrat ; quamobrem cum ex antiquis Aegyptiorum coloniis Philistæorum illa fuisset, & majores imitatos, Dagoni Templum hos dicasse, laudatis Scriptoribus visum est. Verum suspecta mihi est Herodoti auctoritas, qui plus æquo Aegyptorum Sacerdotum fabellis studuit, neque majoris momenti facienda videtur Marshami, atque Spenceri sententia, quibus nil antiquius est, quam Aegyptiis rerum omnium inventionem vindicare.

In laudato enim Judicum libro Aedificium a Simsone eversum numquam הכל *Templum*, sed ter in eodem capite הבית *Domus* appellatur. Præterea publicam aulam totius Civitatis Gazæ ædificium illud fuisse, evincit ludus a Simsone coram *tria millia utriusque sexus*, ut ait Vulgata, *de tecto*, *& solario ludentem Simsonem spectantia*. In Hebraico autem textu legimus ibid. ועל–הגג *supra tectum*, tria millia nimirum Philistinorum tectum conscendisse, ut inde spectarent ludentem Simsonem, ex quo sequitur Aula illa, quæ testudine tecta erat, usos esse Philistæos publicis rebus perficiendis, cujusmodi tum comitia, tum & ludi erant, in qua etiam sacrificia & Dagoni immolasse, cum antiquissima historiæ monumenta nos doceant, olim in ipsis publicorum Ludorum locis sacrificia Diis immolari consuevisse. Templum autem nullimode ædificium, de quo nobis sermo est, fuisse, suadet testudo 11 *tectus*, quem ascenderunt Philistæi, siquidem vetustissima Templa tectis pla-

plane caruere, ut indicant tum nominis ethymologia, tum antiquiora Templorum rudera. Passim apud etymologistas *Templum* ab antiquo verbo *templo*, h. e., *tueor*, *observo* derivatur; unde Cœlum ipsum, quod ab omnibus intuetur, apud Ennium Templum appellatur:

Contremuit Templum magnum Jovis altitonantis.

Templum profecto olim dicebatur locus ille, a Sacerdote designatus, e quo Cœlum conspici posset, ut eo populus veniret, atque Sacra perageret Soli, ceterisq: Astris, quæ inde videri possent, quorum cultus primum obtinuit apud antiquissimas gentes; unde apud Suidam habemus antiquissimam apud Græcos ipsos vocem σιμπλα, quam reddit ipsemet Suidas επιςημα *in signum* posita, loca nimirum, quæ signo quodam denotabantur, ut inibi Diis cultus adhiberetur, quod quidem Templi etymon præ ætymologistarum illo mihi arridet. Verum alterutra etymologia plane indicat ejusmodi loca primo ædificia minime fuisse, sed loca in ipsamet tellure arboribus forte consita; unde apud antiquiores pariter Græcos vox τιμεη, *Templo finitima, loca arboribus consita* significavit.

Sensim autem & muris quibusdam sepiri cœperunt id genus loca, atque idem Templi nomen retinuere, forte ne animalibus pervia essent; verum nullam habuere testudinem, nullum tectum, cum ex iis scilicet locis Cœlum, atque Astra conspicienda essent. Huic sane penitissimæ antiquitatis Templorum ideæ respondet vetustissimum Gabinorum Aedificium, quod non procul a lacu Gabino ad majorum nostrorum stetit ætatem, cujus figura, ut illlam videre est apud Ciampinium, quadrata est, cum quatuor constet muris, quorum tres integri sunt, unum autem ab imo ad summum aditum habet, quo ad interiorem aream patet ingressus. Aedificium autem lapidibus quadrilateris constat, vetustatis indubium signum, neque in ingressu,

greſſu, ſive aditu ullum apparet arcus veſtigium, neque ulla eſt teſtudinis, ſive tectus vola, quare interior area, quæ muris continetur, ſub dio eſt Vide ideam antiquiſſimi Templi, quod muris continebatur, tectu vero prorſus carebat; unde intelligimus illam, quam antiquiorum Templorum tradit Varro, deſcriptionem, qui L. VI. de LL. docet, illa conſtaſſe quatuor partibus, nimirum ſiniſtra ab Oriente, dextera ab Occaſu, antica ad Meridiem, poſtica ad Septentrionem. Quamobrem poſtquam etiam Templis illis teſtudo tandem ſuperſtrui cœpit, in toli medio magnum relinqui ſolebat foramen, e quo Cœlum pateret, cujuſmodi foramen adhuc videre eſt in Pantheon, Romuli Templo, aliiſque antiquioribus Romanorum ſacris ædificiis.

Cum itaque vetuſtiſſimarum Gentium Templa teſtudine ſive tectu omnino carerent, plane ſequitur, Aedificium illud, in quo Philiſtæi Dagoni ſacrificia immolarunt, in cujus tectum tria millia hominum aſcenderant, Templum haud fuiſſe, ſed Civitatis Gazæ publicum Aedificium, atque publicam gentis illius aulam, cujus tectus, ſive teſtudo columnis innitebatur, ut in eodem capite legimus: *Et (Simſon) apprehendens ambas columnas, quibus innitebatur domus &c.* Hæc autem dixiſſe haud piguit, ut oſtenderem nullum ad Iudicum uſque Hebræorum ætatem ex Sacra hiſtoria hauriri poſſe Templorum monumentum.

Forte aliquibus poſt Cumberlandum *in Sanchoniatone* p. 67., antiquius ipſamet Philiſtæorum aula, viſum eſt Moabitarum Templum, ſive, ut vulgatus Interpres ait, *Fanum* illorum, Deo *Pohor* ſacrum, cum ut in libro Deuteronomii legimus Templum illud extaret Moſis ætate. Verum mihi videtur & Cl. Cumberlandum, alioſque falſos eſſe cum Vulgatæ verſioni nimium ea in re detulerint: Siquidem in vulgata *Deuteron.* c. III. v. XXIX. legimus: *Manſimuſque in valle contra Fanum Phogor*. unde illi arbitrati sunt jam tum in ea valle *Fanum*, sive Templum *Phogor* Idoli Moabitarum fuisse. Verum si Hebraicum textum consulamus quævis Templi hujus idea prorsus evanescit. In Hebraico sane textu *ibid.* legimus:

וַנֵּשֶׁב בַּגַּיְא מוּל בֵּית פְּעוֹר

Et mansimus in valle adversus domum Pehor. Nomen autem hoc *Pehor*, quod Vulgatus legit *Phogor*, haud equidem Idoli, sed Montis cujusdam denominationem esse, plane nos docet ipsamet sacra Historia in *Numerorum* libro cap. XXIII. v. XXVIII., in quo legimus, Balac duxisse Bileamum *super verticem montis Phogor*, ut habet Vulgatus; & in Hebraico textu *super* רֹאשׁ פְּעוֹר *verticem Pohor*, ne quidem addito *Montis* nomine, ut dilucidius intelligeremus proprium Montis nomen fuisse, non autem ab Idolo inditum Monti nomen. Cùm itaque in Deuteronomio legimus: stetisse in valle contra *Beth Pehor*, idem erit, ac contra adversus domum, quæ erat in Monte illius nominis, sive appellatus, nuncupatus *Pehor*.

Vulgatum autem interpretem nomen illud *Pehor* Hebraici textus fefellit, siquidem inter Moabitarum Idola & illud recensetur in Scriptura *Beal-Pehor*, sive ut idem habet Vulgatus, *Baal-Phogor*, & *Beel-Phogor*. Verum, missis innumeris de etymo hujus nominis quæstionibus, quas ab Origenis, atque Hieronymi ævo ad nostram usque ætatem exagitarunt Philohebræi, probabilior mihi videtur Theodoreti in *explicat. Psalm.* cv. sententia, quam Clericus sequitur in *Comment. Num. c.* XXXI., *Baali* nimirum *Pehor* nomen additum fuisse a loco, in quo Sacra *Baali* fiebant, cujusmodi erat mons ille, de quo dictum est, *Pehor*, sive in vulgata *Phogor* nuncupatus. Idipsum dilucide testatur Suidas in voce Βεελφεγωρ, ubi ait: Βεελφεγωρ. Βααλ, ο κρονος. φεγωρ, ο τοπος, ω ω ετιμωτο: *Beelphegor*.

Beel

Beel est saturnus. Phegor est locus, in quo colebatur. Cum igitur nomen Idoli esset *Bael*, vel *Beel* nimirum Solis (de quo vide Seldenum *De Diis Syris Syntag.* I. c. v., & Hyde *De Religi. Veter. Persar.* c. v.), & vox *Pehor* nomen esset loci, sive montis illius Soli sacri, ea de re vulgatus interpres, ratus *Pheor* sive *Phogor* nomen ipsius Idoli fuisse, in laudato Deuteronomii loco *Beth-Pehor* reddidit *Fanum Phogor*.

Cum itaque in sacra Historia primæ ætatis post Diluvium nullum appareat Templorum monumentum, sed unas dumtaxat Aras Orientales habuisse, in iisque pro montium cacuminibus positis, Diis immolasse, num ex Profanæ Historiæ, quæ restant, penitissimis memoriis aliquid, quod nostro redeat argumento, hauriri possit, expendendum erit. Inter Profanæ Historiæ monumenta primo certe loco habenda erunt Sanchoniatonis Cosmogonica fragmenta, quæ eruditissimis commentariis illustravit Cl. Cumberlandus; in illis autem Sanchoniaton scribit, de decima tertia generatione, nimirum Urani illa, locutus, Dioscurorum nepotes naviliis constructis, dum mare ambularent, extemporanea tempestate disjectos fuisse ad ora montis Caspii, qui ad litus maris positus est, atque a Pelusio Aegypti ad Orientem quadraginta millia passuum distat, longe viam, qua ad Palæstinam itur, ut videre est in *Itinerar. Antonini*. Hi itaque ad maris hujus litus, atque montis Caspii radices, ut Diis mortis, quam effugerant, votum veluti, atque monumentum ponerent, omnium primi Templum excitarunt. Hæc ex Sanchoniatonis Historia, cui si fides aliqua adjicienda erit, Templorum origo a Mundi post-diluviani exordio parum abfuisset; siquidem, ex Eupolemo in Alexandro Polyhistore, cujus fragmenta habes apud Eusebium L. IX. *Præparat. Evangel. cap.* XVII., Chronus Sanchoniatonis idem est

§. II.

Antequam Templa Diis extruerentur, populorum vetustissimi Aramæi, Phœnices, Ægyptii, Syri domi Deos venerati sunt. Inde Græcis ipsis, atque Romanis domesticorum Deorum cultus manavit.

CUm certe Deorum cultum ipsismet Templis antiquiorem fuisse, nemo umquam dubitarit, vetustissimas gentes domi Deorum Imagines servasse, eoque illorum sacra perfecisse, procul dubio dicendum erit. Apud antiquissimos sane Aramitas, sive, ut illos appellat Strabo *Geogr.* L. 1. Aramæos, qui quidem a Mishor originem ducebant, Deorum domesticorum usum Jacobi ætate jamdudum obtinuisse, testis est Sacra historia Geneseos c. xxxi., in qua legimus, Rachelem patri suo Labano, qui Aramæus erat, Idola, quæ domi habebat, furatam esse. *Et Rachel furata est* את־התרפים — *Idola Patris sui*. Quamquam immensæ sit quæstionis hujus nominis *Terapim*, vel *Teraphim*, cujusmodi in Genesi illa appellantur Idola, etymologia, nulli tamen dubium est, eo nomine sacram Historiam indicare *Idola domestica*, quæ humanam profecto figuram habuisse ex Micholis historia colligimus, quam Davidis viri sui loco super lectum *Terapim* posuisse, ut milites Saulis falleret, legimus Regum I. cap. xix. Vide tentamina de recta hujus vocis significatione in Dissertationibus a Johanne Simonio collectis in suo Tractatu *De forma nominum Hebraicor.* edito Amstelod. 1721. Ex ipsamet autem Scriptura passim colligimus horum Terapim usum omnibus Orientis vetustioribus populis fuisse, ac præsertim Ægyptiis, Syris, a quibus antiquæ Architarum, Sinitarum, Zemaritarum, Arvaditarum, Hamathitarum gentes ortum duxere, penes quas reliqua erat & dome-

Tom. III. P. I.   I

mestica Relligio *Rimmonis*, de qua scitissime ed isseruit Seldenus *ibid. Syntag.* II. Lege *& Clement. Alexandrin. Stromat.* L. I.

Celebris itidem, atque perantiquus erat domesticus cultus Deæ cujusdam inter Syros, quam *Babiam*, vel *Babian* appellarunt, eamque veluti infantium Tutelare numen habuere; quare & ipsimet infantes antiquissimo Syriaco idiomate *Babias* nuncupati sunt, ut testatur Damascus in Vita Isidori apud Photium cap. CXLII.

Hunc sane morem omni antiquitate majorem ostendit vetustarum illarum gentium lex, quæ, ut narrant Justinus Historicus L. XXXVI., atque Nicolaus Damascenus apud Joseph. Flavium *Antiquitat. Judaic.* L. VI., etiam dum augustissimum haberent Templum, Matri Deorum sacrum in Urbe Damasci, victimas nihilominus in Templis minime immolabant, sed illas, postquam eo loci obtulerant, rursus secum ferebant domi, quo Deæ easdem sacrificabant; id quod nonnisi ex vetustissima Relligionis domesticæ politia manavit. Hinc factum est, ut sarta tecta usque steterit domesticorum Deorum relligio, eorumque domesticus cultus apud illas etiam gentes, quorum Urbes Templorum multitudine ipsa quodammodo laborabant, cujusmodi erant Græci, atque Romani, Relligionis antiquissimorum Orientalium hæredes. Hinc Græcos inter omnium vetustissimus Deorum Domesticorum cultus obtinuit, eo ut unaquæque antiquarum Græciæ Reipublicarum peculiarem quemdam Deum Deamve domi coleret: sic Corinthii Cererem, quam ea de re ἐπιοικίδιον, *domesticam* nuncuparunt; quod equidem epitheton nonnisi inter Corinthios Cereri fuit ab οἶκι, & verbo κήδω *curam gero*, cum illa curam totius familiæ gereret, cui supererat; unde κήδεσκε *affinis*, atque κήδιστος *familiarissimus*. Hinc nomen hoc Cereris aliud plane est ab illo, quo apud Græcos passim donata est, ἐπιοικίδιας, vel ἐπιοικίδιαν, eo
quod

quod illa terræ præsideret, a γη *terra*, quod antiquissimum forte Cereris ipsius nomen suit apud primos Orientis Cosmogonos, cum apud Sanchoniatonem in nona Generatione soror Hutochthonis appelletur *Ge*. Vide Cumberlandum ibidem. Imo Danieli Huetio Græcum nomen Cereris Δημητηρ corruptum videtur ex antiquiori Γημητηρ, quasi γη μητηρ *terra mater*, quæ ceteroquin conjectura quanti sit facienda mei non est nunc expendere, ne e proposito nimis egredi videar. Hunc autem Cereris *domesticæ* cultum ab ipsis Ægyptiis Corinthios accepisse, ex Herodoti Historia Libr. II. c. L., atque Diodori illa Libr. I. procul dubio colligimus. Ipsammet etiam Vestam in numerum domesticarum Dearum Græcos retulisse, nos docet Albricius in suo libro *De Deorum Imaginibus*; quare & illam gremio infantem foventem pingere solebant, eamque veluti Consultricem domesticæ rei bene gerendæ habebant, unde Vestæ factum est της βουλαιας nomen *consultricis* a Divarcho apud Harpocrationem in βουλαια. Apud Pausaniam *in Eliacis* L. III. legimus, Lacedæmonios domesticum quemdam habuisse Deum, quem appellabant Καρνειον οικετων domesticum. Hunc autem domesticum Lacedæmonum Deum esse Bacchum, putat Huetius, cum Bacchus passim a Græcis appellatus sit καρνειος, apud Callimachum *Hym. in Apoll.* (*Lege Macrob. Saturn.* L. I. c. XVII.) nimirum *cornutus*, ut explicat ille ab Hebraico themate קרן *Charen cornu*, unde & ipsummet Bacchi festum apud Cyrenæos, quod quamdam Scenopegiæ speciem præseferebat, Καρνεια dictum putat ille. Mihi vero haud plane arridet Huetii sententia, cum etsi apud Græcos καρνειος nomen Bacchi fuerit, nihilominus Lacedæmonum Καρνειε, vel Καρνειον alterum forte Deum fuisse ex ipsomet Pausania dubitari possit; siquidem ille in *Arcadicis* de quodam meminit flumine, cui καρνιων, & καρνιος nomen erat,

qua-

quamobrem verosimilius mihi videtur, Domesticum illum Καρποσ fuisse fluminis Deum, sive genium, quem domi colebant illi, cujus relligionis innumera exempla passim occurrunt in mythologica Historia; hinc festa illa genio fluminis καρπου sacra, καρπια appellata fuere, pro qua equidem conjectura ipsamet σκηνοπηγια scenopegia, quam Lacedæmones, atque Cyrenæi agebant, magni ponderis esse videtur. Tandem & Æginetæ, ut testatur Pindari Scholiastes *Olymp.* tom. 11. *ex edit. Jac. Haidii*, Apollinem quoque Δοματιτην *domesticum* colebant, cui mense Delphico domi victimis libabant; quamobrem eodem Domestico Apollini, cujus erat domesticæ rei *invigilare*, factum επισκοποι *inspectoris* nomen legimus apud Cornutum, atque Artemidorum *Oniroc.* L. 11.

Quemadmodum autem Græci ab Orientalibus, ita & Romani tum a Græcis, tum ab Oscis, atque Etruscis, Orientalium Coloniis, Domesticæ Relligionis jura didicere. Romani enim Domesticos colebant Deos, quos *Lares* appellabant, vel Pœnates, etsi Plautus in Mercatore v. 5. 7. discrimen aliquod Lares inter, atque Pœnates inducere videtur. Quicquid sit autem de nominis hujus origine, atque differentia, illud veluti Deorum epitheton fuisse, quos Domi præsertim colebant Romani, nulli dubium erit, sive Samothracii, sive Curetes illi fuerint. Hinc olim apud Romanos Deos domesticos fuisse Apollinem, atque Neptunum, docent Nigidius, & Cornelius Labeo apud Macrobium *Satur.* L. 1. c. x11., quibus & Deæ cujusdam domesticæ cultum addit Varro, quam *Maniam*, vulgo *Larundam*, appellat apud Arnobium L. 111: *contra Gent.*, unde tandem manavit fabula Larium Larundæ, sive Manium Maniæ filiorum, quos ab Apolline missos scribit Virgilius. Paullatim vero apud Romanos Deorum domesticorum numerus excrevit; ac tandem quemcumque numinum domi cole-

colere fas illis fuit. Quamobrem ipsemet Juppiter, Deorum Pater, domesticus appellatur in Lapide perantiquo apud Cuperum *Apotheos. Homeri* p. 75.

I. O. M.
DOMES
TICO

Et apud Gruterum innumeri prostant lapides. SILVANO DOMESTICO, APOLLINI DOMESTICO, &c. Hinc apud Ovidium *Metam.* L. xv.

Et cum Cæsarea, tu Phœbe Domestice, Vesta.
Cæsaream enim Vestam appellat desumpto nomine ab illo, qui domi peculiari cultu Vestam prosequebatur, eamdemque ob rem Phœbum ipsum *Domesticum* appellat. Ex quo tandem factum est, ut Jovi ipsimet, quippe qui apud omnes omnino Romanos domi colebatur, Domestici nomen passim in ipsis lapidum titulis obtigerit; hinc aliquando apud Gruterum hanc lapidum ἐπιγραφὴν legimus: D. O. M. D. *Deo Optimo Maximo Domestico* Domesticorum tandem Deorum cultus eo inter Romanos excrevit, ut Imperatorum ævo, cuique fas esset Domi aliarum gentium, atque Relligionum Numina colere, Senatus etiam injussu, etsi Senatus ipsemet publicum illis cultum interdixisset. Hujus sane moris monumentum occurrit in Imperatoris Alexandri Severi Historia, quem, narrat Lampridius *to.* 1. *Scriptor. Histor. August.*, in suo Larario habuisse Abrahami, & Jesu Christi Imagines, atque coram illis *matutinis horis rem Divinam*, nimirum Sacrificia fecisse, ut Lampridii phrasem Casaubonus in notis interpretatur. Domesticis etenim Diis sacrificia domi illos obtulisse, testantur veteres rerum Romanarum Scriptores, quem sane morem ab antiquissimis populis, a quibus Domesticæ Relligionis politiam acceperant, Romanos derivasse, præter ea, quæ mox proferam veteris Historiæ monumenta, testatur vetustissimæ Syrorum gentis

tis politia, qui, ut scribunt Justinus Hist. L.xxxvi., atque Plinius Hist. Nat. L. v., postquam in Templo Magnæ Deæ victimas obtulerant, domi tandem easdem immolabant. Quamobrem & apud Romanos Domesticis Diis *Patellariorum* nomen factum est. Sic Plaut. in Cist. II. 1. 46.

Dii me omnes magni, minutique, & patellarii.
cum in *patella* illis Romani libarent; unde Persius Sat. III. 26.

Cultrixque foci secura patella
quia, ut antiquus Persii scholiastes explicat, *delibatæ dapes in ea positæ ad focum*, qui scilicet ante Deos erat, feruntur, ut de more Romanorum Diis crementur.

Qua de re Macrobius nos docet quotannis unamquemque Romanorum familiam *sacras* etiam *ferias familiares* celebrasse: *Sunt præterea*, ait ille Sat. L. 1. c. xvi., *feriæ propriæ familiarum, ut Claudiæ familiæ, vel Æmiliæ, seu Juliæ, sive Corneliæ, & si quas ferias proprias quæque familia, ex usu domesticæ celebritatis, observat.* Inter ejusmodi ferias anniversaria domi fiebant Sacrificia, quæ Cicero De Arusp. Resp. c.xv. *Sacrificia gentilitia* appellat: *Multi sunt etiam in hoc ordine, qui Sacrificia gentilitia illo ipso in Sacello, statuto loco, anniversaria factitarunt.* Et Livius Dec. v. c. lii. eadem anniversaria domestica Sacrificia *gentilitia Sacra* appellat. Patris familias autem erat ejusmodi ferias indicere, atque domestica facere sacrificia, cum ille veluti domesticus Sacerdos haberetur antiquissimo jure, ex quo antiqua Imperii, atque Sacerdotii politia inter Orientales primum, deinde inter ipsos quoque Romanos manavit. Hinc apud Jurisconsultos passim legimus phrasem illam: *a sacris Patris dimitti*, quæ emancipationem denotabat; quemadmodum is, qui ab aliquo adoptabatur *sacris Patris, a quo adoptabatur, obstringi* dicebatur. Hæc autem domemestica sacra uniuscujusque familiæ eo propria erant, ut in eadem familia numquam immutari possent; quare jure Pontificio cautum est, apud Ciceronem *De Legib.* L. II. c. IX., ut qui in bona alterius succederet, Domestica Sacra ejus, cujus hæres fuerat, sarta tecta servaret. *Sacra privata perpetua manento.* Unde & hi, qui jure adoptionis in alienam familiam transirent, dicebantur *transire in aliena sacra.* Sic de Marci Anci filio apud Valerium Mass. L. VII. c. VII. legimus, quod *in Sufferatis familiam, atque Sacra transierat.*

Ex his itaque, quæ adhuc de privatis Sacris, atque domestico Deorum cultu diximus, liquido patet ubique Gentium a penitissimis usque Sæculis domi Deos familias coluisse, eo ut primo Sacris iis operam darent, dum Templis carerent; quare deinde, etsi Templa publica passim prostarent, unaquæque familia antiqua Domestica jura rei Sacræ servavit, atque domi Deorum quorumdam cultum exercuit.

§. III.

De Loculamentis, sive Armariolis, in quibus Deorum Domesticorum Imagines antiqui servarunt: Deque illorum nominibus præsertim apud Orientales. Nonnulla adduntur de jure Sacrorum domesticorum.

Loca quædam domus Antiquos Diis Domesticis sacra habuisse, vetus passim nos docet Historia. Ea autem fuisse in interiori, sive postrema Domus ipsius parte, ipsummet evincere videtur Deorum Domesticorum nomen, quod illis ex loco, in quo servabantur, inter Latinos procul dubio manavit; Deos siquidem illos *Pœnates* nuncuparunt a *penitiori* domus parte, in quo erant, quo sane loci *penu* habebant antiqui, unde

unde ipſamet domus pars *penetrale* dicebatur, ut teſtatur Feſtus in ea voce; at mihi videtur, ni mea falſus ſim ſententia, nominis hujus *penu*, adeoque ipſorum *Pœnatum* antiquiorem inveniſſe in Hebraico textu originem, atque etymologiam: Levitici enim c. x. v. xviii. interior Sanctuarii pars appellatur *Penimah*; ait enim Moſes eo loci: *Præſertim cum de ſanguine illius* non *ſit illatum* אל־הקדש פנימה *in Sancta* (1). *Penimah interiora*. Hæc autem *interiora* dicit ille *Penimah* a voce פנה *vertit*, *avertit*, ex quo ſequitur poſtrema ſanctuarii pars *Penimah* פנימה nuncupari; hinc & ipſam vocem פנת *Penath* legimus apud Jeremiam c. xxxi. v. xl. pro extrema parte alicujus rei, ac proprie *angulo*. Quæ ſane appellatio eo inter Orientales propria erat loci illius, in quo *res ſacræ* ſervabantur, ut ipſe Templi Hieroſolymitani locus, quem Salomon pro *Arcæ* cuſtodia fecit, eodem nomine *Penimah* appellatus fuerit *Regum III.* c. vi. v. 19. *Oraculum autem in medio Domus* (nimirum Templi) מפנימה *in interiori parte fecerat*, reddit vulgatus interpres; at illud *fecerat* in textu hebraico deſideratur, unde legendum erit: *in medio Domus præ Penimah*, nimirum interiori loco Templi, quod *Penimah* ea de re appellatur, quo loci *Arca* ſervanda eſſet. Ex his, liquido patet, ipſummet nomen ab Orientalibus Latinos didiciſſe, illudque integrum ſervaſſe, aliquibus mutatis pro linguæ indole, ad eamdem certe ſignifica-

---

(1) Hebraicam vocem הקדש reddidi, veluti *vocis Penimah* adjectivam, *ſancta*, vel *ſacra*, in eo a Vulgata parum diſceſſi, in qua vox iſthæc habetur veluti *ſubſtantiva* (ut ajunt grammatici): Sane *ſanctuarium* in Hebraico textu dicitur מקדש, quemadmodum & vox illa קדש, ſine מ præfixo, pro adjectiva *ſanctus*, *ſacer* paſſim habetur, Conſule Goldium in Lexico.

ficationem, nimirum loci illius interioris, in quo sanctae Deorum imagines, domi servabantur; quamobrem inde tandem manarunt voces aliae *penitus*, *penitior*, *penitissimus*, atque *Penu* perinde ac *Penetrale*, quae extremas rei alicujus partes, vel interiora domus ipsius, vel Templi loca significarunt, eo quod intimiora domus loca, quo Dii servabantur, eo nomine appellanda didicerant Latini ab antiquis Orientis populis. Hinc ex hoc nomine *loci sacri* ipsos etiam Deos domesticos, qui eo servabantur, *Poenatum* nomen tulisse, censeo. Id quod innuere videtur Cicero, qui Deos illos domesticos appellat: *Deos Penetrales*, nimirum Deos loci illius, qui *Penetrale* dicebatur. Quanti autem ea facienda sit conjectura, sive etymologicum tentamen, lectoris erit judicium, cum haud mea caleam sententia. Verum quicquid sit de etymo nominis, nulli tamen dubium erit, ab ipsis Orientalibus Latinos morem saltem derivasse, Deos domesticos in extrema domus parte servandi.

His de loco, quo domi Deorum imagines erant, delibatis, nunc ad armariola, in quibus servabantur, transeamus, quae quidem erant veluti loculamenta valvulis quandoque instructa, ut illa obserare, vel reserare pro re nata Paterfamilias posset. Hoc autem Armariolum Orientales appellarunt סכות *Siccuth*, Graeci autem Σκηνη, Κυβωριον, Κιβισκον, vel Ναϊδιον, Latini vero *Lararium* generico quodam nomine, vel *Aream*, atque *Scriniolum* &c., de quibus antiquis nominibus dicemus. Horum autem Armariolorum forma una eademque ubique locorum haud fuisse, testantur antiqua, quae restant, monumenta. Alia enim testudine quatuor parvis columellis innixa constabant, ut videre est in numo Dianae Ephesinae, de quo in Mantissa 1. edisseremus. In antiquiori autem numo Musaei Brandeburgensis apud Montfauconium *Les Antiquit. Expliqu.* to. 11. part. I. *Tab.* XIV. Armariolum illud co-

nopoei

nopœi figuram præseferr, undique velis obtecti, quod Cl. Begero videtur Armariolum domesticum Deæ Proserpinæ. Hæc forte antiquior fuit horum sacrorum scriniorum forma, ut ipsummet orientale illorum nomen satis innuere ostendam in eadem Mantissa. Ea vero, qua, penes Athenæum donantur, Armariola isthæc denominatione Καδισκοι, rotundæ aliquando figuræ illos fuisse suadet, quemadmodum re ipsa constructa fuisse dicam. Tandem in antiquo marmore, quod habetur pro Dissertatione Canonici Venuti altero tomo Acadamiæ Cortonensis, insculptum videtur Armariolum, frontis parvi Templi instar, valvulis obseratis, cui haud absimile est & illud, quod in Columna Trajani continet Aquilam Romanam; ex quo arbitratus sum, hæc potissimum fuisse Romanos inter, ceterosque Latinos vulgaris Armarioli sacri figura.

Pro familiorum autem opibus Armariola sacra diversæ fuerunt materiæ; hinc alicubi argentea, alicubi aerea, passim lignea. Imo hisce construendis armariolis peculiares fuisse artifices videtur, quos ea de re vetus Scholiastes Librorum Rethorices, qui Aristotelis nomine feruntur, apud Scaligerum *Comm. in Solinum* appellat ναοποιους. Is erat Demetrius ille, quem Lucas in Actis Apostolorum narrat Ephesi fecisse ναους αργυρους Αρτεμιδος, parva nimirum Templa argentea Dianæ, vel, ut aliis visum est, argenteis bracteis ornata, quibus equidem omnes fere Asiæ populi utebantur pro domestico Dianæ Ephesinæ cultu.

Supra mensulam quamdam, sive quadrum Armariola reponebant antiqui, teste Dione *Histor. Rom. L. xxxix. tom. II.*, qui de domestico Larario Deæ Junonis loquitur. Contra mensulam erat parva quædam Ara, in qua & oblationes reponebant, aromata, aliaque id genus cremabant, atque victimas immolabant. Domesticus sane Sacrificiorum usus cum ipsa obtinuit omnium antiquissima domestiex relligione, eo ut paganis omnibus reliquus fuerit, postquam etiam Templa Diis construere cœperunt. Sic vetustissimi illi Syri, de quibus jam diximus, etsi magnificentissimum adirent Deæ Syræ Templum Damascenum, imperante Hadad altero Syrorum hujus nominis Rege, Davidi synchrono ex Bonfrerii, atque Marshami Chronologia, domi nihilominus oblatas Deæ victimas immolabant, in ipsis profecto domesticis Aris, ut testantur Menander apud Porphirium περι αποχ. ιμ·ψυχ.. atque Plutarchus *De Dea Syria*. Qui sane penitissimæ vetustatis mos omnium certe Orientalium fuisse ex Propheta Amos intelligimus, qui c. IV. de Idololatricis ritibus, quos Hebræi a Philistæis, Aramæis, Ammonitis, Moabitis, Phœnicisque omnibus didicerant, locutus, versu tandem decimo quarto Deum sic Hebræos minitantem inducit: אל–מזבחות בית–על ופקדתי h. e. κατα λέξιν: *Et visitabo super Altaria domus hujus*. Et sequenti capite v. 4. *Venite* ad בית–אל *domum ipsam . . . . . & offerte mane victimas vestras &c.* Cum itaque Hebræi domi etiam Idololatrarum instar Altaria haberent, in quibus & victimas immolabant, id certe illos fecisse dicendum erit, paganas gentes, quibus undique circumdabantur, imitatos (II). Quamobrem tandem a

Phœ-

(II) In interpretatione hujus textus Amos c. III. & IV. Vulgati Interpretis illam minime secutus sum: Habet enim ille: *Super eum visitabo, & super Altaria Bethel &c.*, ubi hebraica duo nomina *Beth*, & *El* pro una eademque voce reddidit *Bethel*, ratus denominationem esse Civitatis cujusdam hujus nominis. In quo sane, preterquamquod ipsamet Historia illius ævi falsum esse evincit, hebraicam λέξιν sequi noluit ille, in qua veluti duæ voces legimus *Beth* sejunctam ab *El* בית אל; *Beth domus, El ipsa, illa &c.*, quod si proprium

Phœniciis inter Romanos illatus est mos iste domi Diis victimis etiam litandi. Unde Horatius de sua loquitur domestica Ara, dicens:

Aviet immolato spargier agno.

Et Vopiscus *in Gall.* lætitiæ signa Romanos inter describens, ait: *Illud tantum dico: Senatores omnes ea lætitia esse elatos, ut domibus suis omnes albas hostias cederent, imagines frequenter aperirent, &c.* In quo sane animadvertendum est, Romanos ipsos etiam *albas hostias*, quæ publico Deorum cultui sacræ erant, ut Spencerus in suis *Ægyptiacis* probat, aliquando domi Diis Pœnatibus immolasse.

Verum animadvertendum erit, ipsis Romanis olim vetitum fuisse Sacrificia domi *Diis advenis* offerre, praeter illos, quibus Senatus cultum decrevisset. Hujus legis verba legimus apud Ciceronem *de Legib. L. II. Separatim nemo habessit Deos, neve novos, sed ne advenas, nisi publice adscitos, privatim colunto.* Cui equidem legi alludere videtur Tertullianus *Apologet.c.v.*, cùm ait: *Vetus erat decretum, ne qui Deus ab Imperatore consecraretur, nisi a Senatu probatus.* Legem profecto illam Sacrificia domestica, haud equidem ceteras cultus domestici ceremonias respicere, Historia, quam supra protulimus, Severi Imperatoris evincit, siquidem ille in suo Larario ceteros inter Deos Christum, atque Abrahamum retulerat, quod vitio ei Romanos vertisse, plane silet ejus Historicus. Illud igitur *colunto* legis

Ro-

---

prium nomen fuisset, in unam coaluissent vocem tum *Beth*, tum *El*. Hanc itaque omnium Hebraicorum textuum lectionem secutus, reddendam putavi nomina illa, ut erant a se invicem disjuncta; quare *Beth* interpretatus sum *Domus*, & *El hujus* juxta nativam horum nominum vim. Vulgata enim pluribus in locis hujus Prophetæ Hebraici textus lectionem, satis implexam, leviter attingit.

Romanæ de victimarum immolatione procul dubio intelligendum erit, quo equidem maximo cultus officio Dii, quos Senatus minime *asciverat*, prosequendi minime erant. Quod si Alexander Severus *rem Sacram* Lararii sui Numinibus faciebat, ut scribit Vopiscus, nemini mirum illud erit, quandoquidem in ipsomet Larario Romanorum perinde domestici Dii Deæque erant. Neque præterea a vero aberraverit quis quis legem illam ætate hujus Imperatoris jamdiu abrogatam fuisse putaret; quare Tertullianus illam eamdem legem *vetus decretum* appellat.

Ceterum Pagani Domesticis Diis cultum omnem, atque honorem habuere, perinde ac illis, quos publice in Templis colebant; quamobrem aras, sacrum ignem domi habebant, eisque victimis, libamentisque litabant. Imo ante Armariola lucernas quoque suspendebant, quæ diu noctuque arderent; Hinc in antiquo lapide Regino apud Gonzalium in Notis ad Petron. Arbitr. *Satyric.* pag. 117. legimus, quemdam Titum Tarsenium hæredi suo legare: *Lares argenteos septem, lychnos duo*. Et apud Guilielmum Choulieu *De Antiqua Rellig. Romanor.* extat figura cujusdam tabellæ ejusdem metalli, annexis catenulis, in qua hæc extat inscriptio.

LARIBVS SACRVM
P. F. ROM.

Hæc itaque est totius domestici cultus antiquorum Paganorum brevis historia, e qua nunc ad domestici Christianorum cultus illam delibandam gradum faciamus.

§. IV.

§. IV.

Christiani domestici cultus officia exercebant primis Sæculis. Quid a Paganis ea in re illos inter reliquum fuerit.

Tribus primis ab Ecclesia condita Sæculis totus fere Christianæ Reipublicæ cultus merito domesticus appellari licet, cum, ut altero nostræ *Politiæ*, &c. libro diximus, illi in Cænaculis, quæ in extrema domus contignatione erant, Sacra facerent. Id autem ab iis, ne paganis eorum sancta paterent, potissimum factum est, etsi in publicis etiam Templis Relligionis munia obire veriti non sint, mitescente Paganorum ira, quibus nihilominus abscondita Mysteria summa relligione fuere. Domi itaque Christiani sacrum cultum exercuere; id quod dum Relligioni ipsimet minime repugnaret, neque illis novum erat, domesticis sacris haud absuetis. Quamobrem præter Idololatriæ mysteria, atque prophanas cæremonias, Christiani ea omnia retinuere, quibus olim pro Deorum cultu domestico usi fuerant, ut vi ipsius Relligionis novam hanc, atque veram Divini cultus indolem induerent ea, quibus Idolorum sacra prosecuti fuerant. Quemadmodum itaque Aras, Lataria, Armariola Sacra Idolorum Imagines Diis olim dicaverant; ita Relligione Christi initiati Altaria, Armariola, atque sacras Imagines habuere.

Altaria, sive *mensas* illos tunc habuisse ipsamet sacrificii natura, quod domi fiebat, evincit; mensa etenim utebantur illi, ut panem, atque vinum consecrarent, ac dividerent, fidelibusque elargirentur. Quare antiquiora, ut diximus, Altaria lignea fuere. Duplex præterea Armariolorum genus apud illos obtinuisse videtur; in quorum uno Eucharistiam reponebant, in altero Crucis figuram, aliasque sacras I-
ma-

magines servabant. Primum patet ex Cypriani testimonio, quod in prima Dissertatione protulimus; siquidem ex ea, quam ille enarrat, historia apparet, Christianos domi in *Arca sanctum*, h.e. Eucharistiam servasse, immo arcam illam clausam fuisse, quod relligionis ergo factum fuisse puto. Hoc idem testantur Acta SS. Indes, & Domnæ, de quibus ibidem locuti sumus, quorum domi Iudex reperiit *ligneam Arculam, in qua reposuerant sacram oblationem*. At ex duobus hisce allatis testimoniis discrimen aliquod interfuisse mihi videtur inter Paganorum Armariola, atque Christianorum loculamenta, in quibus sanctam servabant Eucharistiam, siquidem illa numquam *Arca* sive *Arcula* appellantur, imo diversam prorsus figuram habuisse ostendam in Mantissa I. de Antiquitate Curruum Sacrorum, quam infra in hoc tomo habes. Hæc autem haud Armaria, vel Armariola, sed Arcas omnino fuisse docent Cyprianus, & laudata Acta, ac præsertim Cyprianus de *Arca* loquitur, quæ plano domus, atque univalvis erat, minime quidem bivalvis, ut esse Armariola paganorum dicemus; quæ sane mihi arridet conjectura, cum scripserit ille, mulierem deterritam esse, *igne ex Arca surgente*, ex qua equidem phrasi arbitratus sum, arcam, sive capsam illam oblongiori valva clausam esse, atque plano domus stetisse, eo ut ignis, qui elevata valvula prosiliit, velut ex imo Arcæ *surgere* videretur.

Alterum autem Armarioli genus, quo Christiani usi sunt, paganorum illis accessisse puto, cum in illo Icones sacræ servarent; quamobrem neque figura ab antiquis Armariolis certe diversa fuere, cum eidem, si Relligionis indolem excipias, usui utraque inservirent, Imaginibus servandis. Ejusmodi armarioli præ ceteris meminit Augustinus *De Civit. Dei* L. VII. c. X. de ea locutus Marcellina Harpocrationis

nis focia, in cujus domestico Larario, erant Imagines JefuChristi, Paulli Apostoli una cum illis Homeri, atque Pythagoræ.

Hæc brevi delibasse satis erit de Christianorum domestico cultu. Plura enim, quæ huic redeunt argumento, instituti ratio heic dicere vetat, cum ea dumtaxat hisce Dissertationibus ad examen revocare studeam, quæ vel numquam ante hac expensa fuere, vel implexa, ut assolent, methodo alii scripsere. Hinc cum hoc idem Argumentum tractarint Gatticus, atque Cl. Assemanus, illorum adeat scripta quisquis Domestica sacra Christianorum a quarto præsertim Sæculo singillatim noscere maluerit. Mihi vero satis erit Domestici Cultus vetustatem, atque originem ostendisse, ut viam veluti patefacerem iis intelligendis, perscrutandisque argumentis, quibus sacri cultus politia continetur.

Finis Dissertationis III.

DISSERTATIO IV.

De Re Lapidaria, et Siglis Veterum Christianorum.

Maximi est certe momenti res Christianorum Lapidaria tum ad primævam Ecclesiæ Historiam, atque Politiam intelligendam, tum ad explicanda quamplura medii Aevi monumenta. Nam etsi Christiani paganos ea in re secuti sint, eorumque usurparint lapidarium stilum, pro ut conditæ Ecclesiæ ævo ille erat; nihilominus nonnullis in rebus, quæ vel idololatriam, vel prophanam redolerent politiam, a paganorum lapidario stilo plane discessere. Hinc operæ pretium duxi, heic brevi de potissimis rei Christianorum Lapidariæ capitibus tum primi, tum medii ævi tractare, quæ præsertim vel in quæstione versantur, vel necessaria videntur ad faciliorem lapidum lectionem, atque phraseologiæ intelligentiam. Hæc in antecessum animadvertenda duxi, cum heic integrum, numerisque omnibus absolutum hujus materiæ tractatum haud scribendum aggrediar, sed iis consulere animus mihi sit candidatis, qui Ecclesiasticæ Antiquitati student, ne in immensæ quæstionis id genus argumentis operam abutantur.

CAPUT I.

De Lapidario stilo.

§. I.

De Materia Lapidum Christianorum.

CHristianorum antiquiores Lapides ii sunt, quos passim ad eorum loculos in Cœmeteriis invenimus, quosque Gruterus, Boldettus, Fabrettus, Muratorius, aliique collegere. Illorum materia plerumque marmor, aliquando lateres, vel eburneæ, plumbeæque bracteæ fuere. In marmore autem plerumque inscriptiones sculptæ videntur, etsi maxima illorum pars inconcinna nimium cælatura laboret. In eodem autem marmore minio quandoque illi inscriptiones exararunt, sculptore forsan deficiente, in quo & Paganos quoque imitati sunt, quorum Etrusci omnium primi, ut Gorius animadvertit in *Præfat. ad Inscript. Donian.*, in fictilibus urnis sepulchralibus vel atramento tectorio, vel minio titulos scripsisse apparet, cujusmodi est arcula fictilis cum etruscis characteribus atramento pictis, quam idem Gorius in 1. *Antiquit. Etruscar.* tom. edidit. Apud Lupum *Dissert. ad Epitaph. Sever. Mart.* habemus fragmentum græcæ Inscriptionis Musæi Victorii tectorio, ut refert ille, appictum, characteribus candidis in area purpurea. Vide passim innumera id genus monumenta apud eumdem Gorium, Lupum, &c. In Pompejani antiquis muris, ipsisque domibus, vel publicis officinis Inscriptiones minio pictas vidi, quæ neque spongia deleri possunt. In nostro etiam Cœmeterio adhuc aliquæ restant inscriptiones muro minio, vel atramento appictæ, de quibus dicemus in Dissertatione de Cœmeterio Neapolitano. Quemadmodum itaque Romani ab Etruscis,

ita

ita a Romanis Christiani morem hunc didicere; quare aliquando ipsas insculptas marmori literas minio, vel cinnabari pingere consuevere, quarum aliquas Boldettus *Osservazioni Cemeter.* to. 11., vidisse testatur. Aringhius Romae *Subterran.* L. VI. c. 37. narrat, se vidisse apud Horatium *della Valle*, Patritium Romanum, epitaphium marmoreum Fructuosae Puellae Christianae characteribus auro exaratis. Hinc apud Christianos minio quoque pingi consueverant imagines caelatae, cujusmodi erant in Coemeterio Callixti duo lapides, quorum unus Eutropiae Martyris figuram, alter tres imagines habebat mulierum orantium, minio superinductas. Num autem minio uterentur olim Christiani in Martyrum inscriptionibus praesertim exarandis, ut arbitrantur Boldettus, atque Ferrandus in *Disquis. Reliqu.* L. I. *cap.* 11., affirmare non auserim, cum nonnulla huic sententiae prorsus adversentur antiqua monumenta, ut ostendam in Dissertatione de nostro Coemeterio. Praeterea Christiani carbone quandoque epigrammatia vel marmoribus, vel saepius lateribus scripserunt. Id genus est inscriptio inventa in Coemeterio S. Trasonis apud Lupum; in figulina enim tabula habetur nomen SEVERA hinc inde carbone scriptum. Neque hoc idem ipsis etiam Romanis novum fuerat, penes quos plebs, atque potissimum ipsa servorum natio carbone in parietibus scriptitabat, unde videre memini in effossis Pompei domibus, cubicula quaedam, in quibus forte servi versabantur, carbone inconcinne conscribillata. Unde illud Plauti in *Mercat.*

Impleantur meae fores elogiorum carbonibus.

Hae autem carbonibus exaratae inscriptiones rarius inveniuntur in Christianorum Coemeteriis, siquidem illae loci foeditate, perinde ac temporis vetustate evanuere. Hinc quae passim, ut dixi, visuntur inscriptiones, atramento tectorio exaratae sunt, vel *atramen-*

to scriptorio, de quo vide Hermolaum Barb. *super Dioscorid. Corollar.* 1018. *vel* 1121. *Edit. Hamberg.*

Tandem Christiani inscriptiones super ipsum quandoque tectorium loculi, vel in calce ejusdem loculi graphio imprimebant, quas passim inveniri in Romanis Cœmeteriis Auctores *Romæ Subterraneæ* testantur. Hujus autem materiæ diversitas pro tempestatis indole, pro genio loci, atque defuncti vel conditione, vel gradu obtinuit; quamquam enim Christiani, cum defervesceret persecutio, marmoreis tabulis loculos clauderent, eisque inscriptiones, sive epitaphia insculperent, nihilominus cum Imperatores sævirent, pro re nata, atramento, minio, carbone elogia defunctorum scriptitarunt, eaque aliquando vel graphio imprimere vix datum fuit, cum illis tempori serviendum esset; quamobrem ne Paganorum oculis paterent, vel cum maxima premerentur angustia, eo ut ne ipsos quoque marmoreos lapides comparare possent, e paganorum sepulchris lapides tulere, in quibus e converso propria vel pinxere, vel scalpsere epitaphia; unde hodiedum in Romanis Cœmeteriis inveniuntur marmorei lapides hinc inde scripti, quorum antica pars inscriptionem Christianam, postica epitaphium paganum legendum offert. Ejusmodi lapides vidit Mabillonius, easque describit in suo Itinere Italico. Verum in ejusmodi lapidibus inscriptio pagana minime apparet ex ea loculi parte, quæ vias Cœmeteriales respicit, cum interiora loculi spectet; hinc Christiani plerumque, cum id genus lapides adhiberent, inscriptionem, quam in illis exarabant, Crucis figura signabant, ut a pagano epigrammatio nullo negotio discriminaretur: Sic in Cœmeterio S. Agnetis Romæ apud Boldett. to. II. plures ejusmodi lapides reperti sunt, ut ille cujus interior aspectus habet paganum epitaphium.

Pars postica   D.   M.
VALERIE. M. FABRIA FECERVNT. C\
POPILIVS EVPO CONIVGI. SANCTIS. SIMÉ
CVM. Q. VIXIT ANN. II. ET C. POPI'LIVS
FILIVS MATRI. DVLCISSI⁴

Pars antica   ✠
FRVCTVOSA
FLORIDA. D. P. PRID. KAL
FEB.

Et similia id genus, quas collecta simul habes apud eumdem Boldettum. Quare fallitur Fabricius, qui in sua *Bibliograph. Antiquar.* hi lapides Christianorum ne cadaveribus, an Paganorum illis positi fuerint dubitare videtur; si enim Crucem epitaphio ex antica parte insculptam, præter alias notas, & characteres Christianos, perpendisset, in ejusmodi dubium venire ausus forte non esset.

§. II.

De Stilo Inscriptionum Christianarum : Deque Orthographia.

Stilus Christianarum Inscriptionum illarum ætati dignoscendae viam sternit. At in Christianis præsertim epitaphiis nonnulla inveniuntur, quæ corruptam orthographiam sapere videntur. Ea singillatim expendenda erunt, ut a corrupta medii ævi orthographia quamplura secernantur, quæ etsi scriptoriæ orthographiæ satis non respondent, sunt attamen primi Ecclesiæ conditæ ævi, atque ne latum quidem unguem a lapidaria Romanorum illius ætatis orthographia discedunt. Quamobrem de orthographia lapidaria primum dicemus, cum illum lapidariam, sive indolem epitaphiorum Christianorum passim dilucidare studeamus, de singulis phrasibus infra edisserentes.

Lapidariæ profecto orthographiæ a scriptoria, qua utimur, discrimen ex eo oriri videtur Goltzio, Fabrettio, Boldettio, aliisque, quod Romani in inscriptionibus exarandis rationem pronuntiationis secuti sunt; cum ex Cicerone, atque Gellio intelligamus, aliam fuisse a scriptione pronuntiationem Romanorum. Cui equidem argumento & illud addere non pigeat, quod ex Romanorum genio in Epitaphiis exarandis oritur; siquidem hi stilum antiquiorem data opera affectasse videntur, quare præ cultiori etiam pronuntiatione, atque scriptoria orthographia, antiquiorem illam sequi maluere. Quod in caussam hujus moris potissimum fuisse, mihi persuasum est, cum jam tum Ciceronis ævo antiquiorem pronuntiationem urbani viri refugerent, rusticisque illam relinquerent; etenim Lucius Crassus apud Ciceronem de Oratore L. III. ait: *Quare Cotta noster, cujus tu illa lata, Sulpici, nonnumquam imitaris, ut jota literam tollas, & E plenissimum dicas, non mihi oratores antiquos, sed messores videtur imitari.* Atqui in lapidibus etiam publicis, qui scripti fuere Romanorum Lingua florente, litera E passim loco I adhibetur; hinc itaque consequens erit, Romanos haud vim pronuntiationis secutos, sed antiquiorem stilum imitatos, vetustissimæ adhæsisse orthographiæ, quæ, ut ex allato Ciceronis testimonio patet, prorsus alia erat aureo Linguæ Latinæ Sæculo, in quo id genus lapides Romani posuere, a cultiori, qua utebantur, pronuntiatione. Quare plerumque in lapidibus nonnulla inveniuntur, quæ prima fronte vel *barbarismum* sapere, vel ab oscitantia lapidariorum derivasse aliquibus visa sunt, ex quo non modo in epitaphiorum interpretatione, sed vel potissimum in definienda illorum ætate falsi hi videntur, qui ejusmodi orthographiam non bene calluere.

Apud Goltzium in *Thesauro Roman. Antiquit.*, atque Fabrettum simul collecta legimus potissima hujus

jus orthographiæ lapidariæ capita, quorum nonnulla heic excribimus, quæ cum Christianarum inscriptionum perinde ac Romanarum propria sint, earum interpretationi viam Ecclesiasticæ antiquitatis candidatis patefaciunt, cum ea prætereám, quæ vel in quæstione adhuc versantur, vel præsenti minime redeunt argumento. Hujus enim Dissertationis institutum imprimis candidatos illos respicit, cum viri, in id genus antiquitatibus versati, nostram haud desiderent operam, quorum ceteroqui genio pro viribus faciam satis in explicandis nonnullis nostri Coemeterii, quæ ab hominum, atque temporis injuria reliqua sunt, monumentis.

A.

I. Diphthongus *Ae* in lapidibus plerumque scribitur *Ai*; hinc *Aire* pro *Acre*, *Aeternai* pro *Aeternæ*. *Bonai* pro *Bonæ*. *Caisar* pro *Cæsar*. &c.

II. Genitivus femininus nominum primæ declinationis definit aliquando in *es*. Sic *Faustines* pro *Faustinæ*, *Priscæs* pro *Priscæ*. &c.

III. Aliquando pro E initiali habetur Diphthongus *Ae*, ut *Aeco* pro *Ego*.

IV. Sic *Ad* pro *At*. *Adque* pro *atque*. &c.

B.

Hæc profecto litera passim pro V consona usurpatur in lapidibus. Sic *Albei* pro *Alvei*. *Sibe* pro *sive*. *Serbus* pro *servus*. *Bibus*, & *Bibas* pro *Vivus*, & *Vivas*. *Bobis* pro *Vobis*. Ita & lapis apud Lupum Dissert. ad Severæ Epitaph. DATIBO pro *Dativo*. In alio lapide, de quo Christianus ne sit an paganus, dubitat idem Lupus, legimus: DECESSIT O X̅ o IDVS NOB pro *Decessit decimo Idus* NOV *Novembris*. Hoc autem ne dum in lapidibus, sed vel in ipsis numis, quorum maxima diligentia sculpebantur notæ, reperiri nos docet numus Corneliæ Saloninæ apud Angelonium in sua *Historia Augusta*, &c., in quo hanc legi-

legimus epigraphen : BENERI GENITRICI, pro *Veneri*. Et quibus facile conjicimus, Latinos olim ad IV. usque Sæculum V consonam veluti B pronuntiasse.

C.

Passim in aliquibus nominibus hæc litera pro G usurpatur ; ut *Calba* pro *Galba*, *Callus* pro *Gallus*. Ita & C pro Q usi sunt, ut in lapide pagano apud Fabrettum *pag*.420. *n*.382. CINQVE ATNIS pro *Quinque Annis*. *Quram* pro *Curam* &c. Ita Litera C inversa ad differentiam generis scribitur. Quare C. legitur *Cajus*, & Ↄ *Caja*.

D.

Legitur aliquando pro T, ut *Set* pro *Sed*. *Quodannis* pro *quotannis* &c.

Ita pro D, etsi raro, invenitur litera C, sed conversa Ↄ, cujus exempla vide apud Goltzium, & Muratorium.

E.

Hanc sane literam passim pro I usurparunt veteres quadratarii ; hinc *Cives* pro *Civis*. *Soledas* pro *Solidas*. *Deana* pro *Diana*. Ita in Inscriptionibus Christianis frequentior est hujus orthographiæ usus. Vide apud Fabrettum *Cubecularia* pro *Cubicularia*. *Animæ Dulces* pro *Dulcis* &c. Hanc autem permutationem summæ vetustatis apud Romanos fuisse, ex Varrone ipsomet intelligimus, qui L.1. De R. R. c.111. scribit suo ævo rusticos, quos inter adhuc antiqua pronuntiatio reliqua erat, dicere *Veam* pro *Viam*. *Vellam* pro *Villam*. Quare Epitaphia, quæ antiquo exarare stilo jam tum Romani studuere, antiquam perinde orthographiam servarunt : Unde apud Gorium *Collect*. *Inscript. Etrur. t.* 1. legimus *Leves* pro *Levis* &c. Ita *Ei* diphthongus passim scribitur in lapidibus pro I, ut *Eidus* pro *Idus*. *Leibertas* pro *Libertas*. Plerumque autem *Ei* pro I longa usurparunt veteres Latini

tum

rum in lapidibus, tam in codicibus, quod & Græci pariter fecere, ut etiam & pro I correpta; hinc in tabulis Bacchanalibus, quas illustravit Cl. Ægyptius noster, legimus *Nisei*, *Ubei*, *Ibei*, *Sibei* pro *nisi*, *ubi*, *ibi*, *sibi*, *&c.*

Tandem animadvertendum in Græcis lapidibus medii ævi passim etiam inveniri hunc diphthongum. In quibus & animadvertendum erit, interdum E pro H, perinde ac H pro η usurpari: Sic Αθηνε pro Αθηνα, & Σωτηρε pro Σωτηρα apud eumdem Goltzium.

F.

In Romanis etiam inscriptionibus literam F pro PH legimus, ut *Dasne* pro *Daphne*. *Triumfator*, pro *Triumphator*. Ita litera F, ut digamma Æolicum, pro V consona usurpatur, verum F inversa notatur; ut VᴵᴵꟻVI ꟻIR pro VII VIR. AMPLIAꟻIT pro AMPLIAVIT. DIꟻI pro DIVI. &c.

H.

Hæc autem litera aliquando abundat, aliquando deficit in lapidibus optimæ etiam notæ, atque antiquitatis, in quibus passim legimus *Eres* pro *heres*. Contra ea vero *Hegit* pro *Egit*, atque similia, ut *Have* pro *Ave*. Quandoque ubi deficit H, atque sequitur V vocalis, ipsamet V consonæ naturam, atque figuram sumit, ut videre est in Lapide apud Gorium ib. *pag.* 119. ubi legimus *vius* pro *hujus*.

I.

Quemadmodum pro E usurpari I diximus, ita & pro I passim occurrit E in antiquioribus etiam lapidibus. Sic *Cavias* pro *Caveas*. *Ni* pro *Ne*. *Pontifix* pro *Pontifex* *&c.*

Frequens autem in Romanis etiam lapidibus est usus duplicis literæ II pro E. Sic apud laudatum Fabrettum *pag.* 397. *n.* 279. PRIMIGIINIO BII-NIIMIIRIINTI, h. e. *Primigenio Benemerenti. &c.* Idem Fabrettus putat e græcanicis quadratariis hanc ortho-

orthographiam in Romanis lapidibus irrepsisse, ob similitudinem H *Eta* græcorum, cum duobus II. Argumento potissimum ei est, in iisdem lapidibus, in quibus duplex I pro E legitur, passim haberi Græcum Λ *lamda* pro latino L. sic in inscriptione Gruteriana *p.* 741.

D.^o M.
I. M. VAΛHRIANVS
C. SIIXTIΛIO TIIRIIOΛO. P.
ATRII. IIT. SIIXTIΛIVS. VIIRVS
P. BIINIIMHRIINTI.

Huic Fabrettianæ conjuncturæ & aliud accedit argumentum ex titulo quodam fictili, n. v. inter illos, quos vulgavit Lupus, ubi in eodem titulo videtur C pro S, quod Græcum esse nemo inficias ibit. Sic titulus ille sehabet:

M. SIICTILI.
A. D. VII. K. IV.

h. e. *Marci Sestili ante diem* VII. *Kal. Jun.*, ut legit Lupus. Hinc undenam eidem Lupo, ex Græcis ne an ex Etruscis hæc Romanis manaverit orthographia, dubium suboriatur satis non video, nisi ei argumento fuerit quædam fictilis tegula, in qua duplex I pro E legitur, atque loco A habetur quoddam Λ cum duplici lineola quæ Etruscorum A proxime accedit. Verum id genus A in Romanis lapidibus passim inveniri, perinde ac in illorum tegulis, atque urnis fictilibus nemo ignorat.

Tandem sequiori ævo vocibus a duplici consona incipientibus literam I præposuere passim quadratarii, ut ISPIRITO apud Reinesium. *Syntag. Inscript.* Cl. xx. n. 328. ISCRIBONIVS apud Boldettum *Osserv. su' Cimit. &c.* l. II. p. 407. ISTEFANVS apud Bonarottium *Osserv. sopra i Vetri Ant.* p. 112. *&c.* Imo apud Lupum legimus Epitaphium Musei Kircheriani, in quo voci, a

sim-

simplici consona incipienti, etiam I præponitur, ut
IMARITATA, pro *Maritata*.

K. L. M.

De hisce literis nihil notatu dignum occurrit; prima enim passim cum C permutatur. Altera aliquando græcanice notatur, ut dictum est. Tertia tandem sua numquam caret vi, neque ulli umquam vicissitudini obnoxia videtur; etsi aliquando illa in fine vocum prætermissa fuerit, ut *Dece* pro *Decem &c.*

N. O. P. Q.

Litera N sæpe in vocibus quibusdam desideratur, etiam in antiquis lapidibus, in quibus passim occurrit *Cojux* pro *Conjux*. *Cresces* pro *Crescens*. *Meses* pro *Menses*, & innumera fere id genus.

Litera O loco V interdum usurpatur, ut *Dederont* pro *dederunt*. *Sont* pro *sunt*. *Triomphus* pro *triumphus*, &c.

Ita & P pro B scribitur, ut *Apsens*, pro *Absens*. *Pleps* pro *Plebs &c.*

Litera Q aliquando loco C habetur; sic *Pequnia*, pro *Pecunia*. *Quosquomque* pro *quoscumque*. *Quoi* pro *Cui* vel *qui*, ut & *quojus* pro *cujus &c.* Mabillonius præterea animadvertit literam Q in medii ævi quibusdam lapidibus vel interpunctionis, vel ornatus ergo adhiberi etiam inter ipsas literas unam eamdemque vocem componentes, PVDENQTIANA, ubi litera Q prorsus superflua est, in Janua Ecclesiæ S. Pudentianæ apud Ciampinium to. 1.

R. S. T.

De litera R nil diversum in epigrammatica orthographia, de qua mihi sermo est, occurrit.

Litera S sæpe redundat, ut *Auxsilium*, *Uxsor*, perinde ac in fine vocum; sic *Conjunxs*, *Felixs*, &c. Forma etiam literæ hujus alio etiam modo notata apparet in Christianis præsertim inscriptionibus, nimirum velut gamma græcanicum Γ; cujus formæ sumenumera habes exempla apud Reineſium, Lupum &c. Ita in titulis figulinis apud eumdem Lupum num.47. NONIΓ NOVM, h. e., Nonis Novembris. Altera autem eſt forma literæ Σ in lapidibus Græcis, tertii præſertim Sæculi, ſiquidem hebræorum elemento C maxime accedit. Sic in lapide græcanico apud Lupum.

ΕΠΑΥϲΑΤΟ ΖΟϲΙΜΟϲ, &c. pro επαυσατ Ζοσιμος h. e. *Requieſcit Zoſimus &c.*

Tandem litera T locum D quandoque in epigrammatiis uſurpat; unde *Atfines* pro *Adfines*, *At*, *It* pro *Ad*, *Id. &c.*

V. Y. OY.

Litera V cum B facile viciſſim permutari diximus; hinc *Placevile* pro *Placabile*. *Vaſe* pro *Baſe &c.*

Item V pro I uſurpatur, ut *Auruſex* pro *Aurifex. &c.* Quemadmodum & pro O: ſic *Suboles* pro *Soboles*. *Numenclator* pro *Nomenclator &c.* Ac tandem pro Y, ut *Illuricum* pro *Illyricum*. *Suria* pro *Syria*, id quod in ſcriptoria etiam orthographia aliquando invenies. In lapidibus autem Ciceronis ævo exaratis, hanc animadvertit permutationem Antonius Salvinius *Inſcript. Etru.* to.1. Penes Lupum lapis ſummæ vetuſtatis habet SVNEROTEM pro *Synerotem*. Unum autem prætereundum non erit, in ipſis etiam lapidibus Chriſtianis inveniri literam V rotundæ figuræ U, cujuſmodi eſt illa, quam propriam hujus literæ vocalis dicimus in ſcriptoria orthographia. Verum in eo, quam Lupus profert, lapide, qui videtur Sæculo iv. recentior, U rotunda in ſiglis dumtaxat numericis habetur, ex quo patet quadratarium ita literam illam notaſſe, ut diſcrimen aliquod inter elementa vocum, atque numerorum illa ſtatuminaret; ſiquidem in eadem inſcriptione litera V ſic paſſim occurrit in latinis vocibus.

Litera vero Y loco literæ V pariter veniſſe, lapides

des antiqui docent; hinc *Syarium forum* pro *Suerium*. Imo eo isthæc invaluit orthographia, ut facile epitaphiographi Y pro V usi sint vocum initio. Sic in lapide Cœmeterii Blasillæ.

AGATORI IN P
QVI YIXIT ANN

h. e. *Agatori in pace qui vixit Ann. &c.*

Tandem diphthongo OY usi sunt antiqui, potissimum Christiani, in lapidibus latinis græcis charactheribus scriptis, de quibus mox dicam, hinc ΛΟΥΝΑ pro ΛVNA, NOBENBPIBOYC pro NOBENBPIBVC. &c. Vide de hoc diphthongo Ægyptium nostrum in Comm. ad S. C. de Bacchanal. p. 154. & 169. in Collect. Novæ Gronov. &c. Append. t. III.

Ex hac itaque, quam brevi de more concinnavimus, lapidariæ orthographiæ alphabetica sylloge, duo imprimis colligimus. I. Non omnem, quæ occurrit, dissentiam inter scriptoriam, atque lapidariam orthographiam, vel quadratariorum oscitantiæ, vel eorum imperitiæ tribuendam II. ex id genus orthographia lapidum antiquitati minime derogandum esse. Quod Fabrettius, Boldettus aliique post Bartium animadvertere curarunt. Etsi neque nos negamus, nonnulla etiam ex illorum oscitantia in lapidibus aliquando irrepsisse, quod præsertim in adiphthongis vocibus, vel necessariis literis manchis facile deprehendimus.

§. III.

De Latinis Inscriptionibus græcis characthcribus. Deque epithaphiis Latinis-græcis.

Inter ipsos Romanos hunc obtinuisse morem, ut passim hi græcis notis latinas voces in epitaphiis, epigrammatiisque exararent, liquido patet, ex id genus lapidibus, quos habes apud Reinesium *Classe* IX.
n. 108.

n. 110. & 118., & Donium *Classe* 11. n.158. p.103. Hinc inter Christianos idem mos invaluit, cum haud raro id genus lapides in Coemeteriis inveniantur. Hic autem mos unde ortus sit, haud facile erit divinari; forte id vel graecissandi genio factum dicerem, vel, ex eruditorum aliquot sententia, ut originem forte defuncti graecanicam ea ratione quodammodo indigitarent. Juvat heic exempla id genus epitaphiorum proferre. Apud Boldettum ex Coemeterio Priscillae

ΒΑΛΕΡΙΑ ΒΙΚΤωΡΙΑ
ΦΗΚΙ ΦΕΙΛΕΙΕϹΟΥΑΙ
ΒΕΙΤΑ ΛΕΗΝΗ

h. e. *Valeria Victoria seci* (pro *fecit*) *filiae suae Vitaline*. Huic affine alterum legimus apud Lupum ex Museo Kircheriano p. 61.

ΒΕΝΕμΕΡΕΝΤΙΦΙΛΙΕ
ΘΕΟΔωΡΕ ΚΥΕ ΒΙΞΙΤ
μΗϹΙϹ ΧΙ ΔΙΗϹ XVII

nimirum: *Benemerenti filiae Theodorae, quae vixit Meses* (pro *menses*, quod passim etiam in Romanis occurrit lapidibus) XI. *dies* XVII.

At cum tandem Romani graecas voces Latinis miscerent, quippe qui graecum callere imprimis affectarent, factum est, ut non modo viri, sed vel ipsae mulieres, quas Juvenalis lepide carpit, latinas locutiones passim graecis vocibus condirent; imo in ipsis etiam Latinis epigrammatiis eadem pene ratione graecas spargerent voces. Belle quidem Martialis has ridet mulieres, quas imitantur nos inter hodiedum illae, quae gallicis vocibus italum fucare sermonem student, ut elegantiores, scitulaeque videantur: Sic itaque ille L. X. epigr. LXVIII. Leliam alloquitur:

Cum tibi non Ephesos, nec sit Rhodos, aut Mitylene;
  Sed domus in vico, Lelia, Patricio,
Deq;*e coloratis numquam lita mater Etruscis,*

Du-

Durus Aricina de regione pater;
Ζωα και Ψυχη lascivum congeris usque,
Proh pudor! Hersiliæ civis, & Egeriæ.

Hæc obiter; ad id genus lapides nunc. Passim illos invenies apud Fabrettum, Boldettum, atque Lupum, cum potissimum in Latinis lapidibus omen *in pace* græce scriptum appareat EN IPENH. Apud Bonannium in *Museo Kirckeriano* Class. III. p. 205. lapidem paganum habes, in cujus prima, atque altera linea legimus.

  IVLIAE SEVERAE KYPI : : :
   ΑΓΑΘΗ· &c.

in qua vides Juliam Severam appellari græcis vocibus in Latino epigrammate κυριαι αγαθυν, h. e., *Dominam bonam*. Apud Bottarium inter epitaphia Cœmeteriorum viæ Appiæ, sequens habetur inscriptio
  BAλεNTINO BιNNιME
  RεNTI IN * PACC dCCXX MΛ

Ubi literas græcas inter Latinas vides. Sic contra ea apud Boldettum, atque Lupum habes inscriptionem hanc Cyriacæ Martyris:

ΚΥΡΙΑΚΗΤΗ ΓΛΥΤΑΤΗ ΚΑΤΑΘΕCΕΙC ΕΝ
  ΠΑΚΕ &c.

h. e. Κυριακητη γλυτατη (pro γλυκυτατη) Καταθεσις ιν *Pace*. *Ciriaceti dulcissimæ depositio in Pace*. Ubi vides formulam *in Pace* latine appictam græcis attamen notis epitaphio græco. Lege alia ejusmodi epitaphia apud Lupum, qui Romanas etiam profert inscriptiones cum notis numericis græcorum.

Unum autem heic addendum erit, quod solertissimum etiam Lupum fugit, ad XI. nimirum Sæculum hunc Latinis græcas voces admiscendi, perinde ac græcas notas in Latinis dictionibus adhibendi, usum perstitisse. Romæ enim extat hoc XI. Sæc. monumentum, cum in valvis æneis Ecclesiæ S. Paulli extra Urbem via Ostiensi hæc habeatur inscriptio in base valvæ unius cælata. ΠΑΝ-

ΠΑΝΤΑ
LEON STRA
TVS VENIAM
MIHI POC
CO REATVS

Ubi in penultima linea habes literam initialem vocis latinæ *Rogo*, græce scriptam cum P., uti & nominis Pantaleonis prima litera est græcum τ pro P. Hæc sane vocum, atque notarum commixtio ex artifice gente Græco orta est, cum hæ valvæ CPoli conflatæ fuerint Anno MLXX., ut ex inscriptione Latina, quæ rudi nimium charactere in illis scalpta legitur. Unde conjiciendum puto, epitaphia illa, de quibus sermo est, olim a quadratariis forte græcis insculpta fuisse.

§. IV.

De Lapidum præsertim Christianorum Interpunctione.

Quemadmodum a scriptoria differre lapidariam orthographiam ostendi, ita & de interpunctione dicendum erit, quæ singulari quadam methodo etsi ab interpunctione codicum differret, nihilominus ab ipso etiam quadratariorum genio aliquando pependit.

Quis quis vel a limine salutavit antiquos lapides, certe novit, generatim singulis vocibus puncta apponi, quod potissimum vocibus discriminandis factum fuisse nemo inficias ibit; etsi innumera etiam non desint exempla lapidum Romanorum, qui punctis vel prorsus carent, vel in quibus puncta aliquibus dumtaxat vocibus haud equidem omnibus appinguntur. Certe in Lapidibus primæ ætatis Rom. Reip. puncta plane desiderantur, quemadmodum & in quamplurimis lapidibus v. atque vi. Sæc. Aeræ Christianæ antiquæ interpunctionis quadratarii obliti videntur. In Dissertatione de Cœmeterio Neapolitano mea proferam tentamina in investiganda origine hujus interpunctionis, atque definienda epocha, in qua sensim illa obsolevit; quod sane argumentum sollertissimam operam tot virorum, qui de re lapidaria optime meriti sunt, usque adhuc fugisse mihi videtur.

Heic autem de quibusdam interpunctionibus sermo mihi erit, ut de cardiaca praesertim illa, deque nonnullis aliis, quae candidatos morari possent. Solebant Pagani vel ad singulas voces, vel ad singulos lapidis versus, vel medias inter epigraphis lapidariae literas cordis figuram apponere. Dubitatum est olim quid sibi vellet figura isthaec, atque nonnullis visa est velut indicium doloris; verum interpunctionis genus fuisse, liquido evincit post Remesium, atque Fabrettum Boldettus, qui nonnulla profert monumenta tum operum publicorum, tum etiam lusoria, in quibus id genus *corda* inveniuntur (*Vide Boldettum ibid. L. I. c. LII.*): etsi non raro haec eadem *corda* ornamenti loco aliquibus esse lapidibus, nemo negaturus erit, praesertim cum illa invenies aut epigrammatii initio, aut solitaria ad lapidis basim, vel latera. Vide apud Lupum epitaphium Bellinae Martyris, atque aliud Amantii, cui accedit lapis nostri Coemeterii, de quo in eadem Dissertatione dicemus, atque alter Eutropii apud Fabrettum, in quibus eo modo *corda* sehabent.

Hic autem mos a Paganis facile ad Christianos transiit; cum nihil a Relligione absonum vel praeferret, vel contineret; quare Boldettus, qui innumera pene hujus interpunctionis monumenta Christiana viderat, merito demiratur Papebrochii judicium, quod de Martyris Argyridis lapide tulit, quam ideo paganam potius fuisse mulierem putavit, quod in ejus sepulchri lapide hasce invenerit cardiacas figuras. Haec autem nota vel simplex est, vel cum inversa lineola, cordis transfixi figuram praeseferens, etsi rarior altera haec sit. Ex ea autem, quam Boldettus

dettus post Ciampinium profert, inscriptione musiva Arcus Tribunæ Ecclesiæ S. Cæciliæ Romæ (opus certe Sæculi ix., Paschale I. Rom. Pontifice, qui Anno DCCCXVII. floruit) patet ad hanc usque ætatem cordis figuram pro interpunctione artifices adhibuisse; in eo siquidem arcu cum versus se se mutuo sequantur, quadratarius ad uniuscujusque finem, ut unum ab altero distingueret, figuram cordis adjecit. De hac nota locuti, prætereundum non erit, figuram cordis, quam hodiedum sarti adsuere solent rusticanis præsertim vestibus, medio ævo ornatum vestium passim fuisse penes Latinos, siquidem in Musaico Ecclesiæ S. Mariæ in Cosmedin Ravvenatensi fimbriæ, sive laciniæ vestium Sanctorum, atque virorum illustrium cordis figuram quandoque simplicem, alibi & duplicem habent. Vide Musivum illud apud Ciampinium to. 1. c. XIII. p. 102.

Præter cordis figuram aliæ etiam interpunctionis notæ obtinuere, cujusmodi est illa lapidis Martyris Argyridis, de qua dictum est, in quo punctorum loco habetur figura V, transversali lineola secti. Sic

ΓΑΤΚΙΤΑΤΙ V ΓΥΝΑΙΚΙ
ΑΡΓΥΡΙΔΙ V ΤΡΟΦΙΜΟC
ΑΝΙΡ V ΕΤ. ΕΣΗ () Α S.

Ita & figuræ sexti numeri, quam arabicam appellamus, prorsus accedit interpunctionis nota inter primas literas lapidis Musæi Panormitani apud Lupum. Sic

D 6 M 6
EROTI. IVNI. IVLIANI PRO
COS. SER CVBICVLARIO.
IVNIVS ALCIBIADES BENE
MERENTI FECIT
VIXIT—ANNIS. $\overline{xx}$

Quandoque puncti vices Crucis etiam figura gessit, ut in lapide Coemeterii Calixti, & Pretextati apud Boldettum L. 11. c. 111. Sic

III ✠ KAL ✠ MAR ✠ FOR
TVNVLA ✠ QVE ✠ BIXIT ✠
ANN ✠ L ✠ ET ✠ MES ✠
III

Alibi hoc idem præstant officium asterisci quidam, ut in lapide Cœmeterii Priscillæ apud Bottarium *Roma Sotter.* t. III. p. 116.

bENEMERENTI * IENVARI
AE QVE * VISIT ANNOS PLVS
MINVS L * RECESSIT DE * SECV
LVM * s III KALENDAS APRIL
IN PACE

Singularis autem est interpunctio lapidis alterius Cœmeterii viæ Appiæ, quem exscripsit, atque vulgavit idem Bottarius *ibid.*; in eo etenim rudis quædam V loco punctorum est. Sic

EVTYCIANE * OVE VI
XIT ANNIS V XXV * ME
SES ⋀ VI V ORAS V V V BENE
MERENTI V IN PACE

Verum generatim tum Paganæ, tum Christianæ inscriptiones pro illarum ævo vulgari, atque receptæ interpunctione notantur. Qua quidem in re cum quandoque quadratarii parce nimium se gesserint, ut in lapidibus, qui punctis prorsus carent, ita & aliquando nimia interpunctione oblectati videntur; cujus nimiæ interpunctionis monumentum ætatis Claudii Augusti prostat in lapide a *Tyranno* posito T. Claudio Verano. In cujus quarto versu apud Gorium in *Columbar. libert. Liv.*, & Lupum p. 67. non dum syllabæ, sed & feré literæ interpunctione dividuntur. Sic

COL. V. M. BAR. IVM. TOTVM.

Vox enim *columbarium* quatuor punctis dividitur. Ceterum apud Fabrettum *Inscrip. Dom.* c. III. vide nonnulla id genus exempla. De ejusmodi vero Chri-

stiadianis lapidibus lege Lupum, penes quem specimina harum inscriptionum habes, ex quibus unam heic seligimus pro faciliori tyronum intelligentia rei lapidariæ. Sic

  VI. TA. LI. AE
  CON. COR. DI. AE
  CO. IV. GI. BE. NE
   ME. REN. TI

h. e.; *Vitaliæ concordis cojugi* (pro *conjugi*) *benemerenti*. E græcis autem unam heic ex eodem Lupo excribam. Sic

  ΔΗ. ΜΗ. ΤΡΙ. ΟC
  Α. ΓΑ. ΘΟ. Δω. Pω
   ΤΕ. ΚΝω

h. e.; *Demetrius Agathodoro Filio*. Hæc autem animadvertenda putavi, ne istiusmodi interpunctio quemquam moretur, neve ad mediam ætatem confidenter quis amandet lapides Christianos ob ejusmodi syllabarum interpunctionem, quam ne dum passim in nonnullis epigrammatiis Sæculi II. & III., sed & in ipsis publicis Romanis illius ævi monumentis invenimus, cujusmodi est mancus lapis, Sæculo II. positus Gordiano Imperatori apud Lupum. Sic

 · IMP. CAES. M. AN. TO. NI. O.
 . GOR. DI. A. NO. PI. O. FE. LI. C.
 AVG. P. M. TRIB. POT. II. COS. P. P.
 COR. NE. LI. A PRAE. TEX. TA. TA
 ... IVI. NAM. PI. E. TA. TEM. E. IVS
 ......: QVE. SVOS. ET
 ...... DI. CI. VM
 ...... EN. TI. AM. SV. AM
 ..... BA. VIT

Unum postremo animadvertendum erit, quod nonnullis, in re ceteroqui lapidaria longe versatis, erroris ansam præbuit, quibus visum est, *virgulas* loco punctorum in inscriptionibus sero tandem obtinuisse, eo

       ut

inter medii ævi monumenta amandarint epigrammatia virgulis notata. Verum etsi in medii ævi aliquibus inscriptionibus virgulas inveniri non negamus, cujusmodi est illa, quam, ex Archivo Basilicæ Vaticanæ excriptam, vulgavit Severanus in suis *Memoriis sacris septem Ecclesiar. Urbis*.

 AD s. PETRVM APOSTOLVM
 ANTE, REGIA IN PORTICV, CO-
 LVMNA SECVNDA, QVANDO IN-
 TRAMVS, SINISTRA PARTE VI-
 RORVM, LVCILLVS, ET IANVA-
 RIA HONESTA FEMINA.

Ubi præter virgulas vides medio ævo jam invaluisse usum brevium illarum linearum, quæ syllabis, cum aliis sequentis versus conjungendis, in scriptoria orthographia addi solent. At antiquiorum nihilominus lapidum quadratarios neque hunc virgularum usum ignorasse, immo illis quandoque, perinde ac punctis usos esse, docet vetustissimum marmor Coloniæ Avejatium, restitutum a Cl. viro Juvenazio in suo eruditissimo opere *della Città di Aveja ne' v.stini &c.* Lapis itaque, litteris bene multis partim exesis, sic se habet

 ORIIL........
 STINA, AA.....
 ET, FELICISSI....
 SER, PRAEF, AVEI
 ATVAII MIIIDXX

Satis de interpunctione lapidaria rei præsertim Christianæ diximus pro instituti ratione, cum hæc saltem viam tyronibus faciliorem sternant.

CAPUT II.

De Phraseologia lapidaria Christianis, æque ac Paganis Communi.

CUm, ut dictum est, Christiana Relligio unam aversaretur idololatriam, Christiani majorum vestigia sequi in iis haud veriti sunt, quæ suapte natura nihil profanum vel continerent, vel præseferrent. Quamobrem in ipsis etiam exarandis suorum epitaphiis ab antiqua phraseologia numquam discessere, nisi cum illa a Relligione absona videretur. Imo neque illis anxiam adeo ea in re fuisse relligionem, modo videbimus; siquidem mentem animumque magis, quam verba, atque phrases sectati sunt. Cum autem e re nostra sit quasdam tradere regulas, quibus a Paganorum illis Christianorum inscriptiones facile secernantur, operæ pretium videtur, quid utrisque in epitaphiographia commune fuerit, hoc capite expendere, sequenti vero de peculiaribus Christianarum inscriptionum notis dicturi.

§. I.

De siglis D. M., atque Θ. K.

Ut itaque ab initio rem exordiamur, primum omnium nobis de siglis D. M., atque Θ. K., quæ initio Latinorum, atque Græcorum Epithaphiorum inveniri solent, dicendum erit.

Quis quis vel parum in re lapidaria versatus fuerit, novit, ne unum fere ex antiquis Epitaphiis latinis carere initialibus hisce literis D. M., quibus quandoque & S. addidere quadratarii, perinde ac in græcis lapidibus sunt illa Θ. K.

Antiqui profecto Latini *Manes* appellarunt *Mania* filios ex Varrone, quos a *Lemuribus* alios haud fuisse, putavit

vit Apulejus in libro de *Deo Socratis*; hinc orti & *DI Manes*, quos inferos esse Deos, animarum præsides vetus illorum docuit Theologia. Aliquibus videtur ex antiquis Latinorum Scriptorum monumentis facile colligi posse, vocem hanc aliam inter Romanos medii Reipublicæ ævi obtinuisse significationem, ab antiquiori certe diversam, cum *Manes* tandem illi appellarint ipsas mortuorum animas; unde *DI Manes* inferorum DI dicti, veluti *DI Manium*, nimirum *DI animarum*. Græci etiam hosce *Deos Manium* habuere, quos e locis subterraneis, quæ incolebant, nominarunt Θεοὺς Καταχθονίους, a χθονία *terrena*, unde καταχθόνιοι *subterranei*. DI itaque καταχθόνιοι erant DI *subterranei*, sive DI locorum, in quo *tenebræ* versabantur, ut ex antithesi vocum χθονίαν, & οὐρανίαν apud Platonem manifeste intelligimus.

His itaque Diis, quibus defunctorum tutelam esse, Paganis suasum erat, sepulchra, quæ ea de re religiosa erant, dicarunt illi, eamque dedicationem initio epitaphiorum signarunt siglis D. M. S., *DIS Manibus sacrum*, ut & Græci Θ. K. Θεοῖς Καταχθονίοις *Diis subterraneis*.

At cum Christiana Relligio profanam Theologiam vel ab imis fundamentis averruncarit, nemini dubium erit, & inferos hosce Deos inter aniles Paganorum fabellas retulisse. Hinc illa oritur quæstio, quid nimirum sibi velint in Christianorum epitaphiis eædem illæ Paganorum siglæ D. M., vel Θ. K., quas in illorum epigrammatum nonnullis legimus, cum ipsi certe Christiani veluti paganorum prophanas notas siglas illas haberent, teste Prudentio L. 1. c. *Symma*.

Ipsa Patrum monumenta probant; *Dis Manibus illic*
Marmora secta lego, quæcumque Latina vetustos
Custodit cineres, densisque salaria bustis.

Varie itaque hæ siglæ, Christianis epigrammatiis appictæ, interpretum ingenia exagitarunt, siquidem nonnulli

nulli a Christianorum epitaphiorum classe ablegarunt, quotquot ejusmodi siglis signatos lapides invenere, e quorum numero forte & Papebrochium fuisse, haud probatu difficile foret. Verum monumentorum copia, quæ indubias rei Christianæ notas præferebant, alios siglis potius e relligione interpretandis movit; hinc hi Christianos arbitrati sunt eisdem siglis novam quamdam, atque Relligioni consonam subjecisse significationem, & siglas Latinorum D. M. *Deo Magno*, vel *Maximo* interpretati sunt. Hos inter Fabrettium, atque Boldettum referas, qui, ut traditam hanc tuerentur explicationem, ad illos Paganorum lapides confugere, in quibus legimus DEO. MAGNO. At apud Gruterum, præter unam Inscriptionem, in qua hisce vocibus & illa *Æterno* etiam sequitur, ceteri lapides una cum *Deo Magno* passim vel Dei præsertim *Mithræ* (cui hæc epitheta de more addita videntur) nomen, vel alias habent voces expressas, haud siglis notatas; unde colligere certe erit, ea, quæ siglis explicari minime solebant, antiquos integris vocibus designasse. Hoc idem videre est in omnibus epigrammatum collectionibus.

Quamobrem (ut ceteroqui & ipsemet Boldettus quodammodo sensisse patet) tandem post Mabillonium ceteris nunc in comperto est, iisdem siglis Christianos usos esse, *dum* (ut scribit Mabillonius in *Itinere Italico*) *cruda adhuc quorumdam in cordibus Christiana relligio aliquid de paganici ritus superstitione retinebat*. Ut autem hoc idem confirment, passim protulerunt illi haud a siglis, de quibus sermo est, absimiles loquendi formulas, quas Christiani in iisdem epitaphiis adhibuere. Inter ejusmodi phrases, a Boldetto, Mabillonio, Fabrettio, atque Lupo in unum collectas, præsertim illæ adnotandæ erunt apud Gruterum pag. 1056. num. 1., & 1061. num. 7. *Suscipe nunc conjux debita sacra-*
tis:

tis Manibus officia. Et: Sanctisque Manes nobis potentibus adsint &c.

Verum neque fucosa isthæc sententia indoli Christianæ relligionis, ut ut *adhuc crudæ*, ullimode quadrare mihi videtur; siquidem quis quis orientis Relligionis conditionem, atque sistema vel parum intelligit, plane videt, cuncta præter Idolorum, Deorumque cultum illam in primis *fidei* suæ tyronibus passam esse; quamobrem neque latiares illos dicendi modos demirari subit, cum *Manium* nomine jam *animæ* venirent; hinc *sacrati Manes*, *sancti Manes*, facile defunctorum animæ appellatæ fuere, quæ quidem epitheta neque Sanctorum animabus tribuere verentur ipsamet Relligio, nec ipsi fideles, quibus frequens est & *Divorum* nomine Sanctorum spiritus nuncupare. Quod pariter dicendum videtur de illa, quæ in aliquibus Christianis epigrammatibus occurrit, phrasis: *Domus æterna*, cujusmodi sepulchrum appellari non *a gentilitate*, ut animadvertit Fabrettius c. 11. p. 112., sed *a sacra pagina* derivarunt Christiani, quandoquidem *Eccles.* c. XII. v. v. legimus: *Ibit homo in domum æternitatis suæ*: Hæ itaque phrases, atque dicendi modi nil idololatricum sapiunt, sed elegantiorem epithaphiographi potius stilum, qui in latinarum dictionum significationem, haud in illarum originem intendebat.

At has inter phrases, atque siglas D. M. multum procul dubio interest, cum haud de *Manibus*, sive *animabus* quæstio sit, sed de illorum *Diis*, quos δαιμονας, vel Deos καταχθονιους *inferos* Græci appellarunt. Num ne Relligio, quantumvis *cruda*, rudis, atque recens nata sivit fideles inferis adhuc Diis fidem suam adjicerent, eisque sepulchra suorum dicarent? Credat hoc Judæus apella. Aliud sane est, mortuorum animas *Manes* adhuc antiqua latinorum voce appellare, aliud profecto, *Deorum Manium* cultum profiteri, eosque paganis adhuc officiis prosequi. Quis hoc dicet Chri-
stia-

stianos aliquando feciffe? Epifcopis filentibus, qui cum omni conatu a fidelium animis prophanæ theologiæ fyftema evellere ftuderent, qui fieri potuit, ut nefandum *Deorum Inferorum* cultum illos fequi finerent? Neque cum Fabrettio dicas, *inconfiderate potius, quam impie* id illos feciffe: huic enim acquiefcendum forte effet argumento, fi vel femel, vel perraro in monumentis Chriftianis figlæ D. M., aut ☉. K. occurrerent, perinde ac fi in trium dumtaxat fæculorum illis. Verum & quamplura id genus monumenta paffim in ipfis Cœmeteriis inventa fuere, quæ vide apud Gruterum, apud Fabrettium, Reinefium, Muratorium, Boldettum, atque Lupum, penes quem extat & Chriftianum epigrammatium cum formula initiali, haud figlis, fed integris vocibus exarata, quod e Cœmeterio Prætextati eductum in Mufeo Kircheriano fervari, teftatur ille.

 DIS MANIBVS PRINCI
 PIO FILIO DVLCISSIMO SVO PO
 SVIT QVI VIXIT ANNIS VI DIES
 XXVII IN PACE

Hoc autem Chriftianum effe epithaphium, formula *in pace* aperte nos docet. Ita apud eumdem habes prægrandis lapidis infcriptionem latinam cum græcis figlis. Sic:

   ☉ K
  CELESTINA

Hanc excripfit ille in Cœmeterio S. Hermetis. Quod vero harum infcriptionum ætatem intereft, ex illarum ftilo, literarum forma, aliifque argumentis nulli dubium erit, in iis plerumque lapidibus, quarto etiam Sæculo recentioribus, figlas illas inveniri; unum fiquidem apud Boldettum legimus pofitum, Anicio Faufto, & Virio Gallo Confulibus, Ann. Aer Chrift. CCLXXXIX.; de ceteris autem ex ftilo potius judicandum erit. Igitur & horum epithaphiorum numemerus, & figlarum illarum ufus ad adultam usque Relligionem, atque ipfius Relligionis indoles, perinde ac vigilantiſſimum Epiſcoporum ſtudium abunde ſuadent, neque *inter inextinctas Gentilitatis phraſes*, ut Fabrettius ait, ſiglas D. M. recenſendas, neque *crudæ adhuc Relligionis* effectibus, ut Mabillonio viſum eſt, accenſendas illas eſſe.

Quibus ita explicatis, quid de illis ſentiam, aperte fatear. Mihi enim videntur figlæ illæ quadratariis prorſus tribundæ, qui, ut artificum mos eſt, ne intellecta equidem ſiglarum ſignificatione, vel illarum ſententia minime perpenſa, de more epitaphium cum marmori conſignarent, initio D.M., vel Θ.K. adnotabant, quas cum paſſim illi veluti epitaphiorum initium haberent, etiam poſtquam Chriſtiana Relligione initiati ſunt, & Chriſtianorum lapidibus appingere non dubitarunt; quemadmodum & corculorum interpunctionem, aliaque quadratariæ artis veluti conſueta marmorum ornamenta, quibus olim paganos lapides condecorarunt, in Chriſtianorum illis transferre veriti non ſunt. Huic ſane conjecturæ, quæ vero ſimilior per ſe videtur, accedere non dubitarit quis quis mecum paganos etiam lapides paululum expendere non dedignabitur, ex illis enim maximum e re noſtra ſuboritur argumentum, quod ſcriptores rei lapidariæ adhuc fugiſſe mihi videtur.

Alia ſane olim fuit figlarum D. M. conditio apud vetuſtiores, alia apud Romanos recentiores. Primis ſane ab Urbe condita temporibus figlæ illæ haud ornatus gratia lapidibus ſepulchrorum deſcriptæ fuere, ſed ut votum illius, qui monumentum poneret, teſtarentur; quod ex antiqua vetuſtiorum epitaphiorum *ſyntaxi* (ut grammatici ajunt) facile colligimus, cum in antiquioribus hiſce epitaphiis nomen defuncti a ſiglis D. M. *rectum* appareat, adeoque in *genitivo caſu* habeatur. Aliqua proferam in antiquioribus id genus epigrammatiis hujus syntaxis exempla. Sic apud Gruterum in longe vetustissima urna Bebiae reperta legimus p. CMLI. n. 1.

D. M.
C. ALBINI
VITAL
IANI

Apud eumdem p. CMVIII. n. 3. in altero pariter vetustissimo monumento

D. M.
CORNELIAE
APHRODISIAE

In antiqua Ara Romae effossa apud eumdem p. CML. n. 6.

D. M.
P. EGNATI
NICEPHORI

In Cl. viri de Graecis, Latinisque Literis optime meriti Johannis Amadutii inscriptionum sylloge to. II. Veter. Analect. n. 8. habemus

D. M.
P. CIPI. CRESCENTIS
MIL. COH. VI. VIO.

In his sane quisque deprehendit *Deos Manes* regere sequentem *casum in genitivo*, cum alioqui nomen defuncti nullimode eo *casu* stare posset; hinc horum epitaphiorum sententia ea est, Monumentum haud defuncto poni, sed *Diis* defuncti illius *Manibus*. Id quod antiquiori paganae theologiae sistemati plane quadrat.

Hanc ob rem quandoque Romani dilucidius theologicum hoc caput explicasse videntur, additis & aliis epithetis, uti in epigrammatio ap. Gruter. pag. DCCCCL. n. 5.

D.M.

D. M.
ET. MEMO
RIAE. AETERNAE
VETERIAE. MERCERIAE
&c &c &c.

ubi liquido patet monumentum *Diis Manibus*, perinde ac *Memoriæ Æternæ Veteriæ Merceriæ* positum esse. Sensim autem, ut rerum omnium conditio est, antiquiori theologia vel neglecta, vel obsoleta, ipsimet Romani Monumenta defunctis ponere consueverunt; at non statim antiquum obliti sunt sistema, cum saltem initio epitaphii sacram phrasem servarint; quare etsi Defuncto Monumentum ponerent, initio lapidis illud idem veluti Dedicatione quadam *Diis Manibus* sacrum dicere curarunt; hinc orta syntaxis illa lapidaria, qua prima epitaphii pars alteri minime respondere videtur, ut inter innumera, quae apud Gruterum, Muratorium, Fabrettium, &c. extant, legimus in duobus lapidibus apud laudatum Amadutium *ibid.* to. 1. n. 36., & to. 111. n. 29.

(1)
D. M.
IVLIAE
SOTERIISIS
V. A. VIIII. M. VIII.
IVLIVS. CLARVS
ET. IVLIA. NICE
PATRONI
ALVMNAE
CARISSIMAE
FECER

(2)
DIS. MANIBVS
ATHANIAE. PIERIDIS
COR. VELLEIVS. QVARTVS
VXORI. PIISSIMAE
FECIT. ET. SIBI
POSTERISQVE. SVIS

In

In utraque enim inscriptione sensus integer est ad nomen usque defunctæ, ita ut quæ sequuntur, suapte natura syntaxis, a prima illa perioca prorsus distinguantur. Porro |verbum *fecit* regit dativum *Uxori Piissimæ* in altera inscriptione, uti & in prima verbum *fecerunt* regit dativum *Alumnæ carissimæ*, cum in utraque lapide nomen defunctæ in *altero casu* sit; nisi velis utrumque verbum utrobique dativum *DIs manibus* perinde ac alterum *Uxori Piissimæ*, vel *Alumnæ carissimæ* rexisse.

Hæc profecto formula antiquum sapit lapidarium genium, cujus adhuc reliqua erant vestigia.

At tandem quemadmodum antiquiorum mysteriorum dilapsa sensim est theologia, verbis superstitibus, quorum vis prorsus arcana evaserat; ita & de Lapidariis sacris factum est, quandoquidem siglæ reliquæ fuere, at Monumenta ipsis defunctis poni cœperunt, antiqua dedicatione obsoleta. Quamobrem passim deinde videmus epitaphia siglis exordiri, quæ nullam attamen habent cum inscriptionis sententia connexionem. Sic epigrammatia fere omnia, a labentis Reip. ævo ad fatum Romani Imperii posita, se habent, siquidem post siglas D. M. incipit inscriptio a nomine vel illius, qui monumentum ponit, vel siglis continuo sequitur nomen defuncti in *tertio casu*, ita ut illud ad *Deos manes* referri prorsus nequeat. Ab innumeris id genus exemplis libenter abstineam, cum nulli dubium ea de re erit, modo unam, alteramve pagellam unius etiam Gruteri legerit. Ab ea itaque ætate quadratarii, vim, atque theologicam significationem siglarum D. M. ignorantes, initio lapidum omnium sepulchralium literas illas per se scalpere curarunt, quibus traditum pro re nata epitaphium subjiciebant. Hic quadratarios inter erat mos primis Ecclesiæ Sæculis; quamobrem illi lapidibus de more siglas addebant; imo cum a quadratariis Christiani

stiani lapides sepulchrales emebant, in quibus siglas jam antea illi scalpserant, nequidem illas delere literas curabant. Id quod Dissertatione de Coemeterio Neapolitano dilucidius ostendam, depromtis argumentis ex diversa literarum D. M., atque sequentis epitaphii larum forma, quae in nonnullis Christianis lapidibus occurrit.

Quin itaque siglis illis, hoc illove modo interpretandis, cum Boldettio, Fabrettioque desudemus, haec mihi videtur genuina harum siglarum historia, ex qua facile intelligemus, neque a cruda adhuc relligione illas in epithaphiis irrepsisse, sed literas illas, initialesque siglas, consuetudini dumtaxat quadratariorum prorsus tribuendas esse. Id enim ex ipsismet patet lapidibus Christianis, quos inter ne unum equidem invenies, in quo siglis D. M. respondeat, ut in antiquioribus Romanis lapidibus adnotavimus, defuncti nomen, quod numquam *regitur*, ut grammatici ajunt, a vocibus: *Diis Manibus*, elogio, sive epithaphio superscriptis.

Cum autem nonnulla, quae adhuc pro hujus capitis explicatione diximus, in quaestione eruditos inter versentur, cumque ea in re aliquid antiquae Paganorum Theologiae in quaestione etiamnum sit; idque tum rem lapidariam, tum mythologicam, vetustiorumque scriptorum intelligentiam summopere interesse mihi videatur, sinant, quaeso lectores, me, heic de lapidaria Christianorum re dicentem, tantillum e proposito egredi itenere, atque paululum in *Deorum Manium* recta significatione tradenda immorari, quod nihilominus & nostro etiam redibit argumento.

§. II.

§. II.

Qui fuerint apud Romanos Dii Manes, num a Diis inferis distincti, atque alii. Notatur Marangonius, atque Ficoronius. Quæ fuerit apud veteres Romanos monumentorum sepulchralium relligio. Explicatur lex duodecima XII. Tabularum. Notatur M. rostellus, De Græcorum Θ, deque veste literata Pontificis apud Romanos. Quæ fuerit Mana Dea apud illos. Num manes utriusque sexus fuerint. Explicatur Vetus Inscriptio, DIs Mainabus posita.

Dixi jam præcedenti paragrapho, Deos Manes a Romanis appellatos esse illos, qui animabus præsiderent, perinde ac Lares nuncuparunt & Deos, qui familiæ præerant; eo ut Manes inter atque Lares id unum interesse videatur, illos vita functorum, hos vitam agentium præsides esse; quare, mea quidem sententia, utriosque inter genios referre non dubitarem, siquidem Romanis suasum fuisse, cuique hominum genium præesse, qui illum sequeretur, postquam e vivis excesserat, Elysiosque cum defuncti hominis anima petere genium, norunt hi, qui antiquæ illorum theologiæ sistemata vel a limine salutarunt; unde mihi videtur ortum duxisse apud Paganos indiscreta illa nominum Manium, Lariumque ratio, ut ex Apulejo dictum est; quandoquidem ejusdem genii nomina erant, quæ in eo dumtaxat differebant, quod unum esset veluti proprium genii nomen, cujus fruebamur in hac vita præsidio, alterum ejusdem genii, cui nostri cura erat, cùm in Elysiis versaremur.

Verum huic adversantur sententiæ omnes fere, quot quot de re antiquorum mythologica scripsere, auctores, cum forte expositum sistema non bene expendissent. Horum profecto argumenta eo redeunt, I. Deos Manes non esse Deos Romanorum Inferos. II. Apu-

Apuleium aperte docuisse, ipsas defunctorum animas *honoris gratia* Deos manes appellari. Utrumque argumentum ad trutinam revocare, hujus interest quæstionis.

Quod ad primum attinet; convenit inter omnes, alios prorsus a Diis inferis fuisse *Deos Manes* inter Romanos, illis profecto *Februa* facta fuisse, his dumtaxat *Silicernium*. Vide Giraldum *syntagm*. XVII. Mihi perinde suasum est, latum illud inter utrosque discrimen statuminasse veteres, quod inter Deos, quibus Inferorum jus, atque genios, quibus animæ defunctorum tutela, atque cura erat, interest. Quamobrem illis, haud his, Aræ publico solemnique cultu in subterraneis locis, cryptisque positæ. Ex quibus profecto argumentis id unum sequitur, *Deos Manes* alios fuisse a *Diis Inferis* (I); quod etsi ultro satear, nil inde meæ adversari sententiæ video. Scriptores etenim illi, uti Marangonius, Ficoronius, Licetus, aliique, quibus visum est, Deos manes esse ipsasmet Defunctorum animas, totum plane confecisse argumentum arbitrati sunt, si quando *Deos manes* non esse Deos inferos ostenderent. At fahuntae

Tom. III. P. I. M sane,

(I) Ex loco quodam Ciceronis *par.* 228. apud Nizol. dubitare quis posset, num aliquando Romani Inferos Deos iam *Manes* appellarint; videtur enim ille Deos Superos contra Manes ponere, cum ait: *Æquitas tripartita est, una ad superos Deos, altera ad Manes, tertia ad homines pertinet*. Hujus autem mythologici epitheti caput confirmare videtur vetus illa inscriptio apud Fabrettium.

D. I. M.
FVLVIAE. M. F. H
YGIAE. CONIVGI

in qua siglas D. I. M. nonnisi *Diis Inferis Manibus* interpretari licet, ut & Fabretrio, & Montfauconio visum est.

sane, cum discrimen inter ejusmodi Deos assecuti minime fuerint; hinc ut ut iis demus, Deos Manes prorsus diversos a *Diis inferis* fuisse, haud inde sequitur, *Deos manes* re ipsa inter Deos non habuisse Romanos, eosque proprio quodam cultu, de quo mox dicturus sum, prosecutos non fuisse.

Unus autem antiquos inter Apuleius illorum favere videtur sententiæ, cujus auctoritatem, quæ cum vetustioribus pugnat monumentis, nihili ducimus; hinc heic illam proferre non piget, ut implexam hominis, antiquæ Romanorum theologiæ ignari, sententiam quisque demiretur. Hæc ait ille in libro *de Deo Socratis* apud Thomassinium *De Donar. Veter.* c. XVI. *Ex Lemuribus, qui posterorum suorum curam sortitus, pacato, & quieto nomine domum possidet, Lar dicitur familiaris. Qui vero propter adversa vitæ merita nullis bonis sedibus in terra vagatione, seu quodam exilio punitur, inane terriculamentum bonis hominibus, hanc plerique Larvam perhibent. Cum vero incertum sit, quæ cuique utrum sortito evenerit, utrum Lar sit, non Larva, nomine Manium Deum nuncupant, & honoris gratia Dei vocabulum additum est.* Vide Apuleium eodem in libro, in quo paulo ante dixerat Manes eosdem esse ac Lares, deinde suæmet adversari sententiæ, atque hoc mythologiæ caput plane perturbare; hinc nemo lectorum, qui Apulei primam, atque alteram hujus operis periocham contulerit, atque mentem Scriptoris ævi illius expenderit, aliqui ejus facturus erit sententiam (II).

A

(II) Verba Apulei, atque ipsiusmet *Manium* definitio manifeste ostendunt, sibimet illum hoc de capite nullimode constare. Sic enim *ibid.* ait: *Manes animæ dicuntur melioris meriti, quæ in corpore nostro genii dicuntur.* Heic *animarum* nomen ex nativa vocis hujus vi vsurpat. At
genii

A Romanis siquidem re vera, *Deos Manes* inter Deos recensitos fuisse, illosque divino, atque sacro cultu profecutos esse, luculentissima ostendunt monumenta. Nam præter illa, quæ ex nomine etiam desumi possent, a μανα *Dæmone* apud Græcorum vetustissimos, ut pluribus scitissime docet Cl. Huetius in *Origenianis*, unum, quod ex Deorum Manium cultu oritur, atque Sepulchrorum relligione, argumentum seligam.

Romani profecto duplex monumentorum sepulchralium genus habuisse, testis est Ulpianus, qui *L. fin. De Mort. infer.* ait: *Si in eo monumento, quod imperfectum esse dicitur, reliquiæ hominis conditæ sunt, nihil impedit quominus reficiatur. Sed si relligiosus locus jam factus sit; Pontifices explorare debent, quatenus, salva relligione, desiderio reficiendi operis medendum sit.* Sic ille, de sepulchris instaurandis locutus. Monumenta itaque vel erant *imperfecta* vel *relligiosa*, Relligiosa non ex illatis defuncti reliquiis dicebantur, ut Mazochio in *I. de Dedic. sub Ascia* suasum esse videtur; siquidem ex Ulpiano quamquam Monumentum *reliquias hominis* contineret, adhuc nihilominus imperfectum dici poterat, minimeque relligiosum, eo ut id genus monumenta reficere, inconsultis etiam Pontificibus, fas esset hæredi. Igitur *Monumentum* si relligiosum non evaserat ob illatas reliquias defuncti, aliam ob caussam ejusmodi fiebat; immo cum *relligiosum monumentum* juris Pontificii esset, nonnisi per divinam rem ad *relligiosam* conditionem procedere, dicendum erit. At nequit intelligi, qua ratione monumentum *Relligiosum* fieret, quave de caussa Pontificii juris, nisi monumen-

---

genii aliquid aliud ab *anima*, hoc est hominis spiritu, erant; itaque Manes *Genii*, qui defuncti animam sequantur, certe erunt. Confer definitionem hanc cum præcenti ejusdem Apulei periocha

numentum illud Diis sacrum esset, eisque dicatum. Hanc autem *Dedicationem* siglas illas initio lapidum exaratas continuisse, procul dubio dicemus, quas si ad animas defunctorum referremus, nulla inde relligiosa conditio oriretur, nullum inter *imperfectum*; & *relligiosum* monumentum discrimen. *Relligiosa* autem sepulchra eo Diis sacra fuisse, ut neque instauratio, neque translatio fieri posset Pontificum injussu, tum textus Ulpiani docet, tum & Epitaphium apud Gruter. p. DLXXVIII. n. 1.

 RELIQVIAE. TRAIECTAE. III. NON. FEBR
 EX. PERMISSV. COLLEGII. PONTIFICVM
 PIACVLO. FACTO

Quamobrem in ipsis lapidibus poenas in sepulchrorum violatores scriptas legimus, Pontificum Arcae inferendas. Sic in lapide apud Gruter. DCCLXV. n. 5.

 HOC. MONVMENTVM. NE. DE. NOMINE. NOSTRO
 EXIAT. QVI. EXTERVM. INDVCERE. VOLVERIT
 POENAE. NOMINE. INFE. ARCAE. PONTIFICVM
 HS. L. M. N.

quam sane Pontificii juris legem ad Trajanum usque stetisse, colligimus ex Imperatoris epistola Plinio data, inter Plinii epistolas L. x.

 Quod si quis dicet, sepulchra de jure Pontificio fuisse, eo quod sacra Diis *inferis*, non *Manibus* erant, unum adhuc eluendus foret scrupulus, num ex ipsismet conditis reliquiis sacrum illud Diis inferis evaderet, an posteaquam dicatum erat: primum negat Ulpianus; igitur dedicatione ipsa sacrum fiebat. Unam autem legimus passim dedicationem, nimirum initio lapidum exaratam DIS MANIBVS SACRVM, vel itaque *DI Manes* iidem ac *Dii inferi*, vel Manes haud animae mortuorum, sed Dii illarum praesides erant.

 Atqui ipsorum cultus *Manium* potissimum est nostrae sententiae caput, cum Romani *Diis manibus* sacrificia offerrent, eosque adorarent. De sacrificiis luculenculentissimum occurrit Varronis testimonium de L. L. v. 3. *Hoc sacrificium*, ait ille, *fit in Velabro, quo in novam viam exitur, ut ajunt quidem, ad sepulchrum Accæ, quod ibi prope faciunt Diis Manibus servilibus* (Scaligerus legit *Arvales*) *Sacerdotes*. Ex antiqua itaque lectione Sacerdotes sacrificia Diis manibus servorum faciebant, vel, ut Scaligero videtur, Manibus Diis sacrificabant *Sacerdotes Arvales*. Apud Plautum Juppiter *Amphitr.* IV. 4. ait, se eum, qui fores crepuerat, *Thelebois Manibus* sacrificaturum. De adoratione vero uno contenti sumus Senecæ loco, qui epistola LXXXVI. scribit: *In ipsa Africani Scipionis villa jacens, hæc tibi scribo, adoratis manibus ejus*. Cultu sane *adorationis* nonnisi Deos prosequebantur Romani. Quid autem *adoratio* sibi vellet, explicat brevi Plinius *Hist. Nat.* L. XXVIII. c. 11. *In adorando dexteram ad osculum referimus, totumque corpus circumagimus*, utrumque ex antiquissimo, atque longe vetustissimo more, cum *osculi*, veluti adorationis argumentum, qua Dii colebantur, meminerit Jobus in sua Historiæ c. 111. quæ ipsomet Penthateuco antiquior habetur: de *circumactione* vero sacram tulit legem Numas, apud Plutarchum *in Numa*, qui inter latas ab illo leges hanc refert: *Circumagas te, dum Deos adoras*. Adorationis itaque cultus Deorum proprium fuisse, quis inficias ibit? Quare longe fallitur Dalleus, ratus adoratione homines etiam aliquando antiquas gentes prosecutos esse, nisi adorationis nomine urbanos Orientalium gestus venire malit, qui sane olim neque deosculata propria manu, neque corpore circumacto fiebant. Apud ipsos enim Romanos eo propria Deorum adoratio erat, ut Suetonius in *Vitellio* adulatoris illius ingenium criminetur, qui *primus Cajum Cæsarem adorari instituit* (III). Hæc

---

(III) *Adoratione* Deos dumtaxat prosecutas esse Antiquas

Hæc equidem illa erant Deorum Manium jura, quæ *Sancta* esse, statutum erat inter Romanos Legibus duodecim Tabularum *Lege* XII. *Deorum Manium jura sancta sunto. Hos letho datos Deos Divos habento.* In qua profecto lege jura *Manium* appellantur *Sancta*, atque *Dii Manes* dicuntur *Divi dati letho*, hoc est, Dii, qui in *letho* versantur. *Divum* autem nomen aperte evincit illos inter minores Deos censitos fuisse apud Romanos jam tum ætate Legum XII. Tabularum. Hinc *Manes* apud Lucretium L. VI. *Divi* appellantur.

Ipsamet tandem, qua in funeribus, condiendisque defunctorum reliquiis Sacerdos utebatur, vestis testatur, sacra officia haud defunctorum animabus, sed Diis animarum illarum præsidibus illum persolvere. Servius enim in L. XII. *Æneid.*, impollutam Sacerdotis vestem describens, ait: *Impolluta vestis, & pura dicitur, quæ neque funesta sit, neque fulgorata, neque maculam habeat* Θ. K., homine mortuo. Vestis itaque illa, qua Sacerdos, justa persolvens, induebatur, maculam habebat Θ. K. Macula hæc varie torsit antiquariæ

tiquas gentes ex vetusta verbi hujus significatione facile intelligemus, cum idem illis esset *adorare*, ac *orare*. Hinc Ovidius *Trist.* 1. *eleg.* 1.: *Hac prece adoravi superos ego.* Quam sane significationem verbum illud servasse ad primum, atque alterum Æræ Christianæ Sæculum inter Latinos, docent Tertullianus, atque Arnobius, quorum primus L. 1. de *Idolatr.* c. VII. ait: *Attollere ad Deum Patrem manus matres Idolorum, bis manibus adorare.* Alter L. 1. *contra gent.* hæc habet: *Deum fuisse condenditis, Ox superesse adhuc creditis, & quotidianis supplicationibus adoratis.* Ubi vides *adorare* pro *orare* usurpari. Quod & ipsis Græcis proprium perinde fuisse videtur, cum vicissim illi verbum ευχισθαι tum pro *orare*, tum pro *adorare* adhiberent.

quariæ rei interpretum ingenia, hinc, missis quorumdam, ineptis certe, sententiis, quid macula sibi velit illa dicamus. Servius *maculam* appellat siglas Θ. K., igitur hæ siglæ pictæ vel intextæ in ipsamet veste Sacerdotis erant. Quis quis antiquorum rem vestiariam vel a limine salutavit, plane novit, illos literatas vestes, quas Macrus perperam *gammadias* appellat, habuisse; hinc apud Græcos, illos qui id genus veste induebantur, τριβωνοφορους dictos fuisse, scribit Suidas: τριβωνοφορος, ο φορων στολην εχουσαν σημεια ως γραμματια. Τριβωνοφορος *est gerens stolam, habentem signa, ut literas*. Vide inter Latinos Plinium Li. xxxv. c. 1x. de *Zeuside*, Vopiscum in *Carino*, &c. Hæ autem literæ quandoque integrum alicujus nomen repræsentabant, aliquando signa textrina; at siglæ erant in vestibus peculiaribus hominum certæ cujusdam conditionis: id genus sunt in veste funerea sacerdotis illæ Θ. K., quemadmodum Boetius L. 1. de *Consolat.* & illas vestis philosophorum fuisse, testatur, de his enim ait: *Harum in extremo margine* Π., *in supremo vero* Θ. *legebatur intextum, atque inter utrasque literas in scalarum modum gradus quidam insigniti videbantur, quibus ab inferiore elemento ad superius esset ascensus*. Igitur siglæ erant illæ Θ. K. in sacerdotali veste, quæ cum nomina indicarent *Deorum Manium*, ea de re *maculæ* appellantur a Servio; vestem enim, veluti commaculabant, atque funereis officiis dicatam ostendebant. At in veste sacerdotali, qua illi in funereis utebantur officiis, quis dicet intextas siglas rem sacram non indicasse, cum sacræ ipsæmet vestes Sacerdotum essent? adeoque siglæ Θ. K., quæ easdem repræsentabant literas, monumentis insculptas, haud defuncti *animas* denotasse, sed Θιους Καταχθονιους, Deos nimirum *subterraneos*, *Manes*; siquidem ut Latini monumentis D. M., ita Græci Θ. K. inscripsere.

Qua autem de caussa Sacerdotes Romani græcas siglas

glas in ejufmodi vefte ferrent, quare & græcas perinde literas ex Boetio Latini etiam philofophi, nonnifi ex veftium literatarum origine explicari poffe, videtur; fiquidem omnium prima Græcia, illarum inventrix, perinde ac figlarum, ut ex Xenophonte *Hifl. Græc.* L. IV. didicimus, veftes ejufmcdi Romanos docuit; quamobrem & hi antiqua monogrammata in illis fervarunt.

Ex his autem veftis funebris Sacerdotum Romanorum græcis figlis ufum forte, mihi videtur, derivaffe, fcribendi initio epithaphiorum Latinorum figlas illas Θ. K. græcè, ut ex lapidibus, quos fupra protulimus, cum effe illas veluti *Deorum Manium* facras, quippe facerdotalis veftis propriæ, facile Romani arbitrati fint. Mea fane hæc conjectura probabilior videtur illa Auctoris *delle Infiituzioni antiquario lapidarie*, typis editæ *Romæ* 1770., qui putat quadratarios, cum marmori figlas initiales per fe fe fculperent, aliquando marmori, in quo figlas Θ. K. fculpferant, ut græco epigrammatio pro re nata inferviret, latinum epitaphium fubfcripfiffe: Huic fane accederem fententiæ, fi Romanos marmorum caritate laboraffe crederem; at credat Judæus apella. Eo enim literæ illæ Sacerdotalis veftis defunctorum propriæ habitæ funt, ut prima faltem figla, ut ut græca, Latini ufi fint, veluti defunctorum infigni, eorumque propria nota. Sic in lapide apud Montfauconium *ibid.* 40. v. *Parte II.* p. 65.

Θ GN. OCVLINVS CN. L.
NICEPHORVS.
Θ OCVLINA CN. L. NICE.
V. L. SAFICVS ƆL. SVRVS

in qua nominibus defunctorum apponitur Θ, viventis vero nomini latina litera V., nimirum *vivens*. Cur autem, amabo, latinus quadratarius græcas appinxit figlas defunctorum nominibus, Latinam vero nomini illius, qui

vi-

vitam agebat, nisi quod ob usum illius siglæ in ipsa veste Sacerdotum Latinorum Θ., evaserat κατ' ἐξοχην nota mortuorum (IV). Hic sane siglarum græcarum in Latino epitaphio promiscuus usus, traditis ab Auctore *delle Istituzioni lapidarie &c.* regulis explicari nequit; ejus enim regulæ hoc de capite, certe imaginariæ, plane dilabuntur, easque evertunt inscriptiones illæ, in quibus nedum siglæ græcæ latinum epitaphium exordiuntur, sed integro græco epigrammatio latina sequitur inscriptio. Unum id genus lapidem heic seligam ex Gruterianis p. XCVIII. 6., in quo expresse θεοι καταχθονιοι leguntur. Sic:

ΘΕΟΙC. ΚΑΤΑΧΘΟΝΙΟΙC
ΓΛΙΚΩΝ. ΚΑΙ. ΗΜΕΡΑ

EX. VOTO	EX. VOTO

Tandem & vetustissimus marmor anaglyptico opere elaboratum apud eumdem Montfauconium, dilucidius nostræ suffragatur sententiæ, cum in illo venatoris cujusdam pompa funebris descripta videatur, pompam biga equorum sequitur, eamque præcedit homo ma-

---

(IV). Hinc falsum esse patet Johannem Andream Quenstendium, qui in opere *De Veterum Sepultura*, ap. Gronov. t. XI., docuit literam Θ. apud Romanos, notam militum fuisse. Vides enim heic *Oculinæ* etiam notam illam Θ, appictam: forte Quenstendius inter Amazonides illam referre non dubitarit. Vide & apud Gruterum Urnam sepulchralem Herenio, & Asseliæ positam cum Θ utrisque super notata, sic p. DCCCLXXIII. n. 5.

Θ.
HERENI
Θ
ASSELIAE
F. Q. X.

manu figuram quamdam, quæ literæ græcorum *thau*, atque Latinorum T accedit; hinc arbitror signum illum veluti funebris pompæ vexillum fuisse, neque eruditos latet, græcos indiscriminatim Θ pro T, uti T pro Θ usos esse.

Atque heic animadvertendum est, medio etiam ævo adhuc usum hujus siglæ Θ inter Monachos præsertim obtinuisse, veluti defunctorum notæ; quamobrem in antiquis tum Græcorum, tum etiam Latinorum Monachorum catalogis nomina defunctorum, ut a viventium illis discriminarentur, prænotantur sigla Θ; ut videre est apud Goldastum in *Collect. Monum. &c.*, Lambecium, atque Mabillonium *in Annal. Benedict.*

Hæc de Sacerdotali veste funebri diximus, ut græcarum siglarum vis magis magisque pateret. Ea autem veste Sacerdotem defunctorum justis persolvendis usum esse, aperte docet Servius illis verbis *homine mortuo*; quare Gutheri dubium nequit intelligi, qui L. 1. *De Jure Manium* c. XXIX. anceps hærere videtur in definiendo hujus vestis usu, eamque forte Pontificem, Diis Inferis sacra facientem, adhibuisse potius opinatur, cui equidem sententiæ ipsa Servii verba plane refragari, nemo non videt.

Ex his igitur, quæ usque adhuc diximus, procul dubio sequitur, *Deos manes* re ipsa penes Romanos *Deos* fuisse, quemadmodum & Græcos inter fuere θεοι καταχθονιοι. Quare & Romani quandoque Deos Manes appellarunt *Deos Avernos*, ut in lapide plebeæ cujusdam familiæ apud Montfauconium t. v. p. 1., ubi hæ habentur siglæ D. A. M., nimirum: *Diis Avernis Manibus*. Fallitur itaque Morestellus, qui *De Pompa Feral.* L. III. c. IV. scribit, exustione absoluta, filios, lectis parentum ossibus, illos salutasse, atque honoris gratia appellasse *Deos*; cum filii, perinde ac defuncti affines *Manes*, nimirum *genios* defuncti, salutarent, sive, ut rectius dicam, adorarent,

rent, eosque precarentur, ut Patri propitii essent. Illud sane mythologicæ Theologiæ caput erat, Manes, sive Genios pœnas etiam a reis apud inferos petere; unde Anchises pœnas enarrans eorum, qui *veterum malorum supplicia* expendebant, ait Æneid. L. VI. v. 743.

Quisque suos patimur Manies ...
hoc est, quisque nostrum, qui heic versamur, a nostris agimur Manibus. Locus sane perperam explicatus pro *passionibus*, cum de pœnis, externa vi illatis, illuc Anchisen loqui, nemo non videat.

Hoc sane, cunctis fere populis commune, Paganæ Theologiæ sistema, dilucidius testatur antiquum marmor apud Gruter. DCCLXXXVI. 5. Sic

ANIMAE. SANCTAE. COLENDAE
D: M.
FVRIA . SPES . L. SEMPRONIO . FIRMO
CONIVGI . CARISSIMO. MIHI . VT
COGNOVI
PVER . PVELLA . OBLIGATI . AMO
RI . PARITER
CVM. QVO . VIXI . TEMPORE . MINIMO
ET
QVO. TEMPORE . VIVERE . DEBVIMVS
A. MANV . MALA. DISPARATI . SVMVS
ITA . PETO VOS . MANES
SANCTISSIMAE
COMMENDATVM . HABEATIS
MEVM CONIVGEM . ET . VEL
LITIS
HVIC . INDVLGENTISSIMI . ESSE
HORIS . NOCTVRNIS
VT . EVM . VIDEAM
ET . ETIAM . ME . FATO . SVADERE
VELLIT . VT . ET . EGO . POSSIM
DVLCIVS . ET . CELERIVS
APVD. EVM . PERVENIRE

Hoc

Hoc profecto epitaphio nil dilucidius ad Deorum Manium doctrinam patefaciendam. Lapis sane *Diis Manibus animæ sanctæ colendæ* ponitur. En *Manes* ab *anima Sempronii Firmi* prorsus alii. Præterea *Furia Spes* conjugis defuncti Manes, quos *sanctissimos* appellat, ut *indulgentissimi* marito sint, precatur, cum suasum ei esset in illorum tutelam mariti animam ita esse, ut ab eorum penderet imperio. Quibus certe capitibus quotum est veteris Theologiæ sistema certe redit.

 Hoc idem postremo confirmant lapides Diis Manibus a nonnullis, etiam dum in vita agerent, positi, quorum copiam habes apud Gruterum, Fabrettum, Reinesium &c. Imo Templa quoque ipsis antiquos dicasse *Manibus*, nos docet longe vetustissimum epigrammatium apud Montfaucon. *Antiq.* t. v. Monumenti cujusdam tympano insculptum, quod opere anaglyptico tres puellas, manibus florum coronas tenentes, repræsentat. Inscriptio autem sic sehabet:

IN
HONORĒ
DOMVS DIVI
NAE, DIS MAINABVS
VICANI VICI PACIS

Sertorius Ursatus legit DIS MAIRABVS in Gruteriana lapidum sylloge, cujus equidem nominis vim assequi desperatus, maluit inter Deos indigetes & MAIRAS hosce referre. Olim & ego, Ursati λέξιν secutus, apud Orientales, antiquariorum quandoque perfugium, Deos illos, sive Deas quæsieram: at lapidis recta lectione, a Montfauconio restituta, attentius perpensa, vidi lapidem habere DIS MAINABVS, adeoque Diis ipsis Manibus tum illum, tum Domum *Divinam*, hoc est, *sacram* positam fuisse. At hæret in salebra nova prorsus nominis ratio; siquidem vox DIS, in masculino, ut ajunt, genere, cur

MAI-

MAINABVS in femineo adjungitur? Secundo. Quid sibi vult diphtongum illud AI in voce prorsus adiphthonga? Tertium nusquam *Manes* in femineo genere inveniri. Quibus brevi faciam satis, ut vel unicum hoc Templi Deorum Manium monumentum, corrupta marmoris lectione antehac ignotum, Diis illis vindicem.

Ex remotissima antiquitate argumenta opportune heic depromerem, si otiosum mihi esset in Phœniciæ Mythologiæ labyrintho versari, ut ostenderem utrumque olim Diis genus fuisse, atque mutuo illos quandoque *masculei*, quandoque *feminei generis* nominibus appellatos fuisse. In libro *De Christianæ Ecclesiæ Prece pro Principibus* hoc delibavi argumentum, atque Solem, perinde ac Lunam (quos *Manes* a græco Mnr, atque Hebraico מנה dictos auctoritate ipsius Macrobi, atque Clementis Alexandrini probavi) utriusque generis indiscriminatim fecisse veteres, ut ostenderem, tum Eusebii locum de Sole αυτοδηλω, tum Lævini alium de Venere sive *femina*, sive *Mare* protuli. Quamobrem hoc retractare argumentum tempus non vacat, præsertim cum nemo eos inter, qui vel a limine veterum Mythologiam salutarunt, ignoret, utrumque genus Diis perinde ac Deabus nullo discrimine tribuisse antiquos (V). His itaque deliba-

---

(V) Utrumque Deorum sexum ex Græcorum, pariter atque Romanorum Theologia Macrobius depromsit, qui *Saturn*. L. 1. hoc obiter tractat argumentum, de Venere locutus, cui utrumque sexum tribuisse antiquos tum ex Statua Deæ, Cypris culta, tum ex appellatione masculei generis αφροδιτος apud Aristophanem ostendit; unde definit apud Virgilium legendum esse: *Ducente Deo*, haud *Dea*. Idem confirmat Servius. Eadem erat Aegyptiorum theologia de Vulcano, & Minerva. Hymnus

in

batis, nemo demirabitur, *Manes* feminei generis cum DIS *masculei* simul inveniri. Verum quodvis evanescet dubium, modo *Manes* re ipsa utriusque generis fuisse apud antiquos Romanos ostendam: sane masculei generis illos fuisse, docent lapides innumeri, in quibus DIS MANIBVS, DEOS MANES passim legimus; atqui & femineo neque caruisse genere, epitaphium jam allatum *Furiæ Spei* testatur, in quo uno utrumque genus illis tribuitur, siquidem in eo legimus: VOS MANES SANCTISSIMAE, & paulo post Furia, eosdem *Manes* precata, *indulgentissimos* (*masculeo genere*) illos appellat: HVIC. INDVLGENTISSIMI ESSE. VELLITIS. At cur DIS masculeum cum MAINABVS femineum conjuncta? cum etsi utrumque fuerit illis genus, novum tamen sit, epithethon DIS masculeum Deabus tribui? dicet grammatista quidam morosus. Verum neque pernegem, epithethon masculeum DIS nusquam Deabus apponi; at heic *Dativum* (ut grammatici ajunt) MANABVS haud femineum, sed masculeum esse, in comperto mihi est: Ex antiquioribus enim lapidibus, olim *casum tertium pluralis numeri generis masculei* etiam in *abus* aliquando desiisse colligimus, quod ex iisdem lapidibus, ut μυρια id genus ex antiquis grammaticis argumenta præteream, satis erit ostendere. Sic apud Gruterum leges in quatuor lapidibus: *DIBVS*, apud Reinesium DIB. bis, apud Muratorium tres alios lapides, in quibus habes DIIBVS; ex quibus cuique constiterit, antiquam *dativi plu-*

---

in Lunam, Orphæo inscriptus, utrumque sexum Lunæ tribuit. Apud Carrenas idem obtinuisse dogma de Luna, & Luno, testis est Spartianus in *Caracal.* Arcana autem hujus doctrinæ ratio ex dogmatibus Stoicorum manasse nullus dubito; quod sane argumentum amicam manum mythologicorum adhuc desiderare videtur.

pluralis nominum *masculei generis* desinentiam in IS, pariter ac ABVS fuisse. Praeter Deorum nomen id genus metaplasmus aliis etiam in vocibus occurrit in antiquis epigrammatiis. Sic apud Grut. in lapide, Minucio Aselliano posito, legimus: ET FILIBVS SVIS, pro *filiis*. Apud Reinesium in alio Lapide L. Memmii legimus VITVRIBVS, pro *Vituriis &c.*; cum & Metaplasmus alter contra ea animadvertamus in lapide apud Gruterum, Tito Plautio posito, ubi legimus: AB ALIQVIS, pro *aliquibus*. Igitur sive mutuum genus Deorum spectes, sive antiqua nominum desinentia, nulli dubium erit, Manes utriusque sexus appellationem sortitos esse; vel si masculei generis illos dumtaxat velis, neque desinentia in *abus* huic adversabitur sententiae. Quod vero ad dipthongum AI pro AE, perplura id genus exempla ex re, atque orthographia lapidaria congerere possem, quibus neque novum id quadratariis fuisse, ostenderem, a quibus ut pote notis supersedeo, atque in voce MAINABVS illud AI pro diphthongo AE lego. Verum nullibi reperitur in voce *Manes* diphtongum illud Æ; scilicet: At longius res petenda videtur, ni mea fallus sim sententia; quandoquidem sic scriptum *Manium* nomen proximiorem vocis originem sapere videtur.

Manes profecto Maniae filios fuisse ex antiqua docuit theogonia Varro ap. Arnob., ut supra dictum est. Hujus meminit Deae Plutarchus, eamque Romanos coluisse, scribit in libro *Quaestion. Romanar. quaestion.* LII. cujus textum e re nostra erit heic proferre, atque ab inepta tum Pitisci, tum Velserii interpretatione vindicare. Sic itaque Plutarchus: *Cur Mane canem immolant*, ϰ ϰατυχονται μηδενα χρηστον αποβηναι των οικογενων latine interpretatur Velserius: *votoque petunt, ne quis domi natorum bonus fiat*. Implexa, atque longe obscura inter-

terpretatio, qua voti sententia plane ridicula evadit.
Errori ansam Velsero præbuit vox χρυσον, quam ex
vulgata lexicographorum sententia *bonum* reddidit.
Verum heic vox χρυσος derivanda est a verbo χραιω-
μαι *interficio*, unde & διαχραομαι *interficio* apud So-
phoclem, qui apud Suidam ait: κεινα χρησιμα τανδρος
illius cedes viri; hinc oritur & illud χρυσος Plutarchi, quod recte reddendum erit *interfectus*; ex qua
equidem significatione redit Plutarchi sententia, nimirum Romanos Maniam precari: *ne quis domi natorum* χρυσος *interfectus sit*. Hinc subdit Plutarchus,
αιτοιται μηδενα των συνοικων αποθανειν, hoc, nimirum,
voto *precati ne quis domi natorum moriatur*; ubi idem
Velserus, ut suæ vim adderet versioni, de suo addidit: *oblique precantur*. Sic itaque Plutarchi sententia restituta, ad rem redeamus: ille Deam
hanc Μανων appellat, nimirum *Manam*, atque
eamdem esse cum Græcorum Hecate, ibidem docet, ex quo intelligimus *Manam* Plutarchi eamdem
esse, atque *Maniam* Varronis, Manium Matrem, quæ
neque alia erat ab Hecate Græcorum, atque a Pro-
serpina ipsorum Romanorum; his sane Deabus illi
tum nascentium, tum defunctorum tutelam tribuerant.

A nomine autem *Manæ* ejus filios *Manium* illud sortitos esse, dicendum erit. Atqui Dea hæc *Mania* in
antiquissimo lapide *Mainia* appellatur, ad rem nostram
quod maxime attinet. Igitur inde & filiis *Mainabus*
nomen factum est cum eodem diphthongo in prima
syllaba. Lapidem ante hac ineditum, Capreis inventum in loco vulgo *Moneta*, servavit Nicolaus Paganus olim Archidiaconus Caprearum Ecclesiæ, qui pa-
trias antiquitates solertissime colligere studuerat, etsi, nescio quo fato, collecta, eaque peroptima, monumenta in transalpinas devenerint post illius obitum
manus. Forte itaque fortuna inscriptionum, quarumdam syllogem, ab illo congestam, a nepotibus obtinui

nui, in qua præter alias inscriptiones, quas pro re
nata, publici juris faciam, & hanc, de qua nobis
sermo est, inveni.
MAINIAE. M. S.
MEMM...... PR......
E. V. S.

Quam ita interpretatus sum: *Mainiæ Matri Sacrum Memmia Prisca ex voto solvit*. Hujus sane Deæ cultum in Insula magni fuisse, Templum haud longe ab agro, in quo lapidem inventum fuisse, scripsit Paganus, positum testatur. Templum autem maximam præsefert vetustatem, cum in ipsa sit montis cavitate, haud arte excavata, sed ipsamet natura efformata; cavitas semicircularem fere habet figuram, circum clivulo quodam, in Cavitatis imo basi quædam ex eodem lapide surgit, qua per gradus septem ad dexteram parvo cuidam plano patet ascensus, a plano ad decempedam fere extat loculamentum, ad cujus basim foramina apparent; illud autem iconis Maniæ, sive Mainiæ ædiculam fuisse puto, in iisque grandioribus equidem foraminibus vasa suffitus reposita arbitror. In ingressu autem hujus Templi duo extant concamerationes, muro quodam partim lateritio a se invicem disjunctas, quas templi culinas, atque officinas fuisse ex earum structura facile conjectare licet. Hoc autem templum etiam num ab Insulanis corrupta voce *Matrummania* appellatur; quare & siglam illam Inscriptionis M., *Mainiæ* appositam, *Matri* interpretatus sum. Maniam itaque hanc, a Plutarcho *Manam* appellatam, atque in Caprearum lapide *Mainiam* dictam, veluti Manium matrem Romani habuere, adeoque ipsis filiis quandoque *Manium*, aliquando, & *Mainabus* nomen fecere, servata prorsus materni nominis λέξι; quare & *Mainabus* dixere in lapide Montfauconiano cum a loco 1. in
pe-

penultima syllaba ex voce *Mana*, pro *Mania* apud Plutarchum.

Hæc addidisse non piguit, ut ne dum Romanos inter Deos recensuisse *Manes*, in compertum habeamus, sed & illis litatum sacrificiis, atque Templa dicata pariter fuisse, nemo adhuc dubitet; adeoque & ipsa Sepulchrorum epitaphia Diis Manibus defuncti, haud animæ ipsius defuncti posita, mecum quis quis argumenta hæc legerit, fateatur oportet.

§. III.

Appendix De Θεοις καταχθονιοις Græcorum. Qui fuerint illorum Δαιμονες, a Manibus Romanorum nequiquam diversi. Explicatur marmor Græcum, Capreis inventum, atque restituitur Dionis textus, in quo de Caprearum solo scribit ille, oscitanter a Reimaro lectus, atque interpretatus, indiligentius a Martorellio recusus.

Quemadmodum Romanis Deos Manes, ita Græcis Deos eosdem præesse Defunctorum animabus, suasum fuit. Hos autem Deos Græci Θεους Καταχθονιους appellarunt, verum peculiari quadam denominatione & Δαιμονες eosdem dixerunt, quod sane nomen dilucidius illud, quod de *Manibus* tulimus, judicium, plane confirmat. Si enim græcorum epitaphiorum siglas spectemus Θ. Κ., sepulchra apud illos sacra Θεοις καταχθονιοις fuisse, nemo inficias ibit. Hoc autem nomine DII, quos *inferos* Romani dixere, veniréntne, an *Manes*, hæret res, cum vox Καταχθονιοι *inferis* potius Diis communis fuerit. At si nemo dubitat, Romanis ipsos Græcos hujus dedicationis sepulchrorum auctores fuisse, sequitur; Romanos ad Græcorum epitaphiorum exemplum adhibuisse siglas D. M., quippe quæ adamussim responderent græcis siglis Θ.Κ. Hoc sane argumentum

liqui-

liquido evincit Θεους Καταχθονιους Græcorum eosdem eum *Diis Manibus* Romanorum fuisse; siquidem has siglas D.M. jure habemus veluti latinam interpretationem illarum Θ.Κ. Quis autem auccuratiorem desideraturus erit versionem illa, quam Romani, græce ad miraculum gnari, atque inter Græcos versati, concinnarunt? Verum enim vero Græcorum Theologia, Phœniciorum archetypa, a Romanis expilata, hos quemadmodum δωγμα illud de geniis, ita & alterum docuit de Δαιμονι *Dæmone* alterius vitæ præside; cujusmodi appellarunt forte genium potentissimum, quo mens moderaretur, quique fatorum defuncti in altera vita adhuc arbiter erat: Hinc apud Græcos Soli του δαιμονου nomen, perinde ac Jovi in *Orphicis* fuit (V). Antiquum hoc erat apud Græcos ipso Homeri ævo, qui Iliad. VI. *Deum* generatim δαιμον nuncupavit επιορκησω προς δαιμον *si pejeravero contra Deum*, & Plato de *Rep. L.* III. Deum appellat μεγιςον δαιμονα, quo epitheto Deum donavit, veluti universi moderatorem, ac præsidem; ex quibus sane testimoniis, sequitur, vocem δαιμων epithetum fuisse Deorum, qui summa vi præsiderent hominibus; quare & superis Diis aliquando tribuitur, perinde ac mediis illis, quibus a superis hominum tutela credita erat. Unde Philo, græcæ, perinde ac Hebraicæ Philosophiæ doctissimus, quos Moyses לאכים (in Vulgata *Angelos*) appellavit, δαιμονες reddit, eamdemque esse ambarum vocum

---

(V) Vox δαιμων Lexicographorum sententia a δαιμω, quibus autem argumentis nescio, oritur. At Græcis nonnisi vocis coagmentationem tribuerem, cum elementa illius sint partim peregrina; hinc facile conjicerem, ex eorum Διος & phœnicia voce מנה *Manah præfecit* &c. efformasse Δαιμονος *Deos præsides*. Id unum certo constat, vocem *Dæmon* apud Orientales non inveniri.

vocum vim docet. Hinc forte & Romani a Græcis pariter Deam illam *Matrem Manium* accepere, cum, (ut missa faciam argumenta ex *Magna Idea* Romanorum Dea) in glossis Philoxeni *Larunda* Romanorum, appellata fuerit Μητηρ δαιμονων *Mater Dæmonum* (VI).

Atqui Cicero φιλαληθης videtur de significatione hujus vocis dubitasse, cum L. *De Univ.* scribit : *Reliquorum autem, quos Græci δαιμονες appellant, nostri, opinor, Lares, si modo hoc recte conversum videri potest.* Ruit itaque argumentum ex Manium, atque των δαιμονων convenientia depromptum, dicet nasutulus quidam. Verum quis quis inordinatam Romanæ Theologiæ rationem, ætate potissimum Oratoris, noverit, illius non obstupescet dubium, cum apud ipsiusmet Ciceronis majores longe obscurior fuisset Larium γενεσις. Sat erit concertationes hoc de capite apud Macrobium legere : Aliam de hisce Diis tulit sententiam Virgilius *Æneid.* L. III., aliam Cassius Hemina, aliam Nigidius apud *Dion. Halicarnass.* L. I., tandem & Plautus *in Mercat.* v. 2. in diversa fuisse sententia

---

(VI) Quemadmodum *Manibus* fuit Mater apud Romanos Dea *Mana*; ita & eorum Patrem *Ditem* appellarunt illi : sic in lapide apud Turrem *De Deo Mithra*:

DITI
PATRI
IVLIA. BARACVS
FECIT. VIVA. SIBI

In qua vides & aras sepulchrales Ethnicos nedum Manibus, eorumque Matri *Maniæ*, sed & *Diti Patri* Manium posuisse, quem vulgo Plut. nem nuncuparunt. Eadem ratione passum Mythologici explicant nomen illud Plutonis in lapidibus (quod ipsummet Jovem quandoque tulisse in aliquibus legisse memini epitaphiis,) nimirum *Pluto Summanus*, quasi dicas : *Summus Manium*.

tia videtur. In tanta itaque quæstione merito Cicero dubitavit, *Lares* ne potius, quam *Pœnates*, aut *Manes* essent apud Romanos Græcorum Δαίμονες. Mihi vero præ Ciceronis dubitatione magni est faciendum antiquiorum Romanorum judicium, qui cum nascenti Latinorum mythologiæ fere suppares fuerint, Græcorum nihilominus Θεους Καταχθονιους, atque Δαιμονες *Manes* reddidere, ut, præter bene multa veterum testimonia, procul dubio ipsi antiquissimi lapides docent.

Ne vero a peregrinis marmoribus argumenta dumtaxat quærere, videamur, & nostratum lapides, qui nostræ suffragantur sententiæ, lubentissime asseram. Duo hi potissimum sunt, quorum unum vulgavit Martorellius noster altero *Thecæ Calam.* tomo, alterius adhuc inediti penes me fragmentum servatur, utrumque vero Caprearum Insula, græce olim gentis, protulit. In Martorelliano marmore, sive juvenis Hypati epigrammate, primus dystichon ad rem nostram maxime redit.

Οι Στυγιον χωρον υπονεμετε, Δαιμονες εσθλοι,
Δεξασθ' εις Αιδην, κή με τον οικτροτατον.

nimirum, ut reddit Martorellius.

Qui stygiam incolitis regionem, Dæmones almi,
Excipite intra Orcum me quoque ter miserum.

Ubi vides Hypatum Dæmonibus, veluti Diis, qui Stygiam regionem incolerent, se commendare.

Alterius lapidis, Capreis inventi, mihi quinto abhinc anno illic rusticanti a villico quodam oblati, una reliqua est pars, altera nautarum incuria deperdita, quibus lapidem, in duas partes confractum, Neapoli portandum credideram. At feliciter inter meas chartulas lapidis integrum epigramma inveni, quod, ut illum habui, excripseram, quare jacturæ minus dolendum mihi fuit. Marmor, græce elegantiori charactere scriptum, quamdam continet Caprearum legem, qua & a strepitu in foro abstinendum esse, perinde ac ab extruendis ibi Diis Manibus Aris, cautum eſt. Sic ǝpigramma illud ſe habet

ΔΗΜΟC * ΜΟΥΤΙC ΕΓΕΙΡΗ
ΚΕΛΑΔΟΝ ΟΥ ΔΑΙΜΟΝ. ΒΩΜΟΝ
ΕΠΙΑΓΟΡΑΝ Κ ΑΓΡΟΝ ΔΗΜΟCΙΟ

Latine autem ſic reddidi

POPVLVS * NE QVIS SVSCITET
TVMVLTVM NEQVE MANIBVS ARAM
IN FORO ET AGRO PVBLICO

A populo Caprearum legem iſtam latam, indicat ſolitaria illa vox ΔΗΜΟC, cui parvus ea de re obelus adſculptus eſt. Verbum τγηρη heic vocibus κελαδον, perinde ac Βωμος inſervit, forte ex utraque verbi τγειωο ſignificatione *excitandi*, *ciendi*, atque *extruendi*: De altera ſignificatione nulli dubium erit; de prima verò habes apud Pindarum, atque Heſiodum exempla. Ea itaque lege cautum erat, ne quis tumultum excitaret in foro, neve in eodem foro, perinde ac αγρω δημοσιω aram extrueret Δαιμον, vox a Δαιμονιω correpta, nimirum *Manibus*. Αγρον δημοσιον interpretatus ſum *agrum publicum* juxta indolem vocis αγρου, de qua mox. Ad Legis ſententiam quod attinet, duo videtur complecti, unum de ſtrepitu populari in foro, alterum, quod explicandum mihi erit, de aris Manium, ne vel in foro, vel in agro publico extruerentur. Prima ſane fronte, qua de re Aræ Diis illis denegaræ fuerint in agro publico, nequit intelligi, niſi quid ſibi velint Aræ illæ preſſius expendamus; ſiquidem nullibi gentium vel huic legi affinis altera obtinuiſſe videtur, cùm Diis ubilibet Aras excitare fas eſſet, imo antiquos in foro præſertim, pariter ac in publico agro non modò Aras, ſed & Templa habuiſſe, paſſim vetuſtiora teſtantur monumenta. Itaque cum ſermo ſit ea in lege de Aris τοις δαιμονιν ſacris, eo res redit, in inveſtiganda ſcilicet ſingularis hujus interdicti ratione. Atque ea ſane ne non nisi ex indole Aræ δαιμονων erit repetenda, quæ quidem Ara nil aliud erat ab ipsomet sepulchro quod, ut pote Δαιμονων dicatum, veluti horum Deorum Βωμος Ara haberetur, ut ex dedicatione lapidum de Romanorum sepulchris supra diximus; adeoque cum lex vetat, Aras Δαιμονων *Manibus*, in foro, atque agro publico excitare, nonnisi a sepulchris defunctorum hiice in locis extruendis abstinendum esse, jubet. Qua sane in re Caprearum gentis lex cum cunctarum gentium politia convenit, ubique enim populorum vetitum fuit, sepulchra in foro, vel locis publicis extruere, ut de Romanorum præsertim politia Leges Agrariæ testantur.

Ex hac autem legis hujus interpretatione, quæ vero, ni mea fallor sententia, prorsus similior videtur, patet & majoribus nostris, Phœniciæ ac Græce originis, unam eamdemque, atque antiquissimis Romanis, de sepulchris fuisse ideam, eaque sacra Diis Manibus eo habuisse, ut veriti non sint illa Aras Dæmoniorum, sive Manium appellare. Ex quo quidem veteris Theologiæ sistemate procul dubio usus inolevit, quo in ipsis sepulchrorum marmoreis cippis, quibus epithaphium D. M. vel Θ. K. inscriptum erat, insculptæ pariter fuerint sacrorum vasorum, aliorumque rei sacræ utensilium figuræ, cujusmodi fuere Pateræ, scures, aliaque id genus, quæ cum passim in cippis illis occurrant, nescio qua de causa defuncti Sacerdotis insignia visa sint Adamo in Historia Bolseni; quandoquidem plures ejusmodi cippos, cum pateris atque scuris, vel pueris, vel militibus positos fuisse, docent adtexta epithaphia. Unum autem restat de αγρω dicendum, quam vocem latine *agrum* interpretatus sum. Ne e diverticulo in diverticulum progredi videar, a commentario quod heic de *agro publico*, ejusque conditione adtexere possem, abstineam, atque de recta dumtaxat vocis significatione

tione id unum dicam, de eo certe loco ufurpari, apud græcorum vetuſtiſſimos, potiſſimum frugibus ſerendis aptiori. Lege Corſinium *Faſtor. Attic.* 10. 1., & 11. de hac voce.

Ex hac autem lege liquido patet, feraciſſimos fuiſſe Caprearum agros, qui ne *relligioſi* evaderent, excitatis Aris, ſive Sepulchris, adeoque culturæ minime obnoxii, ea lege cautum fuit; quare a Statio *Dites Capreæ* appellantur. Utinam terræ felicitati & incolarum indoles reſponderet. At opportune heic de Caprearum agro obiter dicenti, vindicanda mihi erit Inſula ab illata Caprearum ſolo injuria haud equidem a Dione, ſed a corrupta Hiſtorici hujus lectione, quam neque Reimarus, neque Martorellius animadvertiſſe piget. Sic textus Dionis periocha, in qua de Capreis ſermo eſt, ſe habet. Τὴν Καπρίαν παρὰ τῶν Νεαπολιτῶν ὥσπερ τὸ ἀρχαῖον ἦν, ἀντιδοὺς χώρας ἠλλάξατο. κεῖται δὲ οὐ πόρρω τῆς κατὰ Συρρεντὸν ἠπείρου, χρήσιν μὲν οὐδεν &c. Reimarus latine reddit: *Capreas a Neapolitanis, quorum antiquius erant, permutatione alius regionis redemit: Sita eſt hæc Inſula haud procul a Surrentana continente, ad nullam quidem rem utilis, &c.* Verſionem Reimari queritur *ibid*. Martorellius, atque illa χρήσιν μὲν οὐδεν reddenda potius arbitratur: *nil quidem ſpecioſius præſeferens.* Verum nullum ille profert novæ hujus ſignificationis vocis χρήσις monumentum, neque ullam vetuſtioris græci, vel ſaltem græculi cujuſdam auctoritatem laudat; hinc illi ſtandum velut Dictatori. Quin vero novas vocibus appingamus marte noſtro ſignificationes, vis hujus ſententiæ ex una vocis οὐδεν literula immutata, amanuentium oſcitantia, pendere, mihi videtur: Si enim pro οὐδεν, ut legit Reimarus, atque Martorellius, legeremus οὐδαν, una literula in immutata, ſtatim ſibimet Dionis ſententia conſta-

ret,

ret, neque videretur ille cum ceteris pugnare Historicis, qui Insulae ubertatem commendarunt. Sane οὖδος antiqua Graecorum vox, etsi deinde ad *viam*, atque *iter* significandom traducta fuerit, olim nihilominus *agrum*, *terram*, atque quemvis locum agrestem significasse, nemo in dubium verterit: ab exemplis supersedeam, ne lexica expilare videar, at Consule Henricum Stephan., & Franciscum Junium. Ad hunc itaque modum textus Dionis restitutus χρυσον μεν ουδον (εχουσα) commode reddi posset, *bonum*, *utilem equidem agrum habens*. Lubuit Capreates inter, atque Dionem excitata, amanuentium caussa, jurgia tandem composuisse.

Ut itaque adhuc dicta ad compendium conferamus. Graecis, qui Manes Romanis, Δαιμονες fuere, perinde ac θεοι Καταχθονιοι. His utrique Sepulchra dicarunt, cum Deos inter procul dubio illos referrent, adeoque siglae Lapidum D. M., atque Θ. K. signa dedicationis fuere, ut cuique innotesceret, Diis illis, haud equidem defunctis, Monumenta posita esse. Unde plane sequitur, antiquos in epitaphiis Defunctorum praestites Deos invocasse, etsi paullatim delitescente vetustiori theologia, siglae illae, veluti epithaphiorum initium se habuere ex quadratariorum more, cum ceteroqui integra apud eosdem Romanos perstaret antiqua Sepulchrorum Relligio, quae olim ex *Manibus*, quibus Sepulchra illa dedicari solebant, ortum duxerat. Cùm itaque, ut tandem aliquando ad rem nostram redeamus, in Christianorum lapidibus illae occurrunt siglae, quadratariis prorsus tribuendae erunt; neque ulli mirum erit, Episcopos illarum abusui minime obstitisse, cum ipsimet Romani jamdiu nullo loco siglas illas haberent, antiqua Manium relligione, praesertim quod ad Sepulchra, plane neglecta.

§. IV.

§. IV.

De vocibus Locus, *&* Loca. *Quid sibi velint in Christianorum, atque Paganorum Epithaphiis.*

Loculamenta, quibus Christiani olim in Coemeteriis corpora suorum condidere, *loci* nomine in ipsis lapidibus appellantur: Hanc autem Sepulchra appellationem apud ipsos quoque paganos sortita fuisse, aliquibus visum est; quare ex ea denominatione nulla desumenda erit rei Christianæ nota, modo ex una ea voce character lapidis pendere videatur. Tum Lupo, tum aliis, ο ταυ criticis, hæc oborta est forte sententia, cum, ni fallus sim, latum discrimen inter usum vocis *locus* in Paganis, atque Christianis lapidibus satis expendere neglexerint. In Paganorum sane lapidibus animadvertendum est, *locum* plerumque cum *olla*, vel *ollis* conjugi. Vide innumera exempla apud Lapidariographos. Præterea vox *locus*, vel *loca*, si unum, atque alterum excipias lapidem, in omnibus omnino epitaphiis non expresse, sed siglis adnotata occurrit, sic L. F. *locum fecit*, L. S. F. *locum sibi Fecit*, vel tandem L. S. V. F. *Locum se Vivus*, aut *Vivo fecit*. Quod si alicubi expresse *loca*, vel *locum* invenies, id fit tum, cùm *locus*, vel *loca* assignantur, ut in lapidibus apud Gruterum, aliosque, in quibus legata *locorum* pro sepultura libertis, Libertabusque facta legimus.

At in Christianis lapidibus *locus* numquam cum *Ollis* reperies; siquidem illi *Ollis* cinerariis, sive ossuariis nusquam usi sunt in Coemeteriis; neque, si quando illi ossa condidere extra Coemeteria, ollas in Columbariis collocarunt, vel *Ollæ* inscriptionem aliquam addidere, quemadmodum Pagani factitarunt. Deinde a siglis etiam illi abhorruere Christiani, atque expresse *locus*, vel *loca* scripsere, eo ut cum duo corpora vel tria unus idemque loculus con-

contineret, in apposito epithaphio illud indicarunt, voce partim græca partim latina *Bisomi*, vel *Trisomi*, a latinis numeris *bis* vel *tris* pro *tres*, & σωμα corpus. Hinc apud Boldettum t. I. legimus Inscriptionem Cœmeterii Gordiani. Sic

  SISINI BISOMV. ET AMPELIDES.

Et aliam Cœmeterii Callixti : Sic

  DONATA SE VIV. EMIT SIBI. ET MAXENTIAE LO-
  CVM BISOMV.

Neque in Christianis Epithaphiis aliquando legisse memini *loca* hæredibus, aliisque legata. Vox enim *locus* ad indicandum loculamentum, in quo defunctus conditus fuerat, adhibetur, quem certe dicendi modum frustra vel semel in paganis lapidibus quæres. In Cœmeterialibus lapidibus, loculamentis impactis sic legimus apud Boldet. *ibid.*

    I.
   LOCVS BENENATI
ET GAVDIOSAE COMPARES ✠
  SE VIVI COMPARAVERVNT
 AB ANASTASIO ET ANTIOCHO F̄S̄.
    II.
  LOCVS IOVINI FV. QVEM
 EMETAT SEBIBO SIBI ET SVAE
FIL.

Immo cum Christiani loculos quandoque numericis notis signarent (ut quisque ex appicta nota cujusnam esset defuncti loculus per se nosceret, præsertim cum præ loculamento nulla staret inscriptio), scribere solebant: *locus* addito numero (VII): Sic apud Lupum

           ex-

(VII) Obiter heic adnotandum, Romanos forte in suis Columbariis loculamenta etiam literis quibusdam distinguere studuisse. Huic conjecturæ ansam præbuit vetustissimum Columbarium lateritio opere, atque quinque grandiusculis

explicanda mihi videtur inscriptio diffracti lapidis, in quo subtus habetur equi figura, supra legitur
LOCVS IVS
cum enim illud nomen proprium dici nequeat, potius interpretarer LOCVS IVS, h. e., *locus quartus*. Antiquum enim Romanis jam erat quartum numerum his notis signare, eo ut *unius* figuræ I præiret V *quinti numeri* nota; immo ea potius quarti numeri nota oblectati videntur, veluti ceteris breviori; unde in lapide Romana maxime vetustatis apud Gruterum MII. n. 5. numerus quadragesimus sextus sic notatur: IVL., h. e., *quatuor de quinquaginta*. Quod vero ad appositam literam S attinet, neque novum hoc erit in antiquioribus lapidibus; memini enim apud Turrem *De Deo Mithra* hanc legisse inscriptionem:

D. M.
EVCHARIAE. ATTINIAE
CASSIVS. VELARIVS
V. A. P M. XXXIXM. M. II.

In qua litera M, notis illis numericis addita, desinentiam notare videtur secundæ vocis numericæ, nimirum *novem*; unde *Triginta noveM*. Alterum lapidem

---

lis loculamentis, architectura satis optima, constructum in loco vulgo *lo Seutillo*, altero ab Urbe milliario. In eo sane ab basim loculamenti unius occurrit litera A absque ullo *puncto*, quam veluti loculamenti notam habui: Diu ad alia quatuor loculamenta literas quæsivi, sed frustra; temporis enim injuria, perinde ac villicorum, in dies æstimabile illud monumentum labescit. Quid ni si Columbarium asello stabula evasit. Atque ego derorbati aselli (sæpius enim illuc ventitabam) pœnas dedi, cum villicus tandem aditum, quo in Columbarium itur, clathris clauserit.

pidem habes in *Memoriis Histor. Antiqui Tusculi*
Cl. *Matthæi*. Sic
D. M.
MANSVET. VIX. AN. XXIIIS.
DIEB. XIII.
F. CONI. F. M. H. N. S.
ubi litera S, notis XXIII. addita, cum numerica minime sit, vices gerit ultimæ literæ vocis *tres*, nimirum *VigintitreS*. Hæc dixisse non piguit, quo scitulis non videar marte meo lapidem a Lupo editum, atque notas numericas in illo insculptas, interpretatus:

Tandem *loci* nomine in Paganis lapidibus vel loculamentum Ollarum venit, vel integrum Columbarium. Illud testantur lapides bene multi, In quibus legimus LOCVM DEDIT ET OLLAS DVO, vel LOCVM CVM OLLIS, vel LOCA ET OLLAS. Alterum, ne longus sim, uno ex Gruterianis lapidibus ostendam, DCCCCLXIII. 5.

C. CAECILIVS. FELIX
ET C. CAECILIVS. VRBICVS
LOCVM. ITA. VTI. EST. CONCAMERATVM
PARIETIBVS. ET. PILA. COMPRAEHENSIS. LONGVM
P. VI. LATVM. P. VII. CONSECRAVERVNT. SIBI. ET
C. CAECILIO. RVFINO. ET C. CAECILIO. MATERNO. ET
LIBERTIS &c.   &c.   &c.
H. H. M. N. S.

Itaque *locus* appellatur Columbarium eum concamerationibus, parietibus circumdatum, atque pila ornatum.

Inter Christianas autem lapides *locus* appellatur, effossum in muro Cæmeterii loculamentum, in quo illi cadaver collocabant, quodque vel lapide, vel figulinis tegulis occludebant: Quod si loculamentum illud duorum, vel trium corporum capax foret, *bisomum*, vel *trisomum* appellabant, ut dictum est. Hinc *locus* Paganis erat loculamentum cinerum, haud equidem
dem

dem corporis, adeoque *locus* ollas, minime quidem corpus continebat, ut ex omnibus plane Paganis epithaphiis colligimus. Cum contra ea Christiani, qui a comburendis corporibus relligiose abstinuere, *locum* appellarent illum eumdem loculum, in quo corpus defuncti collandum erat.

Quamobrem & latum illud discrimen inter Paganorum, atque Christianorum *loca* praeterendum non erit. Siquidem illos in epithaphiis *loca* vel *locum* emisisse numquam leges; passim enim legimus in Paganis epigrammatiis LOCA SIBI FECIT, vel LOCA DEDIT, ASSIGNAVIT &c., cum loci nomine vel loculamenta Columbarii venirent, quae vel amicis, affinibus, vel Libertis *legabant* Romani, idemque *legatum* in lapide exarabant; vel si *locus* ipsummet erat Columbarium, certe vel pretio emptum vel comparatum dici non poterat, cum lege vetitum foret, propria venalia facere Columbaria, ut inferius dicemus. Christiani nihilominus, qui evangelicae paupertati studebant, a funerariis praesertim sumptibus prorpus alieni, nulla habuere Columbaria, quandoquidem ollis corpora nusquam condidere, neque *loca* aliis legarunt. Quamobrem *locum* illi vel pro se vivi emebant, vel maritus conjugi, Filius patri, amicus amico sepeliendo comparabant; qui sane *locus* nihil aliud erat, nisi loculamentum in muro Coemeterii effossum. Atque heic explicanda erit phrasis nonnullarum Inscriptionum Christianarum de *loco*, pretio comparato. Pagani enim *loca*, h. e., Columbaria faciebant, nimirum a fundamentis extruebant in proptiis plerumque fundis, vel in alienis, fundi portione a domino empta. Christiani autem numquam locum Coemeterii, sive spatium muri, emisse dicendum erit, cum communia Coemeteria forent, sed a fossoribus *loca* emebant, operae pretium iis dantes, effossionis ergo. Hinc celebre apud priscos Christianos

nos fuit *Fossorum* munus, quorum opera maxime egebant, eo ut illos in cleri albo cooptare, veriti non sint. Hi itaque mercede conducti, loculamenta effodebant, vel illa effossa venum dabant, ut ex lapidibus Christianis intelligimus. Sic in allato n. 1. epitaphio Benenatus, & Gaudiosa Conjuges *locum* comparaverunt ab *Anastasio*, *& Antiocho* FS., h. e., *Fossoribus*. Alterum id genus monumentum habes apud eumdem Boldettum ib. t. 11. Sic

FL. STELICONE V. C. SVB DIE X. KAL.
SEPTEMBRES EMIT SOTERES SE VIVA
ET MARITO SVO VERNACOLO
COMPARI SVO EMIT A
CELERINO FOS.

Eademque ratione interpretanda erit hæc sepulchrorum coemptio, iique, a quibus empta illa dicitur, inter Fossores habendi recte erunt, etsi plerumque Fossorum nomen venditorum nominibus non adscribatur, ut in lapide Cœmeterii Priscillæ

CN. VEIDVS LOCVM SIBI EMIT
AB ASELLO ET DEMETRIO

Asellus, & Demetrius e Fossoribus certe erant, qui aliquando & *Fossarii* dicti, ut ex lapide Cœmeterii Calepodii

FELIX FOSSARIVS IN P.

Vide de Fossoribus plura apud laudatum Boldettum.

Ex his itaque liquido patet nomen *loci* longe diverso modo in Paganorum epitaphiis, atque Christianorum illis inveniri; hinc ex adjunctis facile quisquis videt latum illud discrimen inter *locum*, & *loca* Christianorum, atque Paganorum in utrorumque lapidibus. Præsertim cum in Christianis lapidibus ex iis, de quibus diximus, argumentis nusquam *loca* plurali numero, ut Romanis frequens erat, de loculamentis Ollarum locutis, sed *locus* singulari numero ubique invenies.

Postremo neque silentio prætereram, qua de caussa
Chri-

Christiani *locum* adhuc vivi, comparare studerent; id quod ex epithaphio quodam Coemeterii Callixti forte patebit, ne scilicet defuncti corpus, diu, usque dum loculamentum a Fossoribus excavaretur, inhumatum maneret; quod aliquando passim accidisse non dubito, vel cum Fossores aberant, vel cum id genus artificibus, invalescente persecutione, carerent. Dilucide res explicatur in hujus Christiani epitaphii fragmento apud Boldettum.

FORTVNATVS SE VIVO SIBI FECIT
VT CVM QVIEVERI IN PACEM IN (*Monogramma*)
LOCVM PARATVM HA . . . .

locum, nimirum, *paratum haberet*. Haec de loco, deque ejusdem vocis apud Christianos, atque Paganos differentia.

§. V.

De communi Paganis, aeque ac Christianis more adnotandi Epithaphiis dies obitus defuncti, atque illius vitae.

Laudibus certe frustrandum minime erit Cl. Lupi studium in expendendis Nonarum, atque Kalendarum notis, ne quis cum Mabillonio, Fabrettio atque praesertim Justo Fantaninio, falsus, Nonas, atque Kalendas Epithaphiis adnotatas, veluti indubium Christianarum inscriptionum characterem haberet. Unum dumtaxat in eo displicere videtur, nimiam operam abuti in iis e Grutero potissimum exscribendis epithaphiis, in quibus Nonae, atque Kalendae occurrunt; cum in id genus lapidibus Kalendae, atque Nonae haud obitus defuncti diem, sed diem dedicationis Sepulchri denotent; id quod & ipsemet fatetur Lupus, quamquam nescio qua mente dicat: *Esto enim haec vera sint. Dummodo dies aliquot memorentur in Epithaphiis Ethnicorum*, jam falsum est, *epi-*

tha-

taphia illa excludere omnino omnem memoriam Kalendarum &c., quod ad regulam, de qua quaerimus, vel evertendam, vel limitandam sufficit. At regula, de qua quaeritur, de iis est Nonis, atque Kalendis, quibus dies obitus defuncti designabatur, quod ex Gruterianis illis lapidibus inferri nequit, cum in illis Kalendae &c. denotent diem Dedicationis Arae Sepulchralis, Ossuarii &c.; cui enim suasum erit hasce inscriptiones Mabillonium, Fabrettium, Fontaninum nusquam legisse?

Eo itaque quaestio redit, num Pagani diem obitus in epitaphiis, quemadmodum deinde Christiani fecere, Kalendis, Nonis, Idibus designarent, quicquid fuerit de Dedicatione Sepulchri, quae nostrum non interest. Scitissime itaque idem Lupus hunc morem apud Paganos obtinuisse, ostendit ex quampluribus illorum epitaphiis, e quibus unum, atque alterum seligimus ex Grutero p. DLXXVIII. 1., DXCIX. 9.

I.

M. VLPIO. AVG. LIB.
PHAEDIMO. DIVI. TRAIANI. AVG.
A POTIONE. ITEM. A LAGVNA. ET
TRICLINIARCH. LICTORI. PROXIMO. ET
A COMMENT. BENEFICIORVM. VIXIT
ANN. XXVIII. ABSCESSIT. STELINVNTE. PRI.
IDVS. AVGS. NIGRO. ET. APRONIANO. COS.
&c &c &c

II.

D. M.
DIADVMENO
AVG. L. PRAEPOSIT
ORDINATO. VLTRO
A DIVO. TITO VIII. CoS
EXCESSIT
IIII. IDVS. SEPTEMB.
&c &c &c

Praeter obitus diem, & sepulturae quoque illum Pagani in epitaphiis adnotarunt. Sic apud Lupum ex Fabretto, atque Gorio habet Epitaphium Hilarae minoris

noris, in quo legimus.

 SEPVLTA. EST. A. D. VI. K. APRILES
 T. CLAVDIO, NER. P. QVINCTIL. VAR. COS

Aliud ex Fabretto epithaphium Titiæ Phœbes sic se habet apud eumd. Lupum, in quo OSSA Phœbes dicuntur

 CONDITA. XIII. K. OCTOBRIS GERMA
 NICO. CAESARE. C. VISELLIO COS.

Verum quamquam in Ethnicis Epitaphiis tum dedicationis Aræ Sepulchralis, tum etiam obitus dies Kalendis, Nonis &c. adnotatos inveniamus, id unum sequitur, hunc morem a Paganis Christianos accepisse; at nullum inde suboritur argumentum, quo vel parum inficiari possit longe latum discrimen, quod ex eadem nota inter utrorumque epithaphia interest. In Christianis etenim epitaphiis notas Kalendarum, Nonarum, &c. nusquam fere a voce illa *depositionis* sejunctas leges quemadmodum neque in uno ex Christianorum antiquis lapidibus voces illae, quibus obitus notatur in Ethnicis, nimirum *Excessit*, *Abscessit* &c. occurrunt; eo ut nemo inficias ibit, data opera Christianos ea *Depositionis* voce usos esse, ut fusius infra dicemus. Quamobrem nihil hanc notarum concordiam moratus essem, mea quidem sententia, nisi excitatae ab aliis quaestioni satis faciendum fuisset.

 Majores suos itidem imitati sunt Christiani, qui annos, menses, dies, atque ipsas vitae defuncti horas in epithaphiis notare studuerunt. Passim enim Pagani id fecere, ut marmora eorum sepulchralia testantur, quae habes apud Fabrettum L. 11.. Heic unum ex Lupo excribam Musei Kircheriani.

   D. M. S.
  MODIAE. IVCVNDAE.
  FECIT. MODIA. FLORE
  NTINA. O FILIAE
  PIENTIS SIMAE
  VIXIT ANNIS. VIII.
  MENS. XI. H. VIII (*Horis*)
  SIBI. ET. SVIS. POS In

In eo autem non modo Anni, menses, sed & horæ, quibus vitam degit *Jucunda*, notantur. Hisce Majorum vestigiis Christiani institere; quare annos pariter, menses, atque dies defunctorum epithaphiis adnotarunt, horas vero raro; etsi, instituta inter Christianorum, atque Paganorum epitaphia comparatione, in illis frequentius, quam in his, descriptas horas legas. Ab exemplis epitaphiorum, in quibus anni, menses, diesque notantur, libenter abstineam, cum tot sint, quot fere sunt sepulchralia epigrammatia: unum atque alterum seligam de *horis*. Apud Boldettum legimus epitaphium Dorothei si::

DOROTHEO FILIO DVL
CISSIMO QVI VIXIT M. VI.
D. XX. OR. IIII. IN PACE.

Ne autem putes de infantulo dumtaxat tantum curae parentibus fuisse, en & epitaphium alterum Coemeterii S. Processi apud Lupum, in quo horæ vitae, *Ianuariæ* virginis undeviginti annorum describuntur, sic:

ZENVARIA BIRGO PVELLA QVE
VIXIT ANNOS XVIIII. MES. DVO: D. XXVII. OR. IIII.
hoc est, *Dies viginti septem, oras* (litera H deficiente, ut in ceteris ferme cunctis Christianis epithaphiis) *quatuor*. Id & Græcos inter Christianos obtinuisse, *Stephaniæ* græco titulo probat Boldettus:
CTΕΦΑΝΙΝ ΕΖΗCΕΝ ΕΤΗΕΜΗΝΕC. Δ. ΗΜΕ
ΡΑC I. ΒѠΡΑCΙΑΣ ΕΝΠΤΑ
h. e: *Stephania vixit Annos quinque, menses quatuor, dies duodecim, horas decem. Irreprehensibilis*. Ex interpretatione Boldetti, qui ultimas duas voces ΕΝ ΠΤΑ, in unam veluti coalescentes, reddidit: *Irreprehensibilis*; at ubi nam viderat hanc vocem, ubi & hanc significationem, satis non video, quin e suo forte
illam

illam depromserit, ceteris ignotissimo, penu. Remotis vero jocis, penultima illa vox mihi videtur indicare proprium nomen *Borasias*, pro rudi illius ævi genio, nisi velis interpretari *Barachias* literis ω pro α, atque c pro χ usurpatis, quod equidem nomen ex Scripturis Sanctis petitum fuisset. Ultima autem videtur εντα pro εντιττα *Sculptor*, nomen *græcobarbarum* (quod invenies in Append. Lex. *Græco-Bar.* Cangii), factum ex verbo εντυπω *insculpo*; hinc illa Βωρασιας εντα indicarent nomen illius, qui monumentum, sive lapidem puellæ Stephaniæ sculpserat; atque ita nulla haberetur *horarum* mentio.

A conjecturis autem ad rem nostram redeamus. Christiani aliquando qua quis diei parte, quave partis illius hora obiisset, adnotare epitaphiis solebant, ut in illo Cœmeterii Prætextati apud eund. Boldett.

AVRELIA EVGENIA BENEMERENTI QVE VICXIT ANNIS XXIII MENSE VNO DIES XII. ORA NONA, DEPOSITA NONV KAL. HOCTOBRES.

Siquidem *hora nona* ea est, in qua illa obiit, nimirum *hora nona diei duodecimi*: Depositio porro Kalendis notatur. Dilucidius hoc idem docet lapis Cœmeterii Priscillæ *ibid*.

DOMITIA IVLIANETI FILIE IN PACE QVE BIXIT. ANNIS. III. MESIS. X. ORAS XEX*NOTIS. DEFVNTA EST IDVS MAZAS pro *Majas*. *Sex Noctis*

in eo sane cum vix sex horas *Julianeta* ultra *decimum mensem* vixisset, atque noctis, a qua dies incipiebat, sex horæ decurrissent, hoc diligentissima Mater præterire noluit. Ex quibus facile colligimus, Christianos *Adversaria* instituere, eisque suorum dies natalitios, atque horas summa relligione exarasse; quare merito effrenæ criticæ quorumdam scitulorum dubia ridimus, quibus suspectæ videntur accuratæ notæ, annorum, mensium, atque dierum, quas in publicis

Epi-

Episcoporum actis passim invenimus. Tandem animadvertendum erit, Christianos, pariter atque Paganos *menses* in epitaphiis quandoque ultra *duodecimum* adnotasse: ex Paganis unum seligam Gruterianum lapidem p. DCLXXXVI. 7.

IANVARIAE QVAE VIXIT. ANN. XIII. MEN.
XL. D. IIII. FECIT Q. MAGIUS. HILARIO. PATER
FILIAE. DVLCISSIMAE. ET S. P. Q. S.

Inter Christiana vero id genus epitaphia illud habes apud Gretser. *de Cruce*, &c. Sic

IVLIA. SIBINILLA VIXIT A.
VIIII. M. XVIIII. D. I. B. M. IN PACE

Imo in Syntagmate Gudiano p. DLXIII. 30. apud Philip. Mazochium Dissert. *de Actis Hilari* legimus, dies etiam ultra trigesimum primum notatos in Epithaphio Kampani

EX DIE ACCEPTIONIS SVAE VIXIT DIES LVII.

Ne autem aliquos moretur Sigla quædam, numericis hisce notis in Epitaphiis Christianis præposita, animadvertendum erit, aliquando ante numerum Annorum, mensium, vel dierum reperiri literam N., quæ interpretanda est *numero* tot, ut in Masattæ lapide apud Boldettum.

MASATTA. QVE. VIXIT. ANNOS. N. XXXIII. ET
MENSES. N. III. ET DIES. N. VIII. QVE. VIXIT. CVM
VIRGINIO. SVO. SINE. VLLA. DISCORDIA. ANNOS. N.
XII. MENSES. N. VI. ET DIES QVINQVE. IN. PACE.

hoc est, in prima, & secunda linea: *Annos numero* XXXIII. *& menses numero tres, & dies numero octo.* In tertia vero, & quarta: *Annos numero* XII., *menses numero* VI. *&c.* Nequidem hoc Ethnicis novum ceteroqui fuisse, etsi frequentissime in Christianis, perraro in illorum lapidibus invenies, docet epitaphium Valerii, quod ex schedis Antonii Augustini vulgavit Gruterus DCCCCLXXX. 5., cujus decima linea sic se habet:

V. B. QVI. VIXIT. SINE. VLLA. QVERELA. CVM
CONIVGE. INFRASCRIPTA. ANNIS. N. LV.

h. e: *Viro benemerenti, qui vixit sine ulla querela
cum conjuge infrascripta annis Numero quinquaginta
quinque.* Aliquando Christiani, ut N. distinguerent a
notis numericis, parvum o literæ N. superaddidere,
ut in epithaphio *Domini* apud eumd. Bold.

DOMINO FILIO DVLCISSIMO CHALLOTI (VIII.)
VIXIT IN PACE ANN. N.O III. M. VIII.
&c. &c. &c.

At quandoque Christiani, vel deperditis Adversariis familiaribus, aut alia altera de caussa, cum de
die, aut mense defuncti quodammodo subdubitarent,
utpote veritatis studiosi, dubie rem quoque illam scripsere; atque hinc orta phrasis illa: *Non Plenis*, ut in
lapide Tinei *ibid.*

Q. TINEIO. HERCVLANO. FILIO
DVLCISSIMO. ET. INNOCENTISSIMO
QVI. VIXIT. ANNIS. XII. NON PLENIS

Hinc vulgatissimas illas siglas a Paganis ipsis nostri accepere, nimirum P. M., h. e, *Plus Minus*,
quibus annorum dubium indicarunt; quare sæpius hæ
Siglæ in nostris lapidibus occurrunt. In Paganis illas
aliquando leges, frequentius in Christianis: Has apud
Muratorium, Fabrettum, Boldettum habes, etsi varie scriptas, nimirum passim P. M. *Plus Minus*,
aliquando PM. sine media interpunctione, vel cum
superradita lineola; sic: PM., vel PL. MI., quandoque

(VIII) Vide vocem græcam, sed de formatam, latinis
literis scriptam a Patre, defuncto puerulo blandienti,
quem latine *Challotem* pro græco vobulo κάλλιστον *pul-
cherrimum* appellat, græce certe parum gnarus: de hac autem *superlativi*, ut ajunt, desinentia in græcis vocibus,
a Latinis medio ævo usurpatis, sermo redibit in nostra
de *Coemeter. Neapolit.* Dissertatione

que P. L. M. cum interpunctione inter ipsas literas vocis *Plus*, ut in Lapide *Lucena* apud Boldettum, in qua sic se habet altera linea

ABVIT. A. N. N. P. L. M. XXXI., &c. h. e., *Abuit* (sine 'H) *AnNos* (cum interpunctione, qua forte quadratarius hic nimium oblectabatur, inter literas vocis *Annos*) *Numero PLus Minus triginta unum*. In aliquibus vero unam invenies P. cum superposita lineola, quæ se habet veluti initialis Litera vocis *Plus Minus*; quemadmodum in *Nabire* epithaphio ap. Murator. CMLXXXII. 7.

NABIRA. IN. PACE. ANIMA. DVLCIS (pro *quæ*) QVI BIXIT ANOS P. XVI. M. V.

Sigla vero P. sine ulla lineola interpretanda est dumtaxat *Plus*.

Vnum vero silentio prætereundum minime erit, hanc nimirum formulam *Plus minus* Christianos, lapidarium potius stilum secutos, quam defectus memoriæ annorum caussa, aliquando adhibuisse. Huic conjecturæ aditum fecere quædam illorum epitaphia, in quibus formula illa, pariter ac numerus annorum, atque mensium occurrit. Qui enim fieri poterat, ut quis de annorum defuncti certo numero dubitaret, cui & ipsos quoque menses, diesque vitæ illius comperti erant? Inter bene multos, quos heic ex Lapidariographis excribere possem, id genus lapides, duos potissimum adhibeam; unum Coemeterii S. Helenæ, alterum Ciriacæ, utrumque apud Boldettum.

I.
REFRICERIVS. QVI. VIXIT
ANNOS PL. M. VI. MENS. VIIII. D.
V. QVESCET. IN PACE

In quo præter Annos, etiam *menses novem, & Dies quinque* enumerantur.

II.

II.
ANIMA.DVLCIS.PATERNA.QVE
VIXIT.MECV.ANNIS. P.M.A.XL.
DI. XXII. CONIVGI. CASTISSIME

Heic vides quadratarium figlis nimium indulgere, cum etsi expresse scripsisset *Annis*, rursus post illa P. M. *Plus Minus* adjecit siglam A., h. e., *Annis quadraginta, Diebus duodecim*. Apud Græcos idem invaluit mos, ut sigla quadam dubium annorum indicarent: sigla vero plerumque erat litera Π, prima vocis πλιον ηλαττον *Plus Minus*. Hoc autem animadvertendum duxi, ne quis, ut aliquibus accidit *antiquariis*, literam illam Π. pro nota numerica usurpet.

§. V.

De eo lapidum ornamento Ethnicis, atque Christianis communi. De lapidibus ansatis: Quid animalium figuræ in Lapidibus Christianis. Quid bigæ, quadrigæ, coronæ. De Pedum vestigiis in Christianis, pariter atque Paganis lapidibus. Varia ea de re conjectura. Tomasinius notatus, atque Lupus. De Geniis nudis, & tunicatis: num hi recte Bottario Angeli visi sint. De victoriolis, Centauris, Caryatidibus, Telamonibusque, Sepulchris Christianorum appictis.

Quemadmodum nostri aliquibus Paganorum lapidariorum genium, secuti sunt; ita in ornamentis lapidum rem omnem quadratariis sortè credidisse, fatendum erit, qui quandoque consueta ornamenta & Christianis quoque epithaphiis appinxere. Quamobrem nemini mirum erit, in ipsis Christianorum titulis profanas quasdam figuras, atque aniles nonnullas Ethnicorum fabellas ocurrere. De hisce sigillatim ornamentis heic brevi dicam, infra de illis Christianorum dumtaxat propriis.

In-

Inter id genus itaque lapidaria ornamenta nonnulla ad artem quadratariam pertinent, alia vel ad defuncti nomen, vel ad illius munus, tandem & alia e mythologica re petita omnino videntur.

Quæ itaque artis lapidariæ sunt, primo ad ansas lapidi hinc inde appictas pertinent. Sane in Romanis lapidibus passim habes trigona quædam cum ansis, quibus lapis terminatur, ut observat Lupus, eamdemque præseferunt figuram nonnulla elegantiora Christianorum marmora, quæ habes apud eumdem Lupum. Sic lapis Antoniæ cum illius effigie, media inter inscriptionis verba, apud Boldettum.

| ANTONIAE FILIAE DVLCISSI |
| — ME PAREN TES IN PACE — |
| — QVAEVIXIT ANNIS IIII — |
| MES VIIII D XX IN PACE |

At quid sibi velint hæ ansæ, *schedulis*, ut quadratarii ajunt, sive trigonis illis appictæ, neque unus antiquariorum, neque ipse, ceteris solertissimus, Lupus vel obiter expendere curarunt, contenti quadratariorum genio illas tribuere. At neque hi sine ulla caussa *ansas* schedulis adjecisse, mihi videntur.

Mea itaque sententia, quadratarii, indolem schedulæ imitati, merito ansas illas schedulis addidere. Omnibus enim pervulgatum est, olim membranis scripsisse veteres, quæ cum teretes essent, nisi vel manu, vel alia quadam ratione, expansæ tenerentur, in semet ipsas redibant. Quadratarii cum inscriptionem marmori, vel sarcophago insculperent, illam veluti membranaceo volumini appictam effingebant; hinc ne membrana, quæ expansa staret oportebat, præter sui naturam suapte teretem, eo stare modo videretur, ut rem native exprimerent, ansas illi effictæ membranæ addidere, quibus hæc veluti evoluta retineretur,

ut

ut cuique inscriptio legenda se se offerret. Hanc, a ceteris adhuc neglectam, ansarum schedulæ lapidariæ rationem plane detegunt antiquiora nonnulla marmora, in quibus unus, atque alter Genius ansam hinc inde manu tenent, quasi ne efficta membrana in se regressa, videndum, legendumque titulum neget. Sic in lapide Metilinæ apud Lupum, aliisque ex Christianis apud Boldettum, Bottarium, aliosque: E paganis vero id genus lapidibus innumera habes apud Montfauconium *les Antiqui. Illustr.*, apud Gorium &c. Hic sane stetit quadratariis mos medio ævo, uti Musiva apud Ciampinium passim testantur, atque stat ad nostram usque ætatem. Quæ cum sit harum ansarum ratio, nil est, quod Christianis ab illis abstinendum fuerit in eorum sepulchralibus præsertim lapidibus; non enim ex Idololatria, sed ex artis lapidariæ optimis regulis manaverat.

Hoc unum, quod artem lapidariam interest, notatu dignum erit, cetera vero vel ordinis architecturæ, vel elegantiæ artis sunt, ut cenothaphia præsertim illustrium virorum, in quibus columnæ dorici, vel plerumque corinthiaci ordinis apparent, perinde ac marmor affabre canaliculatum inter anaglypha. De his nostrum non est heic dicere.

Hinc ad alterum ornamenti hujus, de quo sermonem instituimus, caput: Christiani animalium potissimum figuras quasdam Sepulchrorum suorum lapidibus appingere consuevere, quæ nominibus defunctorum quodammodo alluderent; quod ex maxima etiam illos antiquitate derivasse, patet ex lapide Familiæ Valeriæ, cujus prænomen *Ascicutus* spectat figura quædam, marmori insculpta, parvæ asciæ. Idem videre est in alio lapide (utrosque habes ap. Fabrettum, primum p. CLXXXVI. 3., alterum CXX. 7.) Familiæ Slaccorum, in quo occurrit piscis Clupeæ figura.

Hinc

Hinc itaque factum est, ut aliquando antiquum hunc morem & nostri secuti fuerint; unde inter nonnulla ejusmodi monumenta, animalium figuræ, nominibus alludentes, occurrunt; ut in lapide mulieris cujusdam nomine *Porcella* ex Cœmeterio S. Ipolyti apud Boldettum, in qua imo lapidis parva quædam Sus prostat. Inscriptio sic se habet.

PORCELLA HIC DORMIT IN P.
VIXIT ANN. III. M. D. XIII.
(*heic Suis figura*)

tum & in lapide *Aurelii Agapiti Dracontii* ap. eund., in qua extat quædam anguis figura, quæ nomen *Dracontii* spectare videtur. Imo & in ipsa quandoque calce, vel arenato loculi animalis figuram, nomini defuncti alludentem, graphio effingere solebant, ut de *Onagri* loculo in Cœmeterio Callixti narrat Boldetrus l. 11.: Loculo sane impactum marmor cum inscriptione:

ONAGER QVI VIXIT ANNIS XXXVI.
VIXIT CVM COZVGE*ANNOS III. (*pro *conjuge*)
COZVX FECIT BENEMERENTI

in ipsomet vero arenato, sive calce monumenti efformatus erat *Asinus*, qui nomini *Onagri* alludebat. Hinc aliquando verba ipsa inscriptionis Symbola quædam spectare videntur; quemadmodum in lapide *Julii* ap. eumd. habetur duplex *dolii* figura, alludens Patri *dolenti*, cum voce latina, pro ævi inscitia satis corrupta, *doliens* pro *dolens*, sic:

IVLIO FILIO PATER DOLIENS
(*Dolii figura*)   (*altera dolii figura*)

figura doliaris alludit verbo *Doliens*. Ceteroqui mystica quadam significatione Dolia lapidibus appinxere Christiani, de quo quidem symbolo mox dicam. Ita & in fragmento antiquissimi lapidis Cœmeterii nostri Neapolitani, quem olim pro titulo Sepulchri S. Januarii Aediculæ primæ Cœmeterii fuisse, in mea Disser-

fertatione oftendam, nunc vero cum aliis lapidum
fruftis, e Cœmeterio ab illiteratiffimis hominibus di-
ftractis, pro pavimento Ecclefiæ ftat ; In eo itaque
legimus literis grandioribus optimæ notæ.
.. NIS. IANVARI. MARTYR
S. AETERNO. FLORE
fubtus vero proftat rudis quædam flofculi , five ra-
mufculi florefcentis figura , verbo *flore* procul dubio
alludens.

Officii vero infignia aliquando appictas marmori
figuras repræfentare, imprimis teftantur inter Chriftiana monumenta, duo illa *Fofforum*, quæ habes a-
pud Baldettum, quorum unum cum *Junii* F. S. *Fofforis* nomine , atque Afcia fofforia , eorum artis nimirum inftrumento , reperiit ille in Cœmeterio Calixti, cujus ea erat epigraphis, Afciæ (IX) marmori
infculptæ appicta.
IVNIVS FOSSOR AVENTINVS
F. S.
Alterum *Diogenis* fofforis , in quo pro pedibus figuræ Diogenis habentur cuncta pene artis illius in-
ftrumenta, afcia nimirum, norma, circinus, malleus,
ligo-

(IX) Lapidem Cœmeterii S. Hermetis apud Lupum,
non dubitarem Ilaritati pofitum fuiffe a Crefcente , qui
fofforis munere fungebatur, cum pro Infcriptione occurrat quædam *Normæ* (nil enim afciæ habet , ut videtur
Lupo) figura. Myftice rem explicare conatur Lupus ,
neque fofforum infigne in mulieris monumento aliquid
fibi velle de foffuria arte, quæ clericorum erat , intelli-
gere videtur. At quid fi Crefcens Foffor , atque clericus, monumento uxoris fignum artis fofforiæ appinxerit ?
Apud Montfaucon. to. VII. App. habemus monumentum a navicolario conjugi pofitum cum infignibus na-
vicolariis, ad bafim monumenti infculptis.

ligones &c., cum ea inscriptione in schedula Tribunae Sepulchri, sic:

DIOGENES. FOSSOR. IN. PACE. DEPOSITVS
OCTABV. KALENDAS. OCTOBRIS

Ad hanc quoque monumentorum classem referendum mihi certe videtur marmor *Maximini* Musei Kircheriani, a Lupo editum, in quo habetur anaglyphum juvenis, penula manicata induti, stantis secus modium frumento plenum, ille vero dextera tenet virgam, nimirum *regulam* mensorum; ea siquidem figura munus procul dubio mensoris Maximini expressit quadratarius: neque Lupi dubium satis intelligo, cui potius de evangelico modio, sive *mensura plena, & coagitata*, symbolo resurrectionis, atque retributionis, figura illa explicanda videtur; nam neque modio adstaret juvenis, neque NORMAM, mensorum propriam, prae manu haberet ille.

Heic addere non pigeat, eamdem ob rem in pervetusto quodam titulo sepulchri Calymerae apud Lupum haberi rudem quamdam Draconis figuram, quae nomen *Calymerae* forte spectat, a graeca voce χα-λυμαξ *veneficus*, cum Draco cetera animalia longe veneno antecederet. Medium sane in lapide stat Orbiculus cum Christi Monogrammate, ansis hinc inde appictis, pro ansis stat inscripto CALYMERA IN PACE, subtus Draconis figura.

Ad tertium tandem caput pergamus, in quo de Ethnicis figuris in Christianorum lapidibus Sepulchralibus dicendum restat. De his sane tractarunt quotquot picturas, atque anaglypha antiquorum Christianorum explicare aggressi sunt, uti Aringhius, Bosius, Bottarius, Boldettus, aliique; hinc brevi me his expediam; eaque dumtaxat seligam, quae singillatim nostro redeunt argumento.

Quare anteaquam ad hoc ornamenti genus accedam, praemonendum duco, ad paganorum fabellas, eo-
rum-

rumque symbolicas figuras minime amandandas esse illas, quæ avium, equorum, aliorumque animantium occurrunt in Christianis lapidibus; nam etsi passim illas apud Ethnicos reperies, Christiani nihilominus veluti sanctæ Relligionis, ac plerumque futuræ vitæ, atque mysteriorum symbola, iisdem animantium figuris usi fuere. Hinc in Paganorum Sepulchris perinde ac fidelium illis, etsi *avium* figura deprehendas, hi tamen animalia *Veneri*, aut *Soli* sacra repræsentarunt, ut fusius probavit Montfauconius, atque Semmerus in sua Mythologica Zoologia c. x. & xi. Nostri vero vel defuncti innocentiam, ut Bottarius pluribus tom. III. *Rom. Subter.* docet, atque Ciampinius *In Vet. Musiv.* t. I. & II., vel Resurrectionis symbola, uti testimonio Actorum S. Cæciliæ, quæ ex Codice Vallicellano edidit Bosius, probat Boldettus t. II. c. IV.: Sic duobus veluti sibi mutuo blandientibus columbis, vel turturibus Christiani symbolum matrimonii exprimere consueverunt. Ita & de piscium figuris in Cœmeterialibus lapidibus, atque picturis dicendum, cum Christiani innocentiæ Evangelicæ ergo ea designari figura mallent; unde a Tertulliano L. de *Baptis.* appellantur *Pisciculi*. Vel quod Piscis figura passim uterentur, ut Christi tum symbolum, tum nomen exprimerent, de quo fusius in §. de *Monogrammate Jesu* infra. Navicula pariter in lapidibus Christianis occurrit, quam Ecclesiæ figuram præseferre ex Evangelio didicerant illi: Hanc videsis figuram in lapidibus Troximi, Flaviæ Secundæ, Tiberiæ, in græco epithaphio Serenillæ, in illo Nabiræ, aliisque apud Boldettum, & in lapidibus Firmiæ, atque Maxiniæ apud Bosium, &c. Anchoram præterea in lapidibus, pariter atque annularibus gemmis, præsertim nuptialibus, ut Lupo visum est, sculpsere Christiani, ut firmissimam testarentur spem illam, quam mente fovebant; unde sæpius in

iis

iis lapidibus, in quorum inscriptione Christianae spei mentio quaedam occurrit, illam symbolicam anchoram vidi, ad quam equidem anchoram & pisces quandoque duo stant, ut in Graeco Epithaphio Coemeterii Priscillae apud Boldettum; etsi huic epithaphio anchora, atque Pisces nomini potius defunctae alludere videntur, quam symbolis spei, nomen sane Defunctae est MAPITIMA, h. e, *Maritima*. Cervi etiam figuram in illis deprehendes, quos in antiquis Christianorum picturis fidelium animas, *ad fontes aquarum viventium currentes*, significare arbitratur Ciampinius; sed Ambrosius serm. VI. in Psalm. CXVIII. Ceruum ipsiusmet Christi figuram referre docet. Tandem & equorum, pariter atque bigarum, quadrigarumque figurae frequentius in Epithaphiis insculptae apparent; quibus sane figuris saepe & in coemeterialibus picturis Christianos oblectatos fuisse, dicemus in Dissertatione de Coemeterio Neapolitano, etsi copiose illud jam tractarunt. Aringhius, Bosius, ac tandem Bottarius, Bonarrotius *Dissert. super Diptycho Basil*. quadrigae, atque bigae, insignia forte Consularia videntur, cum ad v. usque Saeculum Consulum esset Circenses ludos dare. Lupus vero arbitratur ejusmodi figuras facile Christianos appinxisse monumentis illorum, qui *e Collegio Jumentariorum* erant, vel hominum *Sacro Stabulo*, *Cursui Publico*, aut *Circo* inservientium, cum Christiani *agitatorum* munere fungi veriti non sint sub Christianis etiam Imperatoribus; at is idem nihilominus eorum magis accedere videtur sententiae, qui *Symbolicas esse* figuras illas putant, easque alludere ad *Cursum* Christianae vitae, de quo locutus est Paullus ad Timotheum. Mihi vero neque Lupi displicet sententia, a qua paululum recederem, quod ad mysticam, nimirum, hujus symboli significationem, cum potius triumphum ab homine Christiano deportatum, equos, perinde ac quadrigas,

gas, bigasque denotare, facile mihi persuaderem, præsertim cum equi tum soluti, tum curris alligati palmas fronte gerant, ut videre est in Monumento Arcuato Cœmeterii Priscillæ ap. Bottarium t. 111. Tab. LX.; palma siquidem insigniti in cursu erant equi, ut inter omnes constat (X). Hinc in vetustissimo Sepulchro S. Valentini Martyris lapidi insculptos fuisse duos equos, Crucis, quæ illos inter media erat, figuram respicientes, testantur Acta inventionis S. Valentini ap. Bolland. t. 11. Jun., qui sane equi victoriam Martyris indicare, nemo inficiabitur. Eam vero fuisse equorum symbolicam, veluti κατ' ἐξοχην, significationem, mihi videntur dilucidius testari Acta S. Polieucti Martyris, cui Christus, somno prædicens futuram victoriam, quam martyrio adepturus erat, *equum pennatum ei dat*; Sic Acta: *Circumdans eum clamyde pretiosa oloserica, nimisque splendida, adnectens insuper humero ejus fibulam auream, & dans sibi stolam cum* EQVO PENNATO. Hæc de solutis equis, deque bigis, atque quadrigis, quas ceteroqui figuras passim in picturis, raro in lapidibus Christianis invenies.

Præ-

(X) Notandus obiter heic videtur Johan. Pineda, qui in suis eruditissimis Commentar. in Job. c. XXXIX., *equos palmatos*, quorum meminit *Lex unica Codic. Theod. tit. 75. cap. de Grege Domin.*, esse equos e Palæstina deductos, eamque denominationem ex inusta illis palma tulisse docet. Ex laudata Cœmeteriali pictura, uti ex monumento *Feliculæ Victoris* ap. Boldet. t. 1., in quo equus palmam fronte gerit, ad sinistram clunem literam R inustam habens, ac tandem ex Polieucti monumento patet, equos *palmatos*, sive *pennatos* dici ab insigne, quo in cursu decorabantur. Vide heic jam tum a primis Christianæ Aeræ Sæculis equos clunibus literas inustas, veluti gregis equinæ notas, tulisse.

Præter animalium figuras, plerumque coronas vel simplices, vel lemniscatas, perinde ac pedum vestigia Christiani lapidibus defunctorum appinxerunt. Utraque sane ex Ethnicis diducta fuisse, quisquis paganorum marmora, atque picturas viderit, fateatur oportet. *Coronas* enim e Sacris Paganorum funereis insignibus fuisse, suadet tum vetustissimus coronæ usus, omnino sacer tam apud Orientales quam apud Romanos, tum Tertulliani, atque Arnobii textus. Josephus enim Hebræus *Antiquit. Judaic.* l. VIII. c. III. scribit, Mosem in Corona quadam Dei nomen scripsisse: *Corona, in qua Deum, Moses scripserat, unum fuisse, &c.* Hinc coronis aras olim & Latiares populi ornarunt, quorum morem Trojanis quoque fuisse, scribit Virgilius, Trojani enim Æneid. II. v. 248. ajunt:

Nos Delubra Deum miseri, quibus ultimus esset
Ille dies, festa velamus fronde per urbem (XI)

& de *Bandis*, coronis nimirum solutis, atque *lemniscatis*, Scaliger locutus ex Festi, atque Plinii sententia, *in Scaligerian. h. v.*, ait: *Bandes non imponebantur capiti, sed altaribus, & portis.* Hinc Christianis ipsis Coronas Deorum insigne, vel apotheosis saltem argumentum videri, dilucide ostendit Tertullianus *De Coron. Milit.* c. x.: *Quid enim*, ait, *tam indignum Deo, quam quod dignum Idolo? Quid autem tam dignum Idolo, quam quod mortuo? Nam & mortuorum est ita coronari; quoniam & ipsi Idola statim fiunt & habitu, & cultu consecrationis, quæ*

P *apud*

(XI) Quid ni: *per orbem*? Commode enim ea phrase Virgilius exprimeret, illos velasse per orbem delubra Deum coronis, hoc est, circumdedisse coronis. At nisi hæc obiter dicta velis, ad nugatoria amandabis tentamina.

apud nos secunda idolatria est. Corona itaque, defunctis indulta, Apotheosis nota erat. Quamobrem Minutius Felix in suo *Octavio*, rationem tradit, qua Christiani ab ejusmodi coronis sibimet temperarent, atque ait: *Sane quod caput non coronemus, ignoscite: auram boni floris naribus inducere, non occipitio, capillisque solemus haurire, nec mortuos coronamus. Ego vos in hoc satis miror, quemadmodum tribuatis exanimi, & non sentienti coronam, cum & beatus non egeat, & miser non gaudeat floribus.* Nisi ergo Corona idololatricæ Divinitatis, vel apotheosis insigne fuisset, nusquam Christianos illam adeo aversatos, nos doceret Minutius. Ex quibus liquido patet Ethnicorum monumentorum indoles, cum passim in sepulchralibus illorum Cippis Corona, anaglypho insculpta, media appareat inter Siglas D.M., quasi signum *consecrationis*; quare & in area marmorea Quintæ Horestillæ ap. Grut. p. DCCCXXI. n. 5. duo prostant coronæ ad Arcæ latera, quarum circulo dedicatio sepulchri continetur, in prima enim legimus: DIS MANIBVS, in altera: ET MEMORIÆ. Quemadmodum autem de ipsis Manibus factum est, qua denominatione, ut dixi, honoris tandem gratia & defunctos appellarunt recentiores Romani; ita & ipsi coronas tandem mortuis, honoris ergo, Sacram illarum originem pene obliti, tribui, arbitrati sunt.

Cum ergo ita res se habeat, cumque Tertullianus, atque Minutius, Christianos a coronis abstinuisse, testes sint locupletissimi, nequit intelligi, quid sibi velint coronæ, ipsis lapidibus Christianorum Sepulchrorum passim insculptæ, quas inter nedum simplices coronas, sed & Sacras illas Ethnicorum *bandes*, nimirum lemniscis coronas, reperies tum insculptas, tum Coemeteriis appictas. Verum quemadmodum Christianis Sacra fuerunt symbola, a phrasi potissimum Sacrarum Scripturarum petita; ita

&

& *Coronæ* figura illos inter obtinuit, veluti premit futuræ gloriæ infigne: hoc fane Symbolum, eo veluti ab Apocalypfe edoctos, illos adhibuiffe jam tum primis ab Ecclefia condita Sæculis, auctor eft S. Cyprianus *l. de Idolor. Vanit.* c. XVI., qui tum illa ex Apocalypfe laudat: *Efto fidelis ufque ad mortem, & dabo tibi coronam vitæ*, tum & Paulli textum ad Timoth. *Supereft mihi corona juftitiæ*. Quare & majores noftri ipfimet Cruci, Triumphi maximo vexillo, coronam appingere folebant, ut teftatur verfus Paulini *ep.* XII. *ad Sever.*

Crucem corona lucido cingit globo.

Eamdemque ob rem potiffimum Martyribus coronas Majores noftri tribuere veriti non funt, veluti Triumphi, quem illi habuerant, infignia; unde Prudentius *Hym.* XIV. *Periftepb.* de Agnete Virgine, ac Martyre locutus, duas illi tribuit coronas:

Duplex corona eft præftita Martyr:
Intactum ab omni crimine Virginal,
Mortis deinde gloriæ liberæ.

Cum igitur ea fuerit fymbolica Coronarum fignificatio apud Chriftianos, nemo illas in eorum lapidibus Sepulchralibus paffim occurrere, demirabitur, cum vel devictam Martyrio mortem, vel devictas Sæculi illecebras quadratarii illis indicarent. Hinc Noftri, haud Ethnicos imitati, coronas ad propria Sepulchra tranftulere, fed Scripturarum phrafim fecuti. Quod fi ea in re aliquid ab Ethnicis illos defumpfiffe, dicendum erit, id eo redibit, coronarum formas noftros a Paganis dumtaxat accepiffe; quare & in Cœmeterialibus lapidibus, atque picturis coronas plerumque *Myrteas*, vel *Laureas*, raro *Antinojam*, atque *Lotinam*, vel *Rofaceam*, aliquando *Hipoglottim* invenies; Quas certe Coronarum figuras quadratarii, vel pictores pro lubitu effingebant, quin antiquum illarum ufum, atque fignificationem spectarent; id quod & de ipsis etiam lemniscis, adeo paganorum propriis, dicendum erit.

Nunc ad Pedum vestigia, Christianis perinde, ac Ethnicis Sepulchralibus lapidibus insculpta. Non convenit inter antiquariæ rei interpretes, quid sibi velint Cippis insculpta pedum vestigia, vel integri quandoque pedis, veluti stantis, figura. Thomasinio enim *De Donar. Veter.* c. VII. *ap. Gronov.* t. VII. videntur anathemata eorum, qui podagrico vexati morbo, tandem, Deorum ope, sanitatem recuperaverant; at quid de hisce figuris dicemus in Christianis monumentis, si Thomasinii sententiæ accedendum erit? Num ne & id genus donaria olim eamdem ob caussam, ut nos inter fit, Sanctis dicata, exprimere Christiani illis voluere figuris? Hinc Lupo visum est, Peregrinorum vota pedum sculpta vestigia indicare. Ingeniosæ certe interpretationes, at quid utrisque cum defunctis? quandoquidem in ipsis plerumque Sepulchrorum lapidibus hæc inveniamus pedum vestigia; hinc mihi videtur adhuc sub judice lis esse. Suspicabar olim, signa illa fuisse loci Sacri, cum apud antiquissimos populos mos fuisset, pedes solea exuere ingressuris Sacra loca, ut ex Callimacho *Hym. in Cerer.* atque ex Justino Martyr. *Apol.* 11. discimus: cui sane conjecturæ accedebat & Romanorum mos, quibus antiquum erat *Nudipedalia Ideæ Matri* facere, ut testatur Prudentius *Perist.*, cum *Idea* eadem fuisset, ac Mania Deorum Inferorum Mater; hinc facile fieri potuisse, conjectabam, ut vestigia illa pedum, Sepulchris appicta, Monumenti Relligionem testatam facerent. Qua equidem ratione contentaneum mihi videbatur, hasce figuras a Paganis, quadratariorum genio, ad Christianos diductas fuisse. Verum debilioribus interpretationem hanc inniti argumentis, me cum non lateat, aliunde rem aggredi conatus sum; quare alias, quæ mihi suppetunt, conjecturas; quid enim certi in re

tam

tam dubia?, in medium proferam. Primam ex Græcorum antiquissima phrase desumam: Græci sane, ut Budæus apud Petrum Victorium *Variar. Lect. l.* XXI. c. XXIV. observat, pedes veluti signa rei amissæ habuere eo, ut apud ipsos obtinuerit ex voce ποὺς verbum illud ποθεῖν *desiderio amissæ rei teneri*, quod probat Victorius textu Homeri. Odiss. l. XIII.; hinc arbitratus sum, Affines suorum forte monumentis pedum vestigia appinxisse, ut desiderium amissi hominis, cujus maximo tenebantur amore, veluti exprimerent; id quod & impune, inoffensa nimirum Relligione, inter Christianos fieri potuit, antiquos ea in re imitatos.

Quod si neque isthaec arriserit conjectura, ad alteram gradum faciam. Pedum illa vestigia possessionis, atque juris ipsius possessionis indicium fuisse: Veteris Juris Consultorum adagium conjecturæ viam sternit; Apud illos siquidem vulgatum erat: *Quicquid pes tuus calcaverit, tuum erit*; unde Paullus de Castro in *l.* 1. *de acquir. vel amit. poss.* ait: *Nota, quod pedes sunt instrumentum aptum ad acquirendam possessionem naturalem*, &c. Ut itaque veteres indicarent ex legitimo possessionis jure illic humatum fuisse defunctum, facile impresso pede, vel pedum vestigiis indicarunt. Hinc apud illos *sigilla*, quibus signabantur res propriæ, ut ab alienis distinguerentur, ad instar vestigii pedis efformata aliquando fuere, ut nos docet æreum sigillum, in antiquo Cœmeterio repertum, apud Boldettum l. II. c. XIV., quod plantæ pedis figuram præsefert, literis MAR, atque parva quadam cardiaca figura in ipsa solea insculptis. Quam ob rem in ipsis Cœmeteriis lapides invenimus, loculis impactos, in quibus nil inscriptionis, nisi pedum vestigia apparent; ea enim testabantur defuncto jure acquisitum loculum fuisse: Imo illud forsan indicari in lapide

IANAE apud Lupum mihi videtur: in eo enim duo pedum vestigia extant, initio lapidis vero legitur: QVIE IANAE, ad pedum talos duo literæ H.D. Lapis, varie cum torserit interpretum ingenia, tandem a Lupo Christianis Monumentis accensetur, ejusque λόγος ita interpretatur: QVIESCENTI IANAE *Hermes Dedit*, vel *Hic Dormit*, aut *Hic Dormientis*. Mihi vero literæ illæ H.D. videntur explicandæ ex pedum ipsorum significatione, nimirum, ut legitimum jus sepulchri testatum faciant; quare & literæ illlæ ipsis pedum vestigiis apposite appictæ fuerunt, adeoque sic illas legerem: *Hæres*, vel *Hæredes Donavit*, vel *Donarunt*: Neque nova erit phrasis hæc, siquidem Sepulchrorum quandoque jus non nisi ab hærede sepulchri pendebat, ut mox dicturi sumus. Has vero, quas protuli, conjecturas lectoribus permitto (XII)

Tandem de iis dicendum restat figuris, lapidibus Christianorum appictis, quas Ethnicas fabellas prorsus,

---

(XII) Quid si pedes illi, vel pedum vestigia bonum iter defuncto veluti ominarentur. Sane Pedum Planta apud antiquos omen boni itineris fuisse, nos docet Cl. Sinuessanus Philosophus Augustinus Niphus in suo de *Augur.* libro 1. c. IX. Antiquos præterea pedibus etiam omen aliquod tribuisse, eo ut pedibus ipsis Auspicia captarent, patet ex Cicerone, qui L. 1. de *Divinat.*, loquitur de *Auspiciis Pedestribus*. Hinc orta videtur phrasis illa apud Virgilium *Aeneid.* VIII. v. 302. *adsis pede secundo*, nimirum *bono omine alicui præsto esse*, vel *officiis alicujus ita oblectari, ut in tutelam illum accipias*. Hinc Salii, Herculis gesta postquam celebraverant, sic illum precantur.

Salve vera Jovis proles, decus addite Divis:
Et nos, & tua dexter adi pede Sacra secundo.

sus sapere, nemo sanæ mentis negabit. Hæ autem, ut rem ad compendium conferam, duobus redeunt capitibus, vel enim *Genios* repræsentant, vel *Victoriolas*, vel tandem Centauros, Caryatides, Telamones, quibus & Deos fluminum, atque vindemiæ figuras adde.

Genii sæpe in Christianorum picturis Cœmeterialibus, aliquando & in anaglyphis eorum cippis occurrunt, vel nudi, vel tunicati, ut in Metileniæ epitaphio apud Lupum, & in tab. cxxx. to. III. ap. Bottarium. Hi autem plerumque ornamenti loco appinguntur, velut manu schedulam inscriptionis substinentes, aut insculpta, vel picta encarpia, vel palmæ ramos manu ferentes, ut in vitro Cœmeterii Callixti apud Boldettum. Hæ autem *Geniorum* figuræ frequentissimæ erant apud Romanos; unde Prudentius *L. II. contra Symmacum.*

Nam subdita Christo
Servit Roma Deo, cultus exosa priores.
Romam dico viros, quos mentem credimus Urbis,
Non Genium, cujus frustra simulatur imago.
Quamquam cur Genium Romæ mihi fingitis unum?
Cum portis, domibus, thermis, stabulis soleatis
Assignare suos Genios; perque omnia membra
Urbis, perque locos Geniorum millia multa
Fingere, ne propria vacet angulus ullus ab Umbra.

Ex hoc autem Prudentii testimonio patet, Sæculo IV. Christianos ab effingendis etiam Geniorum figuris abhorruisse. At tribus primis Sæculis tum pictores, tum quadratarii, ethnica certe schola edocti, christianorum monumentis Genios appingere, ornamenti ergo, veriti non sunt, eo ut ipsis aliquando Ethnicis visi sint Christiani Genios colere; id enim illis exprobravit Celsus apud Origenem *L. v. contra Cels. c. IV.* Discrimen autem illud, quod inter tunicatos, atque nudos genios infert Bottarius *Rom.*

Sott. t. III., nullius videtur momenti, ratus tunicatos indicare *Angelos*, nudos vero *Ethnicos genios*. At undenam hanc defumpfit ille differentiam, fatis non video, præfertim cum apud Montfauconium nonnulla proftent monumenta Ethnicorum, in quibus Genii tunicati, vel quandoque penulati vifuntur: Quod etiam videfis in Tabula cv. Pinacothecæ Juftinianeæ, ab ipfomet Bottario laudata. Immo eodem Bottario figuræ tunicatæ, quæ manu tenent orbiculum fponfi, atque fponfæ Sarcophagi marmorei Tab. cxxxvii. Cœmeterii S. Agnetis to. III., genii videntur, dum & nudi ad levam ejufdem Sarcophagi funt duo Genii, qui gallos ad pugnam concitare videntur, antiquorum more, de quo meminit Plinius l. x. c. xxiv. Hos autem tum nudos, tum tunicatos genios in Sarcophagi anaglypho una cum quatuor Hiftoriis Jefu Chrifti, atque Jonæ illa appingere quadratarii non dubitarunt, adeo Sacra profanis mifcere foliti erant. Verum enim vero Chriftiani ejufmodi figuris Angelos potius repræfentari forte putarunt, quibus nihilominus effingendis ab Ethnicis figuras petere veriti non funt, quemadmodum & nomen ab illis commodaffe videntur primis Ecclefiæ temporibus apud Hermam in fuo libro *Paftoris*: antiquiffima fane libri hujus latina verfio vocem αγγελοι, quam habet Hermæ textus apud Origenem, reddit: Genii, fic: *Duo funt Genii cum homine &c.*

Ex his autem duo fequuntur. I. Geniorum figuras etfi origine ethnicas, a Chriftianis nihilominus in fanctiorem fignificationem translatas fuiffe in fuorum monumentis. II. Verum neque omnes ejufmodi figuras, in prifcis Chriftianorum monumentis, Angelos repræfentare, dicendum erit; quandoquidem prima ætate quadratarii, atque pictores ornamenta ex Ethnicis quæfita, Chriftianis lapidibus appinxiffe, oftendimus.

Ra-

Ratius vero *Victorias*, five *Victoriolas* in Christianorum monumentis invenies; at has forte appinxere figuras quadratarii militum aliquando Christianorum lapidibus, vel Sepulchri picturis; cujusmodi videtur illa secundi cubiculi Coemeterii Priscillae apud Bottar. t. III. Tab. CLX., in quo duae victoriolae volitant, manu palmas ferentes. Apud Aringhium Ro. Subt. t. I. tab. LXIX. extat *victoriae* figura, ut illi visa est, capite redimito. His autem, ut ut ethnicis, figuris Christianorum, atque potissimum Martyrum victoriam exprimere studuerunt majores nostri, quibus suasum erat, magni faciendam esse devicti *mundi* victoriam prae Romanorum Imperatorum illa, qui partam de hostibus *victoriam* numis scalpere curabant.

Quod tandem ad Centaurorum, Caryatidum, Telamonum, aliarumque Ethnicorum attinet figuras, nemini pariter mirum erit, illas in nostris etiam occurrere lapidibus, pariter ac picturis, cum plerumque id genus ornamenta ex quadratariorum genio pendere, satis dictum sit. Neque ethnicum hunc quadratariorum illius aevi genium vel parum demiraberis, si ea artifices quosdam fuisse mente ad Saeculum usque XV. animadverteris, ut elegantissimae valvae aereae Basilicae Vaticanae, Eugenio IV. Rom. Pontifice elaboratae, testantur; in illis siquidem habes Jesu Christi, B. Mariae Virginis, atque Apostolorum figuras, perinde ac Ledae illas cum Cycno ludentis, Thesei, qui mortem Minotauro infert, Mercurii Theseum consopientis, aliasque id genus ab ultima mythologia petitas fabellas. Sic & Deos fluminum cornu aquarum vel manu tenentes, vel versantes vide in Coenotaphio *Aureliae Agapetilla* apud Boldet. t. I., in quo & nymphas, & Najades ludentes, easque, pampinea figura redimitas, habes in alio Sarcophago pariter Christiano penes Aringhium ibid., & apud Bottarium ib. tom. III. in

Sar-

Sarcophago vulgo *S. Constantiæ*, de quo lege Bottar. *ibid.* Vindemia anaglyptico opere apparet, in duobus Christianis Sarcophagis, quam inter Bacchi symbolicas figuras habuere Pagani; at mysticis significationibus illam alludere, curiose docent Bosius, & Aringhius; penes quos, uti & apud Boldettum, Bottarium, atque Marangonium alia id genus reperies, quæ, cum hujus propria non sint argumenti, libentius prætereram.

Unum vero ex his, de quibus edisseruimus, colligendum erit: etiam in Christianis monumentis paganorum fabellæ aliquando effictæ videri. Hæ autem vel ex ignorantia quadratariorum, atque pictorum in illis irrepsere, vel figuris ethnicis Christiani veræ Relligionis mysteria celarunt, potissimum tum, cum illa paganorum oculis subducere summopere studuerant. Quamobrem hæ figuræ serio erunt expendendæ, neque ex illis monumenti nota, atque character statim deducendus erit: Passim enim scitulis Christiana monumenta ethnicorum illis accensenda videntur, quorum præcepti sententiæ ansam quandoque præbuere id genus figuræ. De Christianis itaque monumentis nonnisi, ea de re notis omnibus sedulo expensis, dijudicandum esse, scitissime, atque jure optimo animadvertit Cl. Episcopus Passerius, vir de omnigena antiquitate longe meritissimus, in suo opere de *Gemmis Astriferis to.* III.

CAPUT III.

De jure Sepulchrorum, illorum mensura, atque Legatis, Ethnicorum dumtaxat propriis.

CUm præcedenti capite de iis edisserui notis lapidariis, quæ Christianis pariter, atque Paganis sunt propriæ, ut recte instituendi de illis judicium, viam tironibus faciliorem, securioremque sternerem;

eamearædem ob rem nunc brevi paganorum Epitaphiorum singulares quasdam heic notas indicare, quibus Christianorum illa prorsus carere compertum est, operæ pretium erit, quò dilucidius inter utrorumque epitaphia illud, quod interest, discrimen eisdem pateat tironibus, atque faciliori methodo quid ethnicum, quid Christianum sit, intelligant.

Inter indubios ethnicorum epitaphiorum characteres proculdubio referas *legata Sepulchrorum, eorumque Mensuram*; ab utraque enim re abstinuere Christiani. Apud Romanos sane Sepulchra, Columbaria, Columbariorum loca vel erant *Hæreditaria*, vel *Familiaria*; sic Cajus L. Familiaria D. De Relig. & *sumpt. Fun.: Familiaria Sepulchra dicuntur, quæ quis sibi, familiæque constituit: Hæreditaria autem, quæ quis sibi, Hæredibusque suis.* Hinc in familiarium Sepulchrorum lapidibus legimus siglas illas H. M. H. N. S., h. e., *Hoc Monumentum Hæredes Non Sequitur*: In hæreditariis vero habes illas: H. M. H. S., h.e., *Hoc Monumentum Hæredes Sequitur*. Quare alterum hoc Monumenti genus *Avitum* appellavit Ovidius *Metam*. XIII. Hæ igitur siglæ Monumenti sive Sepulchri conditionem denotant, tum ut, Familiæ ne esset illud, vel dumtaxat Hæredum, quisque ex siglis illis nosceret, tum ut jura familiæ, a juribus Patronatus in Sepulchris distincta manerent, ut Treutlerus *de Jure Sepulchrorum* observat.

At Christiani olim neque hæreditaria, neque familiaria habuere Sepulchra, cum quisque eorum in iisdem Cœmeteriis sepeliretur: Cœmeteria autem omnibus communia erant, atque juris totius cœtus fidelium, ut dictum est: neque, cùm *loca empta* in eorum epitaphiis legimus, nisi excavata loculamenta, haud locum, in quo illa effossa erant, Christianos emisse, supra ostendimus, de Fossoribus locuti. Verum & hæreditaria saltem in ipsis Cœmeteriis Christianos aliquando habuisbuisse sepulchra post Aringhium Boldetto quoque visum est. Is enim putat jus illud sequi hæredes illius, cujus impensa Cœmeterium effossum erat, vel in cujus fundo, cujusque juris illud erat; plura profert testimonia, ex quibus id unum sequitur, opulentiores Christianos Cœmeteria in propriis fundis, publico cadaveribus sepeliendis usui, Christianorum cœtui concessisse; id quod nemo inficiaturus erit: At eam ob rem in eodem Cœmeterio familiarem loculum, vel hæreditarium familiæ illius, penes quam jus Cœmeterii olim fuerat, conditum fuisse, neque, quæ ille laudat, monumenta, neque bonorum communio, adeo priscorum Christianorum propria, suadet; etsi non negamus, honestioris familiæ defunctos iisdem in Cœmeteriis, marmoreis aliquando urnis, atque elegantioribus Sarcophagis conditos fuisse. Unum inter tot, quæ profert ille monumenta, ejus sententiæ magis accedere videtur, illudque ex lectionibus Breviarii Romani S. Prassedis desumsit, quæ sane lectiones tanti non erunt faciendæ in re tam dubia, atque maximæ antiquitatis. Verum quicquid de illis sit, neque Boldetto magnopere favere videntur; in his siquidem cùm de Prassedis *depositione* sermo est, hæc legimus: *Cujus* (Prassedis) *corpus a Pastore Presbytero in Patris, & Sororis Pudentianæ Sepulchrum illatum est, quod erat in Cœmeterio Priscillæ via Salaria.* Ex quibus equidem verbis id unum manifeste colligimus, Prassedis corpus in eodem Sepulchro, in quo Pater, atque Soror conditi fuerant, humatum fuisse. Neque id novum, cum jam dixerim & *Bisoma,* & *Trisoma* habuisse Christianos. Quid ni ergo si Pudens, Prassedis, atque Pudentianæ Pater, tricomum in Cœmeterio Priscillæ pro se, filiabusque suis paraverat? Similia legimus in nonnullis Christianorum epitaphiis: Verum in illis id potissimum animadvertas velim, singillatim, atque expresse defunctos

locu-

loculo humandos, indicari, numquam autem Sepulchrum familiæ vel hæredibus legatur. Sic innumera pene occurrunt Christiana epitaphia, in quibus legimus, Uxorem Marito, Maritum Uxori, Patrem filiis, vel filio, hos Patri, Amicum Amico, Matrem filiæ, Filiam Matri *locum* fecisse; qui si pro utrisque conjugibus, Patre atque filio, &c. erat, *bisomum* vel *trisomum* appellatur. Hoc luculentius ostendit epitaphium Valerii Rogatiani ap. Boldet. ibid. t. 1.

 VALERIVS ROGATIANVS V ET SE
 VIVO FECIT. BISOMV SIBI ET
 CONIVGI SVAE IN PACE.

In quo vides Valerium, adhuc cum viveret, atque conjuge frueretur, a qua liberos forte habere poterat, sibi nihilominus dumtaxat, & conjugi suæ *bisomum*, nimirum *duorum corporum* sepulchrum, fecisse. Eadem habes epitaphia passim apud Fabrettum, Boldettum, aliosque, ex quibus nemo non videt, familiaria sepulchra nullibi obtinuisse inter Christianos, cum ipsi Patresfamilias Sepulchra vel pro se, ac conjuge, vel ad summum pro se, suisque filiis *nominatim* facerent. Cujus certe generis fuit & Montani Sepulchrum, etsi ex epitaphio laxiori quadam ratione patere illud videatur. Habes illud ap. eumd. Bold. *ibid.* sic

 VRBICAE
 IN PACE. A. E
 FECIT. M
 MONTANV
 S. SE BIBV
 SIBI ET S
 V. IS

In hoc sane, nimium inconcinne interpuncto, epitaphio Montanus Urbicæ, forte uxori, sibi, *& Suis*, h. e., filiis, Sepulchrum fecisse legimus. Neque alicujus erit momenti pro Boldetti sententia Domitionis epitaphium, cum loculum, a Fossoribus, emptum
quis-

quisque alteri donare facile posset, quin ex donatione
illa familiaris juris præsumptio in donatore oriatur.
Sic epitaphium hoc, de quo sermo est, se habet.

DOMITIONI T. FLA. EVTVCHIO
QVI. VIX. ANN. XVIII. MES. XL D. III.
HVNC LOCVM DONABIT M. ORBIVS
HELIVS AMICVS. CARISSIMVS
KARF BALF.

Marcus enim Orbius locum a fossoribus de more coemptum *donabit*, pro *donavit*, Domitioni amico. Quid vero inde pro familiari Sepulchrorum jure?

Christiani itaque, ut Evangelicam presso pede sectarentur paupertatem, etsi opulentiores, etsi Coemeteriorum dominium jure fundi haberent, nullibi tamen in illis iisdem Coemeteriis familiaria habuisse Sepulchra, fatendum erit.

Unum vero adhuc explicandum erit, qua de causa Patriciarum familiarum Christiani (quorum primis Sæculis quamplures Romæ fuisse, indubia testantur monumenta), qui certe familiaria habebant Columbaria, atque magnifico opere a majoribus extructa Sepulchra, Coemeteriis humari, quam in suis Columbariis maluerint. At Religio ipsamet Majorum suorum Sepulchra illis odisse suasit, atque Coemeteriorum humillima loculamenta præ illis æstimare. Nil enim antiquius Christiani habuere, quam sepulchris Martyrum sociari, in iisdemque humari locis, in quibus illorum erant Sacra corpora, rati eorum quoddamodo præmium ea ratione participes fieri, ut S. Maximus, a majoribus acceptam, hanc explicat doctrinam *Hom. in Nat. SS. Taurin.*, ait enim: *Ideo hoc a Majoribus provisum est, ut Sanctorum ossibus nostra corpora sociemus, ut dum illos Tartarus metuit, nos pœna non tangat.* Hinc ortum pariter inter eosdem fideles studium, in iis præsertim humari locis, quæ Martyrum locellis proximiora erant, ut epitaphia aliquot maximæ antiquitatis apud Fabrettium,

atque

atque Boldettum testatum faciunt. Adeo autem pia hæc sententia animos, mentesque fidelium pervasit, ut altero jam ab Ecclesia condita Sæculo nefas haberetur in iisdem *locis*, in quibus Paganorum cadavera erant, humari; illud ex Cypriano discimus, qui *epistola* LXVIII. inter enormia Martialis Episcopi flagitia & illud refert, Martialem *filios*, ejus sunt verba, *in eodem collegio externarum* (Ethnici *externi* passim apud Cyprianum appellati.) *gentium more apud profana sepulchra deposuisse, & alienigenis consepelisse*. Ipsa itaque Relligione Magistra, Christiani, ne Majoribus suis ethnicis consepelirentur, familiaria, atque hæreditaria neglexere Columbaria, unis loculis Cœmeteriorum satis contenti.

Hinc itaque factum est, ut Sepulchrorum legata vel familiaria, vel hæreditaria, numquam legamus in Christianorum epitaphiis, adeoque Siglæ illæ H.M.H.N.S., vel H. M. H. S. propriæ Paganorum lapidum sint, quemadmodum & legata vel expresse scripta, et passim apud Lapidiographos: FECIT. ET. SIBI. POSTERISQVE SVIS. LIBERTIS. LIBERTABVSQVE. POSTERISQVE. EORVM, vel per Siglas: S. P. Q. S., h. e., *Sibi PosterisQue Suis &c.*

Nunc ad Sepulchrorum mensuram, alteram minime dubiam ethnicorum monumentorum notam, qua ratione loci, in quo sepeliebantur, merito abstinuere Christiani, quod ut facili negotio intelligamus, quid sibi velit mensura, epitaphiis Ethnicorum adnotata, qua de caussa fuerit ab illis relligiose descripta, expendendum brevi mihi erit.

Dixi jam, Sepulchra, veluti Deorum Manium Aras, Relligiosa fuisse apud Romanos; quare loca, in quo illa extruebantur, relligiosa pariter evasisse, docet antiqua illorum legislatio. Sic Cicero *Philip.* IX.: *Sepulchrorum autem Sanctitas in ipso solo est, quod nulla vi moveri, neque deleri potest*. Ex ea autem sepulpulchrorum relligione duo manaverant, unum illorum intererat *Sanctitatem*, alterum fundi proprietatem: hinc quoad primum cautum erat, ne quis locum columbarii ufurparet, vel in finitimi fundi proprii jus illud transmoveret, sublata etiam ufucapione; quod ad alterum vero, ne quis in alieno fundo, invito domino, vel in fundo publico, Senatu, Pontifice Maximo, vel Decurionibus inconfultis, Sepulchrum extrueret, ne, inquam, ea ratione alienus fundi locus relligiofus evaderet, adeoque culturæ, vel civilibus ædificiis extruendis minime obnoxius. Utrumque cautum videtur lege Duodecim Tabularum: *Rogum, Buſtumve novum ne propius ædes alienas quinquaginta pedes, invito Domino, adjicito: Neve forum Sepulchri, Buſtumve ufucapito*. Ex qua fane lege patet, falfum fuiſſe Franzium *Digeſtor. l.* 11. *tit.* VII., qui defcripta in epitaphiis menfura defignari Buſtum dumtaxat, arbitratur, eo quod *ambitus* relligiofus ei minime videatur. Lege enim XII. Tabularum a jure ufucapionis immunia funt tum *Buſtum*, tum *Forum*; ex Feſto autem intelligimus, *Forum* appellari ipfummet Sepulchri *veſtibulum*; hinc & ipfummet *veſtibulum*, five *Ambitum* Columbarii Relligiofum fuiſſe, aperte docere videtur allata XII. Tabularum lex. Id quod & ipſi Scriptores Rei Agrariæ teſtantur, penes quos legimus, ab ipſis Fundorum Dominis Sepulchra in agrorum terminis, five finibus poni; quod ea de re illos feciſſe puto, ne, ratione ambitus relligiofi, agri non mediocris pars inculta reſtaret; unde manaſſe videtur apud Scriptores illos ea *finium* denominatio, nimirum: *Fines Sepulturarii*, de quibus lege Hygen. *de limit. Conſtit.*, & Sicul. Flacc. *qui de Condit. Agr.* ait. *Sufpiciendum erit & illud, quoniam Sepulchra in extremis finibus facere foliti funt, & cippos ponere*. Neque aliunde ortum duxiſſe, pariter mihi videtur, mos Sepulchra fecus publicas vias conſtruendi, ne

fciliscilicet, Monumenta loca frugifera occuparent, quae cum ad ambitum usque relligiosa fuissent, brevi insigniores agrorum portiones perdidissent.

His brevi explicatis, plura enim de hoc Romanorum more addere argumenti, de quo instutus est sermo, indoles vetat, ad rem deveniamus. Duobus hisce de caussis Romani mensuram Columbarii, sive Monumenti in Epitaphio describere consueverunt, tum ne quis locum usurparet, vel usucaperet; tum ne finitimus ager, ultra statutam mensuram, relligiosus haberetur. Hanc vero mensuram perraro integris vocibus, plerumque siglis quibusdam designarunt, quæ equidem passim legimus in Ethnicorum epitaphiis, sic: IN. F. P. tot IN. A P. tot, h. e.: *In Fronte Pedes tot, In Agro Pedes tot*: Aliquando IN FR. P. XV. S. ARETRO P. XX. S. in Calpurniæ Cerialis epitaphio ap. Gruter. CMXXXV. 4., h.e.: *In Fronte Pedes* XV. *Sunt. A retro Pedes* XX. *Sunt.* Alibi: IN FR. P. tot. IN AGR, vel AG. P. tot, nimirum: *in Fronte pedes tot, in Agro pedes tot*. Unam quandoque illi longitudinem, atque latitudinem designarunt, ut in Monumento Cominiæ Magnæ apud Gruter. DCCCLXVII.4. his siglis L.P.V.L.P.III., h. e., *Latum Pedes* V. *Longum Pedes* III. Atque heic obiter explicandum quis fuerit *Frons*, quis *Ager* Monumenti, qua sane in re post Ursatum, aliosque passim Scriptores Romanarum Antiquitatum falli videntur, qui quidem *Agrum* omnem omnino ambitum Sepulchri indicare, arbitrati sunt, cum re vera Romani nomine *Agri* nonnisi posticæ partis sepulchri longitudinem designarent. Id autem liquet tum ex allato Calpurniæ lapide, in quo pro phrase illa IN AGRO, habes: ARETRO *Pedes* XX., tum & ex Colii altero ap. Grut. CMXXXVII. 2., ex quo eumdem esse patet Sepulchri frontem, ac Monumenti limen, quod his siglis designat Colius: IN. A. P. IIII. IN. L. P. X., h. e., *In Agro pedes* IV. *In Limine*

Tom. III. P. I. Q

pedes x., nequit enim litera L. *longum* legi, nisi velis bis eamdem mensuram designari, quod cum non animadvertisset Meursius, in suo *De Romanor. & Græcor. Funer. Ritib.* ap. Gron. to. XI., legit *In longum*. Expresse enim in lapide Lepidiæ Epictesis, ap. Grut. CMXLIV.7. legimus *Frontem* Sepulchri designare *latitudinem*, adeoque *Agrum* ad posticam *longitudinem* ipsius Monumenti referri, nemo inficias ibit: Sic se habet Epitaphium illud in extrema Inscriptionis linea:

IN FRONTE P. IIII. LONG. P. VI.

His autem μυρία habes similia apud eundem Gruterum, Fabrettum, Muratorium &c. Hinc, mea quidem sententia, a Sepulchri *Fronte*, haud ab *Agro* mensura *Ambitus*, sive *Fori* totius Monumenti desumenda erit, cum passim descripta *Frontis* mensura non modo Aræ, cui Epitaphium adsculptum est, sed sed & Columbarii latitudinem plane excedat; hoc autem innumeris monumentis docerem, nisi ex ipsamet epitaphiorum lectione dilucide pateret. Ita, ut alia prætéream, in Cippo Cajani quatuor fere palmorum ap. Grut. CMLXIII. 11., hanc legimus mensuram IN FR. P. XXXX. IN AGR. P. XXIIII. Quanti enim fuisset Columbarii Cajani Frons, si Ædificii mensura ad quadragesimum pertingeret pedem? Inter tot enim, eaque magnificentiora, quæ vidimus, Columbaria, grandiorum equidem frons vix decimum pedem quadratum excedere comperimus. Itaque mensuram illam *Frontis*, integram latitudinem totius ambitus Columbarii designare, dicemus: id autem cuique suasum erit, modo duo præsertim animadvertat, primum: mensuram illam esse *pedum quadratorum*, quod una contentus sum lapide probare, missis Rei Agrariæ Scriptoribus, a quibus luculentissima depromerem argumenta, si otium mihi esset. In lapide enim Cornelii Thelesphori, ap. Grut. CMXXXVII. 11., expresse hanc pedum mensuram legimus, sic:

LOCVM. ARAE. DONAVIT
QVAE. COLLIGIT. IN. SOLO. POSITA
PEDES. QVADRATOS. TOT. III.

Itaque Romani in eorum epitaphiis mensura *pedum quadratorum* usi sunt. Alterum erit, de diversitate inter Frontis & Agri mensuram: in cunctis enim antiquis lapidibus passim deprehendimus, mensuram Agri breviorem, arctioremque illa Frontis esse, quæ latior ubique est; id autem deforme nimium in Architectura fuisset, si latior præter modum (nulla sane, ut si utramque, in lapidibus descriptam secum conferas, mensuram, videbis inter illas intercedere architectonicam convenientiam) Frons, arctior vero longitudo Sepulchri fuisset. Immo experientia docet, antiqua, quæ adhuc restant, Columbaria quadra plerumque esse, ita ut nullimode mensuris in lapidibus descriptis Ædificia respondere possent. Boni parcant, quæso, lectores, si nimium his Sepulchrorum mensuris illos morati sumus; rei enim adhuc dubiæ nos aliquam obiter affundere lucem, neque ingratum ipsis erit. Nunc vero e diverticulo ad Christianorum rem redeamus.

Satis itaque erit, cur Romani mensuras Columbariorum in suis Epitaphiis descripserint, explicasse, ut quisque intelligat, eamdem ob rem illam minime adhibuisse Christianos. Hi siquidem, cum in Cœmeteriis sepelirentur, iisque loculis, in muro Cœmeterii excavatis, contenti essent, neque alios vel locum, vel ambitum, qui nullus erat, Sepulchri usucapere, vel usurpare veriti, merito a mensura illa, atque notis mensuræ abstinuere, quæ prorsus supervacanea eos inter fuisset tum loci natura, tum & ipsius Relligionis indole. Quamobrem jure optimo fateamur, oportet, luculentissimas Epitaphiorum Ethnicorum notas, quas nusquam in Christianorum illis invenire licet, fuisse tum *legata* Sepulchrorum, tum illorum mensuram, epitaphiis adscriptam.

Q 2 CA-

CAPUT IV.

De iis Characteribus, quibus Christianos lapides ab Ethnicorum illis facile distinguimus.

DE promiscuis cum dictum sit altero capite Christianorum, atque Ethnicorum lapidariis notis: tertio vero de iis, quæ horum dumtaxat propriæ fuere; nunc Dissertationis ordo postulat, ut tandem de notis, quibus in re lapidaria uni usi sunt Christiani edisseramus.

§. I.

De Monogrammate Christi ☧, duobus Græcis literis X, & P efformato. Illud in antiquioribus Constantino Magno monumentis inveniri. Emendatur Fortunius Licetus. Num ex Apocalypse illud hauserint Christiani, ut Bonarrotio videtur. Num Constantinus signum illud, inter Christianos jamdiu vulgatum, vexillis, Labaro, atque militum Clypeis appinxerit. In Christianis lapidibus signum Martyrii minime fuisse. Quid sibi velit Monogramma illud in Ptolomæi numo, quid in duobus aliis apud Tristanum, atque Vaillantium. Quodnam inter numorum Monogramma, atque Christianorum lapidum illud intersit discrimen. De X Christi Monogrammate Juliani Imper. ævo.

De hoc sane Monogrammate tot locuti sunt, quot fuere Christianarum antiquitatum Scriptores; quare meum nunc erit illud explicare tyronum gratia; etsi neque in Scriptorum illorum verba jurare mens sit, cum & ab effreni critice, æque ac a nimia credulitate mihi semper temperarim.

Imprimis autem aliqua delibare, operæ pretium erit, de varie interpretati Monogrammatis hujus historia, quam ut ab ultima exordiamur antiquitate, fatendum erit, illud a primis usque Ecclesiæ conditæ Sæculis apud Christianos veluti peculiarem, atque propriam notam obtinuisse. Hoc testantur vetustiora Nostrorum Monumenta; apud Severanum enim L. III. c. XXIII. Monogramma occurrit in lapide Cai Rom. Pontificis, qui Martyrium subiit Diocletiano Imperatore. Apud Aringhium to. I. L. III. c.XXII. idem videmus Monogramma in epitaphio Alexandri, qui Martyr obiit Antonino Pio Imperatore. Sic penes Boldettum habes to. II. L. II. c. III. epitaphium Marii Tribuni, Martyris Hadriano Imperatore, cum eodem Monogrammate; quod occurrit pariter in lapide Dorothei Martyris, *ap. eund. ib.*, ad cujus loculum inventus Alexandri Imperatoris numus, lapidis ætatem satis testatur. Præterea in iis etiam antiquis lucernis fictilibus, in vasibus, paterisque sanguine intinctis, quas invenisse in vetustissimis Romæ Cœmeteriis relligiosissimi testes sunt Boldettus, Bonarrotius, atque Bottarius, idem habetur Monogramma vel obsignatum, vel coloribus, auroque depictum. Hæc autem monumenta falsi manifeste arguunt illorum sententiam, qui Constantinum Magnum omnium primum illud Christi Monogramma, in Cœlo a se visum, fideles edocuisse, arbitrantur: neque eamdem effugit notam Fortunius Licetus, qui *De Lucern. Veter.* L. VI. c. XLVII., Christianis, Constantino antiquioribus, unum putat fuisse Monogramma, ex Græcis Literis A. & Ω. efformatum, ut Constantino inventionem novi illius Monogrammatis, quod ex literis X & P. simul adjunctis coaluit, tribueret; hoc siquidem alterum Monogramma vel solitarium, vel cum A, & Ω, hinc inde appictis, vidisse laudati Clarissimi Scriptores in pervetustis illis, Constantino longe antiquioribus lapidibus, palam testantur.

Q 3   Hinc

Hinc signum illud in Apocalypse Christianos hausisse, putavit Primasius, Augustini discipulus, in suo Comment. in Apocalyp. l. IV. c. XIII. Cui sane antiquorum sententiae libenter accessit Cl. Bonarrotius in Praefatione *Osserv. sopra alcuni vetri antichi &c.*, instituta comparatione inter Apocalypseos caput VII., in quo de *Signo Dei Viventis* sermo est, atque decimum quartum, in quo idem illud signum nomen Agni dilucidius appellatur. Quod equidem signum ipsummet Ezechielem c. IX. quodammodo praedixisse, idem arbitratur Bottarius; cum inter Ezechielis T, atque Monogrammatis, de quo loquimur, litera X, nullum intersit discrimen, siquidem antiquior penes Phoenicios literae *thau* figura nil prorsus differt a litera X. Hinc Clarissimus Bonarrotius Apocalypseum hoc Christi signum Christianos, putat, veluti insigne, quo propria monumenta a ceteris distinguerent, usurpasse jam tum, cum *Christiani* appellari coeperunt. Piam vero hanc Bonarrotii sententiam sequi mallem, si solidioribus niteretur argumentis; unius enim Primasii testimonium, qui ingeniose magis, quam solide in Apolypse Monogramma illud invenire studuit, tanti non est, ut ei protinus acquiescam; praesertim cum neque vola hujus rei, neque vestigium occurrat in Christianis, Graecis potissimum, Scriptoribus, ipso Primasio antiquioribus, qui quidem etsi de illo meminerint, ut Eusebius, Lactantius, &c., de Apocalypse autem plane silent.

Quamobrem nonnullis, ut dictum est, Constantinus Magnus auctor Monogrammatis videtur, tum Eusebii, tum Lactantii auctoritate; quae supervacanea prorsus esset quaestio, si Constantini illud a lapidario Monogrammate differre animadvertissent, ut mox dicemus. At nihilominus horum neuter, si
ver-

verba serio perpendantur, scripsit, Constantinum hoc invenisse Monogramma; Eusebius enim *De Vita Constant.* L. 1. c. xxxi. Imperatorem dumtaxat ad Labari hastam signum illud appingendum jussisse, quod Crucem in Coelo visam referebat, narrat. Lactantius autem id unum, *de Mortib. Persecutor. c.* xliv. scribit, nimirum Imperatori ex visu jussum fuisse, ut in militum Clypeis signum illud insculpere curaret, de signo autem, sive antiquum esset, sive ab Imperatore inventum, silet: *Commonitus*, sic Lactantius, *est in quiete Constantinus, ut Coeleste Signum Dei notaret in scutis, atque ita praelium committeret. Fecit, ut jussus est, & transversa X litera, summo capite circumflexo, Christo, in scutis notat.* Quae sane nostrae summopere suffragantur sententiae; cum neque apud Eusebium, neque apud eumdem Lactantium Imperator, visionem narrans, dicat, indicatam ei fuisse hujus Monogrammatis significationem, sed Crucem quamdam in Coelo se vidisse testetur apud Eusebium; quare Lactantius interpretationem Monogrammatis veluti de suo profert, dum ait illud significare *Christum: Et transversa X litera, summo capite circumflexo, Christo, in scutis notat*: voce sane illa *Christo* interpretationem hujus signi plane tradere voluit, quae cum Imperatori tribuenda, ut dixi, minime sit, antiquiorem inter Christianos jam tum fuisse hanc P significationem fateamur, oportet.

Antiquae itaque Christianorum illi notam quodammodo similem Constantinus omnium primus Labaro addidit, ut praeter Eusebii testimonium, qui *ibid.* L. 1. cap. xxv. Labari figuram describit, Magnentii numi apud Baronium & apud Gretser. *de Cruce* L. 1. cap. xiii. docent. Hinc tum in Labaro, tum & in militum scutis hoc stetit Monogramma ad Juliani Imperatoris usque ætatem, qui illud deleri, atque antiquas restitui Labaro literas S. P. Q. R., h. e., *Senatus PopulusQue Romanus*, jussit; ut pluribus post Baronium probavit Menkennius *de Monogr.* c. 1. §. 111.; tandem à Joviniano Imperatore restitutum Labaro fuit, atque scutis, quæ eo sunt Monogrammate insignita in numo Majoriani apud Bandurium *Numism. Imperat.* to. 11. p. 591.

Postquam vero illorum expendimus sententias, qui Constantinum Monogrammatis auctorem fecere, atque, Signi hujus antiquiorem usum inter Christianos, argumentis a lapidibus Constantino vetustioribus ductis, ostendimus; nunc ad illorum gradum faciamus sententias, qui Monogramma illud a Paganis Christianos accepisse, arbitrati sunt.

Quis quis enim Rei nummariæ Scriptores vel obiter vidit, plane novit, nonnulla Christianis antiquiora, eaque Ethnicorum indubia monumenta, illud idem Monogramma, quod ex Græcis literis X, & P simul conjunctis coalescit, præseferre. Ac primo quidem in Ptolomæi numo illud occurrit Monogramma apud Gretserum *De Sign. S. Cruc.* to. 1. p. 441., ap. Abraham. Ortelium, Roswerd. p. 95., in Biblioth. Academ. Ingolstadien., ac tandem apud Basnagium *Histoire des Juifs.* L. 111. c. xxiii. & Laurentium Pignor. epist. xxiv., aliosque. In antica sane numi parte habetur Ptolomæi caput, in postica vero aquila, pedibus duobus fulminibus nixa, inter tibias Monogramma hoc, de quo sermo est, habens, cum ea circum ΠΤΟΛΟΜΑΙΟΥ ΒΑΣΙΛΕΩΣ. Cui nam Ptolomæorum hic vindicandus sit numus, disputarunt Eruditi; hinc Basnagio videtur Ptolomæi Cyrenensis I., alii Ptolomæi Lagi, etsi libentius acquiescendum esse putarem Scaligeri sententiæ, qui illum tribuit Ptolomæo Apioni. Præterea in Numismamismate Decii Imperatoris apud Tristanum to. εκ. Magnesiæ cuso, medium inter literas cujusdam nominis ita proslat Monogramma illud: BA (*Monogr.*) A-TOY. In numismate etiam Aphiani apud Vaillant *Numis. Colon. Græc.* p. 169. idem habetur Monogramma. Tandem in quadam Gemma, apud Cangium *De Infer. Æv. Numism.* c. xxiv , illud occurrit, atque veluti imminet capitibus Jovis, Apollinis, atque Dianæ, cum ea epigraphe: VIVAS IN DEO F......... .

De hujus vero Monogrammatis significatione hisce in numismatibus quot capita, tot fere sunt Philologorum sententiæ. Gretserus in opere *de Cruce*, ut ab antiquioribus exordiar, putat in Ptolomæi illo fuisse, ex duobus literis X, & P vocis ΧΡ--- initialibus, factum, adeoque Monogramma sic interpretatur : Χριστοῦ boni. Vel indicasse stellulam, signum immortalitatis, quam ominata sorte ast. Ptolomæo Civitas, quæ numisma illud cudendum curavit; alteram hanc conjecturam probare conatur testimonio Herapolli, qui stellam immortalitatis insigne fuisse altero libro *Hierogliph.* c. 1. , & li. 1. c. xlii. docet. At Burchardo Menckenio. *Epist. ad Ciampin. de Monogr.* signum illud in numismatibus videtur Monogramma nominis illius, qui numum cuderat, nimirum officinæ nummariæ Præfecti, uti Χρυσοδόρου, Χρυσοπου, Χρυσεντιου, h. e., *Chrisodori, Chrisauri, Chrisentii*, nomina Græcis communia ; Menckenii sententiæ accessit Laurentius Pignorius. Nicolajus vero in suo opere *De Sigl. veter.* c. ix. quamquam prorsus recedendum non esse putet a Menckenio, libentius eorum amplectitur conjecturam, qui in antiquis numismatibus Monogramma illud Jovis Ammonii Nomen continuisse, nimirum Χρυσεου, sive aliud & Jovis nomen apud C....... ΧΡ............ arbitrati sunt ; hinc .... Nicolaius : quod (nimirum *Signum*) *a profano usu Constantinus transtulit*. In quo sane meridiana luce cæcutire videtur, cum Constantinus quin a Jovis Ammonii numis, ab ipsis potius Christianis illo edoceri poterat, qui jamdiu eodem utebantur signo, ut procul dubio ostendimus. Aliis post Lambecium *Bibl. Cæs.* nota quaedam Pythagorica videtur, cum Lambecius illam viderit in antiquo codice Bibliothecæ Cæsareæ Diogenis Laërtii statim post vitam Pythagorae. Tandem Bottarius neque siglum esse, neque Monogramma signum illud continere, sed in numo Ptolomæi repræsentare fulgura Jovis, ea de re ad Aquilae Pedes appicta, putavit.

Tot virorum Clarissimorum conjecturis, quæ quotquot sunt, ni mea fallor sententia, solidiora adhuc desiderant argumenta, & meam obiter, quantuli sit facienda, addere non pigeat. Duo enim mihi distinguenda videntur, signum illud in numis, idemque aliis in rebus. Quod ad numos, signum potius videtur, quod in numis aureis aliquando appingebatur, vel ut numus statutum auri pondus habere ex ea nota compertum esset, vel ut & de auro constaret in numis, publica auctoritate, conflatis: Id autem ex eo conjectabam, quod apud vetustiores Græcos Numus aureus statuti ponderis ΧΡυσατων apud Lisiam appellaretur (Lege Suidam in h. v.). Imo medio ævo idem numus aureus, publica auctoritate cusus, quem *Solidum* Latini tunc appellarunt, ΧΡυσινος dicitur apud Isaacum Angelonium L. 1. *Hist. Bizant.* t. 1v. & penes Theodorum Abucaram in *Dialog. ad Præfat.* ib. t. 1x. Huic forte conjecturæ adversari videtur Apiani Laudatus numus, quem argenteum esse scribit Vaillantius (Ptolomæi enim ille Aureus est) ; verum si posticam numismatis illius partem sedulo expenderis, videbis signum illud duobus piscium figuris, quas postica numi habet, appositum fuisse, adeoque nomen eorumdem Piscium

scium Monogrammate illo designari, nullus dubito, nimirum ΧΡηπητις, h. e., χρησητις, piscium genus apud Græcos: neque novum erit animalibus vel in numismatibus, vel in vasibus depictis, vel sculptis antiquos nomen illorum addidisse, ut copiose ostendit Cl. Senator Bonarrotius in Observationibus *su gli Antichi Vetri &c.* At quid de gemma Cangii dicemus, cui sane tradita interpretatio nullimode quadrat? In ea profecto literas initiales video nominis, sive epitheti Dianæ, inter Græcos vulgatissimi, nimirum ΧΡυσηλακατος, *aureis sagittis instructa*; qua sane de re artifex pro Dianæ capite siglam illam sculpsisse videtur, ut nimirum illam Dianæ figuram esse, ex ipsismet literis initialibus ejus epitheti quisque nosceret. De cujus equidem Siglæ significatione dubitandi locus adimit nummus Decii, cujus protulimus λεξιν ex Tristano; in eo siquidem Monogramma vices dumtaxat duarum literarum Χ, & Ρ gerere videtur, cum ΒΑ ⳨ ΑΤΟΥ sit pro ΒΑΧΡΑΤΟΥ; Vides itaque antiquos Signum illud ex contractis Literis fecisse, quæ solutæ eamdem nativam vim haberent; quare neque mirum erit & in numo aureo Ptolomæi, & in Cangii gemma, Signum illud nil aliud repræsentasse, nisi initiales literas tum ΧΡηςατος *solidi*, tum ΧΡυσηλακατος *Dianæ*. Quamobrem heic prætereundum non erit, ultimæ antiquitatis fuisse Literarum hanc contractionem, quæ nihilominus adeo recensior visa est P. Eduardo Vitri, ut non dubitarit illam ad ætatem Justini, vel Justiniani amandare, apud Ficoronium in opere *de' Piombi* et. At ea de re mox sermo redibit.

Quicquid autem sit de recta significatione hujus Sigli in Paganorum Numismatibus, aliisque monumentis, ex iis procul dubio sequitur, Ethnicos longe ante Christianos illo usos fuisse; quare Basnagius *ibid.* arbitratus est, dumtaxat post Constantini ni ævum Monogramma illud nominis Christiani proprium fuisse, etsi antea utrisque, Ethnicis nimirum, æque ac Christianis commune. Quamobrem neque ab eorum sententia abhorream, qui & ipsos Christianos ab Ethnicis illam didicisse notam putant, modo & de significationis differentia, & de Monogrammatis usu conveniat. Novum enim minime erit, eamdem illam literarum contractionem, qua olim ethnici usi fuerant in iis vocibus, quæ a X & P incipiebant, Christianos tandem adhibuisse in ΧΡΙΣΤΟΥ, *Christi*, vel ΧΡΙΣΤΙΑΝΟΥ *Christiani* vocibus, per initiales literas secum inter contractas, designandis; quare quemadmodum olim Monogramma initium fuit vocis ΧΡυσυλακατος, ΧΡηματος, ΧΡηστης, & si quæ sunt alia hujusmodi; ita & penes Christianos idem Monogramma initium præseferebat vocis ΧΡισος, vel Χρισιανος. At usum, atque ætatem hujus siglæ spectare oportet, ut quævis removeatur dubitandi occasio; siquidem vix, inter tanta Ethnicæ vetustatis monumenta, quatuor hanc habent siglam, eaque antiquitatem Christiano nomine longe majorem plane præseferunt: contra vero innumera, atque forte major Christianorum monumentorum pars, Monogramma illud habent, quo lapides, Coenotaphia, Sepulchra, Picturæ, Numismata, Gemmæ, Lucernæ, Sigilla passim ornantur, cum interea ne unum reperies Ethnicum Monumentum, Aera Christiana recentius, in quo illa occurrat sigla. Duo etenim hæc argumenta ad rem nostram maxime redeunt; quandoquidem vulgatissimus usus hujus siglæ inter Christianos, eamque illorum ab Ecclesia condita propriam dumtaxat fuisse, atque unam eamdemque significationem apud Christianos tandem obtinuisse, liquido ostendunt, qui veluti peculiare Relligionis signum, notam illam adhibuerunt. Quæ quidem cum certa sint, nil est, quod tantam operam

peram in origine hujus siglæ expendenda consumere videantur Christiani Philologi, cum sæpe nativæ interpretationes, atque obviæ, præ implexis, iisque multiplici eruditione velut farcitis, rem dilucidius patefaciant.

At, ut Philologorum quandoque mos est, qui dum ultimæ antiquitatis latebras rimantur, in suis interpretandis rebus boni dormitant; ita & hujus Monogrammatis fatum fuisse mihi videtur, cum nimium hi in expiscanda illius significatione apud Ethnica monumenta desudarint, parum vero, vel ne parum quidem in ejusdem detegenda significatione in Christianorum illis.

Mihi enim plura adhuc expendenda videntur ea in re tum quod ad significationem Christiani hujus sigli, tum quod ad illius formam, atque adjuncta. Alterum siquidem quod interest: etsi nemini adhuc dubitare fas sit, longe ante Constantinum siglo illo usos esse Christianos, omnibus nihilominus suasum est, unam, eamdemque fuisse Monogrammatis lapidum Christianorum, atque Labari Constantiniani figuram, ex qua quidem, de qua nemo adhuc dubitare ausus erat, sententia, tot emersere quæstiones, num a Constantino lapidaria illa sigla ortum habuerit, num & illa antiquior Constantino fuerit: Verum enim vero quodvis evanescet dubium, si latum discrimen inter siglam, sive signum Labari Constantiniani, ejusque significationem, atque illam Lapidum Christianorum animadvertamus. In re vero plane nova conjecturis, vero pro virili similioribus, me mea instituere tentamina, æquum non pigeat lectorem.

Ut itaque, quæ fuerit Labari Constantiniani figura, nemo ambigat, duos adhibeam Constantino Syncronos testes, qui & Labarum viderant, quorum & alter rem ab Imperatoris ipsius ore pluries exceperat, nimirum Lactantium, atque Eusebium Pamphilum.

lum. Primum audiamus in Libro *de Mortibus Persecutor* c. XLIV. sic Constantini visum enarrantem: *Commonitus est in quiete Constantinus, ut cœleste signum Dei notaret in Scutis, atque ita prælium committeret. Fecit, ut jussus est, & transversa X litera summo capite circumflexo, Christo in Scutis notavit.* Ex his Lactantii verbis liquido patet, Constantinum in quiete commonitum fuisse, ut *Cæleste Signum Dei in scutis notaret. Signum Dei* nonnisi *Crucis* illud erat, ex phrasi illius ævi. At cur Lactantius illud appellat *Cæleste?* scilicet, ut indicaret commonitum fuisse Constantinum, illud idem *Signum Dei*, quod in *Cœlo* viderat, scutis notare: Rem omnem ex ordine Eusebius nos docet in Oratione *De Laudib. Constant.* t. III. *Edit. Vales.* hæc scribens: *Nam circiter meridiem, die aliquantulum jam in pomeridianum tempus inclinante, columnam lucis in Cœlo, effigiem Crucis radiis mire exprimentem, vidit.... Nocte vero sequenti secundum quietem vidit Christum, qui sic illum affatur: Crucis effigiem ad exemplar illius signi, quod tibi apparuit, fabricare: eoque, tamquam insigni quodam ad Victoriam valde accomodato, contra hostes utere.* Itaque Signum, quod viderat Constantinus in Cœlo, *Crucis effigies*, minime vero Monogramma Christi, vel Christi nomen, fuit: *Cæleste hoc Signum*, Crucem nimirum ipsam in scutis *notavit*, pro ut illam in Cœlo ei *apparuerat*. Neuter ergo horum, qui quidem uni, atque primi Constantinianam visionem, atque Signum primo Scutis appictum, deinde Labaro, ut postea idem narrat Eusebius, descripsere, vel uno verbulo de Monogrammate, vel de viso, aut adnotato Christi nomine locuti sunt: Utrique nonnisi de *Crucis Signo* meminere. Cujus autem formæ, cujus & esset figuræ Crux illa, singillatim describit Lactantius: *Fecit, ut jussus est, & transversa X. litera, summo capite circumflexo, Christo,*

flo , in Scutis notavit. Ex hujus Conſtantiniani Signi
figura, nimirum litera X transverſa, capite circumflexo , quæ profecto illi prorſus redit figuræ, quam
infra habes in humo Gretſeri num. 1., noſcimus e-
juſmodi fuiſſe Crucis Signum, quod Conſtantinus
viderat in Cœlo , ut præter vulgarem Crucis figuram, quæ una eademque eſt cum litera X, transᴠ
verſe poſita , caput dumtaxat unius apicis ſuperio-
ris circumflexum haberet . Hujus autem novi ad-
juncti ſignificationem , quod Cruci acceſſerat , ex
circumflexo apicis capite , uno , de more , verbo
Lactantius explicavit, nimirum: *Chriſto,* ac ſi dixiſ-
ſet, ea ratione haſtam literæ X,capite circumflexam,
Chriſtum eo indicaſſe, ut ſimul eadem figura Crucem, in qua Chriſtus erat, denotaret.

Hæc igitur inter Conſtantinianam figuram, atque Lapidarium antiquius Monogramma longe lateque patet
differentia, cujuſmodi ea eſt, quæ intereſt inter Crucis Chriſti figuram cum haſta ſuperiori circumflexa,
atque P & X ſimul contractis, atque conjunctis, quæ
vel ipſum *Chriſti nomen* deſignabant, vel nomen *Chriſtiani*, ut mox exemplis e re lapidaria petitis oſtendam . Quamobrem ut ad rem deveniamus, fruſtra-
neæ prorſus ſunt quæſtiones illæ, cum neque Conſtantinus a Chriſtianis ſui ævi, vel a Paganorum ſacris,
neque hi a Conſtantino, diverſum utrorumque, Siglum
accepiſſe, dici queat. Atque hinc eſt, quod idem Euſebius *L. 1. de Vita Conſtant.* de Arcu triumphali,
quod Romæ extruendum curavit Imperator, locutus,
in illo Imperatorem fuiſſe ſcribit, manu haſtam, cœ-
leſtis Signi, Crucis ſcilicet, figuram, tenentem. Quamobrem heic prætereundum minime erit, Conſtantinianum hoc Signum neque in uno reperiri ex iis
Chriſtianorum monumentis, Conſtantino antiquioribus, in quibus Monogramma dumtaxat ex X, &
P compoſitum videmus . Primum ſane epitaphium

Chri-

Chriſtianum, in quo Signum Conſtantinianum occurrit, eſt illud *Marciani* Cœmeterii Priſcillæ apud Baron. ad Ann. cccxii., quod Conſulibus Arbetione, & Lolliano notatur, nimirum Anno tercenteſimo quinquageſimo quinto; ita ut poſtero etiam tempore antiquius Chriſtianum Monogramma paſſim, raro Conſtantini Siglum iidem fideles adhibuerint in illorum præſertim ſepulchris.

Huic autem conjecturæ de Monogrammatis lapidarii, atque ſigni Conſtantiniani diſcrimine, duo adverſantur Conſtantini numiſmata, in quo Conſtantinus cum filiis habetur, atque Labarum cum eodem illo monogrammate, quod in Chriſtianis lapidibus antiquioribus, diſtinctæ enim duæ literæ X. & P. in numiſmate apparent, etſi ſimul inſertæ. Hoc autem numiſma omnium primus vulgavit Baronius, qui & aliud protulit ejuſdem Imperatoris numiſma, in quo videtur Conſtantinus capite Galeam gerens, in qua Monogramma idem, hoc eſt, lapidarium habetur: Utraque vero a viris quibuſdam habuit, qui forte ſuo ævo (in quo nummariæ critices regulæ adhuc latitaſſe, nemo certe inficiabitur) Numiſmatum ſyllogem privato ſtudio coagmentabant. At Cl. Baronii pace, atque tot virorum, quibus nullus adhuc ſubortum de hiſce numis, miror, dubium, nil eſt, quod in hæc jurandum eſſe videar numiſmata, imo, præter hanc ſigni diverſitatem, quod equidem nullimode reſpondet illo, de quo meminit, quodque adeo minute deſcripſit oculatus teſtis Lactantius; non una occurrit de illis dubitandi ratio. Ac primum omnium eſt cur de Baronianis hiſce duobus Conſtantini Numis (quotquot enim duo illa deinde protulere numiſmata, a Baronio accepere, eumque laudarunt auctorem) dubitetur, quandoquidem in Syllogis numiſmaticis, Theſauris, Collectionibus &c. Numorum, ne unus quidem occurrat e Conſtantini numis,

mis, qui vel parum Baronianis accedat. Sane in Museo Farnesiano inter Constantini Magni numismata nullibi Monogramma invenies; etsi ea neque Crucis figuram habeant, quare Pedrusio videntur cusa antequam Imperator Christo nomen dederit, quæ ceteroqui neque mihi arridet sententia, cum ex ingenio de ætate illorum numorum Pedrusius judicarit. At non est his locus, ad nostra pergamus. Nec apud Vaillantium aliquod habes ex Baronianis numismatibus, neque apud Patinam, penes quem in uno dumtaxat Magnentii numismate hoc primo extat Monogramma; ceteros adeas Numorum Romanorum Thesauros, quos ad unum videbis hisce carere Constantini Baronianis Numismatibus; quamobrem a Magnentio, atque Majoriano, in cujus numismate apud Bandurium t. II. p. 591. Monogramma lapidarium habes, primo factum esse arbitror, ut Monogramma illud, inter Christianos ipso etiam Constantino antiquiores vulgatum in numis transtulerint, eoque exinde CPolitani potissimum usi sint Imperatores, ut passim testantur illorum Numismata apud Bandurium, atque Cangium.

Quod si perfracte cum Baronio agendum his de numis fuisset, magis plura fuissent dubitandi momenta, quam veritatis notæ in iis, de quibus sermo est, numis. De primo enim suspicionem movet Imperatoris familia, quæ una cum illo in numo apparet; siquidem morem appingendi in Numis filios sero obtinuisse apud Constantinopolitanos Imperatores, si numismata Romana ad Constantinum usque cusa, atque illa posterioris ævi conferas, plane comperies; ab exemplis hujus rei heic abstineo, cum in mea Dissertatione de *Cœmeterio Neapolitano*, numisma quoddam Consulis nostri commendans, a CPolitanis medii ævi apud ipsos tandem Latinos morem appingendi familiam in numis Regum, Principum, &c. manasse, pluribus ostendam. In altero autem Baronii numismate Monogramma in ipsa depictum apparet Imperatoris galea, id quod falsarium fecisse, Eusebii textum imitatum, infra ostendam, cum de iisdem numismatibus, a Gretsero, Sada, Lipsio, aliisque vulgatis, sermo redibit. Eò enim notas recenseam, quæ πονηδος horum numorum plane detegunt.

Hinc in ipso etiam Labaro, olim unum illud, a Lactantio descriptum, Signum fuisse, puto; quod dum Juliani Imperatoris historia confirmare studeam, alterum erit meæ sententiæ momentum. Idem enim Baronius, ut dictum est, narrat Julianum e Labaro Monogramma illud abstulisse; quid autem a Labaro demsit, ipse fateatur Julianus, qui in suis *Misopogonis* scribit, se ea de re a Christianis, potissimum Antiochensibus, appellatum fuisse: *Oforem* τον X; igitur signum, quod e Labaro abstulerat, erat certe X; nam ex litera X inversa (quam bene quadrat hoc cum Monogrammatis descriptione, a Lactantio tradita!) integrum illud Constantini Monogramma prodierat. Quod si Monogramma ex duabus literis X & P fuisset, cur, quæso, illum vel & P oforem, vel ambarum literarum non dixissent? Immo longe progreditur argumentum ex ipsius Juliani verbis, qui in suis *Misopog*. p. 360. *Edit. Parif. antiqua*, narrat ab Antiochense quodam explicationem duarum literarum, quas in publicis monumentis invenerat, quæsivisse; literæ erant X, & K, easque illum explicasse: *Christum*, & *Constantium*. Liquet itaque hinc, ipsum etiam Constantium, Constantini filium, illud adhibuisse Monogramma, quod una Litera X continebatur, pro ut illud a Patre didicerat.

Verum tradita ab Eusebio Labari descriptio adversari meæ facile videbitur sententiæ, si illius inspiciantur verba ex antiqua versione Christophorsonii, de Vit. Constant. l. x. c. xxv., quæ ita se habent: *In ea*

(Cru-

(Cruce nimirum a Constantino Laboro imposita) *Salutaris appellationis Servatoris nota inscripta, duobus solum expressa elementis, idest, duabus primis literis nominis Christi (erat enim litera P in medio literæ X curiose, & subtiliter inserta) quæ totum Christi nomen perspicue significavit.*

Hæc profecto Eusebii versio prima erroris fundamenta jecit, cum eam, inconsulto græco Eusebii authographo, secuti sint tot viri, ceteroquin Clarissimi, Gretserus, Aringhius, Lipsius, Severanus, atque ipse tandem Boldettus; qui quidem si Græcum Eusebii textum legissent, quin antiquum certe exuissent errorem, non dubito. Ita porro se habet textus Eusebii L. 1. de *Vita Constant.* c. XXXI., non autem XXV., ut perperam scribunt Gretserus, ejusque antigrapharii: Ην δε τινδι σχηματι κατασκευασμενον. υ↓αλον δορυ χρυσω κατημφιεσμενον κεραι ηχεν εγκαρσιον, σαυρου σχηματι τετιμενον, ανο δε προς ακρω του παντος, στεφανος εκ λιθων πολυτελων, κ χρυσον συμπεπλιγμενος κατεπεπηκτο· καθ' ου της σωτηριου επιχωρας τον συμβολον δυο στοιχεια του Χριστου παραδηλουντα ονομα, δια των πρωτων υπισημαινον χαρακτηρων, χιαζομενου του P, κατα τον μεσαιτατον. Latine sic optime reddit Valesius: *Erat autem ejusmodi: Hasta longior, auro contecta, transversam habet antennam, instar Crucis. Supra in ipsa hastæ summitate, corona erat affixa, gemmis, & auro contexta. In hac salutaris appellationis signum, duæ videlicet literæ, nomen Christi primis apicibus designabant,* LITERA P IN MEDIO SUI DECUSSATA. Sic Valesius το μεσαιτατον scitissime vertit, cum μεσαιτατον dicatur, quicquid ad medietatem alicujus rei plane pertingit.

Ad nostram itaque sententiam nil hoc textu Eusebi expressius, nil dilucidius. Formam, figuramque Constantiniani Monogrammatis describit ille, pro ut

& Lactantius illud veluti pinxerat. Una igitur litera P primo decuſſata literæ X apice, ſive linea, ea erat Monogrammatis, quod in Labaro exprimendum curavit Conſtantinus, figura, quam ea de re ex duabus veluti literis compoſitam dicit.

Antiquæ ergo ſententiæ eorum, qui nullum interfuiſſe diſcrimen inter Conſtantini Monogramma, & Chriſtianorum illud, quo hi jam dudum uſi erant in lapidibus, illa proculdubio nimium indiligens Chriſtophorſonii verſio anſam præbuit: imo ad illius exemplar deinde numorum falſarii, quibus duo præterita ſæcula ad miraculum redundarunt, tot cudere Conſtantini numiſmata, quæ veluti τα γνησια primum Lipſio, atque Baronio, deinde Gretſero aliiſque obtruderunt. Neque heic injucundum lectori erit, rurſus vulgata Conſtantini Numiſmata obiter ad trutinam revocare. Quot quot, inquam, ſunt numi, qui Conſtantini Laborum habent, tot ex una eademque prodiiſſe officina animadvertas velim: ea ſane numiſmata, quæ primo Lipſius in ſuo opere *de Cruce*, deinde ex illo excripſit, atque ſecundum vulgavit Gretſerus L. 11. *de Cruce*, cuncta Auguſtæ Tiberii, vulgo Ratisbonæ, invencta fuiſſe, uterque ſcribit. Mira ſane res, quod tot Græci, Latinique Imperii civitates, quas aut ipſe peragravit Conſtantinus, vel quæ CPolitanorum civium frequentia inſigniores fuerunt, tanta tenacitate vel unum nobis inviderint id genus Imperatoris numiſma, dum una interea Ratisbona, Germaniæ Urbs, plus quam decem una dedit prole.

At quin tantam invideamus Ratisbonæ feracitatem, ad numorum γνησιοτητα deveniamus. Primo, dubium eſt de ipſius Monogrammatis iiſdem in Conſtantini numis diverſitate, cum tot pene ſint Monogrammatis figuræ, quot illi ſunt apud Lipſium, atque Gretſerum, in cujus L. 1. c. XXXVII. to. 1. p. 11. occurrit

rit Constantini Numisma, cujus postica pars Imperatorem clamide indutum, atque stantem habet, dextera Laborum, sinistra Victoriolam tenentem, in Labaro hoc prostat Monogramma ☧. Alter Numisma ibidem figuram habet militis, sive ipsius Imperatoris breviori clamide, Labarum pariter, atque victoriolam gerentis, in labaro Monogramma sic se habet ☧, at inferior hasta literæ P desideratur, eo ut summus dumtaxat literæ P apex ex litera X prodire videatur. Tertium Numisma ibid. p. 418., in cujus antica Caput Imperatoris laureata, postica hoc Monogramma ☧. Quartum ib. p. 420. cum Imperatore tum Labarum, tum & victoriolam tenente, in Laboro autem hæc Monogrammatis figura X occurrit. Quintum ibid. habeo ex Octaviano Sada in Append. Dialogor. Antonii August., cujus postica præsefert Labari grandioris imaginem, Labari hasta Draconem medio ventre transfigit, in Labaro autem antiquum Monogramma Christianorum integer, atque absolutissimum habetur; quod sane numisma vulgavit etiam Baronius.

Vide itaque quinque Imperatoris Constantini nummos tot diversas habere Monogrammatis figuras. Quis autem dicet hæc vera esse, modo neque una in illis sibi constat Monogrammatis forma? Quis dicet illa conflata esse Constantini ætate, tum cum Labori figura præ omnium oculis tum Romæ in Arcu Triumphali, tum CPoli in picta tabella, quam Imperator ad Palatii fores suspendere fecerat, ut scribit Euseb. de Vit. Const. l.3. c.2., erat. Quæ quidem tabella adhuc Socratis Historici ætate extabat, quamque *tropæum Crucis* appellat ille *Hist. Eccl. l.*11. *cap.* 11., ubi ait: *Quod* (tropæum Crucis) *etiamnum servatur in Palatio.* Hæc igitur figuræ Monogrammatis inconstantia ex falsariorum diversis sententiis manavit, quorum quidem alii, quod mentem Eusebii

R 3

febii aſſecuti non eſſent, alii, quod a Lactantio traditam figuram exprimere ſatagerent, nunc uno nunc altero modo Conſtantinianum Monogramma effinxere. Quod potiſſimum dicendum erit de falſario Numiſmatis, a Sada vulgati, qui quidem figuram Labari, Draconem haſta tranxfigentis, quam Euſebius, ut dictum eſt, haud numis cudendam, ſed in tabella depingendam (*quam*, ait ille, *in ſublimi ante palatii veſtibula ſuſpenderet*) Imperatorem curaſſe ſcribit, in ſuo retulit numiſmate; ratus fucum cunctis facere, ſi imagine verba exprimeret Euſebii; neque tamen animadvertit, Euſebium de *picta tabula*, haud de numis illuc manifeſte loqui.

Quod ſi ipſas pariter ſpectemus horum numiſmatum epigraphes, ultro & noſtra progredietur dubitatio. Eſt ſane quod dubitemus, cur Græci nullum cuderint numum Conſtantini cum hoc Laboro, ſiquidem, quos protulimus, latinas habent epigraphes: At eſto, ſint hi deperditi, numos τοὺς κιβδήλους ipſa evincit latina ſeudoepigraphis. Primo, quod in numiſmatis numero tertio antica parte legitur: CONSTANTINOPOLIS. At ridenda ſane eſt falſarii inſcientia, qui nobis numum CPoli conflatum cum epigraphe haud græca, ſed latina, tamquam γνησίαν obtrudere putavit. In Numo, numero primo, circa Labarum legimus: FELICITAS REIPABLICE. Quot σφάλματα in uno verbulo, numiſmatis publica auctoritate cuſi certe indigna: Loco enim V habetur Græcum Λ; pro litera L habetur quædam græcæ γάμματος Γ figura: tandem vox adiphtonga eſt; ne dum enim in numiſmatibus, quæ immunes prorſus ea ætate ab hiſte craſſioribus erroribus fuiſſe, docent Numographi omnes, ſed vix in ipſis lapidibus medii ævi invenies literam Γ græcam pro Latinorum L, nec umquam in numis diphtonga deſiderabis, ſi eos excipies, qui medio tandem ævo in Imperio, vel alibi bi in Italiæ locis quibusdam cufi funt. In fecundo tandem Numo eadem occurrit vox REIPVBLICE fic, nimirum adiphtonga. Nil dicam de Reipublicæ appellatione, quam nullibi in illius ævi Monumentis nummariis γνησιοτοις repperies; fatis enim eft enormia hæc detexiffe epigrapharum vitia, ut quifque compertam habeat horum numorum fallaciffimam, fucatamque mercem, neque illis falfus antiquius Chriftianorum Lapidarium Monogramma cum Conftantini illo confundat. At nihilominus una faltem in re laudandum erit falfarii ingenium, qui numum, quem numero primo defcripfimus, cudit, ipfiffimam fiquidem Monogrammatis Conftantiniani figuram expreffit, quam Lactantium tradidiffe vidimus; quare quamdam mihi infert fufpicionem, hanc forte illum defumpfiffe figuram ex γνησω aliquo Conftantini numo, qui ad ejus venerat manus; at cum non fatis intelligeret, qua ratione ex literæ X apice fummo, ut ait Lactantius, illa P fieri poffet, recta ftante nihilominus litera X, eam ob rem literam P devexam in illo effinxit.

Poft Conftantini itaque Victoriam, Maxentio debellato, apud Chriftianos obtinuit, ut jam dixi, nova hæc Monogrammatis figura, manifefte ab antiquiori diverfa. Hinc demiratus fum Boldetti, Muratorii, atque Marangonii fententiam, qui verfus Paulini *Nat.* 11. *S. Felic. inter Murat. Anecd. p.* 42. laudant, in iifque Monogrammatis lapidarii defcriptionem videre vifi funt; cum re vera Paulinus haud antiquum illud, fed recentius Conftantini Monogramma defcribat. En Paulini verfus:

Nunc eadem Crux diffimili compacta paratu
Eloquitur Dominum, tamquam Monogrammate, Chriftum;
Nam Nota, quâ bis quinque notat numerante Latino
Calculus hæc Græcis Chi fcribitur, & medium Rho

*Cujus apex & signa tenet, quod rursus ad ipsam
Curvatum Virgam facit* O, *velut orbe peracto:
Nam rigor obstipus facit* I, *quod in Ellade jota est.
Thau idem stylus ipse brevi retro a cacumine ductus
Efficit . . . . .*

Materia, versibus equidem minus apta, obscuriorem fecit Paulini sententiam. Primo quidem vides illum definire Monogramma: *Crucem dissimili paratu compactam*. At antiquius Monogramma neque volam habet crucis, quod oculis lectorum permitto. Pressius rem persequitur ille, atque Monogramma coalescere dicit duobus Literis X, & P: *Medium Rho*, ait, atque statim designat, qua ratione *Medium illud Rho* ex eodem X prodiret: *Cujus apex, & signa tenet*: heic vox *cujus* refertur ad *Rho*, nisi velimus Paulinum sibimet minime constare.

Ea siquidem phrasi indicat Paulinus, Literam X tenere apicem atque signum literæ P, quam ea de re mediam appellat, *quod* (pro *eo quod*) *rursus ad ipsam virgam* (ita appellat apicem literæ X) *curvatum*, supple *Chi*, *facit* O. Nullo enim alio modo hoc O fieri potest ex Paulini sententia, nisi curvato summo apice literæ X, haud stantis, sed decumbentis sic ⋈, unus sane apex literæ X ita positæ, si *curvatur*, efficit certe ☧. Quod ut dilucidius intelligas, animadvertendum erit, apud antiquos literam X ex duabus coaluisse lineis, sed laxiori ratione sese decussantibus, ita ut si literam illam e converso statuminarent, ipsissimam Crucis figuram ✚ præseferret (XIII); hinc rectum Crucis apicem fac in semet

---

(XIII) Vide, inter μυρία id genus, Congii æret figuram, in qua habes Litera ⋈, pro ut illam describimus. In Congio sane notam quamdam mensuræ designare literam illam puto; quæ profecto figura obtinui

met redire, atque habebis literam P.; quare apicem illum *velut orbe peracto* describere O in apice recto literæ X, dicit Paulinus: Is enim in postremis duobus versibus, primo vim hujus apicis *Chi* recti explicans, illum, ait, præseferre literam I, *quod in Ellade Jota est*: in altero de altera literæ *Chi* linea loquitur, eamque, ait, repræsentare literam *Thau*, quam certe literam plane deprehendes in ✝ ad mentem Paulini conformata, si summum apicem, e quo converso apex literæ *Rho* prodierat, demas. Hanc Monogrammatis absolutissimam descriptionem in sequenti hac invenies figura ☧: Atqui hæc ea erat Constantiniani Monogrammatis illa; quamobrem nemini adhuc dubium erit, Paulinum de Constantiniano locutum fuisse Monogrammate iis in versibus, quos antiquioris Monogrammatis descriptionem Clarissimi tot auctores continere, arbitrati sunt, cum implexam sane horum versuum sententiam explicare, neglexerint.

Itaque Constantini Monogramma aliud figura erat ab antiquiori illo, quod lapidarium appellamus, illudque ex una litera X conversa constabat summo apice inflexo; e contra vetustius Monogramma (rectius diceres *Digramma*) ex duobus literis X & P, ita coalescebat, ut etsi ambæ hæ literæ secum contextæ forent, una tamen ab altera plane discriminaretur, quemadmodum Monogrammatis lapidarii figura, initio hujus paragraphi allata, procul dubio testatur. In quo sane antiquiori Christianorum signo nullum apparet Crucis vestigium, quam et Eusebius, & Lactantius, ceterique Scriptores in Constantiniano Mo-

---

nuit, ut X litera ab ✕ nota numerica differret; atque hinc sequitur, hanc potissimum alteram magis patulam literæ X figuram spectasse Paulinum, dum de illa, veluti de numerica Latinorum nota, hisce in versibus loquitur. Vide Congium ap. Grut.cccix. 5.

Monogrammate non modo fuisse, sed illud primam, potissimamque *Crucis* figuram praesetulisse, testantur. Quod profecto vel unum argumentum latum illud discrimen inter utrumque Monogramma abunde statuere, mihi videtur.

At prope exciderat lapis, quem Boldettus in Coemeterii Priscillae antiquis arcubus invenisse scribit, ejusque tradit λεξιν, quae paucas vix continet literas, aliis loci foeditate exesis, sic:

......S IN PACE ☧
....CON D N AVITI.

Annum Consulatus ipse Boldettus, his ferme verbis lapidi adscribit to. 1. p. 83. : *Avito fu Confole l'Anno di Cristo* 209. *insieme con Pompejano*. De nostro igitur actum est sistemate; siquidem jam tum eo Monogrammatis figura longe ante Constantinum utebantur Christiani, anno nimirum CCIX. At falsus est Boldettus, Consulatum Aviti ratus in ea designari lapide, neque notas D.N. earumque aetatem animadvertit; Infra enim de iis acturus lapidum notis, e quibus aetas illorum desumenda erit, plane ostendam, Literas D.N. Saeculo tertio ad exitum vergente in lapidibus obtinuisse ad Imperatorum nomina, serius vero Consulum Nominibus additas fuisse. Praeterea neque *Consulis* vox ante Saeculum IV., ita ut in lapide, de quo loquimur, prostat, nimirum CON. occurrit, de quo fusius ibidem dicam; ad initium enim usq. Saec. III. in omnibus omnino lapidibus sic legimus COS. Ex duobus itaque hisce notis liquido patet aetas lapidis, qui procul dubio Saeculo IV. recentior est. Quod vero ad Consulis nomen spectat, facile consulem invenies, si litera N, quae parum a sequenti voce distat, ad ipsummet Consulis nomen pertinere dicas, ita ut legendum sit: CON D NAVITI, nulla vero interpunctio inter N, atque AVITI interest, neque novum in re lapidaria Christianorum erit, literas unius, ejusdemque

que nominis aliquando a se invicem disjunctas quadratarios sculpsisse, ab exemplis in re vulgatissima abstineo. Hujus autem Nominis Consulem in fastis legimus Anno CCCLXII., in quo Consules fuere *Mamertinus, & Nevitta*; hinc quemadmodum passim in aliis lapidibus, Christiani quadratarii Consulum nomen deformarunt, ita & in hoc quoque epitaphio pro *Nevitta* scalpsere *Naviti*. Ex hac itaque restituta lapidis lectione, nulla equidem vi vel literis, vel lapidis sententiae illata, neque ullum suboritur contra nostrum sistema argumentum, cum epitaphium illud ipso sit Constantino recentius.

Nunc autem ad significationem hujus Monogrammatis in Christianis epitaphiis. Nemo adhuc dubitavit, signum illud *Christi* nomen in iisdem lapidibus denotare; quod etsi argumentis, atque exemplis suadere supervacaneum sit, heic nihilominus unum, atque alterum proferam lapidem, in quibus dilucidius usum hujus signi deprehendes: sic epitaphium Petri, & Marcellini ap. Boldett. p. 345.

PETRO ET MARCELLINO IN SIGNO DOMINI ☧

Ubi vides illud Monogramma *signum Domini* appellari. Ita & in alio epitaphio apud eumd. p. 273. legimus

IN SIGNO (*idem, Monogramma pro quo habes* P)
Christi nomen aperte designat in lapide Fortunati *ib.* p. 52.

FORTVNATVS SE VIVO SIBI FECIT
VT CVM QVIEVERIT IN PACEM IN P
&c &c &c

h. e., *in Christo*. Hinc aliquando in ipsis lapidibus Monogramma sequitur Dei Nomen, ut in lapide Rufinae *ib.* p. 340.

RVFINA IN DEO P

h. e., *in Deo Christo*; quem sane phrasem Christianos passim adhibuisse, aliud testatur epitaphium *Praesenti*

sečti ap. Bottarium t. 111. p. 117., in quo legimus:
NVTRICATVS DEO CRISTO MARTVRIBVS

Hunc porro Christianorum quadratariorum morem data opera explicare studui, ne idem Monogramma tyrones quandoque moretur, illudque habeant veluti vocis *Christus*, *Christo*, *Christi* contractionem, ut, ex. c., in lapide Aurelii apud Bold. p. 345.

IN P AVRELIO MARCELLINO DEPOSITO
IN P VII. IDVS MARTIA

Ubi Monogramma vices gerit vocis *Christo*, ut bis legendum sit IN *Christo*; quam sane nisi sequeris λιξιν nequit intelligi quid sibi velint *præpositiones* IN. Quare, etsi raro, in aliquo Christiano epitaphio eadem occurrit phrasis *in Christo*, at sine Monogrammate, cum literis initialibus nominis Christi, ut in illo ap. eumd. p. 372.

Q. SECVNDINVS IF VIXIT ANNO VNO MENS DVO
DIES XIII. IN X̄P̄.

At est cur dubitem, quin una eademque ubique epitaphiorum sit hujus Monogrammatis significatio, cum aliquando, quin ordo, atque sententia inscriptionis perturbetur, nequeat *Christus*, vel *Christo* explicari. Sic in lapide apud Boldet. p. 341.

PLACIDO ET ROMVLO XVII. C. DE
IANVARIA P IN PACE QVAE
VIXIT P ANNOS XVIIII. M.
VIII. D. XIIII.

Quænam erit Inscriptionis sententia si Monogramma illud sic explicabitur? *Januaria Christus*, vel *Christi in Pace*, *quæ Vixit Christus in Pace*. At quorsum hæc? Quamobrem mihi videtur, aliquando hoc idem Monogramma interpretandum esse *Christianus*, vel *Christiana*: quo si legeris modo allatam hanc inscriptionem, sensus forte constabit, scilicet: IANVARIA CHRISTIANA IN PACE QVAE VIXIT CHRISTIANA ANNOS &c., quasi is, qui monumentum posuerat, indicare voluerit annos, quos Januaria

nuaria vixerat, postquam Christo nomen dederat. Hinc factum esse, videtur, ut sæpissime Christianos titulos ita legamus: PORCILLA P IN PACE ap. eumd. p. 342., & p. 435. DONATVS P : legerem enim: *Porcilla Christiana in Pace*, &; *Donatus Christianus*. At hanc mire confirmat conjecturam epitaphium Æ*lianetis* ap. eumd. Bold. p. 385.

MIRE. PVDICE. CASTE. Q
COMPARI. AELIANETI
QVAE. VIX. AN. X. M. VIII. D. I. P *(Mon.)*

Ad meam nisi confugiat conjecturam, vel Œdipum lacesso quin hoc interpretetur epitaphium. Ælianetes *Compar*, nimirum *Uxor*, erat ne annos nata decem cum marito nupsit? Credat hoc Judæus apella, non ego. Neque dicas ea saltem ætate marito desponsatam fuisse, quandoquidem Maritum illam diu uxorem expertam esse, testantur laudes, quas ille *miræ pudicitiæ, atque castitati* Ælianetis tribuit. Si itaque ultimum illud Monogramma haud fortuito positum putabis, sed loco vocis: *Christiana*, de inscriptionis sententia perspicue constabit, atque dubium illud, quod ex annis Julianetis suboritur, evanescet: maritus enim epitaphio adscripsit annos, quibus uxor *Christianæ communionis* particeps vixerat, eo ut sensus sit, Ælianetem *vixisse Annos* x. *Menses* VIII. *& diem* I. *Christianam*. Hinc non dubitarem, eamdem esse hujus sigli significationem, cum sequitur vocem in PACE, nimirum in PACE CHRISTIANA, qua porro phrasi antiqui forte usi sunt, ut defunctum eo, quo obiit tempore, pœnitentiæ canonicæ minime obnoxium, sed Christianæ communionis participem fuisse ostenderent; Christiana enim pace expertes dicebantur hi, qui inter pœnitentes versabantur, quare in Liturgia oscula, pacis signa, cum pœnitentibus fideles numquam jungebant.

His de Monogrammate tum lapidario, tum Constan-

stantiano dictis, brevi tandem ab iis me expediam literis, quas Monogrammati olim appinxerunt. Christiani, nimirum A & Ω prima, atque ultima Græci Alphabeti literæ. Has profecto Christianos ab Ecclesia condita adhibuisse literas, easque ab Apocalypse hausisse, fatendum erit. De illarum sane usu, sua jam ætate inter Christianos vulgatissimo; loquitur altero ab Ecclesia condita Sæculo Tertullianus, qui *L. De Monog.* ait: *Duas Græciæ literas, summam & ultimam, sibi induit Dominus, initii & finis concurrentium in se figuras; uti quemadmodum A ad Ω usque volvitur, & rursus Ω ad A replicatur, itaque ut ostenderet in se esse & initii decursum ad finem, & finis recursum ad initium &c.* Ex quibus liquet, Christianos illis literis, Christum esse initium, atque finem rerum omnium, designasse, cum Agnus in Apocalypse jam dixisset, se esse *Alpha*, & *Omega*. Unde Prudentius *Hymn.* IX. *Cathemer.*

 Alpha & Ω cognominatur ipse fons, & clausula,
 Omnium, quæ sunt, quæ fuerunt, quæque post futura sunt.

Hanc itaque ob rem in longe antiquissimis Majorum nostrorum Monumentis hæ occurrunt literæ, plerumque hinc inde a Monogrammate scriptæ, ut nimirum sensus sit, Christum esse principium & finem. Vide innumeros id genus lapides apud Boldett., Fabrett. Murator. &c. Aliquando solitarias illas invenimus literas, sine scilicet Monogrammate; raro autem cum literis vel X. vel T.: apud Boldettum enim legimus epitaphium Aurelii Alexandri, positum Consulib. Valentiniano III. & Valente III., nimirum Anno CCCLXX., in quo novum istud occurrit Monogramma A T Ω, ubi pro antiquo illo Christi nomine habes literam T. Quæ, si Boldettum sequamur, Crucis vices gessit ex Tertulliani auctoritate L. III. adv. Marcion. c. XXII. Verum figuram illam vices

ces magis literæ X gerere crederem, cum apud Hebræos eadem esset literæ X, atque T vis, ut nos docent tum Origenes *Comment. in c.* IX. *Ezechiel.*, tum Hieron. *Comm. in id. caput*. Forte vel Alexandri affines, vel quadratarius, ex Hebræorum gente orti, litera T pro X facile usi sunt; quam profecto literam ad alia Christiana Monumenta se invenisse scribit Boldettus l. 11. c. 111., musivo opere elaboratam. Tandem literam X pro Monogrammate nil mirum erit adhibuisse veteres, cum ex ea, ut dixi, prodiisset ipsiusmet monogrammatis figura.

Plura autem quæ heic eodem de monogrammate addere possem, deque illius usu apud Christianos in sigillis fictilibus, Musivis, annulis, gemmis ipsisque servorum collaribus, cartis Episcopalibus, aliisque scripturis; libentius prætereám, ne operam abutar in iisdem retractandis argumentis de quibus scitissime, atque copiose scripserunt Menkennius, Boldettus, Mabillonius *Rei Diplom.* l. 11. c. x., ac tandem Georgius *De Monogr. Christi*, Cl. Franc. Commendat. Victorius in suo opere *De nummo Æreo parte* 1., atque Mamachius in *Origin. Christ.* t. 1.

Unum quod ad Codices antiquos addam, in quibus aliquando hoc occurrit Monogramma: In illis enim raro Christi nomen, sæpius vero nota est amanuensium, qua hi usi sunt ab ætate Isidori Hispalensis, qui illam χρισμον appellat. Hinc in antiquioribus quibusdam Codicibus, Langobardico charactere exaratis, adhuc occurrit; quemadmodum, ut e nostratibus argumenta desumam, apparet in Codice Membranaceo *Historiæ Bedæ* Monasterii Trinitatis Cavensis, qui Sæculo circiter x. scriptus videtur, cui equidem Codici recentiori manu ad Sæc. XIII. Monasterii Cavensis, aliarumque civitatum Italiæ historicæ res additæ fuere.

Alterum, quod postremo animadvertendum est, eorum spectat sententiam, qui Martyrum sepulchris

Mo-

Monogramma illud dumtaxat appinxiſſe veteres, arbitrati ſunt. Hæc profecto nonnullis ſederat ſententia ætate Mabillonii, ut quodammodo teſtatur ejus epiſtola ad Euſebium *De Cultu. Ss. Ignotorum*. Verum falſi illam evincunt innumera Monumenta Chriſtianorum, quos Martyrio expertes fuiſſe, appictæ docent inſcriptiones, quas vide apud Boldettum, qui fuſius hac de re ſcripſit t. II. l. II. c. III. Hæc dixiſſe de Monogrammate ſatis erit. In appendice hujus Diſſertationis habes vetus inſtrumentum quod integrum addere lubuit in eorum gratiam, qui Noſtris oblectantur antiquitatibus. In eo enim *Notarius* inter figuras lapidi appictas, quæ ad brachii capſam erant, Imperatoris clamide induti illam deſcribit, cujus capiti ſignum illud ✞ Labari Conſtantiniani, imminet; prope Imperatoris vero imaginem extat & antiquum Chriſti Monogramma. Ex quo ſane monumento patet medio etiam ævo ad exitum vergente, Chriſtianos altero hoc Monogrammate Lapides ſignaſſe, illud vero, aliquantulum diverſum Imperatoribus tribuiſſe, veluti Conſtantini ſucceſſoribus.

§. II.

De Monogrammate Nominis Jeſu. Explicatur textus Clementis Alexandrini, perperam a Mamachio, aliiſque interpretatus. Erratum Antonii Lupi detegitur de Monogrammate epitaphii Varroniæ. Notatur auctor Diſſertation. de forma, & vetuſt. Monogram. Jeſu. Quodnam fuerit Monogramma illud primo, atque medio ævo inter Græcos. Græcorum Monogramma uſurparunt Latini, illudque medio ævo vitiarunt.

Quemadmodum Chriſtiani ab ipſa ferme Eccleſia condita Chriſti nomen ſymbolicis quibusdam ſignis expriprimere consueverunt; ita & de Divino illo Servatoris Nomine IESV fecere, quod figlis quibusdam tum in monumentis, tum in picturis vel sculpserunt, vel depinxere. Quamobrem & de altero hoc Monogrammate, quod equidem sui vetustate illud idem Christi, de quo adhuc dictum est, fere æmulatur, pauca heic dicenda erunt.

Apud vetustissimos itaque Græciæ Christianos primo obtinuere Sigla quædam, quibus hi nomen ΙΗCΟΥΣ, IESVS primis literis initialibus designarunt, cujus inventi testis valde antiquus est Clemens Alexandrinus tum in suis *Stromatibus*, tum & in *Pedagogo*, heic enim L. II. c. IV. ait: μητι τον δικαχορδον ψαλτηριον τον λογον, τον Ιησους μηνύων, τω στοιχείω της διαδος φαινομενον? *An non dechacordum psalterium verbum Jesu significat, elemento decadis indicatum?* Illuc vero l. 1. c. IX. φησιν ουν ειναι τον μεν κυριακου σημειον τυπον κατα το σχημα το τριακοσιον στιχειον: *Ajunt igitur esse Dominici signi typum juxta figuram trecentesimum elementum*. Duæ itaque hæ literæ Græcorum, una, quæ numerum *decimum*, altera, quæ *trecentesimum* denotant apud Græcos, sunt *typum* Nominis Jesu: Hæ autem numericæ notæ sunt I sive *Jota*, quæ *decem* denotat, atque litera H *eta*, triplicata sic HHH, *trecentesimi* numeri signum.

At me adhuc latet Clementis sententia in altero hoc testimonio. In *Pedagogo* enim liquet de litera I *jota*, quæ procul dubio initialis illa est nominis ΙΗCΟΥ, locutum esse; verum quæ inter trecentesimi numeri notam, atque Nomen illud convenientia? quandoquidem si literam H *eta* spectasset, (ut post antiquos tandem Boldetto, Bottario, atque ipsi etiam Mamachio visum est, qui quidem omnes hunc laudant Clementis locum, veluti per se se manifestum: ea scilicet est Clarissimorum quandoque scriptorum conditio, ut oscitantes obsecundent antiquos) cur, amabo, bo, pro trecentesimo elemento, centesimum potius non indicasset? Græci siquidem una litera H *centum* notabant. Duo igitur suppetunt conjecturæ: vel enim Clementis locus corruptus est, vel longe alia eo in loco est Clementis sententia, quam certe laudati Scriptores, qui ejus testimonium protulere, minime assecuti sunt. Primam sane conjecturam obiter attingam, cum ab hisce emendationibus, nisi luculentissima suppetant argumenta, plane abhorream: Itaque pro τριακοσιοσον, sive τρακοσιοσον legendum esset διακοσιοσον, *ducentesimum*; ducentesima siquidem Græcorum nota duobus coalescit literis *eta* HH, ut in antiquioribus Græcis monumentis apud Montfauconium, Morellium, aliosque nota illa occurrit: Eo autem siglo nomen Jesu olim denotasse Christianos in aliquibus antiquis epitaphiis, ex illorum uno putat Lupus in *Epitaph. S. Severæ &c.* p. 137. Epitaphium illud, iterum a Muratorio to. IV. Inscr. p. MDCCCLIV. n. 8. editum, heic exscribimus, quod ad classem monumentorum bilinguium referas.

VARRONIVS
FILVMENVS. VARRONIAE
FOTINE. FILIAE. SVAE
FECIT
(*Heic Anchoræ figura*)
ΔΟΥ   H⊣⚓   ΛH

Siglum, quod duplicis HH, simul contextæ figuram refert, Lupus explicat IESVS, alterum Monogramma: *Christus*, ΔΟΥΛH *Ancilla*, eamque phrasim Christianam esse, ex Boldetto probat. Hæc sane nota, quæ ex duobus H, simul ita conjunctis ut media hasta tum ad primam, tum ad alteram pertineat literam, *Jesu* nomen indicare illi videtur. Quod, si verum esset, plane responderet sententiæ Clementis, modo pro τρακοσιοσον legeretur διακοσιοσον, duobus primis literis immutatis.

At dixi me huic minime acquiescere conjecturæ, tum quia γνωσιν habeo Clementis locum, ut mox dicam, tum quod minus arridet Lupi interpretatio, figuram siquidem illam numericam notam designare arbitror. I. cum illi minime suffragetur Clemens Alexandrinus, quem de trecentesimo numero procul dubio edisserere infra ostendam. II. quod neque I & H, simul conjuncta, ita soliti fuerit scribere veteres, ut nomen Jesu designarent; idque testatur lapis Juliæ Vitalinæ apud Marangonium in *Acta S. Victorini &c.*, in qua ad epitaphii dexteram Nomen Jesu, sic scalptum occurrit : $\overline{IH}$; cum enim antiqui quadratarii quamdam vocem per initiales, medias, vel finales literas scriberent, lineolam iisdem literis superaddebant, ut passim apud Lapidiographos vides. III. Tandem quod ad notam numericam attinet : penes priscos etiam Romanos hic invaluit mos, ut aliquando numeros per literam I designaturi, inter duas, vel tres figuras literæ I quamdam interjicerent lineolam, qua ex illis una velut figura coalesceret. Exemplo satis sit lapis antiquus *Q. Julii* ex ms. Pighii schedis apud Gruter. p. MLXXX. 2.

Q. IVLIVS. Q. F. T. N. SERG. CAELSVS
AED. HVIR. BIS. DE. SVO. DEDIT

Vides heic vocem HVIR., h. e., DVVMVIR, in qua duos I I simul lineola illa ita conjunxit, ut literam Latinorum H, vel Græcorum H referrent. Huic & alterum ferme simillimum ap. Montfauc.*ib.* t. VII. habes sic:

Q. RVFVS. Q. F. ↄ. L. CINVS
HVIR. I. D. PACVVIAE. SEV. F.

In qua, aureæ procul dubio ætatis inscriptione, eamdem habes numeri bini notam, nimirum H in voce HVIR., h. e., *Duumvir Jure Dicundo*. Nota vero numeri *tertii*, quæ ne latum quidem unguem ab illa epitaphii Varroniæ, quam velut Monogramma Nominis

Jesu interpretatus est Lupus, occurrit in inscriptione Cœmeterii nostri, quam in concamerati cujusdam loculi area alba, atramento appictam, inveni: eamque brevi quodam addito commentariolo, cum Trojani Chronicis fragmento, adhuc inedito, habes in appendice hujus Dissertationis.

Ingeniosa itaque Lupi sigli hujus explicatione notata, atque correctione loci Clementis, ne novitati magis, quam veritati obsecuti videamur, rejecta; nunc ad rectam mentis, atque verborum Clementis interpretationem accedamus. Alexandrinus porro auctor, si serio ejus verba expendantur, quemadmodum in *Pedagogo* de nomine Jesu loquitur, ita & in *Stromatibus* haud de nomine, sed de κυριακῳ σημειῳ, h. e., *Dominico signo* verba facit : Hoc autem *Dominicum signum*, ait, κατα το σχημα το τρακοσιοςον designari, h. e., *figura trecentesimi elementi*, cujusmodi est litera T apud Græcos, qui cum majores, atque minores habeant numerorum notas, ex minoribus est T, sic descriptum τ, quo trecentesimum numerum notant. Hæc quippe litera suapte natura, sui nimirum figura, dilucidius refert κυριακον σημειον, h. e., *Dominicum signum* h. e. Crucem. Qua quidem ratione & Clementis Alexandrini textus integer stat, dum luculentissimam illius sententiam intelligimus, quin Nominis Jesu elementis, in ejus verbis perquirendis, incassum cum Mamachio desudemus.

Honeste etiam a Boldetto dissentiam, qui olim Christianos nomen Jesu designasse, arbitratus est, literis C. V., quas hinc inde a Monogrammate in quadam fictili lucerna Musei Victorii ita invenit C ⳩ V. Putat ille C esse initialem nominis *Christi*, V stare pro Y, quo quandoque lapidarii, vel figuli pro I *jota* usi sunt; quare explicat CHRISTVS YESVS; at præterquam quod nullibi repperies nomen *Jesu* cum litera

tera illa initiali Y, vel V tum in Latinis, tum in Graecis antiquioribus Monumentis; mihi, cui sane conjecturae summis dumtaxat in argumentorum angustiis arrident, ambae illae videntur latinae literae, quas facili negotio explicarem CHRISTVS VICTOR, vel VICIT, quin in eadem lucerna tot tantasque congeramus conjecturas. Neque juvat obscuriori, atque incerto alio monumento conjecturam Boldetti tueri, quemadmodum fecit auctor Dissertationis *de forma, & vetustate Monogrammatis Jesu*, editae Romae 1747. qui se vidisse, scribit, in museo Vallicellano aliam fictilem lucernam, in cujus orbiculo hae prostant literae Y.S, quas ille interpretatur YESVS; siquidem neque de monumento, Christianum ne vel ethnicum sit, constat, cum palmas, quibus lucerna decoratur, ego viderim in nonnullis fictilibus Ethnicorum lucernis, praesertim in Caprearum insula inventis, quibus, tandem, aliisque nos monumentis illuc effossis, iisque maximae vetustatis, externi spoliarunt. Neque Dissertationis hujus Cl. auctor ullis argumentis hanc literis illis significationem vindicare studet; hinc haeret adhuc aqua, modo dilucidiora non suppetant argumenta.

Antiquiores itaque Monogrammatis Jesu figurae, quae in dubium vocari nequeunt, ex vetustioribus Rei Christianae monumentis desumimus. Ac primo quidem ex veteri gemma Christiana, quam scitissimo commentario explicavit Cl. Hieronymus Aleander, Romae edito An. 1626. Gemma naviculam habet, ad cujus antennam, pariter atque puppim duae assident aviculae: tres interea nautae circa arborem naviculae stant, pro navicula piscis, caput mediis aquis emergens, ad litus vero duae occurrunt virorum figurae, quarum una dexterum genu flectit, altera stat, manum primae porrigens figurae: duobus hisce figuris, literis grandiusculis, haec supereminet epigraphis

phis ΠΕ̄Τ, h. e., IHCOYS, ΠΕΤΡΟΣ, *Jesus Petrus*. Hoc profecto fatendum est, vetustius Monogramma nominis Jesu fuisse, quod ex tribus primis literis SS. hujus Nominis constabat, a se invicem distinctis; quare minus proprie Monogrammatis appellationem meretur.

Medio tandem aevo inter Graecos aliud invaluit hujus Divini nominis Jesu Monogramma, sic: I̅C̅. Unde passim in Graecorum Imperatorum numismatibus illud occurrit (penes Cangium *de infer. aev. Numism. & Bandur. Num. Imper. to.* 11.) cum imagine Salvatoris, atque ea circum λέξι: I̅C̅. X̅C̅. ΚΕ ΒΟΗΘΕΙ, h.e. Ιησους Χριστος Κυριε Βοηθει, *Jesu Christe Domine Adjuva*. Habes hoc idem Monogramma inter Latinos in operibus Musivis antiquioribus apud Ciampinium t. 1., perinde ac in gemmis, aliisque medii aevi monumentis.

Cum vero medio eodem aevo Latini maxima laborarent Graecarum literarum inscientia, varie hoc Monogramma scripsere. Lege epistolam Amalarii, qui Saec. IX. Hieremiae Archiep. Senonensi scripsit de recta Nominis Jesu scribendi forma; ex qua patet, Latinorum nonnullos ea de caussa scripsisse Monogramma his literis I̅C̅, quod mediam literam H *eta*, rati literae Latinae H vices gerere, e monogrammate, veluti superfluam, eliminaverant. Amalarii & Hieremiae, atque Jonae Episcopi hoc de argumento literas habes ex Dachesio apud laudatum Cl. Auctorem Differt. *de forma &c. Monogr. Jesu*. Qui sane quorumdam illius aevi Latinorum error aperte se prodit in Numo maximi moduli, Florentiae ad IX. Saeculum cuso, quod occurrit penes Gorium t. 11. *Musei Florentini* Cl. 1. n. XV.: in eo enim circa Salvatoris figuram hanc legimus epigraphen: ✠ IHS XIS REX REGNATIVM. In lapide primi Martyris recuso ab auctore laud. Dif-

ser-

sertationis, diversa etiam est ejusdem Monogrammatis forma, sic: DNI NRI IHV XPI . Lapis ad Ann. DCCCXLV. pertinet, ut ex restituta illius lectione probat idem Ciampinius. Ipsissimum est Monogramma illud & in altero Saeculi IX. Monumento, Amulphi nimirum apud Ludov. Murator. to. IV. p. MDCCCXXXI.; uti & in Columna Veronensi apud Panvinium *Antiq. Veronen.* l.v. c.XII. In Saeculi VIII. monumento ap. eumd. Auct. Dissert., quem supra laudavimus, parum differt idem illud Monogramma, cum pro ultima litera V habeat Y, sic: IHY.

Hæc satis sit delibasse de SS., Divinique Nominis Jesu Monogrammate, de quo, copiose cum scripserit laud. Anonymus Auctor in Disser. *de forma &c. Monogr. Jesu*, plura addere non vacat.

§. III.

De nonnullis phrasibus Sepulchralibus, Christianorum propriis. De Depositione Depositus &c. *De formula* In Pace: *Apprecationis ne formula fuerit. De aliis Christianorum apprecationibus lapidariis. Quid sibi velit Græca vox* ιχθυς *in Christianis lapidibus. Quid palmæ figura.*

Inter ignotos characteres Lapidum Christianorum non ultima erunt phrases, atque vocabula quædam, quæ illi sibi proculdubio vindicasse, videntur. Hujusmodi certe sunt vocabula illa DEPOSITVS, vel DEPOSITIO, quibus Christiani suorum humationem designarunt. Quo sane vocabolo, præ aliis, quo Ethnici adhibebant in eorum epitaphiis, Christiani usi sunt, Relligione magistra, ut nimirum spem futuræ resurrectionis indicarent, ac si dicerent, defunctum illuc *depositi* loco corpus habere, quod aliquando resumeret: Ex hoc igitur Christianæ Relligionis dogma dogmate vocabula illa *Depositus*, & *Depositio* manasse, mihi videntur. Qua sane in re libentius a Florentinii sententia discedo, qui *Not.* IX. *in Martyrolog. Occid.* putat, *Depositiones* dici, quod (defuncti) *delictorum carcere liberati*, *nascimur Salvatori*; cui accedit & Boldettus, qui nescio qua mystica significatione vocabulum illud de spiritu, haud de corpore interpretandum esse autumat *ibid.* l. II. c. VI. Hoc autem vocabulo tum in *Confessorum*, tum in *Martyrum* epitaphiis usos esse Christianos, antiqui Christianarum antiquitatum Scriptores docuere, etsi illorum sententiam in dubium tandem Viri Clarissimi revocarint.

Illud vero vocabulum aliquando integrum scribitur in epitaphiis, ut DEPOSITVS, & DEPOSITIO, aliquando initialibus literis DEP., vel DE., aut una dumtaxat D. vel cum superposita lineola sic D̄., ut in lapide *Bonifaciæ* ap. Boldet. *ib.* p. 401.

BONIFATIA IN PACE D. III. N. D.

h. e. *Bonifatia in Pace deposita tertio Non. Decembr.* vel sine ulla lineola, sic D. Duobus quandoque literis consonantibus tum primæ, tum alterius sillabæ DEPOSITIONIS vocem pariter antiqui scripsere, ut in lapide Cæcilii ap. Bold. *ib.* p. 397.

D. P. CECILII. PRID. IVN.

h. e., *Depositio Cæcilii Pridie idus Jun.* Sæpius vero hæ duæ literæ conjunctæ occurrunt, absque media interpunctione, sic. DP. ut passim videre est ap. eumd. Boldet., Fabret. Murator. &c. In Christianis autem Græcis lapidibus est vox ΚΑΤΑΘΙΣΙΣ, pro Latinorum illa *Depositio*, vel *Depositus*. Lege lapidem *Cyriacetis* penes Boldet. p. 402.

Hinc, quadratariorum inscientia, quandoque nimium vitiata, atque ne parum latina quidem, eadem occurrit vox, ut Fabrettus ipse animadvertit; quare passim leges in Cœmeterialibus epitaphiis DEPOSSIO, DEPOSSO, DEPOSSONE, DEPOSETVS, DIPOSETA; & DEPOSTIO, in lapide *Fleni* (forte *Fileni*) ap. Lupum *ib.* p. 173.

Huic voci in iisdem Epitaphiis illa plerumque sequuntur: IN PACE, de qua sane voce, ne cum Christianis Philologis supervacaneis quæstionibus nimiam abutamur operam, tria expendenda erunt: I. Num hanc phrasem ab Ethnicis nostri usurpaverint. II. Quando apprecationis vim habeat. III. Num Christianæ *communionis* participem defunctum tum, cùm obiit, fuisse designet. Primum hoc caput prætereundum facile ducerem, ni scitulorum quorumdam dubiis quodammodo satisfaciendum foret, qui in Christianis epitaphiis scirpum in nodo, ut ajunt, quærere nituntur. Visum scilicet his est, eamdem phrasem apud ipsos olim obtinuisse ethnicos ex Virgiliano textu Æneid. 1. v. 253., & in edit. Burman. 249.

Troja: Nunc placida compostus pace quiescit.
At cl. Lupus animadvertit Virgilium de Athenodoris placido regno loqui; hinc phrasis illa nullo respondet modo Christianorum epitaphiorum vocabulis: *In Pace*. At speciosius argumentum desumunt illi ex epigraphe posticæ Numorum Corneliæ Saloninæ, quæ ita se habet: AVG. IN. PACE. Idem Lupus, Vaillantium, atque Bandurium secutus, a Tyranno quodam in Gallieni ludibrium numos illos cusos fuisse putat, quibus ironice phrasem IN PACE appinxit, cum *interea, ut Lupus ait, totus Orbis Romanus a barbaris undique premeretur*. Mihi vero parum referre videtur, num Romani, vel Tyrannus aliquis ea cuderint numismata: neque dubium solvit ironica sorte, ut Lupus putat, phrasis; sat enim esset illa usos esse Romanos. At mea quidem sententia, nullius erit momenti simillima phrasis ex numis petita, modo omnis quæstio eo redeat, num Christiani hanc
epi-

epitaphiorum formulam a Paganis didicerint. Efto i-
taque Romani ad pacem defignandam ea phrafe *in
Pace* olim ufi fint; nullibi tamen de eorum defunctis *in Pace conditos, fepultos, humatos* fuiffe dixerunt;
quamobrem, quicquid fit de Saloninæ numis, compertum nobis erit, Chriftianos dumtaxat eam in e-
pitaphiis adhibuiffe phrafem, deque propriis defunctis, *in Pace depofitos effe*, dixiffe; cum una excel-
lentiffima Chrifti Relligio, quænam effet defunctis pax,
illos edocuiffet.

Alterum eft de eadem formula: *In Pace*, depre-
cativa ne fit, an imperativa. Lupo videtur formula liturgica, tum potiffimum cùm conjuncta occurrit cum alia vocula TE; quam aliquibus in lapidibus
apud ipfum Lupum, atque Murator. t. IV. legimus,
fic: TE. IN. PACE. Putat enim ille *ad arcani difciplinam fervandam* (ejus funt verba *ibid.* p. 175.) illud TE pofitum fine præcedentibus verbis: *Sufcipiat
TE Chriftus, qui vxavit te*, qua phrafi utebatur Ecclefia Romana in Defunctorum Liturgia. Verum
præterquam quod phrafis illa fero obtinuit in Romana Liturgia, de *pace*, de qua quæftio nobis eft, nil
habet; quare quævis me latet inter Liturgicam
hanc phrafem, & lapidem illum, *Te in Pace*, convenientia: Si enim occurrerent illa TE CHRISTVS cum
Lupo dicerem, verbum *fufcipiat* ob arcani difciplinam
antiquos præteriiffe; hinc fi Liturgicam illam effe
phrafim velimus, potius dicerem effe pro ITE IN
PACE, quibus Epifcopus olim Chriftianos, abfolutæ
funebri Liturgia, dimittebat; quam forfan lapidibus
appinxere, ut Liturgicis peractis officiis defunctum
humatum fuiffe, teftarentur. At erit ne illud TE pro
ET? quod neque ipfis etiam antiquioribus quadratariis novum fuiffe, teftis eft Infcriptio limitibus con-
ftituendis, M. A. Antonino, & L. A. Commodo
Imperatoribus, pofita, in qua legimus ap. Grut. CXCIX.
5.

FO-

FORICVLARI. TE. ANSARI
pro *Foricularii* ET *Ansarii*. Ea sane ratione TE IN
PACE idem esset, ac ET IN PACE. Hanc vero mancam, eademque de re obscuram phrasem, ut ad tertium tandem caput progrediar, respondere mihi videtur integro textui epitaphii, ut sensus sit: Defunctum vixisse tot annos, ET IN PACE obiisse; quare illis *& in pace* subintelligitur *obiit, defunctus est &c.*
His autem, suasum mihi est, Christianæ communionis *canonicam* pacem testari consuevisse Christianos, ut paulo ante dixi: vulgatissima enim ab ultima usque Ecclesiæ ætate phrasis illa fuit: *pacem habere, pacem non habere,* pro communione fidelium potiri, sive inter *stantes* recenseri, vel econtra, inter poenitentes versari. Lege Tertullianum l. ad Martyr. c. 1., epistolam xv. Cypriani, & ea, quæ jam diximus L.v. nostræ Politiæ &c. Ea itaque phrasis: *Te in Pace*, vel: *In Pace*, & aliquando: In *Pace Christi*, vel *Christiana* (cum Monogrammate, ut dictum est) hoc unum sibi vult, defunctum, communione fidelium participem obiisse. Quæ de Latina autem phrase IN PACE, edisseruimus, eadem dic & de eadem voce latina, græcis characteribus, in lapidibus Græcis, ut supra animadvertimus, scripta sic EN ΠΑCH, pariter atque de græca voce EN EIPHNH.

Postremo, paucis me expediam tum a vocabulis illis, amoris indiciis, tum a Palmæ signo. Christiani etenim ab ethnicis procul dubio edocti, defunctos passim in epitaphiis alloquuntur, eisque bene apprecantur; etsi illud intersit inter utrorumque phrases discrimen, quod inter illorum fabellas, atque dogmata nostra ipsa iniecit Relligio. Hunc autem lapidarium stilum tyrones perspectum habeant, velim, ne in interpretandis Christianorum epitaphiis hæreat illis aqua; siquidem illa minus cohærentia sæpe reddit

dit vel allocutio ejus, qui lapidem ponit, ut illud ap. Boldett. p. 419.

ANIMA DVLCIS. INCOMPARABI
LI FILIO QVI VIXIT. ANNIS XVII.
NON MERITVS. VITA REDDIT IN
PACE DOMINI

Profecto *Anima Dulcis* nullimode cohæret cum syntaxi totius epigrammatii; quare habenda erit velut Parentis exclamatio, initio epitaphii apposita. Ita se habent & apprecationes, quæ sæpius in fine Inscriptionum occurrunt, ut est illa: *Anima ipsius cum Justis* ap. Bold. p. 420. *Benequescit* ib. p. 432. *Bibas* (pro *Vivas*) *in Christo* p. 344. *Deus refrigerit* p. 418. Atque pro omnibus una sit Græca inscriptio ap. eumd. p. 370. Cœmeterii Priscillæ, in qua apprecationes laudibus mire contextas legimus, sic, prout illam Boldettus edidit, atque excripsit

ΜΑΡΙΤΙΜΑ ΣΕΜΝΗΓΑΤΣΕΡΟΝ ΦΑΟΣΟ-
ΤΚΑΤΕ ΑΕΤΨΑΣ
ΕΣΧΕΣΓΑΡΜΕΤΑΣΟΤ (*hic Anchora*, & *Pisces*) ΠΑΝΑΘΑΝΑΤΟΝ ΚΑΤΑ
ΠΑΝΤΑ = ΕΤΣΕΒΕΙΑΓ ΑΡΣΗ. ΠΑΝΤΟΤΕ
ΣΕΠΡΟΑΤΕΙ

Ex illius interpretatione.

MARITIMA VENERABILIS LVMEN TVVM EX-
TINXISTI
HABEAS ENIM TECVM PRORSVS IMMORTALI-
TATEM
OMNEM ≈ PIETAS ENIM TVA SEMPER TE PRO-
DIT.

Fusius Boldettus, Fabrettus, atque tandem Lupus hoc persecuti sunt argumentum: Illos itaque adeas.

Defunctorum pariter lapidibus mysticam quamdam vocem appinxere haud raro Christiani; Græca illa est, sive Græcum *Piscis* nomen Ιχθυς. Mysticam illam appellavi merito vocem, cum ipsummet Jesu Christi

sti nomen contineret; siquidem duæ initiales vocis illius literæ, ipsissimæ sunt initialium Græcæ vocis Ιησου Χριστου, nimirum I, & X. Quamobrem Majores nostri tum Græcum hoc nomen Ιχθυς, tum & Piscis figuras passim in Epitaphiis, Musivis, Picturis, Annulis, Vitreis Poculis, Paterisque, sigillis &c. appingere consueverunt. De hujus autem vocis origine duplex est sententia: Nicolajus enim *De sigl. veter. c. v.* putat, Christianos Christum ita appellasse, ne eo nomine Ethnicis Imperatoribus, qui illos a Christi cultu prohibuerant, paterent. At prisci Patres ex versibus, Sybillæ Erithreæ prima Ecclesiæ ætate suppositis, nostros vocem ιχθυς derivasse, arbitrati sunt, cujus opinionis testem adhibeam Prosperum Aquitanum (XIV), qui medio Sæculo v. L. *De Promission. & Prædict.* hæc habet: *Idis : Namque latine piscem sacris Literis, Majores nostri interpretati sunt, ex Sybillinis versibus colligentes, quod est : Jesus Christus Dei Filius Salvator. Piscis in sua passione decoctus, cujus ex interioribus remediis quotidie illuminamur, & pascimur.* Versus enim Sybillini literas initiales ita data opera positas habebant, ut elementis ex ordine digestis, legeretur: Ιησους Χριστος Θεου ϒιος σωτηρ. At quicquid de vocis origine sit, vox illa, a Græcis inter Latinos translata, apud primæ ætatis Christianos in lapidibus &c. vices vocis *Christi* gessit; hinc in Latinis etiam Lapidibus græce scribitur, ut præsertim videre est il lapide Postumii ap. Boldett.

(XIV) Liber *De Promissionibus, & Prædictionibus* Prosperi Aquitani nomen præsefert *to. v. Bibl. Vet. Patr.* Num genuinum illius opus sit, est cur dubitetur. At stylus, atque Scriptionis indoles liquido ostendunt Sæculi v. opus esse, incerti forsan auctoris, si Prospero Aquitaniensi tribuendum non erit.

dett. p. 58., quam heic exscribo, ut vocis hujus, ac literarum *acrosticha* positio tyronibus innotescat.

I. POSTVMIVS. EVTHERION. FIDELIS QVI GRATIA
X. SANCTA. CONSECVTVS. PRIDIE. NATALI SVO
 SEROTINA
Θ. HORA. REDDIT DEBITVM VITAE SVE QVI VI-
 XIT
Y. ANNIS SEX. ET DEPOSITVS. QVINTO IDVS IV-
 LIAS DIE
C. IOVIS QVO ET NATVS EST. CVIVS. ANIMA
N. CVM SANCTOS IN PACE FILIO BENEMERENTI
 POSTVMI FELICISSIMVS ET LVTKE
 NIA ET FESTA AVIA IPSEIVS.

Literam illam N., quæ vocem ιχϑυς sequitur, libenter legerem *Noster*, quasi diceret: *Piscis Noster*, h.e., *Christus Piscis Noster*.

Inter Christianorum mysticas figuras Pastoris boni, humero ovem gestantis, illam procul dubio referas, quæ ne dum in Picturis Cœmeterialibus, sed in ipsis etiam lapidibus occurrit, perinde ac in antiquis majorum nostrorum vitreis. Gretserus *Animadverf. in Not. Junian.* Junium reprehendit, qui marte suo figuram hanc nostros ab Ethnicis desumsisse scripserat; quemadmodum & Bottarius falsum esse Bosobrium ostendit to. III. p. 138., qui *Hisloir. du Manicheisme* t. II. in Abraxi nonagesima Johan. Macharii, boni Pastoris imaginem repræsentari putat.

Ad Palmæ tandem figuram quod attinet, fatendum est, illam non modo Christianorum lapidum minime ambiguum characterem esse, sed & Martyrum dumtaxat proprium, quibus hoc insigne, veluti sacrum, a primis usque Ecclesiæ conditæ temporibus Christiani dicarunt, ut Cyprianus ex Apocalypseo textu nos docet L. *De Idol. vanis.* c. XVI. Hinc copiose de ea palmæ figura scripsit Boldettus tom. I. sui operis, eamque Martyribus omnino vindicat. Cætera autem lapidum Christianorum insignia, vel dubia, vel rariora, missa facimus, ne quæ tot Clarissimi, quos laudavimus, scriptores diserte tractarunt, decantare videamur; quæ diximus enim satis erunt tyronibus.

CAPUT IV.

De iis Notis, ex quibus ætas Inscriptionum colligenda erit.

Extrema quæque difficilia, haud injuria de ultimo hoc dices capite. Immensæ enim quæsitionis opus aggreditur, quisquis certi aliquid statuere conatur, in assignanda signis, phrasibus, literis ætate; eo ut passim quæ, novissime eruta, prodeunt monumenta Clarissimos quandoque falsos esse hisce criticis in regulis viros testentur. Quamobrem præter lapides, in quibus vel Consules adnotantur, vel, ut sequiori ævo factum est, Christiana Æra, de ceteris pavide nimium quodvis ferendum erit judicium; tum quod tenuissima in re tanta sint signorum, atque orthographiæ argumenta, quæ ex ingenio quadratariorum quodammodo pendebant; tum quod & feliciora, Latiaria Sæcula malis quandoque, perinde ac aliquibus minus forte fortuna ignaris quadratariis sequiora abundasse, nemo inficiaturus erit: ex ipsis siquidem monumentis id liquet, cum medio etiam ævo, si non Augustea, saltem non ita *barbare* scripta nonnulla occurrant monumenta, quibus nihilominus præcedentia aliquando, adeoque vetustæ linguæ puritati viciniora, solecismis facile præstant.

Hæc animadvertisse libuit, ne juratas tyrones attendant notas, e quibus, quovis dubio procul, de lapidibus, qui consulatu, atque Æra carent, judicium ferant. Pro virili ea in re agendum erit, raro evidentia, plerumque conjectura duce. Ut itaque in

tan-

tanta re illis non defim, pauca heic addere ftudui, quæ his inter imæ vetuftatis latebris vel faculam faltem quandam præferant. Quare neque in implexas hujus argumenti quæftiones illos adducam, neque nifi faciliores, atque obvias hujus critices regulas illis explicare aggrediar. Hoc fane argumentum fufius perfequi fpero, fi dexter adfit Deus, meifque annuat votis, in collectione lapidum Ecclefiafticorum noftri hujus Neapolitani Regni, quorum maxima pars ab amicis mihi venit, alios pro re nata per me met, nunc huc, nunc illuc rufticantem, ex autographis exfcripfi: Hanc profecto syllogem in dies augere ftudeo, eamq. incredibili voluptate adolefcere video, forte ad fenectam deveniet, atque publica tunc, nifi illi bonus inviderit quis (ea enim fors mihi eft) fruetur luce. Hoc itaque opere notas ætatis lapidum, potiffimum medii ævi, ftudiofa inveftigatione explicare fatagam, atque inftitutiones quasdam critices lapidariæ, præfertim Ecclefiafticæ, concinnare; quod fane adhuc obftetriciam manum defiderare mihi videtur argumentum, etfi ea de Critice aliqua fparfim delibarint in fuis operibus Majorum gentium Scriptores, ac tandem italus auctor Inftitutionum rei lapidariæ, qui ceteroqui Romanæ ætatis neque præteriit fines, atque vel tenuiffimas jecit in illuftrandis fequioris ævi marmoribus, jejunafque favillulas.

Ut igitur unde egreffa eft, illuc redeat, oratio: heic primo hiftoriolam difcriminis antiquos inter Romanorum illos, atque Chriftianorum lapides fcribam, ut quæ diverfitatis cauffa fuerit exploratum tyronibus cum fit, facili negotio regulas, quas explicaturi fumus, intelligant.

§. I.

§. L.

Corrupta Linguæ Latinæ cauſſæ ex Septentrionalium idiomatum miſcela. Una eademque ætate tum Latina, tum aliæ hæ linguæ in Occidente obtinuere. Hinc varia characterum Romanorum forma. Num illa & apud antiquos etiam Romanos duplex. Unde orta orthographiæ corruptio, atque inconſtantia. Quæ fuerint potiſſimum in cauſſa tum ſiglorum, tum compendioſæ Scripturæ, quæ medio ævo Latinos inter invaluit. Cur eo etiam, quo Latini ſermonis ſpecimen aliquod adhuc ſupererat ævo, tanta nihilominus Lapides barbarie ſcaterent.

Cum ea ubique gentium fuerit rerum conditio, ut victorum linguam debellatæ ſequerentur Civitates; quemadmodum olim Romani proprium idioma apud barbaras etiam intulerant gentes; ita & rudis illa e Septentrione delapſa populorum colluvies efferatos nos inter mores, pariter atque barbarum idioma invexit. Primo itaque Gothis, mox Langobardis, in Latiares urbes irrumpentibus, *veſtitu, & lingua* a Romanis diverſis, ut de illis Agatias L. I. ait, fatum victis fuit, inſolita ediſcere idiomata, atque interea antiquum ſervare, hoc, tum ut in re præſertim familiari, tum in ſuorum monumentis, Eccleſiæque officiis uterentur, illud, ut in re ciuili, atque judiciaria adhiberent. Quæ quidem de cauſſa duplex una eademque ætate inter populos, latiaris linguæ hæredes, ſtetit idioma. Utinam vero & bilingues noſtrates proprii ſermonis puritatem ſartam tectamque a Septentrionali ſervaſſent illuvie! non modo enim ſenſim propria obliti ſunt lingua, ſed & latinas etiam voces barbaricis inflexionibus tandem vitiarunt, eo ut antiquus Latinæ linguæ Genius Orcum omnino petierit. Huius ferme rei monumenta ipſamet ſunt Scriptorum opera, quæ ætatis progreſſus

sus ita sequi patet, ut quovis Sæculo antiquæ linguæ indoles perire, atque occidere videatur. Mei sane non est singillatim hoc de argumento edisserere, libamento, ut Gellii phrase utar, quodam hujus historiæ contentus, cum diserte hanc spartam absolverit Cl. Olaus Borrichius in suo opere de *Variis Latinæ Linguæ Ætatibus*. Satis itaque fuit hæc delibasse, ut corruptæ Latinæ lingua caussam, tum victricium gentium barbara, quæ necessario inoleverant, idiomata, tum ambarum linguarum usum, fuisse ostenderem; hinc apud Vigilium Tapsensem, Sæculi VI. Scriptorem, luculentissimum hujus moris monumentum superest, cum in *Altercatione cum Pascentio* (olim Augustino supposita, nunc inter ejus spuria opera in appendice epistolar. n. xx.) tandem hæc habeat: *Licet dicere non solum Barbaris* (h. e. Gothis, quos barbaros ea ætate Latini appellabant) *lingua sua, sed etiam Romanis sichora armen, quod interpretatur: Domine miserere.* Vide utramque linguam jam tum vulgarem Sæc. VI. inter Romanos fuisse. Verum & Attilæ ferox genius non modo corruptæ, sed & pene oblitæ latinæ linguæ in caussa penes nostrates potissimum fuisse videtur; cum ille medio Sæculo v., ut narrat Græcus auctor anonymus de rebus a Gothis in Italia gestis apud Petrum Alcyonium in libro de *Exilio*, edicto sanxerit, ne quis Italorum in posterum latine loqueretur, magistris e suis regionibus, qui Italos Gotthicam edocerent linguam, accitis. His adde & bellicos tumultus, & intestinas calamitates, quibus Latiares populi ab altero potissimum Æræ Christianæ Sæculo laborarunt; quibus equidem de caussis & linguæ prisca puritas, & eloquentiæ studium, optimarumque artium cultura in occasum una simul vergere visæ sunt.

In tanta itaque latinæ linguæ clade vix illa apud Ecclesiæ ministros, ne omnino e nativa exularet sede, de, perfugium quæsivit. Hi sane cum latino persequerentur idiomate Ecclesiæ Officia, Liturgiam, Psalmodiamque, antiquæ adhuc studuere linguæ pro illius ævi conditione; eo ut tandem *clericus* appellaretur quisquis latinam calleret linguam, *laicus* illius ignarus, vocabulo inter Latinos, perinde ac nascentis itali idiomatis Scriptores usitatissimo. Jam tum igitur *laici* sive plebs rusticam quamdam adhibuere linguam, quam Sidonius Apollinaris L. III. epist. III, de Galliarum præsertim sui ævi illa locutus, definit; *Squamam sermonis celtici, & rubiginem trivialium barbarismorum*; hinc rusticam Italorum illius ævi linguam merito dixeris cum eodem Sidonio, *Squamam sermonis* Gothici, atque Langobardici, & *rubiginem trivialium barbarismorum*. Verum neque Ecclesiæ Ministri tutum linguæ Latinæ præstiterunt asylum, idque duplici ex caussa. Prima, quod ad ætatem Caroli Magni Scholis Latinis passim caruere, si perpaucas excipies Ecclesias: secunda, quod studium *linguæ curialis* antiquam, si quid vix supererat, Latini idiomatis notitiam profligavit. Atque heic juvat alteram hanc singillatim expendere caussam, quæ duobus capitibus continetur, diversitate nimirum, atque barbarie stili Curialis illius ævi, atque Magistrorum scientia, qui clericos latinam linguam docebant. Hi enim, teste illius ævi Historia, plerumque Diaconi erant, quibus Episcopi hoc deferebant munus: Atqui hi passim Diaconi *Notariorum* munere fungebantur, ut & illorum *subscriptiones* testatum faciunt, quare plebeis idiotismis, barbarisque phrasibus, insandæque linguarum miscelæ assueti, qui fieri poterat, ut opis aliquid occidenti ferrent linguæ? De his sane Vadianus L. *De Collegiis, & Monasteriis Germaniæ* ap. Goldastum *Rer. Alamannicar.* to. III. scribit: *Non potest negari barbaries, atque ea quidem crassissima, quam redolent* (chartæ) *quæ quidem imperitia ne sæculorum,* um *studio magis, ac veluti data opera accidisse, putandum sit, non facile dixerim*. At data certe opera iis studuisse Notarios solecismis, quibus plebeo accomodarentur captui, aperte nos docent Dadonis opera, primum *Referendarii*, Dagoberto, & Clodoveo II. Regibus, deinde Archiepiscopi Rotomagensis; illius enim adhuc & Diplomata, & S. Eligii Historia restant, hæc solecismis atque barbaris vocibus caret, illa curiali stilo scripta, innumeris barbaries sordibus scatent. Quod si hic tanti fuit, ut aliquantulum latinæ linguæ pro satiscente illius conditione servarit, iidem non fuisse certe videntur ceteri, qui Diaconorum una atque Notariorum munere fungebantur, quin proprii officii stilo toto conatu non studuerint.

Quamobrem illa fuit tum in Italia, tum & in reliquis Europæ Regionibus Latinæ Linguæ desperata conditio, ut tandem iidem *Magistri scholarum* clericalium, quippe qui uno studerent Curiæ stilo, e quo quævis exulaverat grammaticæ ars, turpi laborarent grammaticarum etiam regularum ignorantia. De Galliis ceterisque Imperii locis tum Anonymus *De Miracul. S. Florentii* ap. Cangium, tum auctor Vitæ S. Urbani testes sunt, quorum alter narrat *usque ad tempora Caroli Magni vix . . . in Galliis inveniri, qui in scientia Grammaticæ artis essent efficienter instructi*. De Hispania sic loquitur Alvarus apud Fontaninium *Linguam propriam non advertebant Latini, ita ut ex omni Christi Collegio vix inveniretur unus in milleno hominum genere, qui salutatorias fratri posset rationabiliter dirigere literas*. At neque Italia, nec in Italia, Latinæ Linguæ Matre, olim Roma, etsi in retinendo prisco idiomate ceteris relligiosior, ut mox dicam, communem elapsa est cladem; siquidem Gregorii Magni ætate neque grammaticæ artis vel facillima præcepta noverat Johannes ille Abbas, qui vel ex primopilis Romanæ Urbis viris eo erat, ut illum Pontifex

Theodolindæ Langobardorum Reginæ legarit: is enim Johannes indiculum scripserat, ut Reginæ deferret, de Oleis SS. Martyrum, quorum corpora Romæ erant; hic autem indiculus, quem vulgavit Muratorius ex Museo Septaliano *Anecdotor. to.* 11., quot, bone Deus, σφαλμασι scatet! Incipit: *Notatio de Olea:* Infra vero habes: *Apostholus: cum tres filias: Cornili:* quod *Oleo* pro *Oleum: Quas oleas*, pro *quæ olea*, præter vitiatam undique orthographiam. Si, inquam, ea erat scientia Abbas, quem Reginæ, ut illam Relligionem edoceret, miserat Gregorius, quid de clericis, Diaconis, aliisque dicendum erit? Hinc phœnicum instar fuere hisce Sæculis hi numero vel paucissimi, Scriptores, qui latino idiomate, ad grammatices saltem regulas exacto, libros concinnarunt, quorum opera adhuc restant; etsi fatendum erit primas Romanæ Ecclesiæ ea in re deferendas esse, quæ in ipsis etiam Pontificibus non mediocres pro illius ætatis genio, latinos laudat Scriptores; eo ut dum Johannes Abbas, de quo diximus, tantas in linguam congereret sordes, Gregorius Pontifex simpliciori stilo, neque solecismis fœdato scribendi genere uteretur; quod nimirum Romanum quoddamodo decus in Urbe illa perstaret, quæ ab ætate Cœlestini I. Græcis nusquam Græce, sed Latine scribere, studuit; eamque illius Ecclesiæ *consuetudinem* esse legimus in Actis Conc. Ephesini ap. Cabassut. in supplem. ad Labbe. t. 1. col. 489. Eamdemque ob rem ad usque Stephani IX. ætatem Romana Ecclesia κατ'εξοχην Ecclesia *Linguæ Latinæ* appellata fuit in diplomate hujus Pontificis in Bullar. Cluniacens. ap. Fontaninium. Hinc itaque factum esse, puto, ut minus altas egesserit radices in nostro potissimum Italo solo, Septentrionalis barbaries, cujux non ea nos inter fuit vis, ut latinum quodammodo idioma plane, atque omnino perderet, quemadmodum lapides ipsimet, de quibus infra, testantur.

Cum

Cum itaque Gothi, Latino idiomati vim omnem intulerint, neque antiquis pepercere characteribus, qui idem paullatim subiere fatum; quare nova quædam literarum forma inter curiales Scriptores, quorum erat genio Aulico inservire, primum obtinuit, mox & penes anthigrapharios omnes, ac ipsos tandem quadratarios, qui sensim si non omnes, modo unam, modo alteram immutarunt literam, ut inferius exemplis docemus. Hinc orti tot Diplomaticæ scripturæ modi, Merovingicus, Carovingicus Gothicus, Langobardicus, de quibus lege Mabillonium, atque Burchardum Gotthelfium Struvium in opere *Acta Literaria ex mss. eruta*. Atque hinc pariter in ipsos lapides, immo & publica etiam auctoritate cusos numos vitiati irrepsere characteres, quod scitissime ostendit elapso Sæculo Cl. Claudius Molinetus in sua Historia *de characterum Romanorum varia fortuna*, quam habes to XII. *Diarii Eruditor. Galliei* Ann. 1684. Cui equidem argumento nonnulla ex characteribus veterum sigillorum, quæ Ficoronius, edidit, addere satagam.

Hanc vero characterum diversitatem sensim in lapidibus irrepsisse puto, non solum ad Septentrionalium literarum, sed & ad vulgaris Romanorum characterum exemplar. Inter ipsos sane Romanos duplex erat characterum genus, quorum unum uncialibus efformabatur, alterum minutioribus quibusdam, inelegantioribusque literis; hujus sane monumentum luculentissimum occurrit in tabulis Arvalium, quas cum absolutissimo characterum specimine vulgavit vir de ultima antiquitate optime meritus Philippus a Turre in appendice *Monumentorum veteris Antii*. Cum itaque jam Titi ætate, qua Lapis Arvalium positus est, in ipsis etiam Marmoribus alter obtinuisset vulgaris, plebeusque Romanorum character, mirum nemini erit, jam tum illius characteris saltem aliquantas literas pro re nata quadratarios adhibuisse. Quamobrem

obrem ne ea in re decipiamur, duplex characterum rusticitas, ut ita dicam, distinguenda in re lapidaria erit. Una, quae vel parum a lineis, ductibusque Romanis antiquioribus distat; altera quae nullimode antiquae literarum formae respondet. Illa profecto ex alterius generis Romanorum ipsorum prodiit characteribus; haec ex exterarum gentium illis. Quamobrem apud Fabrettum Lapides, figulina sigilla apud Boldettum, atque plumbea apud Ficoronium, ac tandem amphorae apud Lupum occurrunt, in quibus quamdam characterum miscelam vides, quae certe testatur apud quadratarios, artifices &c. in ipsis etiam publicis operibus antiquos obsolevisse paullatim characteres, cum hi cultioribus illis minusculos plebejae scripturae alios immiscere coepissent. Distinguendae pariter ea in re sedulo erunt aetates; quandoquidem exterarum gentium characteres primo in scriptura obtinuere, sero in lapidibus, atque numis. Inter lapides quoque & numos medii aevi aliquod interest discrimen; in illis sane primo inter Latinorum characteres, aliquot intermisti occurrunt ex Gothorum, atque Langobardorum illis; in numis vero victorum characteres una cum illorum imperio obtinuere; quamobrem quadratariis gratiae habendae merito erunt, qui traditione quadam, atque schola imbuti, Romanum Characterem ne prorsus periisset, studuere; siquidem eadem pariter aetate, qua passim in ipsis lapidibus invaluerant literae, quas vulgo Gothicas appellamus, adhuc & quadratarios nonnullos Romani, ut ut vitiati, non latebant Characteres, quemadmodum testantur unius, ejusdemque aetatis lapides, quorum uni Romanum adulteratum, alteri Gothicum prorsus habent Characterem. Neque heic nostra potissimum Italia laude fraudanda erit, cum illa, satiscente ubique antiquo lapidario charactere, vel una paucos usque aluerit veluti sacrae literarum antiquitatis custodes, quorum opera lapidariae scripturae

forma, si priscam non servavit venustatem, nihilominus naufragam, ut ait ille, undam effugit. Nostræ itaque Italiæ, quam D. O. M. literis tandem instaurandis servaverat, ea certe invidenda laus non est, ut in ipsamet turpissima ignorantiæ tempestate nedum viris bene multis, sed & ipsis etiam pro temporis conditione abundarit quadratariis, qui reliquæ Europæ illos facile vincerent. Hoc equidem argumentum ea, qua par esset, diligentia tractare, tempus non vacat, cum de illo copiose edisseram in mea sylloge Lapidaria-Christiana Regni Neapolitani; verum ne sicco illud præterire pede videar, unam atque alteram medii ævi Galliarum Inscriptiones heic proferam, quas si æqui lectores cum Italiæ, quæ ejusdem ævi sunt, illis conferant, ultro meæ accedent sententiæ. Utrumque lapidem ex aliis, quas id genus Sponius vulgavit inter Lugdunenses, selegi. Prima *Miscellan. &c.* p. 48. sic se habet:

Epitaphium hunc quintuis (h. e. *qui intuis*, pro *intueris*) *lector bone recordationis Agapi negutiatoris membra quiescunt. Nam fuit iste stacio miseris & portus eginis omnels arts. Fuit præcipuæ loca sanctorum adsedue & elemosinam & orationem studuit. Vixit in pace anus* LXXXV. *ob.* VIII. *Kal. April.s* LXI. P. C. *Justini Indicl. quarta.*

Alteram habes *ibid.* pag. 49. sic:

Hoc Tumulo bonom memoriom Rapto, cui vixit ann. XXXV.

Nusquam tantam deprehendes barbariem vel in luteis Italiæ nostræ medii ævi inscriptionibus, quæ si & linguæ, & orthographiæ vitiis laborant, tanto haud viluere cœno.

Degeneris tandem linguæ, atque corruptorum Characterum fatum ipsam quoque pessundedit orthographiam. Latini sane, quippe per id temporis, ut dictum est, ubique fere bilingues, antiqua ne dum
lin-

lingua, sed & recta illius pronuntiatione obliti sunt, atque tum consonis, tum vocalibus novam prorsus vim addidere; eo ut tandem alteram hanc pronuntiationem secuti, voces ipsas ex pronuntiatione, haud ex antiqua, cui minime vacabant, orthographia scripsere. Rem dilucide confirmat Cl. illius ævi Senator, deinde Monachus, Cassiodorus, qui in libro *de ortographia*, quem ut huic mederet malo, Monachis postulantibus, scripsit, ita Monachos locutos, ait: to. 11. in Præfat. laud. opusc.: *Quid prodest cognoscere nos, quæ vel antiqui cœperunt, vel ea, quæ sagacitas vestra addenda curavit nosse diligenter, si quemadmodum ea scribere debeamus, omnimodis ignoramus; nec in voce nostra possumus reddere, quæ in scriptura comprehendere non valemus?* Vide ex his ea ætate pronuntiationem adeo a scriptura diversam fuisse, ut Monachi, ceteris ferme doctioribus, neque *voce reddere* vocabula scripta, neque ea, quæ loquebantur, vocabula scribere possent; quod equidem nonnisi a pronuntiationis *barbara*, quæ irrepserat, novitate manaverat, atque ipsos infecerat literarum cultores, cujusmodi Monachos tunc potissimos fuisse, nemo inficiabitur.

Ex ea itaque pronuntiatione tot manarunt orthographiæ vitia, atque potissimum molesta ejus inconstantia. Hinc duplicis literæ V usus ex extera W pronuntiatione, ex qua desumendus literarum, B, pro P abusus. Hinc duplices passim literæ consonantes, ut infra exemplis ostendemus. Hinc E porro I, & econtra. Hinc vocum Latinarum, vel quæ inter Latinos jamdiu obtinuerant, a duobus consonantibus incipientium, corruptio; cum enim tum barbari, tum Latini, *barbarie* infecti, nequivissent pronuntiare *Psalmus, Psalmodia, Disciplina*, &c. scripsere *Spalmus, Spalmodia*, ut in vetusto codice legit Clemens in Notis ad S. Valerianum Cemeliensem ap. Goldast. *Antiqv. Aleman*. par. 2. Et *Disciplina*, atque μυρία

id geid genus, quæ fusius collegit Scioppius in sua *Arte Critica* &c. Ex qua quidem Septentrionalium Gentium, quæ ut ait Wendelinus in suo *Comm. Leg. Salic.*, *pleniore, spiritu omnia sua (vocabula) efferebant*, pronuntiatione Latinæ etiam voces tot, tantisque H laborarunt. Eademque tandem ex caussa orta est apud illos ortographiæ inconstantia, quam in uno quandoque eodemque lapide deprehendes, ut Cl. Fontaninius animadvertit, exemplo Cœnotaphiorum Pisanorum, aliorumque lapidum apud Gruterum.

Postremum tandem, quod lapidibus obvenit, vitium novo certe Septentrionalium caracteri tribuendum maxima ex parte erit, siglorum nempe usus. Fatendum profecto est, ipsos inter Romanos antiquiores tum quadratarios, tum fictilium figillorum figulos, atque plumbeorum artifices, nova minime fuisse figla quædam, quibus in ipsis perinde Romanis characteribus utebantur, ut mox dicturi sumus; verum raro in lapidibus altero Christi Sæculo antiquioribus hæc sigla occurrunt: In illis autem Sæculi III. & IV. frequentius, uti & in aliis ad Sæculum ferme V. Verum exinde siglorum crevit libido, eo ut tandem ipsam perturbarit vocum lectionem. Id autem duplici deducerem ex caussa, ex nova nimirum characterum forma, & ex Diplomatica, quæ jam invaluerat, scriptura. Characteres sane, quos Gothicos dicimus, sinuosi eo erant, ut majorem præ Latinorum illis occuparent locum; hinc quadratarii, ut breviori area inscriptiones scalperent, sensim siglas quasdam plane novas effinxere, quibus pro virili ad compendium verba quodammodo referrent, id quod duplici modo fecere; vel enim verba quædam per initiales, atque finales literas scripsere, quod ab antiquiori arte minime adhorret; vel verba ita colligarunt, ut una quandoque, eademque litera duobus, se se sequentibus inserviret vocibus, immo hoc idem

dem cum ipsis pariter integris syllabis fecere. Sic in superius allata Sponii Lugdunensi lapide legimus: *Quintuis*, ubi eadem litera I est finalis vocis *Qui*, & initialis vocis *intuis*. Sic & : *Bonorumeorum*, in qua voce litera *m* est finalis *Bonorum*, & initialis *meorum*. Innumera ejusmodi præteram, ne longus sim, exempla. Norunt sane Philologi, iique potissimum, qui Diplomaticam artem vel summis delibarunt labellis, quot quantisque erroribus hi verborum nexus in ms. ansam præbuerint, quos Herculeos, ut ita dicam, nodos cum olim oscitantes solverint amanuenses, vel obscuras, vel & ridendas fecere antiquorum sententias, ut illud apud Scioppium : *Dictaridebes*, quod antigrapharius solverat: *Dicta ridebis*, pro *Dictari debes*. At de his, ut ut brevi, satis.

Cum igitur ea esset Linguæ, atque characterum Latinorum afflictior conditio, mirum nemini erit tantis scatere erratis tum linguæ, tum orthographiæ epitaphia, quæ ab altero Christianæ Æræ Sæculo scripta sunt, eaque medio tandem ævo ea labore impolitia, ut stomachum pene moveant ; quadratarios enim quid quereris, si & Monachos vidimus in turpi pronuntiationis, scribendique inscientia versatos esse?

Quod si eadem ætate codices aliquot orthographice scriptos habemus, operosiori, accuratissimæque diligentiæ nonnullorum id tribuas virorum, qui sui ævi conditionem vicerant. Per id porro temporis Clariores viri codices emendare non sunt dedignati ; quamobrem Turcius Apronianus olim antiquissimum Virgilii Mediceum Codicem propria manu emendavit , ut ex illius chirographo ad calcem ejusdem codicis , docet Cl. Cardinalis Norisius in *Cœnotaphiis Pisanis*. Apud laudatum Wendelinum Terentii vetustissimum codicem habemus , a *Victoriano Viro consulari*, vel *Clarissimo* emendatum. Quibus nihilominus sapientissimis ea ætate viris etiam vel quædam

ex-

excessisse errata, idem notavit Norisius ibidem; quam & in autographo Pandectarum Florentinarum animadvertit orthographiæ inconstantiam ipse Taurellus in *Præf. ad Pandect. &c.* Parcendum itaque libentius quadratariis erit, si nulla fulti scientia, *barbarie* undique consiti, virorumque doctorum consilio, quos numquam epitaphiis emendandis operam navasse novimus, carentes, a linguæ, perinde ac characterum, atque orthographiæ elegantia discessere. Hoc longe, lateque patens argumentum brevi delibare statui, ut historicum aliquod specimen corruptæ lapidariæ scripturæ tyrones minime lateret; quare meam jejunam quandoque, nimiamque brevitatem, quæso, in antiquaria, atque diplomatica re versati non querantur lectores, si ad eorum unquam mea hæc pervenerit manus, tyronibus unice devota, dissertatio.

§. II.
De Ætate Lapidum Christianorum ex Consulibus, Indictione, atque tandem Æra.

Christiani ne dum annos vitæ defunctorum, ut jam dictum est, in lapidibus relligiose adnotarunt; sed & tempus, sive Annum, quo quis obiisset, ad epitaphii calcem designare consueverunt; etsi inter innumera illorum eprigrammatia, perpauca ea sint, quæ Consularum habeant. Quod duplici ex causa omissum plerumque fuisse, arbitror, vel nimirum, quod modis omnibus nostri a Paganorum moribus, quorum antiquum erat ea ratione lapides notare, discedere conarentur; vel quod supervacaneum ducerent in lapidibus describere ea, quæ accurate adnotaverant, tum in familiaribus, ut dixi, Adversariis, tum & in publicis Ecclesiæ tabulis.

De ætate itaque inscriptionum illarum, in quibus Consules descripti sunt, plane constabit: in Fastis

Con-

Consules Romanos, qui a primo Æræ Cristianæ Anno processerunt, usque ad Basilium juniorem, qui Anno ejusdem Æræ DXLI. ultimus Consulatum in oriente gessit, reperies. Ex quo igitur manifeste colligimus lapides Christianos, qui Consules habent, recentiores Anno DXLI. non esse.

Ab Anno autem DXLI., cum Consules nulli exinde fuissent, nova quædam supputationis ratio tum in lapidibus, tum in Diplomatibus obtinuit, quæ ea est: *Post Consulatum Basilii Junioris I.*, quam interpreteris: *Post Consulatum Basilii Junioris Anno primo*, qui respondet Anno Aer. Chr. DXLII. Hanc sane formulam, additis numeris post vocem *Junioris*, ad Annum usque DLXXXVII. stetisse, docet Baronius, ex epitaphio S. Cæsariæ, quod heic, tyronum gratia, exscribam.

OBIIT BONAE MEMORIAE CAESARIA
MEDIVM NOCTIS DIE DOMENICO INLV
CESCENTE VI. ID. DECEMB. QVADRAGIES ET
SEXIES POST CONSVLATVM BASILII IVNIOR.
V. C. CONSVLIS.

Nimirum, Anno post Consulatum Basilii Junioris quadragesimo sexto, qui (si anno DXLI., in quo primo Consul processit ille, annos XLVI. adjcias) incidit in Annum Aer. Chr. DLXXXVII. Quod porro epitaphium novissimum habeas inter illa, quæ Consules, vel consulatum habent.

At iisdem in lapidibus, quæ Consulatu notantur, etiam quoddam animadverteris discrimen antiquiores inter, atque recentiores, quod sane discrimen delibare heic operæ pretium duxi, ut tyronibus etiam consulam, si quando inscriptiones legerint, atque Consules in illis descriptos, quibus processerint annos, non reminiscantur; aliquibus etenim regulis, si adamusim ætatem lapidis definire nequeant, saltem generatim, quo ille ævo scriptus fuerit, præsentient. Hæc au-

autem regula, quam ex lapidum perenni investigatione desumsi, eo vertitur, in ortographia vocis CONSVLE, vel CONSVLIBVS. In Romanis siquidem epigrammatibus antiquis sic Consules notantur, ex. gr. VRSO ET POLEMO COS., h. e., CONSVLIBVS. Quibus equidem literis vox illa scribitur tum cum CONSVLE, tum cum CONSVLIBVS significat. At eamdem illam vocem sic scriptam COSS, nimirum *Confulibus*, cum duplici SS. aliquando reperies; quam in iis deprehendi lapidibus, quæ haud tantam præseferunt vetustatem, sed vel uno forte sæculo Christianam Aeram præcedunt; hinc aliquando, sed perraro, in Inscriptionibus Christianis ad III. usque Sæculum hanc vox illa servavit orthographiam. Primam vero, quæ mihi visa est cum COSS. inscriptionem habes apud Josephum Volpe *De Veteri Latio* L. IV. c. 1. p. 162., in qua notatur Consulatus Augusti, & Sex. Appuli, qui incidit in Annum ab Urbe Condita DCCXXV. ante Aeram Christianam XXIX. Forte antiquius hujus COSS. duplici SS. monumentum repperient viri in re lapidaria versati, quibus comparari non auserim; eas siquidem expono, quæ tenuissimæ ingenii mei vires, atque modica marmorum antiquorum lectio suppetunt, animadversiones. Cur autem Romani vocem CONSVL sive N, sed cum S potius, sic COS. olim scripserint, apud Philologos diu frustra quæsivi; hinc meam hujus rei conjecturam eruditorum arbitrio permittere non verear. Romani forte id fecisse mihi videntur, ut inter *Consularis*, atque *Consulis* titulos discrimen aliquod injicerent: in antiquioribus sane, quæ legi, epigrammatibus *Consularium* nomen vel integra voce, vel sic CONS. scriptum deprehendi; testis, inter innumera, sit antiquum marmor in Casertana Urbe repertum, apud Pratillium *De' Consolari della Campania* p. 40. VIRTVTE. SAPIENTIA. INGENIOQ. POLLENTI VIRIVS TVRBO V. C. CONS.

C. CONS. CAMP. Vide Lapides apud eumdem Pratillium ib. p. 53. 54. 61. &c. In quibus perspicue patet hoc quadratarios discrimen unice spectasse, cum satis manifeste sequens vox vel CAMPANIAE, vel APRVT. &c. CONSVLAREM, haud CONSVLEM, literæ CONS. indicarent. Hinc discrimen illud in uno eodemque lapide animadverteris apud eumd. Pratilium *Della Via Appia* L. III. c. IV.

PRO SALVTE
ET VICTORIA
DN. NN. GRATIANI
ET FL. THEODOSI. PP. FF. AA.
ANICIVS AVCHENIVS BASSVS
V. C. CONS. CAMP.
LVDIS POP. DATIS ATQVE
VECTIGAL ABSOLVTIS
POS
SYGARIO ET EVCHERIO
COS

In qua vides Anicium Bassum dici CONS, nempe CONS*ularem*, ad *Consulum* vero nomina vocem sine N scribi, sic COS, h. e. *Consulibus*. Satis de conjectura, ne proposita perfringamus repagula.

Hæc itaque stetit scribendi ratio, sarta tecta, ut dixi, ad Sæculum usque tertium; exinde enim sensim quadratarii nonnulli vocem illam scribere cœperunt cum litera N., sine S, vel quandoque literam S pariter post N addidere. Inter omnes, quos expendi lapides, vocem CON., vel CONS., nempe *Consule*, vel *Consulibus*, primum inveni in epigrammatiis, quæ parum ab ætate Constantini distant. Vide Inscriptiones Constantino Magno positas apud Gruter. CCLXXXII. n. 3. & CCLXXXIII. n. 3. cum CONS. Etsi neque negaverim unum atque alterum ex secundi Sæculi monumentis aliquando hanc eamdem vocem CONS. habere, quod ex quorumdam quadratariotarium infcientia jam tum fieri cœperat ; ejufmodi funt lapis *Ifpiciæ* apud Boldettum *ibid.* p. 70. & *Valerii Paterni* alter ap. Lupum *ibid.* p. 12.: etfi poffem de recta illorum lectione dubitare ; at efto ita re ipfa fe habeant duo illa epitaphia, nil contra conftantiffimam lapidum ceterorum lectionem faciunt. Ex quarto itaque Sæculo illa irrepfit in eadem voce, de qua fermo eft, fcribenda, maxima inconftantia ; quare primo, ut dixi, fcripfere quadratarii CONS, deinde CON. fic in lapide Rufini apud Boldett. *ibid.* p. 81.

     fic
  PVER RVP IN
  QVI VIXIT ANN
  XVIIII DI VIII. D PRID
  IDVS OCT. DDNN VA
  LENTINIANO ET VALENTE
  AVC III. CON

Valentiniani, & Valentii Auguftor. Confulatus III. incidit in Ann. Chr. CCCLXX. Aliquando eodem Sæculo Confules indicarunt fola litera C cum præfixo *puncto*, ut in lapide XII. apud Gruterum p. ML.

  IC. QVISCIT. CVTINVS IN PACE
  QVI VIXIT ANVS P. M. XXS. M. S
 DIPOSITO HONORIO AGVSTO C. LAVRENTIVS
   AMICVS COLISI. SCRIBIT.

Anno enim CCCLXXXVI. Confules proceffere *Honorius Nobiliffimus Puer, & Evodius*. At generatim ut duos Confules indicarent vocem illam fic fcripfere, præfertim poft medietatem Sæculi IV., CONSS. Ita lapis feveri ap. Marangonium in fylloge Lapidum Chriftianorum ad calcem operis : *Delle cofe gentilefche &c.*

HIC

HIC QVIESCIT SEVERVS QVI
VIXIT ANNVS XVIII. M. III.
D. III. DEPOSITVS KAL SEPTE
SVAGRIO ET EVFERO
CONSS.

Flavius Eucherius, & Fl. Syagrius Confulatum gefserere A. Ch. ccclxxxi. Ab aliis abſtineo exemplis, cum ejufmodi fint quot quot fere legeris lapides, Sæculo tertio recentiores, apud Fabrettum, Muratorium &c.
Illud etiam animadvertendum erit, literas illas VV. CC. fero etiam in lapidibus obtinuiſſe ante, vel continuo poſt Confulum nomina. Diſtinguendum enim eſt inter figlas illas V. C., quas in antiquis epigrammatibus legimus, nimirum *Viri Confularis*; quo fane titulo decorabantur olim inter Romanos, qui in Provincias mittebantur cum Confulari auctoritate, ut fcribit Pitifcus, ea de re *Pro-confule* dicti jam tum apud Ciceronem *Orat. pro Lege Manil.* Deinde & hi, qui Confulatum geſſerant: uti & ab Augufto creati *Curatores Aquarum*, five *Aquæductorum*, quos Confulares appellatos fuiſſe, docet Suetonius in *Aug. c.* xxxv. Idem tandem obtigit titulus Præfidibus Provinciarum, qui *Curatorum* nomine tandem venerunt. Pratillius eodem olim gaviſos eſſe titulo, autumat, illos, quos deinde Romani dixere *Magiſtros Militum*; at veterum Scriptorum loca, quæ laudat, de iis potius, qui Confulatum geſſerant, interpretanda videntur. Hic itaque titulus iſtis deſignabatur literis V. C. At fero tandem obtinuere illæ VV. CC., quæ aliam præſetulerunt fignificationem, nimirum *Virorum Clariſſimorum*. Quæ profecto interpunctæ literæ, fi aliquando *Viri Confulares* forfan fignificarunt, non ideo antiquiores Sæculo iv. habendæ erunt, cum præcedenti ætate per fingulas literas V.C. titulus *Viri Con-*

Tom. III. P. I.   V   *fula-*

sulares scriberetur. Hinc tandem post v. atque vi.
Sæculum passim in ipsis etiam codicibus illas reperies
V. C. pro *Vir Clarissimus*, vel VV. CC. *Viri Clarissimi*. Ita ergo sigla VV. CC. interpretari licet tum
cum vocem CONSS. præcedunt, ut in epitaphio Prolecti ap. Grut. ML. n. 7.

AVR. PROLECTVS. BENEMERENS IN PACE
QVI VIXIT ANN. PM. LV, DEPOSITVS
PRIDIE KAL. DECEMB. MONAXIO. ET PLINTAE
VV. CC. CONSS.

Monaxius, & Plinta Consules processere An. CCCCXIX.
De literis D. N. Consulum nominibus etiam additis
infra dicam.

Igitur ad Annum usque DLXXXVII. Christiani Consulibus lapidis ætatem signarunt. At unicum fere merito habendum erit epitaphium Cæsariæ, in quo eodem anno DLXXXVII. Consulibus tempus notatur; jam pridem enim nova computationis ratio invaluerat, nimirum *Indictio*. Blanchinius in *Præfat. ad Anastas. Biblioth.* putat, Justiniani ævo (qui auctor habetur Indictionis in Diplomatibus, aliisque publicis Scripturis) usum *Indictionis* in Lapidibus obtinuisse. Generatim autem ad paucos annos post Consulatum Basilii junioris Consulum nota stetit in lapidibus; Consulatus siquidem primus Basilii Junioris incidit in annum Regni Justinianei decimum quartum. Ex scripturis itaque ad ipsos etiam lapides Indictionis usum transtulere Christiani, eo ut in laudato Cæsariæ epitaphio tum Consules, tum Indictionem simul invenies: Cui alterum adjiciam ex lapidibus *Cœmeterii Calepodii* ap. laud. Boldettum p. 86. n. 26. Quod characteribus minusculis, E Lunato, de quo infra, atque cardiacis figuris insigne est:

HIC

HIC REQVIESCIT IN PACE IMPORTVNA FILIA Q.
DIVLIALI
ᴍARCARI S QVI VIXIT
    (*sic*)   (*sic*)
ANN PLM. XVII. DEPOSTIA SVB RIÆ . VII. KAL.
JVNIAS
         (*sic*)
IPM DN M N IVSTINO EODEM CONS P. INDICD
PI MA

At inconcinnum, erratifque fcatens hoc epitaphium magni certe eſt faciendum, cum contra Blanchinii fententiam, ipſo Juſtiniano antiquiorem Indictionis uſum in lapidibus teſtetor. Quod ut liquido conſtet, vindicanda imprimis eſt inſcriptio illa a computatione Boldetti. Is enim ad calcem inſcriptionis hæc addit: *Giuſtino Imperatore fu Conſole l' Anno 566. di Criſto, e l' Anno 567. come nota il Riccioli, ma eſſendovi notata la prima Indizione ſecondo il Baronio fu l'anno 566.* Boldettum, in antiquitate apprime verſatum, tot heic congeſſiſſe anachroniſmata, procul dubio ſtupet; hinc credere mallem typographos de more oſcitantes annorum numericas figuras vel perturbaſſe, vel immutaſſe. Juſtinus ſane Anaſtaſio Imperatori ſucceſſit Anno DXVII. Menſis Julii die IX.; imperavit Annos IX., dies XXIII.; Igitur vita functus eſt Anno DXXVI. die Auguſti prima. Hinc anno DLXVI. orcum jam poſt triceſimum nonum viderat annum; quare inter errata forte typographica recenſenda erit Boldetti computatio. Quod ad rectam itaque lapidis ætatem duo animadvertenda ſunt, nimirum Juſtinum inter Seniorem, & juniorem diſcrimen, pariter ac Senioris conſulatus. Epitaphium dilucide de Juſtino Imperatore, haud de Juſtino Conſule, qui junior in Faſtis appellatur, loqui, vel lippis patet ex titulis Juſtino additis IMP. DN. M. N., h. e., *Imperante Domino Magno Noſtro*, quam eamdem ob rem dixit *eodem Conſule,*

V 2

fule, ut luculentius indicaret eumdem Justinum, qui Imperator erat, Consulatum gessisse: Hæc autem epitheta nullimode Justino Juniori conveniunt, qui Imperator numquam fuit. At Justinus Imperator bis Consul processit, anno nimirum altero sui Imperii DXIX., in quo Collegam habuit *Eutharicum*; secundum vero Consul fuit cum *Opilione* Anno DXXIV. Verum in epitaphio illo primus notatur Justini Consulatus, id quod certe designat litera P., quæ vocem CONS. sequitur, ita ut sensus sit: *Imperante Domino Magno nostro Justino eodem Consule primo, vel primum.*

Ex hac autem recta lapidis hujus computatione, liquido patet, falsum esse Blanchinium, a Justiniani ævo Indictionem ex Diplomatibus ad ipsas transiisse inscriptiones, opinantem: in hoc enim *Importuna* epitaphio, quod Justiniani imperium octo præcessit Annis & Indictionem, & Consulum notam simul vides, Nota vero *Indictionis primæ* adamussim incidit in primum Justini Consulatum. Fateor autem hunc esse, ut mihi videtur, lapidem ceteris omnibus antiquiorem, in quo Indictionem una cum Consulibus simul invenies.

Quamobrem sequiori ævo, post Justinianum, universe fere Indictionum usus in lapidibus obtinuit, ut illius ævi epitaphia, aliaque marmora testantur.

Tandem distinguenda exinde erunt loca. In his enim Regionibus, quæ Imperio parebant CPolitano, aliquando Anni Imperatoris dumtaxat, aliquando tum hi, tum Indictio notatur ad occasum usque illius Imperii. Quod & in Occiduis etiam nonnullis locis factum est, quæ diu Græcis Imperatoribus obsecuta sunt, ut de Neapoli præsertim nostra dicam in Dissertatione de nostro Cœmeterio, ac singillatim in commentariis trium Epitaphiorum, quæ adhuc inedita sunt, Consulum nostrorum. In Galliis vero ante ipsos etiam Merovingicos Reges *Indictio* invaluerat, verum

rum Consularibus etiam notis, omissa quandoque Indictione, usi sunt Galli usque ad Consulatum Iustini Junioris, ad Annum nimirum DXL. ut testatur lapis *Agapi*, quem supra habes; in eo enim & Indictio, & Justinus Consul notatur, qui jam descripto anno Consul processit absque Collega. In alio epitaphio cujusdam Caesarii ap. Eumd. Sponium pag. 49. legimus Consules *Anastasium & Rufum*, qui Consulatum gessere Anno CCCCXCII. Ex quibus equidem monumentis colligimus, inter Gallos computationem Consularem non nisi cum ipsismet consulibus obsolevisse. Hinc Consulari computatione deficiente passim illi tum Indictione, tum Regis anno usi sunt. Post Clodoveum annum quandoque Pontificis Romani in lapidibus illi descripsere. At tandem sub Carolovingiorum stirpe Indictionem, Regis, sive Imperatoris Annum, atque Pontificis Romani illum in publicis marmoribus passim deprehendes. Quem proculdubio morem secuti sunt quot quot Occidentali Imperio deinde paruere; imo quandoque & ipsi etiam Principatus, qui propriis dominabantur Tyrannis, qui quidem, ut Imperatori obsecuti viderentur, in ipsis etiam numis Annum Imperii signabant, vel nomen dumtaxat Imperatoris Occidentis, cujusmodi est Arechis numisma Beneventani Ducis, in quo Caroli Magni nomen habetur in postica, ni fallor; illud enim obiter videndum obtulit Dominicus Tata, vir de naturali Regni Neapolitani Historia optime meritus; nunc vero numus ille extat in Museo Principis Torelliae, qui majorum suorum vestigiis ingressus, nomine, atque gente sua dignam in dies parat Pinacothecam.

Una itaque Hispania cum primo nunc indictione nunc Regis anno usa sit, novam tandem Ærae Christianae computationem medio Sæculo VI. ad epitaphia transtulit. Hinc apud Gruterum quatuor occurrunt id genus epigrammatia, quorum antiquius, *Æborae* re-
per-

pertum, habet annum Æræ quingentesimum quadragesimum octavum, alterum An. Ær. DLXXXI., tertium DCXIIII., quod Majeronæ in Bætica inventum est, quartum Ann. Ær. DCCXX. Primum dumtaxat heic ex Grutero p. MLIV. n. 4. exscribam, ut tyronibus comperta sit ratio hujus Æræ in Lapidibus.

LITORIVS. FAMVLVS. DEI. VIXIT. ANNOS
PLVS. MINVS. LXXV. REQVIEVIT IN PACE. IX. KALEND. IVL. AERA. D. XLVIII.
A. XPE.

Sic & in aliis inscriptionibus *Æra* adiphtonga notatur, & notæ numericæ eodem modo interpunctæ occurrunt, ut, nimirum, nota numeri quingentesimi D interpuncta sit, atque parum a sequentibus numericis aliis notis distet.

His contenti sint tyrones, cum mei instituti ratio minime patiatur, ut & peculiares quasdam, rarioresque Lapidum notas heic explicem; vel in statuenda hujus Hispanae Æræ conditione diu immorer, quod immensae esset quæstionis.

§. III.

De aliis ætatis lapidum argumentis, a titulis, Magistratibus, Kalendis &c. desumtis.

Quod si de ætate illorum lapidum, qui vel Consules, vel Principis nomen, atque Indictionem habent, plane constat; qua vero methodo eorum definienda erit ætas, qui his careat notis, quemadmodum major certe pars Christianarum inscriptionum se habet? In his itaque primum tituli, atque Magistratuum officia spectanda erunt, pariter atque stilus scribendi Kalendas, Idus &c., ac tandem interpunctio.

Ut

Ut autem ex Magistratuum titulis, eorumque officiis argumenta ætatis desumas, expendendum erit, num munus illud vel in Ecclesia, si de Ecclesiasticis Magistratibus quæstio erit, vel in Imperio, si de ciuili magistratura in lapide sermo erit, antiquum fuerit, vel quo ævo obtinuit; quamobrem Magistratus nova munera, a CPolitanis post Constantinum Imperatoribus creata, diserte noscas oportet. Sic igitur, ut paucis exemplis in materia ferme ingenti utar, cum inveneris nomen *Patricii* vel integrum, omnibus nimirum literis expressum, vel per Sigla V.P., h.e., *Vir Patricius*, inscriptionem Constantino Magno antiquiorem non esse merito dices; siquidem Imperator ille, teste Zosimo L. II., omnium primus *Patriciatus* honorem atque munus creavit: quare in Codice Theodosiano titulum *Expatricii* legimus. Eodem modo inscriptiones illas, in quibus legeris titulum *Illustris*, vel *Inlustris*, medium haud praetergredi Ævum noscas; ea enim ætate passim nomenclatio, sive titulus *Illustris* tribui cœpit ipsis etiam Imperatoribus, passim vero Provinciarum Præsidibus, atque Tyrannis, quo & Langobardi usi sunt titulo; Hinc ex occidente inter ipsos Aulæ CPolitanæ Optimates irrepsit titulus *Illustris*, qui quidem immutatis dumtaxat literis illo usi sunt, ut patet ex sigillo plumbeo cujusdam Johannis apud Ficoronium tab. x. n. 1., in quo postica sigilli habet: ΙΛΛΟΥΣΤΡΙΟΥ, h. e., *Illustris*. His adde epithetum *Clarissimi* vel *Clarissimæ* in ipsis lapidibus aliquando nominibus defunctorum adscriptum: Hi enim lapides Sæculo Æræ Chr. III. vetustiores minime sunt.

Animadvertendus pariter erit stilus scribendi Kalendas, Idus, &c.; siquidem Romani olim mensium nomina nusquam cum *casu* Kalendarum, Nonarum, vel Iduum *construxere*; sed altero *casu*, nimirum *genitivo*, ut grammatici ajunt, mensis nomen scripsere; hinc passim in illis leges *Kalendas Aprilis, Septembris* &c. tum, cùm expresse, quod perraro accidit, nomen mensis habetur; plerumque enim primæ dumtaxat occurrunt mensis literæ, ut *April., Septem.* &c. Cum igitur inveneris mensium nomen cum Kalendarum, Iduum &c. illo *constructum* eodem *casu*, ejusmodi lapides veluti Sæculo secundo Ær. Chri. recentiores habeas; antiquiorem sane lapidem, cujus certa ætas ex Consulatu Claudii, & Paterni patet, nimirum Ann. CCLXIX., in qua novam hanc legi casuum syntaxim, hoc idem non prætergreditur annum, illumque habes apud Lupum p. 5. qui scitissimo commentario epitaphium illustravit. In eo itaque occurrit phrasis NONIS NOVEMBRIBVS. Sic in epitaphio *Catani* ap. Gruterum MCLXXII. n. 8., posito Fl. Philippo, & Fl. Sallea COS. An. CCCXLVIII., legimus: DEPOSITVM. QVARTO. NONAS. AVGVSTAS. Apud Boldett. ib. p. 573. aliud occurrit epitaphium cos. Limenio, & Catulino An. CCCXLIX., in quo habes: KAL. DECEMBRES. Apud eumd. p. 82. n. 17. in lapide, posito Clearcho, & Trichomede cos. An. CCCLXXXIV. leges: KALENDAS OCTOBRES. Eodem itaque stilo usi passim sunt Christiani sequiori ævo, eo ut mensis nomen, veluti *adjectivum* haberent, quare illud cum Kalendarum, Nonarum &c. *casu* plerumque *construerent*.

Quarto pariter Sæculo novum quoddam, veteribus quadratariis inauditum, invaluit Conjugum nomen, quo uni usi sunt Christiani, veluti vocabuli illius auctores, nimirum COMPAR, quo sane nomine tum uxor, tum vir appellati sunt. Antiquius, quod vidi, epitaphium cum hoc vocabulo, occurrit apud Boldettum p. 573. Sic

CONSTANTIAE BENEMERE
NTI. BIRGINIVS. CASTE. CON
PARI &c. &t &c
LIMENTO ET CATVLINO CONSS.

Uxor heic appellatur CONPAR: Limenius autem
& Catulinus Consules processere An. CCCXLIX. Verum aliud epigramma apud eumd. Boldett. p. 808.
num. 26. mutuum esse illud tum viri, tum uxoris nomen testatur, quod sic se habet.

PETRONIAE DIGNAE COIUGI QVE VIXIT ANNIS
XXI ET FECIT CVM COMPARE SVO M. X. D. V.
KAL" NOB" POS CONSS GRATIANI ET EQVITI
VRSVS MARITVS SIBI ET INNOCENTI CO
MPARI FECIT. CESQVET IN PACE

Annus CCCLXXV., in quo nulli fuere Consules,
in Fastis dicitur: *post Consulatum Gratiani, & Equitii*. Vides in hoc marmore quarto Sæculo COMPAR uxor, pariter ac vir appellari. Hinc itaque
colligas, lapides, in quibus hoc deprehenderis vocabulum, recentiores esse Saeculo tertio.

At in lapidibus, qui Sæculo III. ad exitum vergente positi sunt, aliud invenies vocabulum, nimirum VIRGINIVS, & VIRGINIA, aliquando cum B
pro V initiali scriptum: eo sane nomine Christiani
indicarunt conjuges, qui unice nupti fuerant; hinc vir
uxorem, quam virginem sibi desponsaverat, *Virginiam*
dixit, uxor *Virginium* virum, qui nullam antea duxerat. Antiquius hujus vocabuli monumentum occurrere videtur in Lapide *Cervoniæ Silvanæ* ap. Boldet.
p. 87. num. 30., cos. Junio Tiberiano II. & Cassio Dione, Anno nimirum CCXCI.; in eo sane vir,
qui uxori monumentum posuit, se ipsum VIRGINIVM
appellat. Hoc autem animadvertas sedulo velim non
modo ad lapidum ætatum dignoscendam, sed ne eo
falsus vocabulo, vocem illam velut Nomen proprium
viri, vel feminæ habeas.

Inter Inscriptiones Sæculi IV. atque V. referas
illas, quæ habent præpositionem CVM cum quarto
casu, ex. gr. CVM ILLVM, & CVM EVM &c. Et
præpositionem DE cum eodem casu quarto, ut DE
SECVLVM &c. Tan-

Tandem ſtilus quoque inſcriptionum maximo nobis erit argumento ætati illarum definiendæ, qua ceteroqui in re caute nimium opinandum erit, ne præcipiti fallamur, vt nonnullis in dies accidit, judicio. Heic autem certas quaſdam nos undique tradere regulas, quibus ex ſtilo Inſcriptionum, quæ cujuſque ætatis ſit, facile dignoſcas, tempus non vacat, tum quod pleniſſimæ inſtitutionis opus illud certe foret, tum quod nemo, niſi vſu ipſomet, atque frequenti lapidum lectione hiſce regulis aſſueſcat: Hinc generatim dumtaxat conſiderare oportet diſcrimen aliquod eſſe inter ſtilum Inſcriptionum Chriſtianarum a primo ad tertii Sæculi initium, a tertio ad quinti initium, a quinto ad octavum, ac nonum, atque tandem a nono ad decimum tertium Sæculum: hæ porro ſunt quatuor epochæ ſtili Inſcriptionum Chriſtianarum. Primæ ætatis illæ, quæ rariores ferme ſunt, ſimpliciori ſtilo ſcriptæ videntur, ſolæciſmis plerumque carent, atque ipſa virorum, mulierumque nomina per ſeſe priſcam illarum ætatem quodammodo prodeunt. Secunda ætas a ſyntaxi latina ſæpe nonnullibi abhorret, errata ſunt frequentiora, virorum, atque feminarum nomina Romanam ſenſim amittere videntur civitatem; immo jam tum in feminis potiſſimum duplex prænomen occurrit, ut in lapide *Muſculæ* apud Boldett. p. 808. poſita cos. Gratiano (perperam ibi iv. cum fuerit Conſul. II.) & Probo, Anno nimirum CCCLXXI., in qua legimus: *Muſcula, quæ & Galatia*. Quem ſane duplicis prænominis morem (unde apud noſtros; *li ſoprannomi*) ex hoc, aliiſque lapidibus longe ante ſtatutum tempus ab aliis uſque adhuc Scriptoribus obtinuiſſe, in mea Bibliotheca Scriptorum Neapolitanorum oſtendam (XV).

Ter-

(XV) Medio tandem ævo nova prorſus ratio nominum obtinuiſſe mihi videtur, quam antiqui ignorarunt,

Tertia vero ætas per se se patet, cum Inscriptiones stilo adeo rudi, incompto, atque tum barbaro sermone tum implexis sententiis vilescant, ut longe lateque pateat illarum diversitas. Ad hanc quoque refer ætatem versus quosdam ferreis vocibus, obscura syntaxi, atque inconcinno metro elaboratos. Tandem postremæ ætatis monumenta iisdem plerumque laborant vitiis, etsi stilus quandoque effusior oscuriorem reddat inscriptionis sententiam. Cui equidem ætati tribuendi sunt versus, quos *Leoninos* dicimus, ab auctore Leone quodam Sæculi xii., Philippo Augusto

ut nimirum plura nomina unus idemque haberet, cum jam tum in ipsomet baptismo usus duorum vel trium nominum invaluisset: inter hunc autem morem, & antiquiorem illum, de quo mihi, ut dixi, sermo erit, discrimen aliquod interesse forte adverterunt ad hanc usque ætatem rei potissimum Diplomaticæ Scriptores; aliud est enim duo unum, eandemque virum nomina habere; aliud unum habere, ut Romane dicam, prænomen, atque alterum aliunde vel ex patria, vel ex alia altera de caussa agnomen. Hoc sane antiquitus factum est, ut in allato lapide vides, postquam nimirum Romanorum nominum, prænominum, atque agnominum sistema evanuit: Illud vero nonnisi medio ævo satis adulto obtinuit; hinc alterum hunc morem in caussam fuisse puto, ut nonnulli viri illustres medii ævi nunc uno nunc alio appellarentur nomine, ut Popponus Patriarcha Aquilejensis, qui ab Anonymo Awdinghoffensi ad Bollandist. in vita S. Meinwerci appellatur Wolsanghus. Arno Salisburgensis Episcopus, frater Alcuini Præceptoris Caroli Magni apud Duchesne *Scriptor. Rer. Franc.* ab Anony. Goastald. dicitur *Aquila*; Et millia hujusmodi duplicia nomina, quæ tantas excitarunt inter Diplomatum interpretes rixas. At de his in mea Bibliotheca haud vulgata proferam monumenta, quæ nostratum præsertim spectant historiam.

sto Galliarum Regi coævo; quicquid contra autumet Stiglianus c. xiv. *de Arte versificandi*, & Ciamplhius, qui ab ultima Augusteæ poesis antiquitate ejusmodi versus derivare frustra conatur. Vagas hasce regulas, si lapidibus, una cum jam explicatis aliis criticas regulis, atque illis, quæ de literarum forma dicturi sumus, tyrones adhibeant, in dignoscenda lapidum ætate aliquantulum illos proficere spero.

§. IV.

De investiganda lapidum ætate ex literarum forma, atque ductibus.

Ultimo tandem observatu dignæ erunt literæ, earumque forma, ductus, atque lineamenta, ex quibus, cùm ceteri desunt lapidarii, quos diximus, characteres, ipsam inscriptionum ætatem verosimilioribus conjecturis definire licet. Hoc sane argumentum ab ultima haud repetam antiquitate, cum inter antiquos Romanorum lapides vagare, proposita non sinat meta; quare paucis illud persequar de Christianis lapidibus.

I. Literarum conjunctio sero in lapidibus obtinuit, etsi apud Romanos ipsos antiquior quodammodo fuerit, eo ut primi hujus conjunctionis literarum auctores figuli, mea quidem sententia, habendi sint, qui eum in eorum figulinis sigillis brevi area plures scriberent literas, ea de re non modo voces ipsas, omissis plerumque finalibus syllabis ad compendium conferre studuerunt, sed & literas literis ita adnectere, ut brevior ambitus scriptionem facile contineret. Figulos hujus inventi auctores prodit sigillum figulinum in Cœmeteriis inventum ad loculum quemdam cum hac λιξι: *ap. Boldet. p. 530.*

PE-

PETAI *HERMET* DEXFICCÆN
PÆTINO Ⱶ APRONIANO COS.

Q. Arrius Pærinus, & Ventidius Apronianus Consules proceffere Anno Ær. Chr. cxxiii. Vides itaque altero vix ineunte Sæculo jam Romæ invaluiffe apud figulos ufum conjungendi literas, cujusmodi in allato Sigillo funt literæ H. & E, M & E, A & E, ac E, & T Simul conjunctæ. Brevioris autem ambitus ergo novæ huic inventioni illos ftuduiffe liquet ex aliis ejusdem ætatis figillis; dua enim alia ibid. habes iisdem Confulibus, eodem nimirum anno fabre facta figilla, in quibus, cum grandior effet ambitus, eædem literae haud colligatae, fed folutæ occurrunt.

Ex figulis ad ipfos figillorum plumbeorum artifices fi non omnes, faltem aliqui vitiatæ fcripturæ abufus manarunt; eliminata nimirum interpunctio ad illas etiam literas, quae initiales erant quorumidam vocabulorum, atque quædam novæ literæ, veluti figla, brevitatis ergo adhibita. Primus occurrit abufus in antiquioribus, quæ Ficoronius edidit, figillis, in quibus non monetarios imitatos hos fuiffe dices, cum non modo punctis literas initiales notare neglexerint, fed neque fpatiolum, quod illi fervarunt inter literas illas, quæ diverfi vocabuli initiales erant, fecuti fint; imo ejusmodi literas fe fe mutuo fecutas fcalpfere. Præterea novam hi medio ævo figlam voculæ conjunctivæ ET invenere, antiquis plane ignotam, nimirum litera S, quam pro ET paffim tum Latini, tum Græci id genus artifices adhibuere: Sic in Sigillo Gregorii Patricii ap. laud. Ficoronium: Qui fane abufus ad ipfa quoque monetarii tandem tranftulere numifmata; quare in numo Latino Leonis Ifaurici in Hiftor. Bizant. Cang. p. 227. legimus DONN LEO SCONTAN, h. e., DOMINIS NOSTRIS LEONE ET, CONSTANTINO. Vide vitium artificum sigillorum in illiis DDNN, quæ cum duas designent voces, neque punctis, neque intervallo a se invicem distinguuntur, vbi & Literam S loco ET stare vides. De græcis medii ejusdem ævi numismatibus idem habes in illo Basilii *ibidem*, cujus ea est λέξις ΜΙΧΑΗΛΣ ΘΕΟΦΙΛΟC, in quo litera S, quæ continuo vocem ΜΙΧΑΗΛ, h. e., *Michael*, sequitur, vices gerit ΚΑΙ, h. e., ET.

Iisdem medii ævi artificibus mihi videtur tribuendum esse signum quoddam, in re diplomatica sero tandem adhibitum, quo nimirum notatur diphtongus AE, brevitatis, atque compendiosæ scripturæ ergo ę. Eo & nos adhuc currenti calamo scribentes vtimur, ut nempe ad literam minusculam e quoddam subaddjiciamus apicem sic ę. Volupe itaque fuit in pervetusto sigillo Ecclesiæ Calaritanæ primo me siglum hoc invenisse, in eo sane ap. eumd. Ficoron. tab. IX. n. 6. hæc habetur epigraphis: SCAE, in qua ad Literam L habes parvæ cujusdam s ECCLs figuram, sic inversa s, eaque stare videtur præ AE, ultimo diphtongo, quo vox ECCLESIAE terminatur: Ex hac autem figura factam puto & illam æ, cum si vtramque conferas parum una ab altera differt. Neque dicas siglum illud aliquid aliud sibi velle, cum nullibi simillimam figuram diversæ significationis repperies.

Inventa itaque a Figulis, atque sigillorum Artificibus Sigla, atque literarum conjunctiones sero demum quadratarii adhibuere, cum ad quartum usque Sæculum nullibi id genus literas inueniamus. Exinde enim sensim idem illud vitium ipsos infecit quadratarios, quorum nova etiam inventa, quibus proprio marte studuere, heic brevi explicare satagam.

II. Vox *Sancta*, *Sanctæ*, vel *Sanctus* sic: SCA, SCAE, vel sine diphtongo. SCE, & SCVS primum occurrit in lapidibus Sæculi VI. in Inscriptione ne posita Johanne II. Romano Pontifice, quæ ex Consulari nota incidit in annum electionis hujus Pontificis, nimirum An. DXXIII. Illam habes apud Fontaninium in opere *De Disco Votiv. &c.* cum SCE pro *Sancta*.

II. Eodem ævo, eodemque Sæculo VI. Lapidarii cum in breviori area longiorem sculperent inscriptionem, minusculam in Majuscula litera inserere cœperunt. Idque primo occurrit in literis mussivis Basilicæ Sicilianæ apud Ciampinium to. I. Tab. XXV., in cujus musivo vocabulum *Prædicens* sic scriptum legimus: PDCNS, ubi litera minuscula I in area Majusculæ D inseruit artifex. Hoc autem Musivum Sexto vindicat Sæculo Cl. Ciampinius.

III. At Sæculo IV. inter Quadratarios usos ille irrepseat scribendi vocabula literis dumtaxat consonantibus: Ita in lapide Felicitatis ap. Boldettum p. 546. vox KALENDAS, sic occurrit KL. Lapis habet Consulatum Valentiniani tertium; hinc si quis de Valentiniano seniore interpreteretur, incidit in Ann. CCCLXX.; si vero de Iuniore, in Ann. CCCLXXVII. Ad idem hoc Sæculum facile amandarem inscriptionem Severi, quam Boxarius in Cœmeteriis viæ Salariæ invenit, atque vulgavit to. III. p. 50. n. 4.

SEVERO BENEMERENTI IN PACE
QVI VIXIT ANN. § IMENS § V §
DIES III. § DKOCT

Ultima sane vox DKOCT tria vocabula complectitur, siquidem litera D est initialis vocis *Depositus*, litera K initialis vocis *Kalendas*; illæ vero OCT ad mensis nomen, nimirum OCT*obris* pertinent.

IV. Eodem Sæculo interpunctionis negligentia inter ipsos quadratarios grassata est; Quamobrem haud Sæculo quarto majora habeas monumenta, quæ post literas initiales vocum, nullum præseferunt punctum.

ftum . Hinc Sæculo IV. & V. paffim legas in lapidibus DDNN (XVI) pro *Dominis Noftris*, ut in lapide Rufini ap. Boldett. p.117., pofita Valentiniano, & Valente COS. III., anno nimirum CCCLXX. Sic illa VVCC, pro VIRIS CONSVLARIBVS vides in alio epitaphio Chriftiano ap. eumd. p.79. Hinc literas illas D N abfque punctis legimus in antiquis tegulis olim repertis in Cathedrali Pifana, quas Sæculo V., vel ineunte VI. fabrefactas fuiffe ipfamet, quæ in illis occurrit, teftatur infcriptio ap. Sebaft. Bellinium Differt. *de Plaftice Veter. &c.*

REG D N THEOD
RICO FELIX ROMA ,

V. Inter lapidarias compendiofae fcripturæ notas, quæ Sæculo VII. invaluere, recenfendum fignum illud, quod deinde in ipfis diplomatibus obtinuit, ut nimirum ad vocabula, quæ in VS definerent, fignum 9 apponeretur, quod vices Syllabæ VS gereret : Primo enim occurrit in Mufivo Anni DCXXIII. Ecclefiæ S. Agnetis in Via Nomentana apud Ciampin. to. II., in quo legimus VESTIB9 pro VESTIBVS. Eodem Sæculo obtinuit incurva quædam figura, quæ vocibus fuperpofita vices literæ N gereret, fic Ω; quam primo repperii in mufivo Eccle

fiæ

___

(XVI) Dixi jam literas D. N. fero ceteris confulibus præter Imperatores, conceffas fuiffe. Primam fiquidem, quam vidi, infcriptionem cum hifce literis ante Confulum, qui Imperatores non erant, nomina, ea eft *Olibionis*, quam ex repertis a Nicolao Oliverio habes ap. Boldett. p.82. n.17., quæ fic incipit:

DD. NN. CLEARCO ETRICOMEDE VV. CC.
&c &c &c
Clearchus cum collega Richomere ex Faftis Conful proceffit Anno CCCLXXXIII.

siæ S. Pudentianæ Sæc. VII. ap. eumd. Ciamp. t. II. p. 20.

Ω   Ω

QVADO BAPTIZAVIT BEAT ROMANVM

Ubi vides lineam illam ne dum loco N stare in voce *quando*, sed & signum contractæ vocis esse in altera *Beatum*.

Literæ, quæ hodie dum in lapidibus præcedere solent Sanctissimum nomen *Jesu Christi*, nimirum DS. NR. *Dominus noster*, obtinuisse videntur circa Sæculum XI.; in Valvis etenim, æneis Ecclesiæ S. Paulli in via Ostiensi Romæ, cusis sub Alexandro II. Rom. Pontifice primum occurrunt. Jam tum enim quadratarii, aliique artifices, dum voces contraherent, primam, & ultimam vocabuli literam dumtaxat signare cœperunt.

Litera quoque N., quam dixi aliquando Christianos notis numericis præposuisse, h. e., *Numero* tot, aliquando ætatis lapidariæ nota quodammodo nobis erit: antiquiora enim hujus sigli monumenta alterum Christianæ Æræ Sæculum prætergredi minime puto, cum antiquior lapis cum ejusmodi N. posita fuerit Anicio Fausto II., & Virio (in Fastis *Severo*) Gallo COS. Anno CCXCVIII. Neque in epitaphiis, Sæculo quarto recentioribus, eamdem notam me legisse memini. Laudatus lapis consularis extat penes Boldettum p. 83. n. 18.

Alterum pariter Siglum vidi in lapide Heraclii ap. eumd. Bold. p. 81., nimirum sic ℞, quod *Pater* significare puto. Integrum ex Boldetto exscribam epitaphium, ut de conjectura æqui lectores suum ferant judicium.

    EQ. HERACLIVS
    QVI. FVIT IN SAECVLVM
    AN. XVIIII. M. VII. D. XX.
    LECTOR ℞ SEC FECERVN SIBI
    ET FILIO SVO BENEMERENTI IN P
    DECESSIT. VII. IDV STEB
      (*sic*)
    VRSO E POLEMIO
    CONSS

Ursus, & Polemius Consules processere An. cccxxviii. *Lector* autem Patris nomen mihi videtur, *Sec*. Matris illud, nimirum *Secunda*, nomen alterius Christianæ mulieris in lapide Cœmeterii Calepodii; vel *Secundina*, *Secura*, *Seccia* &c., nomina Romanis feminis communia. Matris autem nomen initiales literas SEC designare arbitratus sum ex his, quæ sequuntur: *Fecerunt sibi*, *& Filio suo*; quare litera R decussata mihi videtur siglum vocabuli *Pater*, eo quod primam, atque ultimam præseferr literam, nempe P. & R.

VI. Tandem, quæ ex ipsis literis colligi possent, ad ætatem lapidum definiendam, argumenta brevi delibanda restant. Litera L in inscriptionibus a ceteris ejusdem lapidis literis diversa, apicibus paulo divaricatis, occurrit in ipsis etiam Romanis lapidibus. Christiani autem Quadratarii ea usi videntur circa Sæculum III. Litera G, qualis deinde inter amanuenses obtinuit, atque etiamnum obtinet, ut, nimirum, quamdam literam S, sed magis ventricosam, referat, primo vitiari cœpit Sæculo III. Hinc in lapide Christiano ap. Boldett. p. 79., posito *Junio Tiberiano II. & Cas. Dione COS.* Anno ccxci. primo parum detorta occurrit: Corruptior vero extat in lapide Sæculi IV., *COS. Fl. Constantino, & Maximo* Ann. cccxxvii. ap. eund. *ibid.* Hinc illa in dies antiquam exuit figuram: eamque nimium indecoram videas in Musivo Ecclesiæ S. Sabinæ Romæ, Anni ccccxxiv. ap. Ciamp. ib. t. 1. p. 118., eo ut tandem ne parum quidem a litera S diversa medio ævo evaserit; quemadmodum hanc habes literam in illius ætatis sigillo, ap. Ficoronium Tab. IX. n. 9., in cujus λιξι occurrit vox *Digni* sic DISNI. Ex hac autem, in quam demum prolapsa est, figura, litera G, qua nunc utimur, manavit, cum litera S ventricosior sui medietate ita summum attigerit sursum apicem, ut orbiculum præ-

se-

seferret, stante inferiori ejusdem apice circumvoluto; hanc sane figuram plane reperies in litera G, prout illa occurrit in Valuis æneis Cathedralis Ecclesiæ Beneventanæ, e cujus sexagesimo primo quadro memini me exscripsisse nomen Episcopi Freguentini, quod sic se habet FREGUENTI. Itaque Sæculo XI., quo hæ constructæ fuere, jam litera G novam hanc scriptoriam figuram adepta erat. Heic prætereunda non erit nota numerica, quæ ex eadem Litera G obtorta, atque ad figuram literæ S ventricosæ pene traducta, tandem orta est ad sextum numerum denotandum; Unde tandem figuram, quam Arabicam appellamus, numeri sexti sic 6. prodiisse, certe puto: quod cuique suasum erit, modo hanc figuram in lapidibus, atque illam 6. conferat. Atque heic notandus merito erit Cl. Marchio Maffejus, qui in sua *Diplom. Historia* p. 112. scribit medio tandem ævo figuram literæ G pro numero sexto obtinuisse; siquidem Sæculo adhuc quarto illam pro eodem numero habemus in lapidibus, quos inter observatu dignus est *Adeodati* lapis ap. Bottar. t. III. p.117. cum COS. *Olybrio*, & *Probino* An. CCCXCV., in quo inter notas numericas Romanas illud G occurrit.

Literam D inversam sic ꓷ, primum inveni in fragmento inscriptionis Cœmeterialis Sæculi III. ap. Bold. *ib.* p. 80.; in illo sane notantur COS. Paternus, & Marinianus, ut ex ultima alterius hujus nominis litera legendum videtur; Paternus II. cum Mariniano processit Annum CCLXVIII.; hinc ex rudioribus quadratariis ad sigillorum artifices eadem translata est litera. Ex hac autem inversa litera paullatim circa Sæculum VI. orta est illa literæ D figura, qua in scripturis utimur, in re typographica *minuscula* appellata, sic d. Sane in plumbeis sigillis occasum antiquæ literæ D deprehendimus, quam cum primo uno ductu scribere vellent, inversam ea de re statuerunt, deinde oscitantiores artifices illam veluti literam C inversam, sic Ɔ, habuere, ut in sigillo plumbeo ap. Ficoroh. Tab. VII. n. 3. GAVƉENTII pro GAVDENTII. Ne autem ullum antiquæ figuræ lineamentum illa servare videretur, ea de re artifices aliquantulum circumflectere cœperunt imum inversæ Ɔ apicem; unde tandem nostra prodiit minuscula d ad exitum Sæculi VI. & initium VII. Quare sic illam vides in sigillo IFFONIS ibidem Tab. XVI. n. 10. ƆVX, qui unus fuit ex quadraginta Ducibus a Langobardis in Italia statutis, mortuo Cleiso Rege Anno DLXXV. In sigillo pariter cujusdam Gaudiosi Episcopi eamdem habes literæ d figuram; ex Episcopis autem hujus nominis in Italia neminem habes apud Ughellium (ut idem observat Ficoronius ad Tab. X. n. 9.) sexto Sæculo antiquiorem.

Literæ I nullibi apud quadratarios supernum punctum obtigisse constat. Hoc autem *punctum*, quod nos inter Antiquæ figuræ literæ I imminet, nimirum in litera illa minuscula sic i, primo invaluit Sæculo VII., cum illa primum mihi occurrerit in musivo Ecclesiæ S. Pudentianæ, quod hujus Sæculi opus Ciampinio videtur t. II. p. 20. tab. VI., in illo legitur : AVXiT.

Literam F minusculam inveni in lapide Anni CCCXCVII., ut ex Consulatu *Cæsarii* & *Attici* in Epitaphio patet. Lapidem habes ap. Bottarium *ib.* t. III. pag. 117. in qua legimus ZEO, ET STATIA VIVI fECERVNT.

Literæ T nova invaluit figura post Sæculum X. sic Ƭ Illam primo habes in iisdem Valvis Beneventanæ majoris Ecclesiæ, in cujus quadro sexagesimo legi TREVENƬI cum literis T & R simul insertis.

Li-

Litera V sero tandem, nimirum medio ævo rotundam adepta est figuram, ablato imo cuspide, sic U. Illam raro invenies in monumentis Saeculo IX. majoribus: numquam vero in primis illis, quæ quintum non attingunt Sæculum. Forma autem minuscula hujus literæ serius invaluisse testantur sigilli, unus Constantini cujusdam, alter Justini, qui quis fuerit incertum manet, ap. Ficoron. Tab. v. n. 4., & Tab. VII. n. 1., in quibus U rotunda quemdam habet apicem ad dexteram latus sic u, ut est minuscule hujus literæ figura. Ex his itaque colligas, in lapidibus discrimen inter V cum cuspide, & U rotundum sero obtinuisse; & medio tandem ævo discrimen illud invaluisse apud quadratarios inter V consonum, atque U vocale.

Litera tandem septentrionalis duplicis V, sic W, apud quadratarios, aliosque artifices post Saeculum X. forte obtinuit, cum nullum viderim valvis illis Beneventanis antiquius monumentum, quod W habeat: in his sane quadri quinquagesimi quinti epigraphis sic se habet: EPS WLTVRARIENSIS.

VII. Quemadmodum autem e Septentrione delapsæ gentes hanc literæ W figuram effinxere, ita tandem & usum *duplicandi* consonantes invexerunt. In caussa autem erat rudis, atque aspera illorum pronuntiatio, qua quidem consonas veluti duplici spiritu proferrent; hinc & duplicis V figura enata; atque hinc post Sæculum III., ea nempe ætate, qua invalescebat nova hæc pronuntiatio, usus duplicis literæ in ipsis etiam irrepsit lapidibus. Sic in lapide, posito cos. *Limenio*, & *Catulo* Anno CCCXLIX. ap. Boldett. p. 81. leges EVVODIVS. In alio lapide ap. eumd. p. 82. n. 19., posito *Gratiano Aug.* & *Leone* cos. Anno CCCLXXX. legimus VVIXIT. In Musivo Ecclesiæ S. Apollinaris Ravennæ Anni DLXX. ap. Ciamp. t. 11. occurrit: PA-

LATTIVM. In Mufivo Ecclefiæ S. Praxedis Romæ, atque fingillatim in illo Aediculæ s. Zeonis Sæculi IX. legimus IACCOBVS, ap. eumd. Ciamp. *ibid.* Immo & Græcos quodammodo vitium illud infeciffe puto, cum in infcriptione medii ævi apud Cang. *in app. Lexic. Mediæ Græc.* occurrat vox ⲁ ⲟⲓⲕⲣⲧⲏⲥ fic fcripta ACCHKRHTHS ; quam equidem vocem cum duplici litera C pro Σ habes in figillo cujufdam Johannis Confulis codicillaris ap. Ficor. Tab. XVI. num. 6.

Hæc de literis dixiffe fatis fit, de quo fane argumento fermo redibit in Differtatione de *Cœmeterio Neapolitano*, ubi fufius nonnullas explicare faragam literarum notas, quæ lapidariæ rei Scriptores fugiffe mihi videntur. Unum autem tyrones compertum habeant, velim, poftremo, nimirum hoc ex literarum ductibus petito argumento, tum potiffimum uti, cum nequeant certioribus ex aliis notis minus equivocum ferre de lapidum ætate judicium. Nam, ut jam diximus, cum a quadratariorum ingenio literarum forma penderet, cumque quævis ætas bonis, perinde ac imperitis id genus artificibus abundarit, facili negotio literarum corruptio in antiquioribus quandoque lapidibus aliquando irrepfiffe, fatendum erit. Unum vero heic ex *Antiquitatum Veronenfium* Panvinii lib. v. c. 11., atque ex Hiftoria Veronenfi Mofcardi Libro IV. exfcribam lapidem Sæculi VIII., ut & quanta tum fuerit quorumdam quadratariorum infolentiffima infcientia tyrones intelligant, atque hinc argumenta colligant ad ætatem tum mifcelæ literarum, tum *barbaries* ftili quodammodo dignofcendam. Infcriptio hæc, pro ut extabat in parua-columna Ecclefiæ S. Georgii in Valle Pullicella Veronæ, fic fe habet.

✠ IN

✠ IN N ΔNI IHV XPI ΔE ΔONIS
SCI IVHANNES BAPTISTE EΔI
FICATVS EST HANC
CIVORIVS SVB TEMPORE
ΔOMINO NOSTRO
ΔIOPRANDO REGE
ET VB (h. e. *Venerabili*) PATERNO
ΔOMINICO EPISCOPO
ET CVSTODES EIVS
VV (h. e. *Venerabilibus*) VIΔAΛIANO ET
TANCOR PRBRIS (*Presbyteris*)
ET REFOΛ GASTANNIO
GONΔELAME INDIGNVS
ΔIACONVS SCRIPSI

 Gratulandum sane Quadratario, atque Diacono, illi ob miscelam literarum apprime cerebrosam, huic ob latiarem stilum. Lapis positus est Anno DCCXLIII.

 Satis habeant igitur tyrones his erudiri notis, Siglis, aliisque argumentis, ad rem Christianorum Lapidariam quodammodo intelligendam: his enim aditum saltem immenso huic labyrinto illis feci, atque ducem ad primas usque rimas me illis præstiti. Clarissimorum autem Scriptorum, atque Majorum gentium Auctorum opera consulant, Cœmeteria antiqua lustrare non dedignentur, Lapides, eorumque lectionem scrutari; illorum sylloges diurna, nocturnaque versent manu, ut tandem, illis quæ ex Christianis epitaphiis, velut ex purissima, uberrimaque fonte manant, argumentis ad antiquam, atque medii ævi historiam illustrandam, publico bono utantur.

 Ne vero quarumdam Siglarum notæ, de quibus locuti minime fumus, eosdem lateant tyrones, heic addidimus brevem illarum explicationem.

X 4   NO-

NOTAE LAPIDVM CHRISTIANORVM.

A. M. D. H.	Annos, Menses, Dies, Horas.
B.	Benemerenti, Benemerentis.
B. M.	Bonæ Memoriæ.
B. M. P.	Bene Memerenti Posuit.
CC.	Consulibus.
COM. DŌM.	Comes Domesticorum.
D	Divus
DD. NN.	Dominis Nostris.
D.	Depositus, Deposita, **Depositio**.
H. E.	Heic Extat
H. F.	Honesta Femina.
IN P.	In Pace.
IN DM X̄P̄	In Domino Christo.
K.	Kalendas.
P. M.	Plus Minus.
P. C.	Ponere Curarunt.
Q.	Qui, Quæ
S̄C	Sanctus, Sancta.
S̄D	Sub die.
S. XP.	Sacrum Christo.
SAC. VG.	Sacra Virgo.
V.	Vixit, Vita
V.C. vel VV.CC.	Vir Clarissimus, vel Consularis. Et Viri, &c.
V. P.	Vicarius Præfecti.
V. P.	Vir Perfectissimus.
V. P.	Vir Patricius.

Finis Dissertatio IV.

ΣΧΕΔΙΑΣΜΑ.

Sive Inscriptionis ALAE, in Neapolitano Cœmeterio S. Januarii inventæ, commentariolum, cui sequitur Fragmentum antiqui Chronici Trojani, adhuc ineditum, notulis brevioribus illustratum.

Quamquam statuissem Inscriptiones, quas in nostro Cœmeterio Neapolitano, vulgo *S. Januarii extra Mœnia*, olim *ad Corpus*, cum illud perlustrarem, inveni, simul omnes publici juris facere in appendice Dissertationis Historicæ hujus Cœmeterii, quam altera parte hujus tomi tertii habes; heic nihilominus illarum unam dumtaxat brevi commendariolo prosequi e re nostra erit, cum siglum quoddam præseferat, atque per se se quodammodo patefaciat, quod perperam tum Cl. Lupus, tum alii de Christianis antiquitatibus optime meriti Scriptores interpretati erant. Cum autem in ea Inscriptione Trojanæ Urbis mentio occurrat, ex qua forte illius ætas desumenda erit, ea de re fragmentum, adhuc ineditum, cujusdam *Chronici* Ecclesiæ Trojanæ addere non piguit. Perpetuo autem commentario illud illustrare heic supersedeo, brevioribus quibusdam pro re nata animadversionibus contentus, cum de eo data opera fusius dicendum mihi sit, ejusque investiganda ætas in mea Bibliotheca Scriptorum Neapolitanorum, de Cl. *Johanne Francisco de Rubeis*, sive *Rubeus* verba facturus, de quo vix meminit Toppius noster in sua Biblioth. pag. 145, cum de elegantissima Apuliæ historia ab illo scripta plane sileat; quemadmodum & Cl. Felicis de Rubeis, Johannis fratris, Regii Consiliarii sua ætate doctissimi memoriam illum præteriisse pariter piget.   Ea

En itaque Inscriptionem, quam in altera contignatione Coemeterii, quarto ambulacro, quo, ut in Dissertatione fusius dicam, ad Castri S. Hermetis Cryptam itur, inveni in area alba ad arcuatum loculi, qui jamdiu referatus fuerat, caracteribus rudioribus, grandiusculis atramento scriptam. Loculus haud muro ambulacri, ut passim sunt, sed ad cujusdam concamerationis levam excissus, conditionem defunctae haud vulgarem testatur.

HIC EST ALA DE MADRACO
QVE FVGIT DE TROYA CVN
HI FILIS SVI.
VIX. AN. LXIX. M. X.

Hanc Inscriptionem sic legendam puto: *Hic est* (pro *jacet*, phrasis in inscriptionibus medii labentis aevi vulgatissima) *Ala de Madraco* (pro Mandrachio, sive Mandrochio, ut infra) *quae fugit de Troja cum tribus Filiis suis. Vixit Annos sexaginta novem, menses x.*

Nomen utique mulieris, plane novum, quamdam corruptae forsan orthographiae suspicionem prima fronte intulit. Verum eadem aetate nomen illud obtinuisse, patet ex quodam privilegio, sive donatione Rogerii Ducis, quam infra habes in fragmento sequentis Chronici, in quo *subscribitur* quaedam ALA, sic: ALA DEI GRA DVCISSA SVM TESTIS. Nomen autem illud ex corrupto Romano praenomine ALLIA manasse, mihi videtur; apud Gruterum enim pag. CMLIX. illud occurrit nomen tum Mulierum, tum Virorum in sequenti lapide n. 11.

C. ALLIVS. C. C. L. MYROBAT
ALLIA C. L. MEGISTAE. L
ALLIA C. ↃL. NICE L
ALLIVS C. L. MARIO L

Etsi ad ipsos Romanos a Graecis nomen illud venisse, nullus dubito, cum apud Suidam, ut alia missa fa-

faciam testimonia, illud velut proprium nomen occurrat: Ἀλίας ὄνομα κύριον, *Allias nomen proprium*. Sive ergo a corrupto hoc nomine illud ALA defluxisse velis, sive graecum fuisse Mulieris illius nomen, utrumque probabile erit: quemadmodum enim inter Latinos medio aevo nomen *Maritimus*, & *Maritima* passim in lapidibus legimus, ita in Civitate a Graecis colonis excitata, cujusmodi Troya fuit, ut mox dicturi sumus, nil mirum erit a *Mare* nomen desumpsisse Mulierem illam; eo ut ALA appellaretur inter Graecos, qui ἁλα *mare* dixerunt; unde medio aevo factum est vocabulum ἁλας, atque ἁλάττη, h. e., *Sal*, de quo vide Meursium in *Glossar. Graeco-barb.*

Sequitur: DE MADRACO, quo quidem nomine Urbis nostrae, quam incoluerat illa, regionem venire puto. Ab ultima pene antiquitate cuidam maritimae regioni Urbis Neapolitanae illud fuisse nomen, nemo inficias ibit in veteribus Archivorum nostrorum chartis vel parum volutatus; quemadmodum neminem latere puto, nostris medio aevo frequens fuisse ex ipsis denominari, quas incolebant, Urbis Regionibus, quod cum vulgatissimum sit, argumentis confirmare supervacaneum duco.

Hoc autem nomen adhuc retinet maritima regio, quam etiamnum *Mandracchio* appellamus. At undenam nomen illud regioni huic factum sit, difficile erit divinare, cum neque Graecum, neque Latinum esse, ferme pateat; quare mihi sedulo rem investiganti, una suborta est suspicio, fuisse nimirum antiquissimi portus Neapolitani, adjacentisque regionis nomen, ab Orientalibus primis Urbis accolis, atque portus illius fundatoribus unico, qui tunc erat, portui inditum. Conjecturae viam fecere duo loca Procopii, unum de *Bello Vandalico*, alterum de *Bello Gothico*. Illuc enim Procopius captam a CPolitana classe Carthaginem, Bellisario duce, libro I. c. 20. de-

describens, hæc habet: καὶ οἱ Καρχηδόνιοι (ἰδὰ γαρ αὐτὰς καθίοντες) ναῖ σιδηραῖς ἁλύσεσι τοὺς λιμένος, ὃν δὴ Μανδράκιον καλοῦσιν, ἀφίλομενοι, ἡτίμτα τῶ στόλω στοιυν: *Ubi illas* (naves) *prospexere Carthaginienses*, *portum, quem Mandracium vocant, sublatis catenis ferreis, classi receptum offerebant.* Portum itaque, catenis ferreis clausum, *Mandracium* Carthaginienses appellasse, nos docet Procopius non modo heic, sed sæpius eodem libro. Hinc augurandum erit, qua de ratione ea denominatione portum appellarint illi, quos cum phœniciam locutos linguam, nemo ignoret, sequitur & *Mandracium* orientale vocabulum esse, haud græcum, ut nonnulli putarant, falsi traditione antiqui alicujus Neapolitani *Chronici*, in quo narrabatur, a CPolitanis Imperatoribus Anno DXXXVIII. portum nostrum conditum primo fuisse, atque Mandracium græca voce appellatum: si omnes enim expendes græcas voces, ne unam quidem & græcasbarbaras inter invenies, quæ vel quantulamcumque cum vocabulo Mandracium Μανδράκιον analogiam habeat. Duo autem sese offerunt conjecturæ originis hujus vocis certe orientalis: Primam repeto ex voce מרגוה *Madragha* apud Exechielem c. XXXVIII. v. XX., quam Chaldæus interpres vertit *Turris* מרגות *Madraghot Turres*: facile itaque Portus *turribus* munitus, cujusmodi fuisse Carthaginiensium ille, describit Procopius, atque Macharius in suis *Comment. Historic. Hist. Bizant. t. x.*, *Mandracium*, quasi portus *Turritus*, dici potuit; hinc cum antiquus noster Portus eadem plane ratione altissimis circumdaretur Turribus ad ipsius Justiniani ætatem, qua tandem a Bellisario everse illæ fuere, ut idem Procopius de *Bello* Gotthico L. 1. c. x. scribit; probabilius videtur, idem *Mandracii* nomen ab Orientalibus, qui illum construxerant, Turribusque de more muniverant, obtinuisse. De more dixi, cum id nos aperte doceat Strabo Geogr. l. v.

Con-

Conditores urbium maritimas fugitabant oras, vel ante illas tuta locabant propugnacula, ne incursantibus prædonum navigiis in promptu jacerent. Hanc firmare conjecturam optime vides eumdem Procopium, qui eodem libro *ibid.* invasam a CPolitanis militibus, qui per subterraneos aquæductus Urbem clam intraverant, Neapolim describens, narrat, milites, ceteris facile devictis Urbis præsidiis, ad multam tandem diem maritimarum Turrium illa vicisse, eo quod maritima moenia neque Gothi, neque Neapolitani, sed Judæi tuebantur: *Interea*, sic ille, *ad maritimam murorum partem non Barbarorum* (eo nomine Gothi veniunt apud Procopium) *sed Judæorum custodiis munitam, nec scalis uti milites, nec ascendere poterant.* Judæi itaque ad vi. usque Sæculum Portus adjacentem veluti ex antiquo jure incolebant regionem, eamque ab altissimis turribus, ad quas neque scalis ascendere poterant CPolitani milites, custodiebant. Quas equidem turres primos Urbis nostræ conditores ædificasse innuere videtur Statius, qui in *Silvar. libr. ad Poll.* illas appellat *Turres Chalcidicas.* Vel itaque portus illud tulisse nomen a primis phoeniciis Urbis conditoribus dices; vel si hæc minime arriserit conjectura, olim ab Orientalibus, quos *Judæos* appellat Procopius, qui adjacentem Portus regionem sexto adhuc Sæculo incolebant, propria lingua illum *Madracium* denominatum fuisse, fatendum erit.

Hic autem Portus is certe est, qui in antiquis nostris diplomatibus *Surrentinus* appellatur, tum quod Surrentina eo appellerent navigia, tum maxime quod e regione Surrenti erat, quem num forte spectaverit Statius noster, affirmare non ausrim, cum ille in suo *Hercule Surrentino* deportu Neapolitano inter Euplæum, & Megaras loquatur, illumque *placidum Limena* appellaverit: *Placidus Limon*: Ubi Janus Parrasius, ut in ms. Bibliothecæ S. Johannis ad Carbonanariam, adnotat: *Limen Portum dicit Neapolitanum*, *græce appellatum, ut plerique Neapoli, in qua sunt quædam Maris otia, ut inquis Florus*.

Hujus autem Portus ad usque Caroli primi ætatem aliqua supererant vestigia, cum ob terræ colluvionem, quæ e proximis olim Neapoli incumbentibus collibus cediderat, in dies oppleretur; etsi eam sane denominationem, perinde ac illam *Portus Majoris* retinuit ad ætatem usque Caroli I. Andegavensis, ut legimus in ejus Regiſtro Anni MCCLXIX. Indict. XIII. Lit. D. fol. 250. *Major Portus, qui dicitur de Surrentinorum, & Amalphitanorum, &c.* Illum maximis sumptibus olim Neapolitani tuebantur, atque quovis anno luſtrabant, eo ut in antiquis noſtris memoriis mille auri unciæ in id impenſæ annis ſingulis legantur. Hinc tandem fere totus paullatim in continentem abiit, quare adhuc reſtat Regioni nomen *Mandracchio*, atque breviſſima maris concha, parvis navigiis pervia, reliqua est, quam noſtrates etiam *Molo piccolo* appellant; quamobrem Carolus I. Andegavensis alterum navale, jactis maximis in altum molibus, adjecit. Verum, cum non sit his locus, de Portu hoc satis, ne rerum noſtrarum amore suscepto ex itinere nimium deflexiſſe videar.

Alteram non pigeat ſummis saltem labellis me heic delibare hujus *Mandracchii* conjecturam, quæ quidem ex altera hujus vocis antiquiori apud Hebræos ſignificatione oritur. Apud hos sane illa potiſſimum gymnaſia, ſive ſcholæ, quæ in porticubus erant appellatur מדרש *Madrasha*, unde apud Hebræos invaluit vulgatiſſimum illud adagium מן מקדש למדרש apud R. Sal. in Chron. 11., h.e., *ex templo in Scholam*, cui pene simillimum est & aliud adagium ap. Buxtorphium in Lexico Rabinico. Nemo autem, qui Templi Hierosolymitani iconographiam noverit, Scholas in ejusdem Templi porticubus fuiſſe, ignorat. Atqui consimiles porticus, in quibus quædam Scholæ genus

erat

erat, ad hujus, de quo adhuc locuti sumus, portus litora fuisse, testis est Fl. Philostratus initio libri I. *Imaginum*, cujus verba cum e nostra maxime sint sententia, heic libentius referam: sic itaque ille, postquam sui Neapolim adventus caussam descripserat: *Extra moenia autem diversabar in suburbio ad mare vergente, in quo Porticus quaedam, favonio vento obversa, exaedificata erat, quatuor, ut puto, aut quinque contignationibus, Tyrrenum respiciens mare.* Quotquot heic congessit hujus Porticus notas mirum in modum ei quadrant portui, quem Mandracium olim appellari diximus, cujus tenuissima rudera in *Molo piccolo* nunc supersunt. Porticum sane illam *in suburbio ad Mare* esse dicit Philostratus, siquidem extra civitatis muros, atque maritimam civitatis portam erat; teste enim prisca rerum nostrarum historia, moenia maritima eo loci aetate Philostrati fuisse constat, quo nunc Ecclesia B. Mariae Rotundae exiat, eoque portam urbis Maritimam vulgo *Ventosam* extitisse. Hinc Porticus, quam in suburbio ad *mare vergentem* fuisse, scribit ille, eo loci, qui nunc Seggio di Porto dicitur, stetisse, adeoque ad Portus ipsius oras, nemo in dubium verterit. Cum autem qua e regione Porticus staret, describat Philostratus, cuinam vento & portus ipsemet obversaretur plane indicat, nimirum *Phavonio vento obversa . . . . Tyrrenum respiciens mare.* Hic autem est ipsissimus portus illius, de quo nobis sermo est, situs; *Mandracium* enim, uti & est Regio hujus nominis, cui illud ex portu nomen reliquum fuit, Phavonio obversa est vento, atque Tyrrenum adhuc respicit mare. Igitur illud, in quo Philostratus diversabatur, *suburbium ad mare vergens*, ex descriptione situs eo, quo diximus, loci fuisse, dicendum erit, perinde ac finitimum portui, quem illuc etiam fuisse tum antiqua denominatio, tum eruta Celani nostri aetate magnificentissimi Phari rudera testantur.

Se-

Sequitur autem Philoſtratus: *Refulgebatque ea (porticus) & lapidibus, quoſcumque luxus commendabat, maxime vero picturis ſplendebat* . . . . *Ego autem & ipſe picturas commendare conſtitueram, eratque praeterea hoſpiti filius admodum juvenis, qui decimum jam annum attigiſſet, audiendique & diſcendi percupidus, qui ipſas luſtrantem me obſervabat, atque interpretarer rogabat. Ut ne itaque laevam mihi eſſe mentem arbitraretur, eſto, dixi, faciam iſtas argumentum dicendi, cum primum juvenes venerint.* Quare cum veniſſent, puer, inquiebam, proponat, dedicatumque ei eſto ſtudium in oratione nunc ponendum. Si itaque *juvenes* illuc, orationem ut audirent, conveniebant, quis inficias ibit, ſcholam quamdam Porticum illam fuiſſe? Immo ex hoc eodem Philoſtratis ſtudio, qui, ait, *conſtituiſſe picturas illas commendare*, pariter atque efflagitatu filii hoſpitis, cui *laevam* ſibi non eſſe mentem teſtari conatur Philoſtratus, ſequitur, ea potiſſimum de re picturas illas in Porticu ſuſpenſas fuiſſe, ut nimirum antiquitatum gnari eaſdem commendarent; quod eo in ſolemne Neapolitanos inter abierat, ut juvenes illuc data opera venirent, quo commendaria iſthaec exciperent. Vide in his omnibus antiquae Scholae genium. Neque heic mihi quis ſuccenſeat, quaſi antiquas Urbis noſtrae Scholas ad maris fere litus ſtatuere velim; novi ſiquidem vetuſtas olim Scholas ad S. Andreae, ubi nunc ſitum eſt, Templum (I) ſtatuiſſe rerum no-

---

(I) Hac ſane in re traditioni potius, quam argumentis ſtandum erit; duo ſiquidem, quae adducuntur argumenta nullius fere mihi momenti videntur; cum hoc noſtri confirment tum ex nomine vici, Templo S. Andreae proximi, qui olim *Scholazzi* dicebatur; quod ſane nomen alia forte ex cauſſa probabilius vico obvenerat: tum ex Anteceſſorum Univerſitatis noſtrae ſolemni anniverſaria pompa, qui quidem

nostrarum Scriptores, de quarum situ quicquid sit, publicis hisce scholis, privatas illas, atque extemporaneas, ut ita dicam, apud Graecas, Orientalesque gentes communes, confundere nollem; quare praeter publicas scholas, inter privatas illas, in quibus nimirum cuique dicere jus erat, Porticum hanc, in qua Philostratus edisseruit, libentius recenserem. Imo ex ipsomet Philostrati textu hoc certe discrimen desumere licet; ea enim in Porticu suam instituisse orationem dicit, quod publice dicere propositum ei non fuisset: *Mihi igitur cum publice declamare minime propositum esset &c.* Alter igitur erat publice docendi locus, alter privatim edisserendi, cujusmodi Porticus fuerat, in qua ea de re juvenes, ut diximus, conveniebant, ut viros doctos, qui illuc versabantur, audirent. Ipsae vero, quibus Porticus illae exornabantur, Imagines quamdam illuc scholam fuisse, dilucide testantur; philologis enim haud novum erit tum Graecos tum Latinos, Graecos imitatos, virorum, qui de literis optime meriti erant, imagines in ipsis scholis auditoribus exhibuisse, quo illorum exemplo hi ad virtutem, atque immortale nomen sibi comparandum excitarentur; hinc passim in scholarum Lapidibus, aere vel publico, vel privato positis, legimus: *Scholam cum Imaginibus, & statuis* &c. Immo rem mire confirmat, atque copiose describit Sidonius, qui de hisce locutus scholis, haec habet: *In Areopagis & Gymnasiis*

---

die S. Andreae sacra omnes simul cum cereis ad Templum illud proficiscebantur, quasi, obmutata religione, sanctiori ritu illam quam olim Minervae, cujus illuc extitisse templum arbitrantur, Ethnici agebant pompam, & ipsi in D. Andreae honorem agerent. At tanti non sunt argumenta haec, ut antiquissimas nostratum scholas illuc fuisse credamus.

siis curva cervice Zeuxyppus, *Aratus panda*, *Zenon fronte contracta*, *Epicurus cute distenta*, *Socrates coma candente*, *Aristoteles brachio exerto &c.* Neapolitani itaque, gente Græci, similibus imaginibus tum virorum clarissimorum, tum antiquæ mithologiæ Porticus illas exornaverant, eo quod pro schola juvenibus patriis essent.

His itaque de Porticu, Portui certe finitima, dictis, in qua Scholam quamdam nostros habuisse ostendimus, ad nomen nunc, quod orientales portui ea de re secere, descendamus: Huic enim Porticui *Madracha* olim nomen ab antiquissimis urbis nostræ phœniciis conditoribus suit, eo quod scholæ instar foret; illamque deinde, qui supervenere Græci eodem antiquo appellarunt nomine, pro græcæ linguæ genio parum immutato, & ad Græcam desinentiam traducto, unde ex voce *Madrasha*, vel *Madrasca*, Μαδρακιον secere, quod nostræ Inscriptionis lectioni adamussim respondet, in qua idem ille locus, qui tunc in Urbanam Regionem jam abjerat, adhuc *MADRACHVM* absque N appellatur; quare & N huic voci additam fuisse puto post Sæculum XIII. Ex hoc igitur finitimæ Porticus *Madrachii*, vel *Mandrachii* nomine ipsemet Portus facile idem tulerat *Madrachii* nomen; quod & de Carthaginiensium illo apud Procopium forte dicendum esset, si laudatus Historicus de portu illo descriptius locutus fuisset. Sive itaque prima, sive altera lectori, cui arbitrium esto, arriserit conjectura, ex orientali vocabulo etymologia nominis Portus, perinde ac Regionis Urbanæ, quam etiam num *Mandrachio* appellamus, desumenda erit; quamobrem manifeste liquet falsos esse scriptores illos, qui nullis suffulti, oscuram præter traditionem, argumentis, portum *Mandracii* putarunt a CPolitanis Imperatoribus Sæculo tandem VI. constructum fuisse, eoque nomine ab illis appellatum.

Cur autem Alam hanc de *Troja fugisse* in Inscriptione legimus, ac quandonam inde fugerit, nunc restat divinandum; qua quidem occasione quaedam de ipsa etiam Trojae Urbe dicenda erunt, ne exterorum errores in nostrarum Urbium finibus assignandis ulla sine animadversione dimittamus.

Quo enim nunc Troja Urbs est, Ecanam olim fuisse, *Dauniae* historia docet, quae a Graecorum *Casipano* nomen tandem in *Casipanata*, deinde *Capitanata* illud mutavit. Tum Jovius, tum Cl. Cluverius uterque plane fallitur in assignando hujus Ecanae agro; ille enim in vita Ducis Gundisalvi illam eo fuisse ubi nunc Foggia est, scribit; alter in Hirpinis, quo nunc Accadia est. Forte utrisque fucum fecere Antonini, atque Hierosolymitanum Itineraria, qui perperam octoginta passuum millia cum statuant inter Beneventum & Canusium, facile intermediarum Civitatum fines, agrosque undique perturbarunt. At duo veterum Romanae Historiae scriptorum loca dilucide Ecanum Agrum definire mihi videntur; Polibius enim L. III. scribit: *Annibal, castris circa Argii ripam locatis, Argirippanum agrum, & Daunianium universam populatur*. Vide situm Castrorum Annibalis: at paullo post sic sequitur Polibius. *Q. Fabius cum omnibus copiis profectus castra circa Æcas, quinquaginta stadiorum interstitio relicto, posuit*. Utraque autem castra paullo a se invicem distaro, Romana nimirum, atque Carthaginiensia, mox explicat ille: *Annibal cognito Dictatoris adventu, nulla mora facta, adducit in aciem exercitum, copiamque pugnandi hostibus fecit; sed ubi aliquantum commoratus se neminem prodire in certamen videt, in castra revertitur*. Castra itaque viciniora quodammodo erant, eo ut Annibal ex suis statim senserit castrametatum esse, ut venerat, Dictatorem Fabium. Alter, qui luculentius rem confirmat est Livius, qui L. XXII. eamdem describens historiam, haec habet: *Quo*

pri-

primum die haud procul Arpis in conspectu hostium posuit castra, nulla mora facta, quin Pœnus educeret in aciem, copiamque pugnandi faceret; sed ubi quieta omnia apud hostes, nec castra ullo tumultu mota videt, in Castra rediit.

Castra itaque *Annibalis* in conspectu Romanorum erant; Romanorum illa quinquaginta stadiorum interstitio ab Annibalis illis dillabant. Igitur *Arpi*, quo Romani ex Livio castrametati erant, eodem interstitio a Castris Annibalis distabant: *Arpos* autem a sinistro latere viæ, qua Nuceriam itur, idem statuit Cluverius; Castra itaque Annibalis a dextero erant, atque intervallo quinquaginta stadiorum, quanti profecto est a sinistro latere viæ, qua a Nuceria Arpos itur, ad dexterum ubi nunc Troya est. Ergo castra Annibalis, perinde ac Romana, eo intervallo, utraque *circa Ecanam* erant; Pœnus vero ad Argium secus *Ecanam*, Romanus contra *Argium*, nimirum ad sinistrum *Ecana* latus erat. Quod si is non fuerit Æcæ, sive Ecanæ situs, nequit idem Livius intelligi, cum L. XXIV. Æcas vicinas statuit Luceriæ: *A P. L. Fabio, qui circa Luceriam Provinciam erat, Æcuas oppidum* (II) (h. e. *Æcas*) *per eos dies vi, captum, stativaque ad Ardoneas communita*. Ex his itaque brevi pro commentarioli angustiis dictis, cum colligamus verum situm castrorum Annibalis, falsi convincimus Joviam, atque Cluverium, qui Ecanam vel in Foggia, vel in Accadia locarunt; iisdemque

---

(II) Heic restituendus Livii textus erit, & pro *Accuas* legendum procul dubio *Æcas*, Amanuensibus id tribuas, qui *e* alteram diphtongi *Ae* literam, in *c* mutarunt, eaque ratione novum oppidum marte proprio effinxere; nullibi enim illud invenies *Accuas* oppidum, nisi in depravatis Livii textibus. Correctioni facile accedere lectores speto, cum illa sponte sua quodammodo, ut ita dicam, fluat,

ex Polibii, atque Livii testimoniis intelligimus, falsos etiam & nostros quamplures fuisse Scriptores, qui Trojam in ipsis reædificatam esse antiquæ Ecanæ ruinis autumarunt. Cum enim Castra Annibalis non in Ecana, sed prope Æcas fuissent, cumque Trojam in ipsis Annibalis castris Græcos exædificasse, omnes fateantur, plane sequitur, Trojam non ad ipsas Æcas, sed apud ipsas Æcas, aliquantum scilicet ab illa remotiorem, fuisse.

Stetit Ecana ad vi. usque Æræ Christianæ Sæculum, cum Martianus Ecanensis Episcopus interfuerit Synodo Romæ, a Symmaco R.P. cælebrata Anno DI. Verum quo fato tandem Urbs illa interierit, historia plane silet. Num autem nova Troja ex antiquæ Ecanæ ruinis excitata fuerit, an in ipsis Annibalis castris extructa, quæ, ut dictum est, non ad Æcas, sed apud Æcas fuerant, dignum vindice nodum esset. At cum topographicis hisce quæstionibus immorandum mihi non sit, mea quidem sententia, in ipsis Ecanæ ruderibus Troyam Græcus Dux exædificavit, quæ sane Ecanæ ruinæ nomen jamdiu a Castris Annibalis veluti vicinioribus desumpserant; quamobrem passim apud Historicos legimus, Troyam eo loci exstructam fuisse, quo Castra Annibalis fuerant: Antiquiora profecto monumenta aperte testantur, Troyam, quo olim Ecana fuerat, Græcos excitasse. Sic in antiquo lapide, qui olim erat secus Cœnobium Sanctimonialium Urbis Trojanæ, legitur: *Illustris Æcana Urbs, mutato nunc nomine, Troja vetustissima... hic monumenta collocata &c.* Apud Alphanum Salernitanum Episcopum in Vita SS.XII. Fratr. Mart. eadem habes:

Evolat interea Præfectus versus Ecanam
Urbem, quam vulgo mutato nomine Trojam
Dicunt . . . . .

Hoc idem confirmant argumentum duo Chronistæ Cassinensis, & Amalphitanus, quorum primus L. 11.

11. c. 38. 39., alter P. 1. c. xxxi 11. reædificatæ Urbis hiſtoriam deſcribunt: Lubet Amalphitani verba exſcribere: *Sequenti vero anno* (nimirum MXII.) *Baſilius, & Conſtantinus fratres Catiponum ſuum, nomine Bugagnanum* (in Chronicho Caſſinenſi Catipanus appellatur *Bojanus*, *Bajanus*, *& Bujanus*) *magna cum theſauri pecunia duxerunt Apuliam*.... *Hic in Apuliæ finibus Anno Domini* M. & XIII. *reædificavit Civitatem diu dirutam, muris parvis; quæ nunc dicitur Troja, & antiquitus Civitas Æclæna vocabatur.* Vide Frezza l. 1. c. *de antiquo ſtatu Regni*, & Ammiratum de Comitibus Trojanis locutum; in genealogia Familiæ *Coſcia*.

De Anno reſtitutæ Civitatis ſub judice lis etiam manet. Ex laudatis enim Chroniſtis Bugagnanus illam reædificavit Anno MXIII. Verum vetuſtior eſt in fragmento Chronici noſtri, in quo legimus Henricum Bavariæ Ducem & Imperatorem anno MXIV. *contra Saracenos pugnaſſe*... *ac Bugagnanum Græcorum Ducem, qui eis favebat adeo bello infeſtatum eſſe, ut eam Troyæ ejecerit, quam ille in Apulia condiderat, anno* MVIII. *Græcis coloniis inductis*. Cui equidem ſententiæ & Frezza noſter acceſſit.

His de Troja dictis, ad inſcriptionem noſtram revertamur. Nequit ſane illa antiquior videri Sæculo XI., in quo primum urbi à Græco Duce (qui & *Aurivianus* in epiſtola Alexandri II. R.P., quam in ſequenti Chronici fragmento habes, appellatur) ædificatæ *Troyæ* nomen fuit. At quandonam Ala illa de Troja fugerit, haud facile divinaberis; forte cùm ab Henrico imperatore capta eſt Troja, mulier Neapolim petiit cum filiis ſuis; quæ ſane conjectura probabilior mihi, atque tutior videtur, ſi hiſtoriæ illius ætatis ſtandum erit; Ala enim cum ſuis filiis, illatam Trojæ vim ab Henrico declinans, optimo conſilio Neapolim fugit, cum ceteras inter

Re-

Regni urbes, quæ Henrico parere detrectarunt, vel prima Neapolis nostra fuerit, quae Henrico I. Imperatore suos adhuc *Duces* habebat, ac propria utebatur politia; quamobrem etiam postquam Normannis paruit, Occidentalium Imperatorum jura minime secuta est, eo ut tandem obsidioni Henrici V. Imperatoris strenue restiterit, teste Chronista Suessano initio Chronici sub anno MCXCII., cujus verba exscribere heic juvat: *Anno Domini* MCXCII. *de mense Aprelis Rex Henricus Imperator. . . . . obsedit Neapolim ubi moratus est per tres annos, & die S. Bartholomæi recessit cum pudore, & secessit in Apuliam.* Merito itaque Ala e Troja profuga, Neapolim se se recepit, quo adhuc græca reliqua erat Politia. Quæ quidem modo arriserit conjectura, Ala Neapolim petiisset ineunte Sæculo XI., qua certe ætate Alam humatam nostro Cœmeterio fuisse, atque inscriptionem ei positam dicendum erit. Verum de tam obscura, atque parum utili indagine lectores haud moror.

 Tandem ad siglum, quod huic commendario occasionem præstitit, ut me conferam, nemo inficias ibit, figuram illam duplicis literæ H, simul colligatæ, ternarii numeri notam esse; quod vel cuilibet inscriptionem hanc legenti per se se patet, in ea sane leges Alam fugisse de Troya *cum* H *Fil. suis*, h.e., tribus filiis suis: Quod observatu dignum erit, cum Sæculo XI., quo forte nostra hæc humata fuit Ala, eo uterentur Siglo nostrates, qui græcam adhuc sapiebant originem, quandoque aperte se se prodit græcissantis quadratarii genium & in Lapide illo Lupi, in quo & græcum ΔΟΥΛΗ & Siglum illud occurrit. Ala itaque, ejusque filii, e græcis forte colonis, ea usi sunt sigla. quod profecto confirmare possem alio græco monumento Cœmeterii nostri, in quo notæ numericæ lineola quadam

dam colligatæ simul apparent; At de illo in Dissertatione fusius.

Hæc de Alæ epigrammatio satis sit dixisse, quandoquidem malui quamplura desiderari, quæ copiose in Historia nostri Cœmeterii expendenda erunt, ne heic immature veluti dicta, ordinem, atque methodum Dissertationis, quam sequenti habes tomo, quodammodo perturbent.

CHRONICI TROIANI
FRAGMENTUM.

Cum Ala, quæ nostro humata fuit Cœmeterio, Troiæ civis fuerit, operæ pretium duxi fragmentum hoc Chronici Trojani medii ævi, olim ex membranaceo codice a Johanne Francisco de Rubeis descriptum, publici juris facere in appendice commentarii hujus epitaphii. Codicis hujus antigraphum exemplar penes me servatur, cum illud dono acceperim ab amicissimo, ornatissimoque viro, in Philosophicis, Mathematicisque disciplinis apprime versato, P. D. Lodovico Vuolo Cœlestinæ Congregationis Monacho, in cujus manus cum aliis antiquis chartis forte fortuna devenerat. Cum autem illud ætati Inscriptionis ALAE definiendæ aditum faciat, acceptissimum antiquitatum nostrarum studiosis erit, quorum gratia, quasi immature heic illud, veluti optimam laciniam, inscriptioni adtexui: hoc siquidem fragmentum cujus sit ætatis, quid de ejus sit γνησιότητα, copiose dicendum mihi erit, atque opportune, ut jam dixi, in mea Neapolitana Bibliotheca. Modo itaque quamdam ex illo in nostri Cœmeterii epitaphium lucem manare, satis erit: de iis vero, quæ ad Historiam rerum nostrarum pertinent, illuc edisserere commodum erit.

CHRO-

CHRONICON.

Anno 1014. Henricus Bavariæ Dux Primus Germanorum, quum Procerum sententiis, nec non ex hereditate primum Imperium iniverit Romæ post annum 11. a Benedicto Octavo diadema suscepit: contra Saracenos pugnavit, eosq. Capua expulit, ac Bubaganum Græcorum Ducem, qui eis favebat, adeo bello infectatus est, ut eum Troyæ ejecerit, quam ille in Apulia condiderat anno 1008. græcis coloniis inductis, ubi Annibalis Castra fuerant.

Vacavit postea Eccl. Troyana per mensem unum, & dies x. & successit Clero Jo: Episcopus, quem consecravit PP. Benedictus Nonus, & sedit D. episcopus annis 30. & menses 1. diebq 25. obiit sexta die mensis Augusti. Vacavit Ecclesia Troyana mens. octo diebq (*Diebus*) 25. & successit eid. Stephanus Eps Normannus.

Stephanus Normannus Eps sedit annos 18. menses 7. & diebq decem obiit die undecimo Octobris. Vacavit Escle. & successit ei Gualterius Frangente ij (*secunda die*) mensis Novembris, quem consecravit Gregorius Septimus.

Anno 1081. Alexius factus est Imperator, & Robertus dux transivit mare, & cæpit eum impugnare ob Olimpiadem filiam suam, quam expulerat de palatio suo. Hoc anno Troyani Rebellionem fecerunt in festo S. Marci, quia Rogerium Comitem filium Roberti ducis, quem pater dimiserat ad custodiendam terram suam, & superatis a Normannis, postea facta est ex eis crudelis mortalitas.

Gualterius Eps sedit annis undecim mensibq tribq diebus octo, obiit 4. die mensis Augusti. Vacavit Eccl. mensem unum diebus 11., & successit ei Gerardus placentinus octavo die mensis Octobris, quem consecravit Urbanus PP. secundus.

An-

Anno 1093. Urbanus PP. 2. celebravit 3. Synodum Troyæ Episcoporum 55. Abbatum 12. conf. p. hebdomada menfis Martii.
Hoc anno Gerardus Troyanus Eps cepit edificare Eccl. S. Mariæ in menfe Aprelis. Hoc anno factum eft fignum in ftellis, quæ vifæ funt cadere de Celo, quafi pedrere.
Eodem anno Gerardus Eps Troyanus cepit fabricare Ecclam in menfe Aprelis, & poft aliquod tempus mortuus eft predictus Eps Gerardus & fucceffit Cenomanicus. Supra dicto Anno ductus fuit Coybanus Turcus cum innumerabili multitudine Chriftianorum, qui populo Chriftiano apud Antiochiam in qua obfederant Chriftianos . . . . .
Anno 1097. obiit Girardus Eps x. die menf. Jan. intrantis, & feddit in epifcopatu annis novem menfibus feptem & diebus undecim, & fucceffit ei Urbertus Epifcopus Cenomanicus die 20. Junii, quem confechravit Urbanus PP. 2. Eod. anno nova civitas Troya paffa fuit incendium prima nocte Augufti. Pofthac defunctus eft Eps Troyanus & fucceffit Epifcopus Guiglielmus Vigoctus.
Anno Dni 1101. obiit Ubertus Epifcopus Troyanus die 13. menfis Xmbris. Hic feddit in epifcopatu annis 4. menfibus quinque diebq 24. & vacavit Eccl. diebq 30. & fucceffit Guiglielmus bigoctus in epifcopatu die 13. menfis Jan. quem confechravit Pafcalis PP. 2.

De Corporibq Sanctis.

Anno Dni 1105. Ind. 13. Corpora fanctorum Eulecterii & Pontiani, atque Anaftafii translata fuerunt in Troya de civitate Tibera die 19. menfis Julii, aftantibus quibus corporibq venientibus Guiglielmus eps, ac pful (*præful*) Bibinenfis cum Turtubicenfis,
præ-

præsules proceffionem facientes, cum Troyanis decem millibus utriufq. sexus obviam exierunt. Hoc erat scriptum in latere sepulchri: Ego Peri sentia peregrina cum Gaio, & Aurelio marito meo invenimus corpora Santor. Eulecterii Episcopi, & Pontiani PP. juxta viam framineam in loco V........
Gloriosa Translatio Santorum Martyrum Euleckerii Pontificis, & Anastasii fuit quartodecime Kalendas Augusti, anno Dominicæ incarnationis 1105. 13. inditione, procurante totius Orbis Monarchia Paschali pp̄ (papa) secundo Imperante et Gloriosissimo, ac sanctar. preceptoris Ecclesiarum Electore Roggerio nobilissimo.

Anno 1114. Guiglielmus secundus, Eps Troyanus multa Dona obtulit Episcopatui Troyano, multosque libros, & alia Ornamenta, & recuperavit parochiam, quæ fuit deperdita per 28. annos.

Anno 1115. Guillielmus Dux accepit Investituram à PP. Pascali de ducatu Apulie apud Caparanum, hoc anno et Eps Troyanus obsedit Castelios tium, illudq. cœpit, & combuffit, cepitq: in eo Guillielmum Altavillæ (III) cum omnibus fuis pro crudelitate quam faciebat peregrinis hjerosolomitanis.

Anno 1116. Guiglielmus Dux transivit mare, & ivit loquutum cum Imperatore Alexio apud pipopolim. Quo supra dicto Anno Pascalis Papa celebravit

Sy-

(III) Fuerit ne Guillielmus iste unus ex antiquis hujus familiæ Regni *Baronibus*, affirmare non audeo. Meminere hujus familiæ, inter Baronum illas, Regiftra rum Suevicorum, tum Andegavensium: In regiftro enim Federici II. inter Barones *Juftitiarii Calabriæ* habetur quidam Guillielmus de Altavilla: & in illo Roberti in *Monftra Baronum* An. 1325. inter Barones *Principatus Citra* recenfetur Buccardus de Altavilla.

Synodum Troyæ, & confirmavit treguas ufq: ad tres continuos annos.

Anno 1118. PP. Pafcalis obiit Jo: Gaetanus fuccessit in pptu (*papatu*), eodem anno Guiglielmus Epifcopus obtulit portas eneas, quæ funt in fronte Ecclefiæ Trojanæ.

Anno 1119. Indi. 12., anno Pontificatus Domini Califti Pape fecundi p. (*primo*) Rogerii Gloriofi Ducis filii nono. Guilielmus fecundus hujus Trojane Seddis epifcopus epifcopatui .... qui anno 12. has portas fieri fecit de proprio Ecclefiæ Erario, ipfam quoque fabricam a fundamentis fere erexit.

Anno 1119. Robertus Capuanorum Princeps defunctus eft, Todanus Frater ejus fucceffit. Hoc anno Guiglielmus Dux factus eft homo PP. Califti (IV) apud Beneventum de menfe Octobris. Eodem menfe predictus PP. venit Troyam & honorifice fufceptus eft.

Anno 1122. Dominus Guiglielmus Eps Troyanus cepit edificare Titulum Sanctæ Mariæ & obtulit multa Dona fuæ Ecclefiæ Troyanæ. Obiit ... fucceffit.

Anno 1124. Honorius Epifcopus Troyanus ordinavit Abbatiffam in monaflerio Sancti Blafii nomine Chaterinam. Hoc et anno fupra dictus Eps Troyanus obtulit portas parvas æneas Sanctæ Mariæ. eodem Anno mortuus eft Guiglielmus dux Salerni.

De-

(IV) Quis hic fuerit Guillielmus in mea dicam Differtatione Cœmeterii Neapolitani; ubi & phrafem: *Homo Papa fieri*, fufe explicaturus fum.

Dedicatio Ecclesiæ S. Vincentii de Troya.

In nomine Pris, e f., & S.S. Ego Guiglielmus ?. Divina M. Trojanus humilis Eps dedicavi hoc Altare, & Basilicam in honorem Dei & B. Vincentii Leviti & Martiris, ornans illud beatissimis reliquiis beat: Eulecterii Episcopi & Martiris, & almifici presulis Secundini, atque Nicolai Episcopi & Confessoris nec non & Caterinæ Virginis. Anno Incarnat. Domini nri Jesuxpti, de cujus latere in cruce pendente fabricata est Ecclesia, 1169. nostri Episcopatus anno 15. die Dominica mense Maii die 2. Ind. 2.

Anno Domini 1170. Dominicæ Incarnationis mense Martii die 15. 14. Inditione mortuus est Guiglielmus prædictus anno 1190. mense Novembris die 18. mortuus est Rex Guiglielmus Secundus.

Corrigia Troyana.

Anno Domini 1182. Ego Guiglielmus 4. divina Misericordia Troyanus humilis Eps die 11. Maii recuperavi tenimentum quod dicitur corriggia Troyana, de quo tenimento Troyana Ecclesia longissimo tempore nullam habuit utilitatem, & locata est domino Raynaldo, & suis heredibus pro unciis 4. annuatim, & ex hoc facta sunt duo consimilia Instrumenta, quorum unum est penes Dominum Raynaldum, & aliud est in Thesauro Ecclesiæ, & hoc fuit in anno primo sui Episcopatus. Obiit Anno Domini Dominus Guiglielmus 4. Episcopus Anno Domini 1187. mense Februarii 5. inditionis.

Guiglielmo 4. Episcopo successit eidem Roggerius Eps de Clero ejusdem Civitatis.

Redditus Episcopi Troyani.

Redditus in Foggia domus S. Lazzari t. 8.
Domus Hospitalis S. M. Magdalene...
Monasterium S. Nicolai unciam unam)
Ecclesia S. Hyppoliti libras tres cere
Ecclesia S. Elenæ libr. 30. Cere
Ecclesia S. Marci unciam unam
Ecclesia S. Stephani Augustale unum
Petium unum Terræ quod est prope Foggiam, in qua itur apud Sanctam Ceciliam.
Petium aliud Terræ in vias rectas, quibus itur Troyam. Prope terras hospitalis
Terram ultra flumen. In viam qua itur S. Ceciliam
Aliud petium Terræ prope Terras Angeli de Rosanis. In via S. Laurentii:

Donatio facta per Rogerium Ducem Guiglielmo Episcopo de Agumento Terrarum & Tenimenti S. Laurentii in hæc verba.

Dono & concedo S. Troyanæ Ecclesiæ & tibi Domino Guiglielmo Troyanæ sedis venerabili Episcopo tuisq: successoribus impetuum Terras, quarum fines & termini hi sunt. P. Terminus incipit in loco, qui dicitur borragina, & est juxta flumen Sandoris cum comuni aqua, usq: ad locum, qui vocatur Antiqua, ibi sunt Termini positi, & accedit parumper a fluvio Sandoris, In via vaddit per directum ad viam, quæ pergit ad Virginolum & per eamdem viam venit in palude, & descendit in directo de vada de ficio, qui etiam circumdat totam Terram, sicut Preceptum Troyanum continet inter Troyanos, & Sipontinos.

Secundus terminus incipit in palude per transversum

sum & vaddit per faranam & finit in loco; qui vocatur colonnellus Infantiolum, ut Preceptum Troyanum continet.

3. Terminus incipit in eod. loco columbelli, qui finis est inter Sipontinos & Troyanos & ascendit, & finit in precepto Castelloni, & in precepto Holis, & nulla alia terra remanet, nisi quod in preceptis istorum continet, usque ad foveam, quæ est in medio Bassani, ac ab illa fovea ascendendo trasit per medium inter S. M. in fovea & S. Laurentium, sicut primum preceptum S. Laurentii continet.

Quartus terminus est Terra S. Laurentii quæ cum his terris conjuncta est, concessa est sub anno 1105 Ind. 13.

Ego R. Dux me subscripsi. Ego Guiglielmus Melfiensi eps Testis sum. Ego Ala Dei Gra ducissa sum (V). Testis. Ego Basse Cassanensis Episcopus sum Testis.

Pa-

(V) Ala dicitur *Dei gratia Ducissa*, cum uxor Rogerii esset, qui summo jure *Ducali* potestate præditus erat: Tunc enim temporis *Ducis* titulus supremi juris erat, neque nisi regiæ dynastiæ illis concedebatur in nostro Regno, dum illo potiti sunt Normanni, atque Suevici Principes. Hinc Andegavenses tandem Reges privatis aulæ optimatibus illum sensim impertiri sunt Ducis titulum; quare sub Johanna I. omnium primus inter Regni optimates illam adeptus est titulum Franciscus de Balzo, qui in Regiftris *Dux Andriæ* dicitur. Alter fuit Jacobus de Marzano, quem *Suessæ Ducem* creavit Ladislaos. At hoc de argumento fusius in mea Bibliotheca, atque singillatim in articulo Nicolai Rusuli, qui in nostra universitate Romanis Legibus egregie explicatis, tandem Soræ Dux creatus fuit, cujus summi viri memoria nos adhuc defraudaverant Bibliothecæ nostræ oscitantes scriptores.

Pactum inter Troyanam Ecclesiam, & homines S. Laurentii.

Ego Ubertus Trojanæ Sedis Eps firmissimo pacto concedo, & annuo omnibus hominibus casalis S. Laurentii, quod carminianum vocatur, tam presentibus, quam futuris, quod sine traditione nostra, nostrorumque successorum Terras, vineas, ortos, foveas, quæ in prædicto Casali operati fuerunt, vendere, & donare omnibus ibi residentibus, eaque dimittere filiis, & filiabus usque ad 7. progeniem nec non pro anima sua in S. locis destribuere in nostris Troyanis Ecclesiis potestatem habeant.

Tributum vero, quod mihi, meisque successoribus omni anno homines ibidem commorantes persolvere debeant, hoc est, si quis habet aratrum de duobus bobus bis in anno persolvat decem denarios, 5. in mense maii, & in mense Septembris. Item qui habet aratrum de tribus bobus seu de pluribus reddat in anno solidum unum, medium in mense Maii, & medium in mense Septembris. Item qui habet duo Jumenta, reddat bis in anno novem denarios, qui vero unum bovem, vel unum Asinum, vel unum Jumentum solvat dimidium de dicto pretio dictis temporibus. Homo autem, qui nullum laboriosum habet bis in anno duos denarios solvat, unusquisque nempe tributum bis in anno reddat saltem, & sex operas cujusvis animalium ad seminandum, & tres ad mundandum, & septem ad metendum de frumento, ordeo, vino, etiam solvat: & silutes si opportunum fuerit Troyæ portent, sicut solitus erat vendere In temporibus antecessorum meorum, s. (*solvat*) unum solidum. Similiter quandoquidem quis exire voluerit, & petat licentiam, sine aliqua contradictione dat tandum pro exitura quantum solitum erat, rendentibus antecessoribus meis, v. (*videlicet*) unum soli-

solidum de omnibus rebus suis, exiens sicut predictum est, facit frumentum, ordeum, aut vinum anno integro.

De Monte Arato.

Privilegium Roberti biscardi Invictissimi ducis de Concessione Montis Arati.

Robertus Dux &c. Damus, & autorizamus Monasterio S. Mariæ de Monte Arato de Terra nostra per hos fines, qui infra leguntur. Imprimis incipiente per vadum carnarium, qui est in flumine Aquilonis, & ubi sunt Troyæ fines, & sicut preceptum Troyanum continet, & serit in flumine Burganii in vado de duabus Virginibus, & sicut illud flumen Burganum usque in Terris S. Mariæ de Burgano & pergit in via de vado de' cannis, & pergit per viam usque ad viam Crucem, quæ venit a vado duarum Virginum & vaddit per viam ad dexteram manum, usque ad foveam quæ est erga ipsam viam: & in fronte ipsius sunt positi termini, & vaddunt per directum usque ad caput montis Arati, & directum vaddit ad presatum flumen aquilonis ad vadum Uslengarii, & descendit juxta illud flumen usque ad primum finem. Hæc terra predicto Monasterio tibi Domino Stephano Episcopo Troyano dono imppetuum sub anno 1080. mense Julii Ind. 3. Ego Stephanus S. E. Troyane Episcopus interfui, & subscripsi.

De Monte Arato.

Privilegium Rogerii Ducis de monte Arato. Rogerius &c. Concedo S. Troyane Ecclesiæ, & Dno Girardo Venerabili Episcopo, qui nunc predictæ Ecclesiæ præest, quem ego favente Troyano Clero, &

principali & presente, & cooperante legato S. R. E. cui Troyana principaliter subjecta est, in potificem elegi, Ecclesiam S. M. de M. Arato & casale, ejus & villanos, qui modo ibi sunt, & venturi sunt, ut de meis non sint datariis, & cum omnibus pertenentiis sibi a patre meo concessis quarum fines & Termini hi sunt . . . . .

Girardo Venerabili Epo & omnibus successoribus imppertuum habendo & possidendo liberam & absolutam sine omni contrarietate hered. meor., nec non sine omni inficatione nulla contrarietas tibi & successoribus tuis dictæ, & suprad. Eccle & Casali cum omnibus sibi pertinentibus admodo inferatur, si quis autem remotorio usu egerit contra hanc meam concessionem auth. Dei omnipotentis, & B.M. & om. Sanct. precipue B. Petri Principis Apost. a consortio fidelium segregatus & anhatema in die adventus Domini, quod in hoc Seculo ea pena mittetur, qui vero inficatoribus, aut diminutoribus hujus donationis consenserint, aut si potestatem habuerint non defenderint eam pro viribus suis eidem anathema & auri damno subjaceat. Testimonium vero hujus nostræ concessionis Tibi Girardo scribere precepimus Anno Domini 1092. Ducatus autem nostri XI. mense Martii Indic. II. Actum est ap. Melphium.

Ego Bobonus Sypontine Eccl. eron., Ego Rogerius Dux me subscripsi. Signum Comunis Petroni de Iesina. Signum Recardi.

Preceptum hominum de Monte Arato.

Ego Ubertus Troyane Seddis Eps concedo & annuo omnibus hominibus habitantibus in monte Arato presentibus & futuris domos edificare, vineas & arbores plantare, terras laborare; ovium pascua porcorum atque armentorum habere. Quid homines predicti

dicti fecerint in d. Terra poteſtatem habeant dimittere filiis, Nepotibus & parentibus suis ibi manentibus usque ad 7. generationem, nam si vendere aut donare feu S. E. (*Sanctæ Ecclesiæ*) offerre voluerint, ipsius loci residentibus tantum hominibus rendant, aut largiantur & in nostro Episcopio sive Ecclesia montis Arati offerant : si vero ego & successores nostri emere, qui isti laboraverint alicui volentes, pro solido minus comparemus, de eo namque loco si quis exire tentaverit, pro exitu unum solidum det, & libere, & secure sicut predictum est res suas liberet, disponat, atque dimittet dummodo unusquisque eorum Tributum stabilitum nobis & successoribus promiserit. Anno 1100. mense Maii...

Privilegium S. Nicolai de foggia a D. Guiglielmo Troyane S. Epo Abbati de pulsano factum.

Guiglielmus... Troyanæ seddis Ven. Eps Religiosa loca Venerabilia.... Ego Guiglielmus Eps & confratres mei Canonici convenientia Capituli Monasterio Pulsani quamdam Nostram Ecclesiam S. Nicolai, quæ est juxta Villam Foggie, tibi Domino Jordano Vene. Abbati tuisq. succ. dare ac concedere dechrevimus. Concedimus itaque salva dignitate Troyanæ Ecclesiæ, & Capituli Jur. Itaq: ipsa Eccl. Troyano semper sit subjecta episcopo, & unam untiam auri per singulos annos in Nativitate Domini Nobis nostrisq: succ. psolvatis, quod autem hoc verius, omni tempore firmius habeatur, tibi Ambrosio nostro fideli & Canonico hujus pagginæ sextum scribi precipimus Anno Doi 1140. Anno regni nostri Rogerii..... mense Novembris Ind. 4. Datum Troyæ in Troyano Episcopatu. Adest profexio fatta per D. Jord. Abb. S. Nicolai dicto Guiglielmo Epo Troyano.

Epi-

Epistola Alex. PP. ad Paganum de biccari quando apud sipontum benedictum biccavensem episcopum in Sinodo deposuit, & Stephanum Troyæ Episc. restituit.

Alex. eps servus servorum Dei Pagano de Biccaro strenuo Militi salutem & Apost. Benedict. Sciat prudentia tua quia nos sequuti scripta antecessor. nostror. restituimus confratri nostro Stephano Troyano Episcopo Biccari, unde Apostolica precipimus Authoritate ut sibi . . . quemadmodum Episcopali potestate, & Episcopo debitam omnibus reverentiam exhibeas, si vero quod non speramus nostræ Apostolicæ benedictioni inobediens fueris te esse excomunicatum noveris, & omnes qui sibi in hac contrarii extiterint, depositum quoque Benedictum si ulterius de ipso Episcopatu se intromiserit scias esse damnatum & Anhatemizatum & omnes adjutores suos & quicumque suum officium acceperit.

Donatio facta Capitulo Troyano.

In nomine Dei ac Individuæ Trinitatis amen. Guiglielmus 4. D. G. Troyanus Episcopus Ven. & Dilect. Troyano Cap. Donamus itaque vobis successoribus vestris & ppetuo concedimus sextam partem Molendini & similiter de Jardeno nostro Cervarii decimam, Insuper molendini nostri de Vaccaritła & decima horti qui est juxta Molendinum, damus etiam vobis & vestris Successoribus Casale nostrum S. Leonardi, de Terris nostris petiam unam quæ incipit in fluvio separonis, ubi lapis est affixus, & vaddit in directum usq: ad viam publicam qua itur ad Virginolum in qua lapis est positus. Damus etiam vobis & succ. vestris & ppetuo confirmamus Ecclesiam S. Pauli de Babiano cum omnibus prinentiis

tiis suis. Donamus etiam Eccl. S. Leonardi cum casali & ptinentiis suis, Damus etiam Eccl. S. Stephani de burgo S. Thomæ, S. Jo: de Tremano . . . . . S. Eugidii . . . S. Barbaræ, S. Bar., S. Nicolai de porta Asculana, S. Angeli de Casa hospitale quod est apud portam ferream cum suis ptinentiis extra suam Civitatem. Confirmamus vobis vestrisq; Success. Eccl. S. Marci cum ptinentiis suis, Eccl. S. Mariæ Magdalenæ. Concedimus Decimam duorum Molendinorum nostrorum illud s. quod in via Bicari, quod d. (*dicitur*) S. Benedicti & decimam sup. omn. agr. nostr. in frumento ordeo leguminibus tam Troyæ quam apud S. Laurentium. Decimas hortor. nostrorum qui fluminibus rigantur. Decimas jumentorum in pullis vaccar. in vitulis masculis & caseis caballis, secundor. nostror. in Agris, lanæ, Casei. Integritatem libertatis quam habet capitul. juxta Tenorem Privilegii Rogerii Ducis Roberti guiscardi filii per manus Ascanii nostri notarii, scriptum nostre Manus. Datum Troyæ per Manus Ascanii nostri Notarii anno 1182. mense Maij.

Donatio Episcopo Stephano.

Alexander eps servus servor. Dei Dilecto Stephano epo ppetuam in Domino s. Concedimus & damamus secundum Tenorem Privilegii serenissimorum Imperatorum Constantini & Basilii fratris, qui ipsam civitatem reedificari fecerunt per Aurivianum Catipanum suum, & eidem fines ac terminos statuerunt authoritate Imperiali concedimus tibi & successoribus canonice intrantibus in ipsa civitate & in tota parrochia Jura episcopalia libere exercenda, & quod Troyani Pontifices a nullo alio quam a Romano Pontifice consachrarentur. Cui munere Ecclesiæ sibiq: & successoribus suis legitimis jure parrochiali
con-

concedimus & donamus imperpetuum fuburbium Crepacordis cum Ecclefiis fuis, Monafterium S. M. de Faveto cum Eccl. ad eum pertinentibus, S. Crucem de portula, S. Felicem, S. Panochilum juxta locum biccari, Biccharum cum Ecclefiis ad eum pertinentibus, Abbatiam S. Petri in Burgano ad benedicendum in ea Abbatem, & Jura epifcopalia exercenda E. (*Ecclefiam*) S. Georgii & S. U. (*forte Viti*, vel *Vitalis* &c.), Monafterium S. M. in monte Arato & S. Petri de Mortella, Cafale S. Jullæ, Cafale S. Nicolai de Blanca ara. Villa foggie cum Ecclefiis fuis, Caftellionum, Eccl. S. Egidii iu Valle de fucani & S. Leonardi, Cafale S. Laurentii in Carminiano cum Ecclefiis fuis, Monafterium S. M. Coronatæ cum Benedictione Abbatis, fabricam, Pontem Albanetum cum Ecclefiis fuis pertinentibus, Montem calfellum, Sanctum de fandoro, Abbatiam S. Nazarii, S. Nicandrum, cafale de Ripa longa. Hæc omnia fuæ Ecclefiæ habenda concedimus imperpetuum & donamus imperpetuum jure parrochiali.

Finis Chron.

INSTRVMENTVM.

Inventionis brachii S. Triphonis in Pago Cæfarani ex Originali, quod fervatur in Ecclefia ejusdem Pagi, titulo S. Maria de menfe Augufto.

IN nomine dni noftri Ihu xpi amen. Pateat univerfis, fingulis patis publici Iftrumenti feriem infpecturis tam prutibus, quam futuris, quod anno a Nativitivitate ejusdem domini millesimo quingentesimo ac quinto decimo, Pontificatus santissimi in christo patris & domini nri Dni LEONIS divina puidentia papæ decimi Anno secundo : Die vero sexto mens. Feb. terciæ ind. Neapoli prope castrum novum ejusdem Civitatis Neap. Regnante etiam Cattholico & sereniss. Dno Nro Dno Ferdinando Dei gratia Rege Aragonum jerusalem & utriusq9 siciliæ &c. ac Reverendiss. Dno Domino Vincentio Carrasa miseracione Divina Archiepiscopo Neapolitano, & pprie ubi vulgariter dr (*dicitur*) la Incoronata, me Notario publico & tessibus infrascriptis psonaliter accensitis Requisicione, & pcibus (*precibus*) nobis satis pro parte Reverendiss. in Xpo Patris Dni Antonij de Senis miseracione divina nunc Dignissimi Archiepiscopi seu Præsidis majoris Ecclæ Amalphitanæ, ad domos habitacionis ipsius Reverendiss. Dni Archiepi Amalphitani positas in dta platea coronatæ prope dittum castrum Novum dte civitatis Neap. nos contulimus. Et dum essemus ibidem cora plato (*præfato*) Reverendiss. dno Archiepiscopo Amalphitano, Praefatus Rmus dn9 Antonius Archiepiscopus asseruit & declaravit, de proximo pditto mense Augustj pxime preteriti Anni, secundæ Indit. Anni 1514 suam presenciam in dta Eccla Amalphitana, & ejus Diocesi exhibuisset, in qua quidem Diocesi extat quædam Villa sub vocabulo Cesarani (I) pertinentiarum ter-

---

(I) Pagus hic antiquior certe est Sæculo xv., cum illius mentio occurrat in *Privilegio* Terræ Tramunti, concesso eidem *Terræ* ob fidelitatem erga Aragonenses a Ferdinando I. Anno Regni sui IV., nimirum Æræ Christianæ MCCCCLXI. In hoc autem *Privilegio* Tramuntum a *gabellis* eximitur cum omnibus *suæ pertinentiæ* vicis, uno excepto Cæsarano : *Dicto Casali*, sunt verba Privilegii, Cæsarani *tamquam membro putrido*, *& nobis rebelle pe-*

terræ Tramonti, in qua quidem Villa eſt Eccla ſub
vocabulo Stæ Mariæ de menſe Auguſti, Et dum Uni-
verſitas dtæ Villæ pro ipſius univerſitatis, & animar
ſalute ad devotione erga dtam Virginem Mariam dei
genitricem, vellent ipſam Ecclam ampliare & de
novo ræedificare, ipſam Ecclam totaliter, ſeu pro
majori parte per magiſtros fabricatores, & alios homines ejuſdem univerſitatis ibidem tunc convenientes,
disfabricari, deſtrui & in tram (*terram*) proſtari fecerunt ; Et inter alia altaria ibidem exiſtencia disfabricari fecerunt quoddam altare a parte dextra dtæ
Ecclæ in quo quidem altare erat lapis marmoreus ſeu
marmor, Elevatoque ipſo lapide marmoreo, gradatim
inventus fuit alter lapis marmoris cum certis ſcripturis grecis, & figura ibidem ſculpita, ac ſignaculis &
certis aliis litteris latinis, & columba ſimiliter ibidem
ſculpita; Deinde vero ſubtus dtum lapidem cum dtis
ſignaculis, ſcripturis, & pictura, Erat vas ligneum
ſeu quedam caſcietta lignea antiquiſſima clauſa, in quo
quidem vaſo ſeu caſſa lignea fuit inventum quoddam
bracchium cum manu integra, preter dumtaxat deficiente in ipſa manu certa parte digiti parvi , & ultimi
ipſius

---

nitus excluſo. Cæſaranum autem Andegavenſis erat fa-
ctionis, eo quod Schalenſium, a quibus ædificatum fuerat, jura ſequebatur. Hujus *Privilegii* apographum exemplar penes me habeo ex originali, quod in eodem
Privilegio dicitur extare in Regeſto xx. Regiæ Cancellariæ; num illuc etiam num ſervetur, neſcio, cum nonnul-
lo ex Regeſtis Cancellariæ ſub Rege Ferdinando Catho-
lico in Aragoniæ Regnum translata fuerint. Notæ autem Privilegii ita ſe habent: *Die* xi. *Menſ. Februarii ,
Indictione* ix. *Ann.* mccccxli. *Ferdinandi Aragon. Reg.
Anno* iv. ; *expeditur* vero *de mandato Regis* per *Bartho-
lomeum de Recaneto vice , & pro-locum-tenente Magni
Camerarii* .

ipsius manus: Quibus sic peractis, & inventis Universitas p. sibi Reverendiss. Archiepiscopo notificavit, & ad ejus notitiam deduxit; Et post non multas dies pfatus dmns Archieps personaliter una cum clericis & psbiteris dte Terræ Tramonti se contulit ad ipsam Ecclam, & reperivit dtum Altare, in quo erat revolutus dtus lapis marmoreus; Deinde secundus ubi erant scriptæ seu sculpitæ dte litteræ grecæ & latinæ; Et similiter declaravit pfatus Reverendiss. dn9 Archieps invenisse dittum vas ligneum clausum; Quo quidem vase aperto se invenisse dtum bracchium cum manu sic, ut pdicitur, involutum cum quodam panno sericeo rubeo; De cujusdem lapidis litteris grecis & latinis sculpitam, mihi Notario & testibus infrascriptis formam seu similitudinem in quadam charta exhibuit ostendit & præsentavit cujus forma & similitudo talis est.

⊃ LYMPIA
CVS DEPOSITI
PAC ✢ EVLPIVS
XIII CALENDAS

Heic figura juvanilis paludata, manu dextera expansa, sinistra palmæ ramusculum gestans, capite diademate redimito, cui signum, quod initio vides imminet: ad pedes habet has literas sic

A ⳩ ω
(heic Columba) DNS (II).

Heic literæ hinc inde ab altera figura sic. Γ T..
                                      O ▲ PI
                                           Φ
                                           .O
                                           O

Quibus omnibus, & singulis suptis sic assertis, narratis,

(II) Hæ literæ aperte indicant, figuram, quæ eo loci

ratis, recognitis, & legitime subsequtis ut pdicitur; pfatus Revs D. Ant: Archieps dictam chartam continentem formam & sculpturam dti lapidis coram me Not. & testibus infrascriptis. ostendidit, infrascriptis
gre-

---

ci in lapide erat, Imperatorem quemdam referre; etenim vestis præter, atque coronæ insignia, quæ Imperatoris omnino propria videntur, & literæ DNS leguntur, quæ, ut dixi, a Constantini Magni ævo Imperatoris propriæ fuere, siquidem ille passim *DomiNuS NosteR* in Lapidibus, atque numis appellabatur. Utraque vero Monogrammatum figura nostrum, de quo supra dictum est, mire confirmat argumentum; vides siquidem ad calcem inscriptionis latinæ antiquius illud Monogramma; ad Imperatoriæ autem figuræ caput alterum Monogramma, cujusmodi Constantinianum fuisse diximus, quasi is, qui lapidem posuit, illo usus sit velut Christianorum insigni, hoc adhibuerit velut peculiare Imperatoris signum. Lapidem autem latinum e quodam loculo distractum ad S. Triphonis brachium apposuisse videntur Amalphitani, additis græcis characteribus, quos vides; quod vel ex siglo quodam, ut ajunt, patet, cum græcæ literæ T & P in lapide (ut in autographo instrumento videre licet) ita simul colligatæ sint, ut ex immo apice literæ T litera P prodeat. Hæc sane literarum colligatio sero, longe post Constantinum, inter Græcos obtinuit, penes quos serius irrepsit, medio nimirum ævo, abusu scribendi nomina Sanctorum literis a summo ad imum, ut illas Triphonis heic vides. Quod vero ad latinum attinet lapidem, haud integrum illum esse, sed potius fragmentum arbitror, laciniamque inscriptionis continere, quæ forte ad bisomum quoddam olim fuerat, in quo conditi erant tum *Olympia*, tum *Eulbius*; illa enim, quæ in altera inscriptionis linea legimus CVS, quin ad OLYMPIA referas, obstat inversa Ↄ, quæ cum CAIA designet (de Romanorum more); pariter testatur sequens nomen femineum esse, adeoque OLYMPIA, haud OLYMPIACVS legendum esse; quare illa CVS ad alterum
pet-

greck (III), v3. Duo Stephano greco militi, & comiti Cipriano, magistr. Christophoro de mudia grecho, Notario Michaeli de Zantex similr greco, & magro (*magistro*) Berardino de sestillaris de barulo pictori ibidem pntibs videntibus & recognoscentibus; qui quidem D. Stephanus (IV), magr. aphorus, not:

pertinere nomen, quod distractus lapis legere vetat, arbitror. Duplicem vero Kalendarum notam ad *Olympiam*, atque *Eulpium* referas; cum passim in *bisomis* duplicem hanc notam temporis deprehendamos, ut in Christianis Inscriptionibus apud Fabrettum, Muratorium, Boldettium &c.

(III) Ex hoc Instrumento prima fronte nostri medio Sæculo XVI. ea videntur laborasse græcæ linguæ inscitia, ut Amalphitanus Archiepiscopus græculos quosdam, græcis duabus vocibus interpretandis, advocaverit. At brevissimi commentarioli, indoles non patitur, me benevolo lectori falsam hanc, quæ inde ei laboriri posset, eluere suspicionem. Quanti enim nostrates ea singillatim ætate græcas facerent literas, ac quam longe, præ ipsis etiam græculis, nostri tunc in græcis antiquitatibus præstarent, plane dicam, verba facturus in mea Bibliotheca Neapolitana de *Constantio de Lettere Sculensi* (haud Amalphitano, ut perperam scripsit Boginus in sua *Historia Monastica*) Olivetanæ Congregationis Monacho, qui omnium primus quamplura Gregorii Nanzianzeni opera latiari idiomate elegantissimo stilo donavit.

(IV) *Magistri* titulus in nostris Scripturis, atque diplomatibus, cujus fuerint hi conditionis, quodque fuerit vitæ genus, atque ratio hujus *Christophori* minime aperit, cum præter ipsos supremi ordinis Magistratus (ut dicturus sum in mea Bibliotheca in articulo *Bartholomæi de Capua*) ex Regesto Caroli I. Ann. MCCLXXVIII. & LXXIX. Indict. VII. Lit. H. fol. 69., aliisque Regestis passim eo titulo insigniti occurrant *Doctores*, sive

t. s Michael, & magister Berardinus coram p†ato R.mo Dño Archiepo, ac me Not. & testibus infrascriptis visa per eos dicta charta in se conveniente sermam dti lapidis, litterar ac Grecar. ex aliar sculpturar in ea designatar. Interpetraverunt ac declaraverunt pro ut inferius continetur; & primo quidem D. Stephanus Grecus miles & comes cipriani cum juramento dixit & declaravit se ipsum personaliter fuisse tpore sup. quo inventa & acta fuerunt prta in dta Eccla Ste

sive Juris Consulti, ut ibidem dicam in articulo historiæ Literariæ Cl. Petri de Vinea, qui eo titulo subscribitur in Scripturis Regesti parvi Federici II., in quibus passim legimus: *per Magistrum Petrum de Vinea de Capua.* Medici, & Chirurgi eodem donantur titulo in Regestis Regum Andegavensium. Qui quidem titulus ipsis quandoque mulieribus conceditur, quæ artem Chirurgicam profitebantur; cujusmodi fuere *femina de Consentia*, cui Impertitur *de mandato Regio* facultas exercendi artem Chirurgicam in Regesto Ladislai An. MCCCIV. Indict. XII. lit. T *fol.* 112.; atque *Lauretta* Uxor *Jobannis de Ponde Saracena, habitans* in Luceria Apuliæ, cui conceditur licentia exercendi Chirurgicam autem *in civitate S. Mariæ* (in eadem nempe Luceria, quæ sub Carolo II. adhuc civitas S. Mariæ appellabatur) in Regesto Caroli II. An. MCCCIX. Indict. VII. lit. A. f. 408. at. Hinc mirum non erit & illos, qui grammaticalia tirones docebant elementa, eumdem titulum usurpasse, e quorum classe is forte fuisse Christophorus mihi videtur, cum Sæculo XVI. adhuc grammaticam legerent nos inter græculi quidam, de quibus in eadem Bibliotheca copiose disseram. Cum autem eodem Magistri nomine *Berardinus* ille veniat, qui & *Pictor* dicitur, forte vel Chirurgicam artem, vel ludi magistri illam perinde ac pictoriam Berardinum exercuisse, facile conjectarem, cum adhuc me lateat *Magistri* titulo ipsos etiam Pictores hanc duntaxat ob artem nostros donasse.

Ste Mariæ de Cefarano & ocularim vidiffe dttum lapidem cum dittis litteris, fignaculis, & fcripturis ac dto vafo ligneo cum dto bracchio & manu; & ideo dixit, ac fuo juramento firmavit, quod dittum fignum feu ditte litteræ dictant orea, latine digna feu pulchra alia vero feu Xera, latine vero manus, Triphon (V): Deinde vero pdttus magr. Xftophorus
de

(V) Merita fuam ignaviam pœna luiffe videtur Amilphitanus Archi pifcopus, qui, noftratibus fpretis, interpretationem græcarum literarum ineptiffimis græculis commifit. Hinc, ut miffis horum putidiffimis ineptiis, quid de infcriptione græca fentiam, brevi dicam. De Monogrammate nulla eft quæftio. Illæ itaque triangulari figura fcriptæ literæ vocem αγιος Sanctus denotant, cum literæ Γ I & Σ in eadem litera Γ contineantur pro Siglorum illius ævi genio: habes enim in litera Γ literam I in ipfo ftipe literæ Γ, ipfam tandem literam Γ paffim poft Conftantini ævum in lapidibus pro litera Σ occurrere docet Lupus in fua Differtationes toties laudata; quod quidem factum eft ex litera C, pro Σ, quæ tandem ufi funt græci quadratarii, quæ litera C literæ Γ maxime accedit. Cum igitur ad latera figuræ cujusdam, quæ certe S. Triphonis erat, hinc tres illæ literæ $_{\text{O}\Delta}^{\Gamma}$, inde nomen ΤΡΙΦΟΝ ftaret, fequitur illas titulam ΑΓΙΟC Sanctus præfeferre, ut fenfus fit: Sanctus Triphon. Eadem fane ratione hinc a figura Sancti cujusdam literas $_{\text{C S}}^{\text{S}}$, h.e. SanCtuS inde integrum nomen fcripfere & noftrates græciffantes latini in Cœmeterii Neapolitani minori ædicula, quæ ftat pro aditu maximo primæ contignationis ejusdem Cœmeterii.

De antiquiffimo autem S. Triphonis Martyris cultu, potiffimum in Rabellenfi Civitate, teftis eft locupletiffimus vetuftiffimum Cœnobium Monachorum ordinis S. Benedicti, quod olim erat extra muros ejusdem Civitatis,

dē ōīcīa grechus similiter, interpetravit & declaravit dta verba brea grecè, latinè verò pulchra seu digna & similiter dtca verba Kera grecè, latinè verò manus Triphon; licet tellis ipse non fuisset psonaliter dta Ecclesia nec vidisset oculatim prediēta, sed tantum visa similitudine, & forma dti lapidis scripta in dta charta, coram nobis ostensa interpetravit ut
su-

cis, ubi nunc Ecclesia quædam hujus nominis restat. Ad monachos autem ordinis Benedictini illud pertinuisse Cœnobium, ex divisione Provinciarum Monasteriorum ejusdem ordinis, a Benedicto XIII. R. Pontifice facta, conjici potest, cum in Provincia xvi. describatur *Amalphia & Ravellum* apud laud. Petrum Bugianum *Hist. Monast. Pars. I. p. 82. prima edit. Romæ*: neque constat aliud Cœnobium hujus Ordinis unquam eadem in Civitate fuisse.

Hoc autem Cœnobium S. Triphonis, de quo meminit Freccia *De Subfeud. l. I. cap. de Provinc. Regn.*, ad Cavensem Provinciam non pertinuisse, Cœnobio nimirum SS. Trinitatis Cavensis haud parnisse, ut nonnullis visum est, testatur antiquus Codex Membranaceus, characteribus Langobardicis exaratus, qui in amplissimo illius Monasterii Archivo servatur, atque scriptus dicitur: *Temporibus Abbatis Maynerii Dei & Apostolicæ Sedis gratia Abbatis Cavensis. Anno autem Domini* 1559. *Regnantibus Rege Ludovico, & Regina Joanna*. In hoc autem Codice, cum omnes Ecclesiæ, Cœnobia &c. vel de jure Patronatus, vel *de reddentibus*, vel ditionis ejusdem Monasterii sint descripta, nulla occurrit Cœnobii S. Triphonis mentio. Quando autem Cœnobium illud in Rabellensi Civitate extructum fuerit, me prorsus nescire fateor, cum antiquiora illius Civitatis monumenta, atque diplomata sub Aragoniis periisse ob diuturna bella neminem lateat. Verum Sæculo xi. jam extitisse patet ex magni quodam voluminis *processu*, qui olim erat in Schedis Johannis Parcii, Anno MDLXXI. Regii Consilii Actorum

supra: Et similiter Not. Michael de Zante Grechus
visa forma & exemplo dti lapidis scripta seu exem+
plata in dta charta declaravit & interpetravit ; lice+
ipse Not. Michael minime fuisset in dta Eccla Stæ
Mariæ & oculatim vidisset pdicta prout ditti Dn9
Stephan9 & magr Xilophorus interpetraverunt & dixerunt; & similiter magister Berardinus de sestillatis
de Barulo Pictor cum juramento interrogatus coram
psato Rmo D. Archiepo dixit q testis ipse fuit filius
cujusdam Greci & bene habet noticiam de lingua
grecha & latina & licet non vidisset oculatim dtum
lapidem, tamen visa dta charta continente dtas lras
(*litteras*) grechas similiter interpetravit vz illa verba orea, digna dictare in lingua latina; & dita verba Xera grecè in lingpa latina dictare manum Triphonis, & sic suo juramento firmavit: De quibus
omnibus pttis psatus Rmus D. Archiepus rogavit me
No-

---

rum Magistri, nunc servatur penes Michaelem de Are-
na. In hoc autem *Processu inter* (ut Rubrica se habet)
*Abbatem Monasterii S. Triphonis, & Civitatem Rabel-
lensem fol.* 385. habetur transumptum in membrana in-
strumenti Anno MCXVI. donationis, quæ ab eadem Civitate fit Monasterio *Gloriosæ Virginis Mariæ, ac Beatorum Christi Martyrum Triphonis, & Blasii*. Jam tum
itaque extabat Coenobium illud.

Hoc instrumentum scriptum dicitur per *Presbyterum filium Philippi de Turano*. Hunc autem Presbyterum filium hujus Filippi, Johannem appellari, atque
unum fuisse ex Notariis Ducatus Amalphitani illius ævi,
habeo ex *Notamento* omnium Notariorum Amalphitanorum, scriptum a Notario *Ferdinando de Rosa* Amalphitano, qui illud collegit ex omnibus Ducatus Amalphitani Diplomatibus, cujus apographum ex originali ex-
scriptum, quod olim extabat penes Notarium *Dominicum Cavallerium de Neapoli*, penes me servatur.

Notarium infrascriptum ut de prtis conficere deberem Publicum Instrumentum unde ad futuram rei memoriam, & ad cautelam ejusdem eccle, & Universitatis factum est de pmissis (*præmissis*), hoc presens publicum Instrumentum per manus mei Not. infrascripti.

Acta fuerunt hæc Neapoli in domibus pfati Domini Archiepiscopi sub anno, die, mense, inditione, & pontificatu quibus sup. Presentibus ibidem discretis & Venerabilibus viris Domino Joanne Caphatino de Neapoli. Dpno Tobia de Vivo, Sebastiano de Vivo de Tramonto. Testibus ad præmissa vocatis specialiter, atq. rogatis (signum Notarii). Et ego Vincentius de Bossis de Neap. publicus Apostolica & Regia Auctoritatibus Curiæq. Archiepiscopalis Neap. Actor Notarius & Scriba (VI), quia pmissis omnibus, & singulis supra dictis, dum in modum preditum, sic ut pdicitur, agerentur, dicerentur, & fierent, una cum pnominatis, ibi psens interfui, eaq. onia & singula supraditta sic fieri vidi audivi, publicavi, ideo hoc psens Instrm manu alterius fideliter scriptum & exemplatum, me aut aliis occupatum negotiis, sua manu scribi, signoq. meo solito & consueto signavi rogatus & requisitus, in fidem & testimonium omnium & singulor. pmissor. Et sunt charte scriptæ una cum forma & pictura marmoris Sex, una cum pictura inclusive.

Explicit Tomi III. Pars I.

(VI) Protocolli hujus Notarii *Vincentii de Bossis* Anno MDLXXXI. servabantur apud Notarium Laurentium Cosentinum de Caivano, ut adnoratum reperi in ms. quodam Bolviti, qui servatur in Archivo SS. Apostolorum Neapoli. A Cosentini autem schedis ad cujus tandem devenerint manus, nescio.

www.ingramcontent.com/pod-product-compliance
Lightning Source LLC
Chambersburg PA
CBHW032045220426
43664CB00008B/867